JOSEF ARQUER

Meditationen für jeden Tag

11

Herren- und Heiligenfeste II

22. JULI

MARIA VON MAGDALA

Die Stimme des Auferstandenen.
Wie Jesus berühren?
Christus lebt.

I. *Maria Magdalena, aus der sieben Dämonen ausgefahren waren ...*[1] Wer war diese Frau? Ihre persönliche Geschichte – vielleicht sehr bewegt, gar stürmisch – verdichtet sich in Augenblicken der Begegnung mit Jesus – mit dem Gekreuzigten und dann – ganz unerwartet – mit dem Auferstandenen. Alle Evangelisten erwähnen sie beim Tod des Herrn, die Synoptiker auch beim Begräbnis und am Ostermorgen.[2] Bei Johannes erhält sie die markanten Züge einer Frau, die treu Jesus über den Tod hinaus sucht und dabei dem Auferstandenen begegnet.

Gregor der Große – und unter seinem Einfluß auch andere Kirchenväter – setzt Maria von Magdala mit Maria von Betanien und mit der namenlosen Sünderin gleich, die im Haus eines Pharisäers *mit einem Alabastergefäß voll wohlriechendem Öl* Jesu Füße salbte.[3] Die Verwechslung – sie hat nicht nur die Liturgie, sondern auch die Kunst und die Legende beeinflußt – ist verständlich, denn jede dieser drei Frauen hat den Herrn leidenschaftlich gesucht und geliebt, von jeder gelten die Worte des Antwortpsalms: *Gott, du mein Gott, dich suche ich, meine Seele dürstet nach dir. Nach dir schmachtet mein Leib wie dürres, lechzendes Land ohne Wasser.*[4] Maria von Betanien ließ sich durch nichts ablenken, sie *setzte sich dem Herrn zu Füßen und hörte seinen Worten zu*[5]; der namenlosen Sünderin wurden *ihre vielen Sünden vergeben* – sagt der Herr –, *weil sie mir so viel Liebe gezeigt hat.* Und Maria Magdalena liebt Jesus in der Not des Todes und im Jubel angesichts des Auferstandenen.

Halten wir uns nicht länger bei der Frage auf, ob es sich um eine oder – wie die meisten Exegeten annehmen – um drei verschiedene Personen handelt. Fragen wir uns vielmehr, ob auch wir Liebe und Reue wie diese Frauen zu verbinden wissen. Beten wir oft Stoßgebete aus Liebe und Reue? Verstehen wir es, Reue aus Liebe zu erwecken? Oder ist unsere Reue zur Routine geworden? Beten wir das Sündenbekenntnis vor der heiligen Messe nicht doch so manchesmal halbzerstreut oder gar gedankenlos?

Frühmorgens, als es noch dunkel war … Der Evangelist[6] scheint hervorheben zu wollen, wie eilig es Maria von Magdala hatte, alsbald, nachdem der Sabbat vorüber ist, das Grab des Herrn aufzusuchen. Sie *sah, daß der Stein vom Grab weggenommen war. Da lief sie schnell zu Simon Petrus und dem Jünger, den*

Jesus liebte, und sagte zu ihnen: Man hat den Herrn aus dem Grab weggenommen, und wir wissen nicht, wohin man ihn gelegt hat.

Sie kehrt zum Grab zurück, bleibt vor der Grabkammer stehen. Sie erkennt nicht, daß es Engel sind, die nach dem Grund ihrer Tränen fragen. *Man hat meinen Herrn weggenommen*, antwortet sie, *und ich weiß nicht, wohin man ihn gelegt hat. Als sie das gesagt hatte, wandte sie sich um und sah Jesus dastehen, wußte aber nicht, daß es Jesus war.*

Ein einziges Wort aus dem Munde Christi schafft Klarheit für Augen und Herz. *Jesus sagte zu ihr: Maria!* Und Maria *hört* nicht nur ihren Namen, sie erkennt den unverwechselbaren Klang jener Stimme. Jesus ruft immer beim Namen, man muß nur seine Stimme erkennen können. Und wenn wir sie nicht hören? Vielleicht schweigt er, weil er uns prüfen, weil er unseren Glauben kräftigen will. Oder vielleicht spricht er leise, damit wir still werden. Oder vielleicht haben wir uns ein wenig von ihm entfernt, in einem Anflug von Lauheit, und merken nun mit seiner Gnade, daß er uns fehlt und daß er uns ruft. Dann können uns die Worte der Lesung[7] helfen, die die Kirche heute auf Maria von Magdala bezieht: *Aufstehen will ich, die Stadt durchstreifen, die Gassen und Plätze, ihn suchen, den meine Seele liebt.*

Maria *wandte sich ihm zu und sagte auf*

hebräisch zu ihm: Rabbuni!, das heißt Meister. Jesus ist für sie kein Meister unter vielen, sondern der Meister schlechthin, der einzige, der ihrem Leben Sinn gibt.

II. *Noli me tangere ... Halte mich nicht fest; denn ich bin noch nicht zum Vater hinaufgegangen.* Man hat diese Stelle die *crux* der Exegeten genannt. Will der Herr vielleicht sagen: Warte noch ein wenig, bis ich zum Vater hinaufgegangen bin? Wird Magdalena dann Jesus *berühren* können, wenn er *zum Vater hinaufgegangen* ist? Wohl nicht. Wir ahnen, daß jetzt eine neue Art des Umgangs zwischen Jesus und Maria Magdalena gilt. Er sagt ihr: Ich stehe hier vor dir, und ich habe dich gerufen – wie damals, denn ich bin kein anderer als damals; und doch bin ich jetzt anders, der Verherrlichte und Verklärte.

Als sie den Herrn erkannte, überwältigte sie Freude, aber wahrscheinlich auch die Erleichterung, daß die Schmach des Kreuzes nicht mehr länger galt. Sie mag gedacht haben: Jetzt ist alles wieder gut ... alles wie früher ... Und da belehrt sie Jesus: Nein, Kreuz und Schmach sind nicht vergangen; sie bleiben, aber sie bewirken Erlösung für alle Zeit. *Halte mich nicht fest,* Maria von Magdala, versuch nicht, mich zu berühren. Aber hast du, Herr, nicht den Thomas zum Gegenteil aufgefordert? *Streck deinen Finger aus – hier sind meine Hände! Streck deine Hand aus und leg sie in meine Seite.*[8] Ja, aber Thomas sollte sich zu jener anderen *Berührung* durchringen, die Anbetung heißt: *Mein Herr und mein Gott!*

Was ist also die *andere*, nicht mehr *irdische* Art, wie wir Jesus *festhalten*, *berühren*, *sehen* sollen? Wir vermögen es nicht aus eigener Kraft. Die Exegeten erklären, daß der verwendete griechische Ausdruck für *sehen* in den Auferstehungsberichten eigentlich *sich sehen lassen* bedeute; Maria Magdalena und die Jünger sehen den Herrn nicht so, wie wir die natürlichen Dinge vor unseren Augen wahrnehmen – der Herr *läßt sich sehen*. »Was an unserem Erlöser sichtbar war«, sagt Papst Leo der Große, »ist in seine Mysterien übergegangen«[9], in die Sakramente also. Jesus fordert uns auf, an ihn zu glauben, ihn anzubeten. Vor allem im Geheimnis der Eucharistie *berühren* wir ihn, nicht sinnenhaft, aber real. »Er ist mit seiner Kraft in den Sakramenten gegenwärtig; er ist gegenwärtig in seinem Wort, wenn die heiligen Schriften in der Kirche verlesen werden; er ist gegenwärtig, wenn die Kirche betet und in seinem Namen zusammenkommt.«[10] Er ist auf innige, unaussprechliche Weise in jedem Christen gegenwärtig, aufgrund der Verheißung, die er den Seinen beim Letzten Abendmahl gab: *Wenn jemand mich liebt, wird er an meinem Wort festhalten; mein Vater wird ihn lieben, und wir werden zu ihm kommen und bei ihm wohnen.*[11] Die Seele eines Menschen im Stande der Gnade ist Wohnstätte Gottes. An diese Gegenwart denkt der heilige Paulus, wenn er sagt, jeder von uns sei ein *Tempel des Heiligen Geistes*[12]. Der Herr ist uns nahe – der erhöhte Herr. »Man muß Umgang mit Christus pflegen im Wort und im Brot, in der Eucharistie und im Gebet. Umgang wie mit einem Freund, mit einem wirklichen und lebendigen Wesen, wie Christus es ist, denn er ist ja auferstanden. (...) Christus, der auferstandene Christus, ist unser Begleiter und Freund; ein Begleiter, der nur wie durch Schatten hindurch sichtbar wird, dessen Wirklichkeit jedoch unser ganzes Leben erfüllt und uns seine endgültige Gegenwart herbeisehnen läßt.«[13]

III. Zuerst: *Noli me tangere* ... Dann: *Geh hin.* Maria Magdalena erfährt Jesus nicht als den Toten, dessen Andenken sie still bewahren will, sondern als den Lebenden, der sie zu den Jüngern sendet. *Geh aber zu meinen Brüdern und sag ihnen: Ich gehe hinauf zu meinem Vater und zu eurem Vater, zu meinem Gott und zu eurem Gott.* Sie ging zu den Jüngern und *verkündete ihnen: Ich habe den Herrn gesehen. Und sie richtete aus, was er ihr gesagt hatte.*

Der Herr erwartet von uns dasselbe. Vieles hat sich in der Welt und unter den Menschen seitdem verändert, aber nichts hat sich in ihm verändert, dem Auferstandenen. *Geh hin* ... zu Menschen, die nicht selten – wie die verängstigten Jünger damals – verstört sind ob ihrer verlorenen Ideale ... zu Menschen, die nicht oberflächlich oder bloße Mitläufer sein wollen ... zu Menschen, die Jesus schätzen als Lehrer, Bruder, als Menschen, als Inbegriff von allem – aber in ihm nicht den Sohn Gottes sehen.

Noli me tangere, nicht sinnenhaft sollst du mich fassen, sondern glaubend, anbetend ... Es besteht immer die Gefahr, sich auf das »Evangelium Jesu« zu berufen, ohne dessen Größe und Radikalität zu akzeptieren oder ohne das zu leben, was man mit dem Munde bekennt. Wie viele stutzen das Evangelium auf ihr eigenes Maß zurecht, auf einen bequemeren Jesus; wie viele, die seine göttliche Transzendenz leugnen oder aber sein wirkliches Menschsein; wie viele auch, die seine Botschaft manipulieren.

Fragen wir uns: Sind wir Christen zu zaghaft in unserem Bekenntnis zum auferstandenen Christus, der anders *berührt* werden will als mit den leiblichen Sinnen? Haben wir Angst, den Suchenden zu sagen, daß eine gepflegte Menschlichkeit noch nicht alles ist? Was für andere, die von Christus nur eine *äußere* Kenntnis haben, Reichtum ist, wäre für uns Verlust und Verarmung, weil wir dann von Gott und seiner Menschwerdung schwiegen –

25. JULI

JAKOBUS, APOSTEL

Der Ruf.
Possumus! Wir können es!
Mit Pilgerstab und Muschel.

I. Jakobus »der Ältere«, so nennen wir ihn, um ihn von dem anderen Jakobus, »dem Jüngeren«, zu unterscheiden. Vieles fällt uns ein, wenn wir uns an ihn wenden: sein *Possumus! Wir können es!;* sein Martyrium – als erster aus dem Kreis der Zwölf; seine Pilgerattribute, die uns an unsere irdische Wanderschaft erinnern. Schließlich und vor allem: seine besondere Nähe zum Herrn, denn er gehört – zusammen mit seinem jüngeren Bruder Johannes und mit Petrus – zu den drei bevorzugten Aposteln. Er war Zeuge der Verklärung, der Auferweckung der Tochter des Jaïrus und des Ölbergleidens Jesu. Sein Bruder Johannes wird ihm von jener ersten Begegnung mit Jesus berichtet haben, als er und Andreas dann *jenen Tag bei ihm blieben*[1]. *Es war um die zehnte Stunde* – wie Johannes es in seinem Evangelium Jahrzehnte später festhielt, noch immer ergriffen wie damals.

Einige Tage später erging dann der endgültige Ruf an die beiden Brüder. Vom Fischfang zurück, waren sie noch *im Boot;* sie *richte-*

ten ihre Netze her[2], die wahrscheinlich ineinander verschlungen waren und wieder einsatzbereit gemacht werden sollten. Jesus hatte den Andreas und Simon Petrus schon berufen; dann, *als er ein Stück weiterging, sah er Jakobus, den Sohn des Zebedäus, und seinen Bruder Johannes; sie waren im Boot und richteten ihre Netze her. Sofort rief er sie, und sie ließen ihren Vater Zebedäus mit seinen Tagelöhnern im Boot zurück und folgten Jesus nach.* Der Ruf, der das Leben dieser Fischer verwandelt, trifft sie wie zufällig: Jesus, der *am See von Galiläa entlangging*, heißt es, und dann wieder: *als er weiterging.* Und doch ereignet sich alles bewußt, bestimmt, endgültig: *Sofort rief er sie ... sogleich verließen sie das Boot und ihren Vater und folgten Jesus.* Ein Boot, ein paar Netze, den Vater ... Viel oder wenig? »Sie verließen alles in der Nachfolge dessen, der die Welt erschaffen hat, und glaubten an seine Verheißungen.«[3]

Lassen sich die Ereignisse unseres Lebens in einen ähnlichen Zusammenhang bringen? Mit der Taufe begann die Jüngerschaft, die Nähe zu Christus, das Streben nach Gleichförmigkeit mit ihm. Alles entfaltete sich schrittweise. Wenn wir unser Leben überdenken: Wie viele »Zufälle« finden wir, die von entscheidendem Einfluß gewesen sind! Familie, Nachbarschaft, Schule, Menschen, die uns geprägt haben. Vielleicht war auch die

Entdeckung, daß Gott uns zur Heiligung mitten in der Welt beruft, ein scheinbarer *Zufall* – ein unerwartetes Licht, das plötzlich aufleuchtete. »Im klaren Licht des Glaubens sehen wir das Warum unseres irdischen Daseins. Unser Leben – das vergangene, das gegenwärtige und das zukünftige – erscheint dann in einer neuen Dimension, mit einer nicht geahnten Tiefe. Alles, was in unserem Leben geschieht, gewinnt so seinen wahren Bezugspunkt: Wir begreifen, wohin uns der Herr führen will, und wir fühlen uns mitgerissen von der uns anvertrauten Aufgabe.«[4]

Sie ließen alles zurück[5], heißt es bei Lukas. Dieses Wort – *relictis omnibus* … – fordert uns heraus. Prüfen wir uns deshalb. Entspricht unser Lebensstil der inneren Haltung der Loslösung? Es geht dabei nicht nur um das Freisein von aufgehäuftem materiellen Besitz, sondern vor allem um die Freiheit von subtileren Fesseln: von der Überschätzung des eigenen Urteils etwa, die Unduldsamkeit und Voreingenommenheit begünstigt; von der übertriebenen Sorge um das körperliche Wohlbefinden oder von der Angst vor der Zukunft. Vielleicht spüren wir die Notwendigkeit, den Ernst unserer Nachfolge zu erneuern. In einem gewissen Sinne haben wir es leichter als Jakobus und Johannes damals – doch nur in einem gewissen Sinne: Sie vernahmen zwar den Ruf mit eigenen Ohren und sahen den Rufenden mit eige-

ten ihre Netze her[2], die wahrscheinlich ineinander verschlungen waren und wieder einsatzbereit gemacht werden sollten. Jesus hatte den Andreas und Simon Petrus schon berufen; dann, *als er ein Stück weiterging, sah er Jakobus, den Sohn des Zebedäus, und seinen Bruder Johannes; sie waren im Boot und richteten ihre Netze her. Sofort rief er sie, und sie ließen ihren Vater Zebedäus mit seinen Tagelöhnern im Boot zurück und folgten Jesus nach.* Der Ruf, der das Leben dieser Fischer verwandelt, trifft sie wie zufällig: Jesus, der *am See von Galiläa entlangging*, heißt es, und dann wieder: *als er weiterging.* Und doch ereignet sich alles bewußt, bestimmt, endgültig: *Sofort rief er sie ... sogleich verließen sie das Boot und ihren Vater und folgten Jesus.* Ein Boot, ein paar Netze, den Vater ... Viel oder wenig? »Sie verließen alles in der Nachfolge dessen, der die Welt erschaffen hat, und glaubten an seine Verheißungen.«[3]

Lassen sich die Ereignisse unseres Lebens in einen ähnlichen Zusammenhang bringen? Mit der Taufe begann die Jüngerschaft, die Nähe zu Christus, das Streben nach Gleichförmigkeit mit ihm. Alles entfaltete sich schrittweise. Wenn wir unser Leben überdenken: Wie viele »Zufälle« finden wir, die von entscheidendem Einfluß gewesen sind! Familie, Nachbarschaft, Schule, Menschen, die uns geprägt haben. Vielleicht war auch die

Entdeckung, daß Gott uns zur Heiligung mitten in der Welt beruft, ein scheinbarer *Zufall* – ein unerwartetes Licht, das plötzlich aufleuchtete. »Im klaren Licht des Glaubens sehen wir das Warum unseres irdischen Daseins. Unser Leben – das vergangene, das gegenwärtige und das zukünftige – erscheint dann in einer neuen Dimension, mit einer nicht geahnten Tiefe. Alles, was in unserem Leben geschieht, gewinnt so seinen wahren Bezugspunkt: Wir begreifen, wohin uns der Herr führen will, und wir fühlen uns mitgerissen von der uns anvertrauten Aufgabe.«[4]

Sie ließen alles zurück[5], heißt es bei Lukas. Dieses Wort – *relictis omnibus* ... – fordert uns heraus. Prüfen wir uns deshalb. Entspricht unser Lebensstil der inneren Haltung der Loslösung? Es geht dabei nicht nur um das Freisein von aufgehäuftem materiellen Besitz, sondern vor allem um die Freiheit von subtileren Fesseln: von der Überschätzung des eigenen Urteils etwa, die Unduldsamkeit und Voreingenommenheit begünstigt; von der übertriebenen Sorge um das körperliche Wohlbefinden oder von der Angst vor der Zukunft. Vielleicht spüren wir die Notwendigkeit, den Ernst unserer Nachfolge zu erneuern. In einem gewissen Sinne haben wir es leichter als Jakobus und Johannes damals – doch nur in einem gewissen Sinne: Sie vernahmen zwar den Ruf mit eigenen Ohren und sahen den Rufenden mit eigenen Augen, aber sie wußten damals noch nicht – wie wir heute –, wer der Rufende war: der menschgewordene Sohn Gottes.

II. Das Evangelium[6] vom heutigen Tage schildert eine befremdliche, dennoch lehrreiche Szene. Forsch drängt sich die Mutter des Jakobus und Johannes nach vorne, fällt Jesus zu Füßen und trägt eine Bitte vor, so fordernd, daß sie wie ein Befehl klingt: *Versprich, daß meine beiden Söhne in deinem Reich rechts und links neben dir sitzen dürfen*. Ist das nicht der fürsorgliche Ehrgeiz einer Mutter, die sich nicht ganz damit abfinden kann, daß ihre Söhne »leichtsinnig« Jesus gefolgt sind, nicht abgesichert, ohne Zukunftsperspektiven? Wie oft werden Mütter aus mangelndem Verständnis für die Berufung des Sohnes oder der Tochter ähnlich reagiert haben! Der Herr antwortet überaus milde auf das verwegene Ansinnen. Er herrscht die Mutter und ihre Söhne nicht an, wendet sich stattdessen gleich an die beiden Brüder: *Ihr wißt nicht, um was ihr bittet*. Sie sollen verstehen, daß seine Forderungen und Erwartungen ganz anders sind als man erwarten könnte. *Könnt ihr den Kelch trinken, den ich trinken werde?* Und die zwei – *Boanerges, Donnersöhne*, hat der Herr sie genannt! – antworten naiv, fast vermessen, stürmisch: *Possumus! Wir können es!* Jesus sieht darin eine Hochherzigkeit, die noch geformt werden muß. Die zehn anderen Jünger sehen es allerdings nicht so; sie *wurden sehr ärgerlich*, heißt es weiter im Evangelium. *Da rief Jesus sie zu sich und sagte: Ihr wißt, daß die Herrscher ihre Völker unterdrücken und die Mächtigen ihre Macht über die Menschen mißbrauchen. Bei euch soll es nicht so sein, sondern wer bei euch groß sein will, der soll euer Diener sein, und wer der Erste sein will, soll euer Sklave sein.*

Dienen ... Jesus selbst ist das Vorbild: *Auch der Menschensohn ist nicht gekommen, um sich dienen zu lassen, sondern um zu dienen und sein Leben hinzugeben als Lösegeld für viele.* Wieder einmal merkt man, daß der Glaube nichts Abstraktes ist, sondern man muß ihn »immer mit einer Person, mit einem lebendigen Menschen verbinden: mit Jesus Christus. Jesus Christus ist der Führer: er ist das Vorbild. Man kann ihn auf verschiedene Weise und in verschiedenem Ausmaß zur ›Regel‹ seines eigenen Lebens machen. Jeder von uns ist gleichsam ein besonderes ›Material‹, aus dem – in der Nachfolge Christi – die eine, konkrete und absolut einmalige Lebensform gewonnen werden kann, die sich als christliche Berufung bezeichnen läßt.«[7]

Wie Jakobus und Johannes und die anderen Apostel können wir uns Schritt für Schritt Jesus nähern und seine Gedanken und Empfindungen hegen: Dank und Freude für die Gaben der Schöpfung, Ergebenheit ge-

genüber dem Willen Gottes in den Wechselfällen des Lebens, Mitleid und Erbarmen für Menschen in Not: *Was ihr für einen meiner geringsten Brüder getan habt, das habt ihr mir getan.*[8] »Weil christlicher Glaube den einzelnen fordert, ihn aber für das Ganze will und nicht für sich selbst, darum ist in dem Stichwort ›Für‹ das eigentliche Grundgesetz der christlichen Existenz ausgedrückt. (...) Deshalb wird im Hauptsakrament, welches das Zentrum des christlichen Gottesdienstes bildet, die Existenz Jesu Christi als Existenz ›für die vielen‹ – ›für euch‹ erläutert als die offene Existenz, die die Kommunikation aller untereinander durch die Kommunikation in Ihm ermöglicht und schafft.«[9]

Jakobus und Johannes haben die Lektion des Meisters gelernt. Und auch Salome, ihre ehrgeizige Mutter. Sie gehört zu den Frauen, die mit Maria zu Füßen des Kreuzes Jesu standen – jetzt geläutert und ergeben.

III. Jakobus ist der erste aus dem Kreis der Zwölf, der dem Herrn in seine Herrlichkeit folgt. Um Ostern des Jahres 44 *ließ der König Herodes einige aus der Gemeinde verhaften und mißhandeln. Jakobus, den Bruder des Johannes, ließ er mit dem Schwert hinrichten.*[10] Seit dem zwölften Jahrhundert wird der heilige Jakobus als Pilger dargestellt, mit Wanderstab und einer Muschel zum Trinken. Er erinnert uns an das endgültige Ziel unseres Lebens: *Wenn unser irdisches Zelt abgebrochen wird, dann haben wir eine Wohnung von Gott, ein nicht von Menschenhand errichtetes ewiges Haus im Himmel.*[11]

Was ist unsere Ausrüstung als Pilger, die wir noch unterwegs sind? Vielleicht kann man Glaube und Hoffnung mit dem Wanderstab und der Trinkmuschel vergleichen. Glaube und Hoffnung entfalten sich bei jeder Begegnung mit dem Herrn. Wir begegnen ihm in den Sakramenten – in der Eucharistie zumal – und in jeder liturgischen Feier; wir begegnen ihm ebenso im stillen Gebet und bei der Lektüre des Evangeliums. Und viele wissen nicht, daß wir ihm auch außerhalb des Sakralen, daß wir ihm im Profanen, im Weltlichen begegnen können. Wie selbstverständlich, und doch wie wenig bekannt! Ob in einem schön geformten Gesicht, einer prächtigen Landschaft oder einem berückenden Kunstwerk ... All das weckt die Sehnsucht nach dem Heiligen. Die Hoffnung nährt diese Sehnsucht, lindert den Durst, stillt ihn aber nicht und läßt ahnen, daß alle irdische Schönheit nur Abglanz ist von dem, *was kein Auge gesehen und kein Ohr gehört hat, was keinem Menschen in den Sinn gekommen ist: das Große, das Gott denen bereitet hat, die ihn lieben.*[12] Außerdem läßt uns die Hoffnung auf die Hilfe Gottes bauen, tragen wir unseren *Schatz* doch *in zerbrechlichen Ge-*

fäßen[13]. Indem wir unsere Armseligkeit demütig anerkennen, *wird deutlich, daß das Übermaß der Kraft von Gott und nicht von uns kommt*. Dies und ein Psalmwort drücken das großartig aus: *Dein Wort ist meinem Fuß eine Leuchte, ein Licht für meine Pfade.*[14]

Was brauchen wir dann noch auf unserem Weg? *Relictis omnibus* … Loslösung, damit das Herz frei sei von irdischen Fesseln und fest in Gott verankert. »Besitz erschwert den Weg des Menschen zu Gott. Nicht eigentlich durch ein Mehr oder Weniger, sondern durch die innere Verhaftung an ihn. Die Liebe zum Besitz verdrängt und ertötet schließlich die Liebe zu dem, der diesen Besitz geschenkt hat, und auch zu denen, denen er dienen soll. Die Rangordnung der Werte purzelt durcheinander, bis sie sich, falls kein Licht in die Seele fällt, dann verkehrt und betoniert wiederherstellt.«[15] Hier ist der Rat eines erfahrenen geistlichen Leiters hilfreich. Er kann uns helfen, den asketischen Kampf zu konkretisieren, nicht spießig zu werden, gegen die Lauheit anzugehen. Von Wohlstand umgeben, kann man unmerklich in geistliche Mittelmäßigkeit abgleiten: »Das Herz, traurig und unbefriedigt, wandelt dann die Wege eines nie endenden Verdrusses und wird schon auf Erden zum Sklaven, zum Opfer gerade jener Güter, die man mit unzähligen Mühen und Entbehrungen hat ansammeln können.«[16]

Schließlich brauchen wir auf unserer Pilgerschaft Ausdauer und Beharrlichkeit, denn wir gehen einen Weg, »der gegen die natürliche Schwerkraft gerichtet ist, gegen die Schwerkraft des Egoismus, der Suche nach dem bloß Materiellen und nach dem Maximum an Lustgewinn, das man mit Glück verwechselt. Nachfolge ist ein Weg durch die aufgeregten, stürmischen Wasser, den wir nur gehen können, wenn wir im Schwerefeld der Liebe Jesu Christi sind, den Blick auf ihn gerichtet und so getragen von der neuen Schwerkraft der Gnade, die uns den Weg zur Wahrheit und zu Gott hin möglich macht, den wir aus eigenem nicht durchschreiten können.«[17]

Das Heiligtum des Apostels in Santiago de Compostela »ist seit vielen Jahrhunderten Ziel eines Weges gewesen, der sich auf der Erde Europas durch die Fußspuren der Pilger eingrub, die – um nicht vom Weg abzukommen – sich nach den Sternbildern des Himmels orientierten. (…) Der Jakobsweg brachte im geistigen und kulturellen Bereich den kraftvollen Strom eines fruchtbaren Austausches zwischen den Völkern Europas hervor. Das, was die Pilger in demütiger und reumütiger Haltung aber wirklich suchten, war das Glaubenszeugnis.«[18]

[1] vgl. *Joh* 1,35-39. – [2] *Mk* 1,19-20; *Mt* 4,18-22. – [3] Augustinus, *Predigt* 301. – [4] J. Escrivá, *Christus begegnen*, 45. – [5] *Lk* 5,11. –

[6] *Mt* 20,20-28. – [7] Johanes Paul II., *Ansprache im Parc des princes in Paris*, 1.6.1980. – [8] *Mt* 25,14. – [9] J. Ratzinger, *Einführung in das Christentum*, München 1968, S.205. – [10] *Apg* 12,1-2. – [11] *2 Kor* 5,1. – [12] *1 Kor* 2,9. – [13] *2 Kor* 4,7. – [14] *Ps* 119,105. – [15] P. Berglar, *Petrus – Vom Fischer zum Stellvertreter*, Köln 1999, S.91. – [16] J. Escrivá, *Freunde Gottes*, 118. – [17] J. Kard. Ratzinger, *Diener eurer Freude*, Freiburg 1989, S.68-69. – [18] Johannes Paul II., *Ansprache in Santiago de Compostela*, 9.11.1982.

26. JULI

JOACHIM UND ANNA

Lob der Großeltern.
Christliche Familien.
Erziehende Eltern.

I. Die Eltern der Gottesmutter Maria – die Großeltern unseres Herrn Jesus Christus – werden im Neuen Testament nicht erwähnt. Die Namen Joachim und Anna tauchen zum erstenmal im 2. Jahrhundert auf. Ihre Verehrung (vor allem der heiligen Anna) ist sehr alt und mit frommen Legenden verbunden. Eine der bekanntesten schildert ihr Leid, weil die Ehe kinderlos war. Als eines Tages der Hohepriester die Opfergabe des Joachim zurückweist, flüchtet er sich – beschämt und betrübt – in die Einöde zu seiner Herde. Ein Engel überbringt ihm die Botschaft, daß Gott das Flehen der beiden erhört hat und Anna ein Kind empfangen wird. Zur gleichen Zeit erfährt auch Anna zuhause davon. Die Gatten eilen freudig zum Tempel und treffen einander an der Goldenen Pforte – eine oft in der Kunst dargestellte Szene. Weitere Legenden erzählen von der Kindheit Mariens. Ihre Darstellung im Tempel ist in die Liturgie eingegangen.

Wie können wir uns den Eltern der

Gottesmutter nähern? Sie stehen in der Reihe der Urväter, zu denen Gott *viele Male und auf vielerlei Weise gesprochen*[1] hat und die *voll Glauben gestorben* sind, *ohne das Verheißene erlangt zu haben*[2]. Auch sie leben »in der Hoffnung auf das Heil, im Harren auf einen neuen, ewigen Bund, der für alle Menschen bestimmt ist und in die Herzen geschrieben wird«[3]. Sie sind *die ehrwürdigen Männer* – so hören wir in der Lesung[4], und wir ergänzen: *und Frauen* – , *deren Hoffnung nicht vergeht. Bei ihren Nachkommen bleibt ihr Gut, ihr Erbe bei ihren Enkeln.* Halten wir inne an dieser Stelle. Ja, der Enkel von Joachim und Anna hat deren *Erbe – deren Hoffnung* – nicht bloß weitergegeben, er hat sie erfüllt: alle Hoffnungen des Alten Bundes, alles ahnungsvolle Sehnen der Menschheit.

Die Eltern der Muttergottes sind noch ganz im Alten Bund beheimatet und stehen doch zugleich an der Schwelle zum Neuen, die sie *ein wenig* überschreiten, wie Elisabet und Zacharias, Simeon und Hanna, wie Johannes der Täufer. Jeder gibt nach seiner Art Zeugnis vom Messias[5]: Simeon sieht Jesus als *ein Licht, das die Heiden erleuchtet*, Elisabet lobpreist *die Mutter meines Herrn*, Johannes hüpft voll Freude im mütterlichen Schoß und weist später auf das *Lamm Gottes* hin. Und welches Zeugnis geben Joachim und Anna? Wir verlassen nicht den Ernst des Gebetes, wenn wir sie uns als echte Großeltern vorstellen, die überall von ihrem Enkelkind erzählen. Als Paulus später das Lob Christi verkündete und von dessen Verwurzelung im Volk Israel sprach, gebrauchte er Worte, die man besonders sinnfällig auf die Großeltern Jesu beziehen kann: ... *dem Fleische nach entstammt ihnen der Christus, der über allem als Gott steht, er ist gepriesen in Ewigkeit. Amen.*[6]

Lassen wir unsere Zeit des Gebetes in ein Lob der Großeltern einmünden. Die Kunst hat eine Darstellung geschaffen, die sogenannte *Anna-Selbdritt*: Anna, Maria und das Jesuskind sind in einer Gruppe vereint. Manchmal sitzen die jugendliche Maria und das kleine Jesuskind auf dem Schoß der Anna. Andere Male unterweist Anna – oft mit einem Kopftuch – eine mädchenhafte Maria mit offenem Haar und schaut auf das Jesuskind. Da denken wir an das heutige Evangelium[7]: *Ihr seid selig, denn eure Augen sehen und eure Ohren hören.* Es sind Worte des Herrn an die Jünger, die ganz besonders für die heiligen Joachim und Anna gelten: *Viele Propheten und Gerechte haben sich danach gesehnt zu sehen, was ihr seht, und haben es nicht gesehen, und zu hören, was ihr hört, und haben es nicht gehört.*

II. Eine »innige Gemeinschaft des Lebens und der Liebe«[8], eine »Schule reich entfalteter Humanität«[9], so hat das Zweite Vatikanische Konzil die Familie charakterisiert.

Sie ist der natürliche Ort, wo der Mensch heranreifen soll. Gott hat den Menschen aus Liebe ins Dasein gerufen, ihn zur Liebe berufen, ihm die Fähigkeit geschenkt, selbst zu lieben. Die Familie hat die Sendung, »immer mehr das zu werden, was sie ist, also Gemeinschaft des Lebens und der Liebe, (...) die Liebe zu hüten, zu offenbaren und mitzuteilen als lebendigen Widerschein und wirkliche Teilhabe an der Liebe Gottes zu den Menschen und an der Liebe Christi, unseres Herrn, zu seiner Braut der Kirche«[10]. Die christliche Familie ist »eine Gemeinschaft von Personen, ein Zeichen und Abbild der Gemeinschaft des Vaters und des Sohnes im Heiligen Geist. In der Zeugung und Erziehung von Kindern spiegelt sich das Schöpfungswerk des Vaters wider. Die Familie ist berufen, am Gebet und am Opfer Christi teilzunehmen. Das tägliche Gebet und die Lesung des Wortes Gottes stärken in ihr die Liebe. Die christliche Familie wirkt evangelisierend und missionarisch.«[11]

Besonders in den letzten Jahrzehnten hat der Heilige Geist unter den Christen Einsichten über die Familie geweckt, die im Evangelium gründen und auf die heutigen Herausforderungen antworten. »Die allgemeine Berufung zur Heiligkeit gilt auch den christlichen Gatten und Eltern. Sie bekommt für sie eine eigene Prägung durch das empfangene Sakrament und verwirklicht sich im besonderen Rahmen ehelichen und familiären Lebens. Hieraus ergeben sich die Gnade und die Verpflichtung zu einer echten und tiefen Spiritualität der Ehe und Familie.«[12] Diese spirituellen Impulse bringen uns jene Familien des Urchristentums nahe, »die aus der Kraft Christi lebten und Christus verkündeten; kleine christliche Gemeinschaften, die wie Brennpunkte des Evangeliums waren. Es waren Familien wie so viele andere Familien jener Zeit, aber sie waren von einem neuen Geist beseelt, der alle ansteckte, mit denen sie verkehrten.«[13] Sie mußten sich in einer heidnischen Umwelt behaupten. Geschieht heute nicht ähnliches? Die christlichen Werte schwinden. Das menschliche Leben ist nicht mehr unantastbar, wenn man das Leben von Ungeborenen, Greisen, Behinderten, unheilbar Kranken nicht schützt. Kinder werden als Last empfunden, die Ehe wird zu einer Einrichtung auf Zeit. Die Massenmedien äußern sich frivol und verächtlich über Ehe und Familie.

Und doch gibt es viele Familien, die wissen, daß sie berufen sind, »ein leuchtendes Zeichen der Gegenwart Christi und seiner Kirche auch für die ›Fernstehenden‹ zu sein, für die Familien, die noch nicht glauben, und für jene christlichen Familien, deren Leben dem einst empfangenen Glauben nicht mehr entspricht.«[14] Jede ist eine »Hauskirche«, eine *ecclesia domestica*, wo die Eltern versuchen, durch Wort und Beispiel für ihre Kinder die ersten Glaubensboten zu sein.

Beten wir am Gedenktag der heiligen Joachim und Anna für alle Familien, die inmitten eines gottfernen Milieus ihren Glauben leben und weitertragen wollen. Beten wir auch für alle Familien in schwierigen Situationen: in denen sich Kinder dem Glauben entfremdet haben, wo die Partner kirchlich und oft auch zivilrechtlich in irregulären Verhältnissen leben. Vielleicht denken wir jetzt an konkrete Menschen, die wir kennen. Bleiben wir ihnen nahe – betend und in der Hoffnung auf eine Klärung.

III. Maria – die Gottesmutter, vollkommenstes Geschöpf, ohne Erbsünde Empfangene, voll der Gnade ... Man muß sich anstrengen, sie sich als erziehungsbedürftiges Kind vorzustellen. Auch sie, ganz auf Gott ausgerichtet und sündenlos, ist im Schoß einer Familie aufgewachsen und erzogen worden. Joachim und Anna haben ihr die Geschichte des Volkes Israel erzählt, seine Traditionen gedeutet, die Hoffnung auf den Messias entflammt, ihr das Familiengebet und das persönliche Beten beigebracht, die Gebote des Dekalogs erklärt. Heute denken wir besonders an das vierte Gebot: *Ehre deinen Vater und deine Mutter, damit du lange lebst in dem Land, das der Herr, dein Gott, dir gibt.*[15] Und wir denken an unsere Eltern, »denen wir das Leben verdanken und die uns den Glauben vermittelt haben. Wir sind verpflichtet, alle zu ehren und zu achten, die Gott zu unserem Wohl mit seiner Autorität ausgestattet hat.«[16]

Die Eltern Marias wußten, so ist anzunehmen, nichts von der außerordentlichen Begnadung ihrer Tochter; und auch sie selbst, das Kind Maria, wußte davon nichts. Und doch: wird das Geheimnis der Gnade in ihr nicht irgendwie spürbar gewesen sein? Wir können uns in die Psyche eines Menschen, der ganz frei von Sünde und restlos auf Gott – auf seine Ehre – hin lebt, nicht hineindenken, weil uns diese Erfahrung fehlt. Versuchen wir es dennoch einmal in unserem Gebet. Die heranwachsende Maria muß doch anders gewesen sein – nicht auf eine künstliche, gespreizte, sondern auf eine natürliche, anmutige Art. Ihr kindliches Gesicht muß schon irgendwie die Züge des *Magnificat* widergespiegelt haben, das Empfinden für die Durchsichtigkeit der Schöpfung auf den Schöpfer hin. Will die Liturgie etwas von diesen geheimnisvollen Ahnungen andeuten, wenn sie auf die Gottesmutter die alttestamentlichen Worte anwendet: *Der Herr hat mich geschaffen im Anfang seiner Wege, vor seinen Werken in der Urzeit (...). Ich war seine Freude Tag für Tag und spielte vor ihm allezeit. Ich spielte auf seinem Erdenrund, und meine Freude war es, bei den Menschen zu sein*[17]?

Auch wenn vieles sich im Lauf der Jahrhunderte ändert – die Freude von Eltern über die Geburt ihres Kindes bleibt immer gleich. Diese Freude junger Eltern über die Geburt ihres Kindes hilft uns, uns die Freude der Eltern Marias vorzustellen und über ihre Verantwortung nachzudenken. Christliche Eltern empfinden Freude und Verantwortung deshalb tiefer, weil sie in der Elternschaft Teilhabe an der Fülle Gottes sehen, *nach dessen Namen jedes Geschlecht im Himmel und auf Erden benannt wird*[18]. Das Recht und die Pflicht zur Erziehung der Kinder wurzeln »in der Urberufung der Eheleute zur Teilnahme am schöpferischen Wirken Gottes. Wenn die Eltern in Liebe und aus Liebe eine neue Person zeugen, die in sich die Berufung zu Wachstum und Entwicklung hat, übernehmen sie eben dadurch die Aufgabe, ihr auch wirksam zu helfen, ein vollmenschliches Leben zu führen. Die Liebe der Eltern bleibt nicht nur Quelle, sie wird die Seele und somit die Norm, die das gesamte konkrete erzieherische Wirken prägt und leitet und mit jenen Werten wie Verständnis, Beständigkeit, Güte, Dienen, Selbstlosigkeit und Opferbereitschaft bereichert, die die kostbarsten Früchte der Liebe sind.«[19] Christliche Eltern sollen den Kindern erschließen,

»zu welcher Tiefe und welchem Reichtum der Glaube und die Liebe zu Jesus Christus sie zu führen vermögen. Ferner wird das Bewußtsein, daß der Herr ihnen das Heranwachsen eines Gotteskindes, eines Bruders, einer Schwester Christi, eines Tempels des Heiligen Geistes, eines Gliedes der Kirche anvertraut, die christlichen Eltern in ihrer Aufgabe bestärken, in der Seele ihrer Kinder das Geschenk der göttlichen Gnade zu festigen.«[20]

Das Recht der Eltern, die Erziehung der Kinder so zu gestalten, daß sie mit ihrem religiösen Glauben in Einklang steht, nimmt den Staat in die Pflicht. Dieser soll die Voraussetzungen schaffen, damit die Familien ihre Erziehungsaufgaben in angemessener Weise wahrnehmen können.

Diese Gedanken und Anregungen gehen den Betenden je nach seiner persönlichen Situation mehr oder weniger direkt an. Wie auch immer – beten wir für alle, die direkt betroffen sind. Schließen wir alle uns bekannten Familien in unser Gebet ein – jetzt, am Ende unserer Betrachtung. Bitten wir für engagierte christliche Eltern um die Gabe, andere Eltern mit ihrem Schwung anzustecken. Joachim und Anna, die Eltern Unserer Lieben Frau und Großeltern Jesu, können uns dabei helfen.

[1] *Hebr* 1,1. – [2] *Hebr* 11,13. – [3] *Katechismus der Katholischen Kirche*, 64. – [4] *Sir* 44,1.10-15. – [5] *Lk* 2,32; *Lk* 1,43; *Joh* 1,36. – [6]

Röm 9,5. – [7] *Mt* 13,16-17. – [8] II. Vat. Konz., Konst. *Gaudium et spes*, 48. – [9] ebd., 52. – [10] Johannes Paul II., Apost. Schreiben *Familiaris consortio*, 17. – [11] *Katechismus der Katholischen Kirche*, 2205. – [12] Johannes Paul II., Apost. Schreiben *Familiaris consortio*, 56. – [13] J. Escrivá, *Christus begegnen*, 30. – [14] Johannes Paul II., Apost. Schreiben *Familiaris consortio*, 54. – [15] *Ex* 20,12. – [16] *Katechismus der Katholischen Kirche*, 2197. – [17] *Spr* 8,22.30-31. – [18] *Eph* 3,15. – [19] Johannes Paul II., Apost. Schreiben *Familiaris consortio*, 36. – [20] ebd., 39.

MARTA

Drei Geschwister.
Marta und Maria.
Lazarus.

I. Genau eine Woche nach der Büßerin Maria Magdalena feiern wir heute den Gedenktag der heiligen Marta. Woher kommt diese Nähe? Der liturgische Kalender übernimmt stillschweigend die seit Gregor dem Großen weitverbreitete und heute von den Exegeten verworfene Annahme, Maria Magdalena sei identisch mit Maria von Betanien und daher Martas Schwester. Man kann mit dieser Verwechslung leben; schade nur, daß dann die echte Schwester der Marta, Maria von Betanien, wegfällt: am 22. Juli konzentrieren sich die liturgischen Texte aus historischen und exegetischen Gründen auf die Büßerin von Magdala; und am 29. Juli setzt der liturgische Kalender voraus, man habe der anderen Schwester von Betanien, Maria, bereits gedacht. Nebenbei fragt man sich: Wo bleibt Lazarus? Nichts steht im Wege, daß wir in unserer Meditation heute bei den drei Geschwistern Marta, Maria und Lazarus verweilen und die drei Ereignisse betrachten, die Lukas und Johannes berichten[1]: den Besuch des Freundes Jesus, den Tod des Lazarus und das Mahl wenige Tage vor der Passion.

Betanien ... In dem kleinen Dorf, etwa drei Kilometer von Jerusalem am Osthang des Ölberges gelegen, wohnen die drei Geschwister. Sie halten zusammen und schätzen Jesus als Freund der Familie. Jesus weiß es, und auch er *liebte Marta, ihre Schwester und Lazarus*, heißt es im Evangelium. Dort ist er zuhause, dort kann er sich ausruhen. Liegt es nicht nahe, bei der Anbetung des Herrn in der Eucharistie sich die Atmosphäre von Betanien zu vergegenwärtigen? »Es stimmt, daß ich unseren Tabernakel immer Betanien nenne. – Mach die Freunde des Meisters zu deinen Freunden: Lazarus, Marta, Maria. Dann wirst du mich nicht mehr fragen, warum ich unseren Tabernakel Betanien nenne.«[2]

Lukas[3] nennt nicht den Namen des Dorfes, in dem Jesus auf dem Weg nach Jerusalem Rast macht: *Eine Frau namens Marta nahm ihn freundlich auf. Sie hatte eine Schwester, die Maria hieß*. Von Johannes erfahren wir, daß es Betanien ist.[4]

Lange Zeit hat man Marta als den Inbegriff des tätigen, Maria als den des beschaulichen Lebens betrachtet. Dieses Schema mag zur Vereinfachung gelegentlich von Nutzen sein; in der Praxis jedoch weiß jeder, der das Christsein ernst nimmt, daß Aktion und Kontemplation, Tun und Beschaulichkeit keine Gegensätze sind. Die meisten Christen führen ja – mitten in der Welt – ein aktives Leben. Es wäre sinnlos anzunehmen, daß ihre Mühen – die Familie, das Geschäft, der Beruf, das Studium usw. – sie sozusagen an Gott vorbeiführten; und andererseits wäre es bedenklich, würde das Gebetsleben keine Spuren im weltlichen Tun hinterlassen, in der Art und Weise, wie man arbeitet, mit Freunden verkehrt oder sich zuhause gibt. Wer *aktiv* und *kontemplativ* voneinander scheidet, verstümmelt die christliche Berufung. »Wir Christen führen kein Doppelleben: Unser Leben bildet eine Einheit, die all unser Tun trägt und durchdringt. (...) Seien wir Menschen des Gebetes, die immer wieder mit dem Herrn Zwiesprache halten, indem wir vom ersten Gedanken des Tages bis zum letzten des Abends fortwährend unser Herz bei ihm haben.«[5]

Jesus flüchtet sich oft nach Betanien, besonders um dem Haß seiner Feinde zu entkommen. Marta, Maria und Lazarus werden wohl, wenn Jesus zu Gast bei ihnen war, mit ihm über vieles gesprochen haben, was sich seit seinem letzten Besuch zugetragen hatte. Gelingt es uns in unserem Gebet, in unserem Gespräch mit dem Herrn, es auch so zu halten? Oder genieren wir uns vielleicht, weil wir denken, *banale* Angelegenheiten, Allerweltsdinge seien doch kein Thema für das Gespräch mit Jesus. Was für ein Irrtum! Flüchten wir mit unseren großen oder kleinen Nöten getrost zum Herrn! Suchen wir ihn im Tabernakel auf! Besprechen wir mitten im beschaulichen Gebet mit ihm die Dinge unseres Alltags, und verlieren wir mitten im Trubel der weltlichen Beschäftigungen ihn nicht aus den Augen.

II. Marta *war ganz davon in Anspruch genommen, für ihn zu sorgen* ... Doch dann wird es ihr zu viel, ein wenig Ärger über die Schwester kommt auf: *Herr, kümmert es dich nicht, daß meine Schwester die ganze Arbeit mir allein überläßt? Sag ihr doch, sie soll mir helfen!* Jesus antwortet mit einem zärtlichen Verweis: *Marta, Marta, du machst dir viele Sorgen und Mühen. Aber nur eines ist notwendig.* Der Herr tadelt nicht die Arbeit der Marta, sie gilt ja ihm. Aber er macht sie auf die innere Geordnetheit aufmerksam, die unterzugehen droht.

Dies gilt für jeden Christen und ist besonders für die Laien wichtig, wie Papst Johannes Paul II. hervorhebt: »Bei der Entdeckung und der Verwirklichung der eigenen Berufung und Sendung müssen die Laien zu jener Einheit hingeführt werden, die ihrem Sein als Glieder der Kirche und als Bürger der menschlichen Gesellschaft entspricht. Sie können keine Parallelexistenz führen: auf der einen Seite ein sogenanntes ›spirituelles‹ Leben mit seinen Werten und Forderungen und auf der anderen Seite das sogenannte ›welthafte‹ Leben, das heißt das Familienleben, das Leben in der Arbeit, in den sozialen Beziehungen, im politischen Engagement und in der Kultur. Die Rebe, die im Weinstock Christi verwurzelt ist, trägt in allen Bereichen ihres Wirkens und Lebens Früchte. Alle verschiedenen Lebensbereiche des Laien sind im Plan Gottes inbegriffen. Er will, daß sie der ›geschichtliche Ort‹ der Offenbarung und Verwirklichung der Liebe Jesu Christi zur Ehre des Vaters und im Dienst der Brüder und Schwestern werden. Jedes Tun, jede Situation, jede konkrete Verpflichtung – wie zum Beispiel die Kompetenz und die Solidarität der Arbeit, die Liebe und Hingabe in der Familie und in der Erziehung der Kinder, der soziale und politische Dienst, das Künden der Wahrheit auf dem Gebiet der Kultur – sind privilegierte Gelegenheiten für einen ›ständigen Vollzug von Glaube, Hoffnung und Liebe‹.«[6]

Nur eines ist notwendig ... Was ist dieses Eine? Die Freundschaft mit dem Herrn, die lebendig sein, die allmählich wachsen muß. »Unser Herz soll dieses einzige Ziel und Anliegen kennen. (...) Alles andere, was es davon ablenkt – mag es auch noch so groß erscheinen –, gehört an die zweite, ja an letzte Stelle, denn es schadet uns«[7]. Wenn wir dafür sorgen, ist jedes Tun, jede *Leistung*, Liebe zu Gott. »Wer etwas mit ganzer Kraft heiß liebt, so daß ihm nichts anderes schmeckt und zu Herzen geht als allein das Gemeinte und nichts sonst – wahrlich: wo und bei wem immer ein solcher Mensch ist, was immer er beginnt, was immer er tut, nie verlischt in ihm das Geliebte. Und in allen (anderen) Dingen erblickt er eben jenes geliebten Dinges Bild. Es ist ihm in dem Maße gegenwärtig, in dem er es liebt, ja noch mehr. Dieser Mensch sucht nicht nach Ruhe, denn ihn stört keine Unruhe.«[8] Dann verselbständigt sich die *Leistung* nicht, sie läßt uns nicht zu *Machern* werden, sondern sie wird getragen von einer Sehnsucht nach Gott, die uns wie nichts sonst beflügelt und beruhigt. Wir finden Zeit für vieles, verfügen souverän über irdische Güter, die uns nicht mehr von Gott und vom Nächsten ablenken. Alles, was wir tun, wird erfüllter, reicher an Früchten.

Der unruhige Leistungswille der Marta muß im ruhigen Gesammeltsein der Maria gründen: Zeiten gesammelten Betens, Betrachtung des Wortes Gottes, Empfang der Sakramente, Minuten der Lektüre in der Heiligen Schrift, der Rosenkranz – vielleicht nur ein Gesätz –, zwei oder drei Minuten Gewissenserforschung am Abend, hin und wieder ein Stoßgebet des Dankes, der Reue, der Bitte, das geistliche Gespräch mit einem erfahrenen Menschen, der unsere Seele kennt und uns helfen kann, unser Leben mehr und mehr auf Christus auszurichten.

III. Der kleine Ort Betanien wurde zum Schauplatz eines Geschehens von universaler Bedeutung, denn die Auferweckung des Lazarus[9] wird »im vierten Evangelium als die Ankündigung und Vorwegnahme der Auferstehung Jesu dargestellt«[10]. Johannes – man merkt, daß er Augenzeuge war – berichtet als einziger mit großer Meisterschaft darüber.

Die zwei Schwestern sind in Sorge wegen des erkrankten Bruders, die herkömmliche Heilkunst hilft nicht mehr. So lassen sie Jesus rufen: *Herr, dein Freund ist krank.* Wie ähnlich dieses Wort und das Wort Marias in Kana! Auch hier, wie damals in Kana, reagiert Jesus merkwürdig: *Als er hörte, daß Lazarus krank war, blieb er noch zwei Tage an dem Ort, wo er sich aufhielt.* Warum bricht er nicht sogleich auf? Er selbst deutet es im Gespräch mit den Jüngern an: *Diese Krankheit wird nicht zum Tode führen, sondern dient der Verherrlichung Gottes: Durch sie soll der Sohn Gottes verherrlicht werden.* Die Krankheit des Freundes soll für den Herrn »der Anlaß zu einer Wundertat werden, durch die Gott verherrlicht wird, in dessen Kraft und Vollmacht sie geschieht; dadurch wird aber zugleich auch er, der Sohn Gottes, verherrlicht, da so vor aller Welt offenbar wird, wie sehr ihn der Vater liebt und auszeichnet. (...) Nach manchen Erklärern liegt in dem Wort Jesu noch ein weiterer, tieferer Sinn: Die Auferweckung des

Lazarus wird Jesus ans Kreuz bringen und dadurch zu seiner endgültigen Verherrlichung führen.«[11]

Lazarus ist gestorben. Und ich freue mich für euch, daß ich nicht dort war; denn ich will, daß ihr glaubt. Es ist, als sagte der Herr: Ihr habt Krankenheilungen erlebt, ihr habt viele Wunder gesehen. Jetzt sollt ihr erkennen, daß ich auch Herr über Leben und Tod bin. Und diese Großtat – dieses Zeichen – wird der Anfang meines Weges zu Tod und Auferstehung sein.

Klingt das Folgende nicht wie eine Ehrenrettung für die aktivere der beiden Schwestern? *Als Marta hörte, daß Jesus komme, ging sie ihm entgegen.* Wir hatten die nachteilige Seite ihres – und unseres – Aktivismus bedacht: daß man bei aller Liebe zum Herrn die richtige Gewichtung verlieren kann. Jetzt erleben wir hier die andere Seite der aktiven Veranlagung. Marta reagiert als erste, *Maria aber blieb im Haus* und kam erst später, von Marta gerufen. *Herr, wärst du hier gewesen, dann wäre mein Bruder nicht gestorben. Aber auch jetzt weiß ich: Alles, worum du Gott bittest, wird Gott dir geben.* Martas Begrüßung wird zu einem dichten Gespräch: *Dein Bruder wird auferstehen.* Marta bekennt den Glauben der Väter: *Ich weiß, daß er auferstehen wird bei der Auferstehung am Letzten Tag.* Der Herr bestreitet nicht das Recht der Schwester, zu trauern, ja, er trauert selbst; aber mit einem Satz lenkt er deren menschlich-natürliche Sicht in die Perspektive des Göttlichen: *Ich bin die Auferstehung und das Leben. Wer an mich glaubt, wird leben, auch wenn er stirbt, und jeder, der lebt und an mich glaubt, wird auf ewig nicht sterben. Glaubst du das?* Und das Bekenntnis: *Ja, Herr, ich glaube, daß du der Messias bist, der Sohn Gottes, der in die Welt kommen soll.*

Beide Schwestern zeigen uns, wie man mit dem Freund Jesus umgeht: Die eine *sitzt Jesus zu Füßen*, die andere *geht Jesus entgegen.* Jede hat ihre eigene Art, beide sagen zu Jesus dasselbe: *Wenn du hier gewesen wärest ...*

Wir beschließen unsere Zeit des Gebetes mit einem Blick auf Betanien, als Jesus das letzte Mal dort ist[12], *sechs Tage vor dem Paschafest*, kurz vor seiner Passion. *Sie bereiteten ihm ein Mahl.* Auch diesmal fallen uns die charakteristischen Züge der drei Geschwister auf: Lazarus, der Stille, *war unter denen, die mit Jesus bei Tisch waren.* Er ist der ungewollte Mittelpunkt, denn viele kamen *nicht nur um Jesu willen, sondern auch um Lazarus zu sehen, den er von den Toten auferweckt hatte.* Marta, die emsige, tüchtige Hausfrau: *Marta bediente.* Und Maria? *Sie salbte Jesus die Füße und trocknete sie mit ihrem Haar ...* Als nörgelnde Stimmen sich erheben, nimmt sie der Herr in Schutz. Er, der Freund, sieht in der Salbung eine Ehrung, die im voraus seinem Leichnam erwiesen wird: *Laß sie, damit sie es für den Tag meines Begräbnisses tue.*

[1] *Lk* 10,38-42; *Joh* 11,1-45; *Joh* 12,1-11. – [2] J. Escrivá, *Der Weg*, Nr.322. – [3] *Lk* 10,38-42. – [4] vgl. *Joh* 11,1-45; 12,1-9. – [5] J. Escrivá, *Christus begegnen*, 126. – [6] Johannes Paul II., Apost. Schreiben *Christifideles laici*, 30.12.88, 59. – [7] Cassian, *Collationes*, I. – [8] Meister Eckhart, *Die Gottesgeburt im Seelengrund*, Freiburg 1990, S.45. – [9] *Joh* 11,1-44. – [10] Johannes Paul II., *Katechese*, 1.2.1989. – [11] *Regensburger Neues Testament*, Bd.4, Regensburg 1961, S.212. – [12] *Joh* 12,1-11.

IGNATIUS VON LOYOLA

Bericht des Pilgers.
Wie Gott sich in ein Leben einmischt.
Geistliche Lesung.

I. Wenige Jahre vor seinem Tod 1556 gab der heilige Ignatius von Loyola dem wiederholten Drängen seiner geistlichen Kinder nach und diktierte dem jungen Pater Gonçalves Anmerkungen über sein Leben. Des jungen Paters einleitender Bericht läßt spüren, wie ehrfürchtig er dem Heiligen begegnete und wie rückhaltlos dieser ihm sein geistliches Leben anvertraute: Einmal »stand der Vater im Garten nahe beim Hause (...). Ich war gerade dabei, ihm Rechenschaft über einige Einzelheiten meines Seelenlebens abzulegen, und unter anderem sprach ich mit ihm auch über meine Neigung zu eitler Ruhmsucht. Als Mittel dagegen gab mir der Vater an, ich solle oftmals alle meine Anliegen bewußt auf Gott hinlenken und mich darum bemühen, alles, was ich etwa an Gutem in mir fände, Ihm anzubieten, dies so als seine Gabe anzuerkennen und Ihm dafür zu danken. So sprach er zu mir in einer Weise, die mir großen Trost schenkte, so daß ich die Tränen nicht mehr zurückhalten konnte. Der Vater erzählte mir auch, wie er selbst zwei Jahre lang mit diesem Fehler zu kämpfen hatte.«[1]

Bald nach diesem Gespräch begann Ignatius Pater Gonçalves die autobiographischen Notizen zu diktieren. Der »Bericht des Pilgers« beginnt mit dem Pfingstmontag 1521, an dem Ignatius als gerade dreißigjähriger Offizier im Dienst des Königs von Spanien bei der Verteidigung von Pamplona schwer verwundet wurde, und endet mit einem kurzen Hinweis auf die Anfänge seines Ordens in Rom um 1538.

»Bis zum Alter von sechsundzwanzig Jahren war er« – Ignatius selbst ist der Erzähler, sein Sekretär benutzt aber immer die dritte Person – »den Eitelkeiten der Welt ergeben, und hauptsächlich fand er aus einem unbändigen und eitlen Verlangen, sich Ruhm zu gewinnen, sein Gefallen in Waffenübungen.«[2] Er war damals Offizier im Dienste der kaiserlichen Truppen bei der Verteidigung der Festung Pamplona, die von den Franzosen belagert wurde. »Als die Beschießung eine gute Zeitlang gedauert hatte, traf ihn ein Kanonenschuß an einem Bein und brach es vollständig; und da die Kugel auf der Innenseite des Beines durchging, wurde dabei auch das andere Bein schwer verwundet.« Nach einer Zeit in Pamplona wurde er ins Schloß Loyola gebracht. Während der Genesung »war er gezwungen, im Bett zu bleiben. Da er auf die Lektüre von

Büchern mit weltlichem und erfundenem Inhalt schon immer versessen war – man nennt sie gewöhnlich Ritterromane – und da er sich nun gesund genug fühlte, bat er um einige solcher Bücher, um sich damit die Zeit zu vertreiben. Jedoch fand sich in jenem Haus nichts von seiner üblichen Lektüre. Deshalb gab man ihm ein Leben Christi und eine Sammlung von Heiligenleben in spanischer Sprache.«[3] Viele Jahre danach wundert sich Ignatius über seine Empfindungen während jener Zeit als gelangweilter Rekonvaleszent: »Wenn er seine Lektüre unterbrach, richtete er manchmal seine Gedanken auf die Dinge, die er eben gelesen hatte, und dann wieder auf die Dinge der Welt, an die er früher immer gedacht hatte.« Die tollkühnen Phantasien aus den Ritterromanen vermischten sich noch mit Träumen von künftigen Abenteuern am Hof und beim Heer; aber die Taten jener merkwürdigen Gestalten aus dem Heiligenbuch faszinierten ihn immer mehr: »Wie wäre es, wenn ich all das täte, was der heilige Franziskus getan hat, oder das, was der heilige Dominikus tat? (...) Auch diese Gedankengänge dauerten geraume Zeit an. Ihnen folgten, wenn irgend etwas anderes dazwischenkam, die weltlichen Gedanken, und auch bei diesen hielt er sich wieder lange auf.« Bald merkte er einen großen Unterschied: »Wenn er sich mit weltlichen Gedanken beschäftigte, hatte er zwar großen Gefallen daran; wenn er aber dann, müde geworden, davon abließ, fand er sich wie ausgetrocknet und mißgestimmt. Wenn er dagegen über die harten Lebensregeln nachdachte, die er die Heiligen befolgen sah, da erfüllte ihn nicht bloß Trost, solange er sich in solchen Gedanken erging, sondern er blieb zufrieden und froh, auch nachdem er von ihnen abgelassen hatte. (...) Zuerst bemerkte und wertete er diesen Unterschied nicht, bis ihm schließlich eines Tages die Augen des Herzens aufgingen und er sich über diesen Unterschied zu wundern begann. Denn durch die Erfahrung erkannte er, daß bei der einen Art von Gedanken Traurigkeit, bei der andern aber Freude zurückblieb. Diese war die erste der Überlegungen, die er über das geistliche Leben anstellte.«[4] Greifen wir jetzt die Reflexionen des heiligen Ignatius von Loyola über die Vorgeschichte seiner Berufung auf und fragen uns, was wir daraus lernen können.

II. Der Herr zwang den rastlosen Iñigo zur Ruhe. Während der Genesung »empfing er den größten Trost, wenn er den Himmel und die Sterne betrachtete, was er sehr häufig und jeweils lange Zeit hindurch tat. Denn dabei fühlte er in sich eine ganz große Begeisterung, unserem Herrn zu dienen.«[5] Wie bricht Gott in sein Leben ein? Ein widriger Umstand wird zum Anfang seiner inneren

Wandlung. Gott macht sich in der Seele auf verschiedenen Wegen bemerkbar. Manchmal *packt* er die Seele dort, wo sie besonders ansprechbar ist: durch philosophisches Nachdenken, durch sinnenhafte Schönheit, durch ein intensives Gespür für Gerechtigkeit. Aber jedesmal ist es mehr als nur eine Idee; es ist eine neue Wirklichkeit, eine persönliche Begegnung, eine Neugeburt der Seele. Und oft reagiert diese verwundert, dankbar, demütig, wie es eine Heilige unserer Zeit anmerkt: »Ist's möglich, Herr, daß einer neu geboren wird, der schon des Lebens Mitte überschritten? Du hast's gesagt, und mir wird's Wirklichkeit. Des langen Lebens Last an Schuld und Leiden fiel von mir.«[6]

Die Neigungen und Eigenarten des Ignatius wurden allmählich geläutert, veredelt, ins Übernatürliche erhoben. Sein soldatisches Ehrgefühl ließ ihn als Offizier sich der beschlossenen Übergabe der belagerten Festung an den Feind widersetzen und den aussichtslosen Kampf weiterführen; auf diesem edlen Nährboden wächst dann die Ehre, die er im Wahlspruch seines Ordens zusammenfaßt: *Ad maiorem Dei gloriam*. Auch das ritterliche Element bleibt erhalten, nun aber auf die übernatürlichen Ideale bezogen: Man »wollte ihm im Hinblick auf seinen früher gewonnenen hervorragenden Ruf eine ansehnliche Kommandostelle übertragen, wenn er sie nur annehmen wolle. Er erhob nun das Geld und gab Auftrag, einen Teil an bestimmte Personen zu überweisen, denen gegenüber er sich noch verpflichtet fühlte, und den Rest bestimmte er zugunsten eines Bildes Unserer Lieben Frau, das in schlechtem Zustand war, damit man es wieder herrichte und prächtig ausschmücke. (...) Er war in Gedanken mit den Großtaten beschäftigt, die er aus Liebe zu Gott verrichten wollte. Da sein ganzer Sinn noch von jenen Geschichten des Amadís de Gaula und anderer Romane dieser Art erfüllt war, kamen ihm einige ähnliche Gedanken. Daher beschloß er, eine ganze Nacht lang vor dem Altar Unserer Lieben Frau von Montserrat in seinen Waffen Wache zu halten, ohne sich niederzusetzen oder hinzulegen, teils aufrecht stehend, teils kniend. Er hatte den Entschluß gefaßt, dort dann seine bisherigen Kleider abzulegen und das Waffenkleid Christi anzuziehen.«[7] Dort beichtete er und machte mit dem Beichtvater aus, dieser solle dafür Sorge tragen, »daß man in der Kirche am Altar Unserer Lieben Frau das Schwert und den Dolch aufhänge.« Eine rührende Verbindung: Ritterliches Brauchtum und schlichte Frömmigkeit, Minnedienst und Waffengang im Dienste der neuen Herrin und des neuen Ideals. Die Zeit seines Apostolates in Paris, wo er die ersten Gefährten gewinnen wird, ist noch nicht angebrochen, die Zeit des großen

Wirkens in Rom und die Klarheit über seine Sendung in der Kirche sind noch nicht da. Aber alles ist bereit, er hat »das Auge der Seele einfältig gerichtet auf das Ziel alles Geschaffenen«[8].

III. Die Erfahrung des heiligen Ignatius bekräftigt, daß die geistliche Lektüre »viele zu Heiligen gemacht«[9] hat. Als traditionelles Mittel zum Fortschritt im spirituellen Leben und zur Bildung im Glauben unterscheidet sie sich von einer bloß theologisch gefärbten Lektüre. Man greift zu einem geistlichen Buch anders, als man zu einem informativen Sachbuch oder einem intellektuellen Traktat greift. Man sucht nicht in erster Linie Information, sondern geistliche Anregung oder Belehrung: das klare Wort eines Wissenden, den Rat eines Erfahrenen, ein Licht für den Verstand, einen Impuls für den Willen, eine Anregung, die das Herz bewegt. Es kann ein Klassiker der Spiritualität sein, die Lebensbeschreibung oder die Schriften eines heiligen Mannes oder einer heiligen Frau, ein kirchliches Lehrschreiben …

Die heilige Theresia von Avila erzählt, wie hilfreich die geistliche Lesung für das persönliche Gebet sein kann: »Vierzehn Jahre hindurch war ich in solcher Verfassung, daß ich niemals meditieren konnte, wenn ich nicht eine Lesung vor mir hatte.«[10] Die Gedanken und Anregungen der Lektüre werden zum Brennstoff für später, zu einem »Holzstapel«. »Er nimmt sich wie eine nutzlose Anhäufung aus, doch von dorther bezieht das Gedächtnis oft unerwartet den Stoff, der mein Gebet lebendig macht und meine Danksagung nach der Kommunion entzündet.«[11]

Die geistliche Lesung ist außerdem ein Mittel, sich für das apostolische Zeugnis in einer materialistischen Zivilisation vorzubereiten: *Seid stets bereit, jedem Rede und Antwort zu stehen, der nach der Hoffnung fragt, die euch erfüllt.*[12] Gerade in unserer Zeit fällt das Nachlassen christlichen Grundwissens auch bei denen auf, die sich aufrichtig für Christen halten.

Die zwei Bücher, die man Ignatius als Ersatz für seine geliebten Ritterromane brachte, fassen das Wesen geistlicher Literatur zusammen: Das eine war ein *Leben Christi*, das andere eine *Sammlung von Heiligenleben*. Am eindringlichsten vertiefen wir uns indes in das Leben des Herrn, wenn wir uns in die wunderbare Einfachheit der Evangelien begeben. »Vor allem das Evangelium spricht mich während meiner inneren Gebete an«, schreibt die heilige Theresia vom Kinde Jesu; »in ihm finde ich alles, was meiner armen Seele nottut. Ich entdecke darin stets neue Einsichten, verborgene, geheimnisvolle Sinngehalte.«[13] Vielleicht ist es bei uns nicht immer so, aber oft erfahren auch wir, wie die betrachtende Lektüre neue Einsichten erschließt, neue Perspektiven eröffnet; denn dasselbe Wort klingt anders je nach den Nöten, Sorgen oder Freuden des Augenblicks.

Der andere Strom der geistlichen Lesung ist neben dem Evangelium die Beschäftigung mit dem Leben heiligmäßiger Menschen. In seinen *Bekenntnissen* schildert Augustinus die Schlüsselepisode im Garten seines Hauses in Mailand; er hörte »aus dem Nachbarhaus die Stimme eines Kindes im Singsang wiederholen: ›Nimm und lies! Nimm und lies!‹ (...) Ich wußte keine andere Deutung, als daß mir Gott befehle, das Buch zu öffnen und die Stelle zu lesen, auf die ich zuerst träfe.«[14] Es war die Stelle aus dem Römerbrief: *Wie am Tag laßt uns ehrbar wandeln, nicht in Schmausereien und Trinkgelagen, nicht in Wollust und Ausschweifungen, nicht in Streitereien und Eifersüchten. Zieht vielmehr den Herrn Jesus Christus an und pflegt das Fleisch nicht so, daß es lüstern wird.*[15] Theresia von Avila stieß Jahrhunderte später wiederum auf die augustinischen *Bekenntnisse*: »Es kam mir vor, als sähe ich mich selbst darin geschildert, und ich fing an, mich diesem glorreichen Heiligen innig zu empfehlen. Als ich aber zu seiner Bekehrung kam und las, wie er jene Stimme im Garten hörte, da meinte ich nicht anders, als daß der Herr die nämliche Stimme auch mich in meinem Herzen vernehmen ließ.«[16] Edith Stein, noch Agnostikerin, stieß auf das Leben der Theresia, als sie – zu Besuch bei einem befreundeten Ehepaar – eine Nacht-Lektüre suchte: »Ich griff hinein aufs Geratewohl und holte ein umfangreiches Buch hervor. Es trug den Titel: ›Leben der heiligen Theresia von Avila‹, von ihr selbst geschrieben. Ich begann zu lesen, war sofort gefangen und hörte nicht mehr auf bis zum Ende. Als ich das Buch schloß, sagte ich mir: ›Das ist die Wahrheit‹.«[17] Eine eindrucksvolle Kette von Hilfen, von Anregungen, von Impulsen ... Wem wiederum wird die heilige Edith Stein in unserer Zeit helfen?! Schließen wir uns am Ende unseres Gebetes dieser Kette an, die über Maria zu unserem Mittler Jesus Christus und durch ihn zum dreifaltigen Gott hinführt.

[1] Ignatius, *Der Bericht des Pilgers*, Freiburg 1977, Vorwort von P. Gonçalves. – [2] ebd., 1. – [3] ebd., 5. – [4] ebd., 8. – [5] ebd., 11. – [6] Edith Stein, *Helige Nacht*. Zitiert nach: Neyer/Gerl-Falkowitz, *Edith Stein*, Freiburg 1994, S.115. – [7] Ignatius, *Der Bericht des Pilgers*, 13 und 17. – [8] Ignatius, *Exerzitien*, 169. – [9] J. Escrivá, *Der Weg*, Nr.116. – [10] Theresia von Avila, *Weg zur Vollkommenheit*, Kap. 27. – [11] J. Escrivá, *Der Weg*, Nr.117. – [12] *1 Petr* 3,15. – [13] Theresia vom Kinde Jesu, Ms. Autob. A 83v. – [14] Augustinus, *Bekenntnisse*, 8,12. – [15] *Röm* 13,13. – [16] Theresia von Avila, *Leben*, 9,7. – [17] vgl. u.a. *Hirtenwort der deutschen Bischöfe*, 11.10.1998.

4. AUGUST

JOHANNES MARIA VIANNEY, PFARRER VON ARS

Die Identität des Priesters.
Die schlichte Sprache der Heiligkeit.
Ganz Priester.

I. Das Evangelium des Gedenktages vom heiligen Pfarrer von Ars stellt uns Jesus vor Augen: er *sah die vielen Menschen* und *hatte Mitleid mit ihnen; denn sie waren müde und erschöpft wie Schafe, die keinen Hirten haben*[1]. Johannes Maria Vianney – zwei Jahre vor Ausbruch der Französischen Revolution geboren – wäre beinahe gescheitert mit seinem Wunsch, Priester zu werden. Er war bereits neunzehn Jahren alt, als sein Vater ihm erlaubte, die bäuerliche Arbeit zu verlassen und beim Nachbarpfarrer mit Vorbereitungen auf das Priestertum zu beginnen. Als er die lateinische Sprache zu erlernen versuchte, scheiterte er an seiner Unfähigkeit, Vokabeln zu behalten. Im Priesterseminar dann kam die Qual der theologischen Fächer hinzu. Nach einiger Zeit wurde er wegen mangelnder Fähigkeit wieder nach Hause geschickt. »Gott ließ es zu, daß ausgerechnet der größte Priester, den Frankreich im 19. Jahrhundert hervorgebracht hat, von der Kirche zuerst des

Priesteramtes für unfähig erklärt wurde.«[2] Sein väterlicher Freund, der Pfarrer von Ecully, half ihm, den harten Schlag zu verkraften, und setzte sich für ihn beim Generalvikar ein. Dieser ließ sich – in Abwesenheit des Bischofs zuständig – überzeugen, Vianney sei, wenn auch intellektuell unbeholfen, sehr fromm: »Gut, dann berufe ich ihn. Die Gnade Gottes wird das übrige tun.«[3] Mit neunundzwanzig Jahren wurde er endlich zum Priester geweiht. »Oh, was ist doch der Priester etwas Großes! Was Priestersein bedeutet, wird man erst im Himmel recht erfassen. Würde man es schon auf Erden verstehen, man würde sterben, nicht vor Entsetzen, sondern vor Liebe!«[4]

Viele fragen heute nach der *Identität des Priesters*. Die Antwort des Glaubens ist klar. »Christus selbst ist im kirchlichen Dienst des geweihten Priesters in seiner Kirche zugegen als Haupt seines Leibes, Hirt seiner Herde, Hoherpriester des Erlösungsopfers und Lehrer der Wahrheit. Die Kirche bringt dies zum Ausdruck, indem sie sagt, daß der Priester kraft des Weihesakramentes ›in der Person Christi des Hauptes‹ (*in persona Christi capitis*) handelt.«[5] Mit anderen Worten: »Der Priester findet die volle Wahrheit seiner Identität darin, sich von Christus herzuleiten, in besonderer Weise an Christus teilzuhaben und eine Weiterführung Christi, des einzigen Hohenpriesters des Neuen und Ewigen Bundes, zu sein.«[6] Der heilige Pfarrer von Ars kommt nicht auf den Gedanken, darin könnte ein Problem liegen: »Hätten wir genug Glauben«, sagt er in einer Katechese, »würden wir beim Gang des Priesters zum Altar unseren Herrn gewahren, wie er auf den Kalvarienberg geht, oder vielmehr unseren Herrn, wie er beim Abendmahl Brot und Wein segnet.« Ähnlich äußert sich in unserer Zeit der selige Josemaría Escrivá: »Darin liegt die Identität des Priesters: er ist direktes, täglich wirkendes Werkzeug des Heiles, das Christus uns verdient hat.«[7]

Jener muß wachsen, ich aber abnehmen[8] – wie oft mag Johannes Maria Vianney die Worte seines Namenspatrons betrachtet haben! Johannes der Täufer verstand sich als Wegbereiter, als Brücke zu Christus. Der Priester hat auch dies zu sein. Die Bemerkung eines berühmten Cellisten ist da aufschlußreich. Er meint, besonders junge Musiker sollten bedenken, ihr Beruf als Musiker sei dem Priesterberuf ähnlich: »Denn da kommen einige aufs Podium und sind ungeheuer nervös (...). Sie denken nämlich nur an die Aufführung, nicht aber primär an die Schönheit der Musik. Wenn ein Priester in der Kirche einen Gottesdienst hält, muß er sehr, sehr stolz sein; denn er steht zwischen Gott und den Menschen. Und er muß wissen, daß nicht seine, sondern Gottes Worte das Größte sind. Er muß sich mit unendlicher Freude als Brücke verstehen zwischen den Menschen und Gott. Und ich mache dasselbe zwischen den Komponisten und den Menschen.«[9]

Nicht *diese* oder *jene* Person, sondern Christus soll am Altar *sichtbar* werden. Vom Mainzer Kardinal Volk ist eine launige Antwort auf das penetrante Fragen eines Jungpriesters überliefert, weshalb er die heilige Messe in liturgischer Kleidung zu feiern habe; der genervte Kardinal gab ihm schließlich lakonisch zur Antwort: »Damit Sie dahinter verschwinden, Sie Hornochse!«

II. »Es gibt sehr wenig Gottesliebe in der Pfarrei. Sie werden sie zu wecken haben.« Vom Generalvikar gewarnt, machte sich Vianney auf den Weg nach Ars, einem Dorf von zweihundertdreißig Seelen in der Nähe von Lyon. »Nach den Geschehnissen der Französischen Revolution und der napoleonischen Wirren war auch dieses weltabgelegene Nest von einer unerfreulichen Nachkriegsstimmung angesteckt worden. Die Sitten waren gelockert, und das religiöse Leben hatte starke Einbuße erlitten.«[10] Es heißt, daß die vier Wirtshäuser stets überfüllt, die jungen Leute leidenschaftlich dem Tanz ergeben waren. Ging es in Ars schlimmer zu als in den anderen Dörfern und Pfarreien der Umgebung? Wahrscheinlich nicht. Warum wandte sich

Vianney so streng gegen das Vergnügen? Hätte er nicht heiteren Herzens wie Philipp Neri vor ihm, wie Johannes Bosco nach ihm reagieren können? Ohne Zweifel, aber ihm fehlte das Gespür dieser Heiligen für das Schöne und das Heitere an den irdischen Freuden, und er sah nur die schreckliche Verwahrlosung der Menschen im Dorf, ihre stumpfe Gleichgültigkeit gegenüber Gott und dem Sinn des Lebens. Seine Pfarrkinder merkten, daß die übermäßige Strenge aus einer großen Liebe zu ihnen kam, und sie erwiderten diese Liebe. Als er – viermal sogar – versuchte, heimlich Ars zu verlassen, um sich in ein beschauliches Kloster zurückzuziehen, setzten die Leute im Dorf alles in Bewegung, daß er bleibe. Er, der Gestrenge, wurde nicht weniger gemocht als die lustigen Johannes Bosco und Philipp Neri. Liegt darin nicht eine Lehre für uns verborgen? Wie verschieden sind die Heiligen und wie ähnlich die Früchte, die sie bringen! Denn diese Früchte wachsen nicht auf dem Erdreich eigener Begabungen oder Bevorzugungen, sondern sie werden durch Gebet und Opfer erlangt. Gebet vor dem Allerheiligsten, handfeste Bußübungen, stundenlanges Beichthören waren für Vianney das Wichtigste im Ringen um die Bekehrung seiner Pfarrkinder.

Bald verbreitete sich sein Ruf in ganz Frankreich, Tausende pilgerten zu ihm, bereit, tagelang zu warten, um bei ihm beichten zu können. Was suchten die Leute an ihm? Die schlichte Sprache der Heiligkeit: »Schaut, meine Lieben, der Schatz des Christen ist nicht auf der Erde, sondern im Himmel. Unser Denken muß sich also dahin richten, wo unser Schatz ist. Dies ist die schöne Aufgabe des Menschen: zu beten und zu lieben. Wenn ihr betet und liebt, seht, das ist das Glück des Menschen auf Erden.«[11] Als später Papst Pius XI. den Pfarrer von Ars zum Patron aller Pfarrer und Seelsorger machte, mag er an dessen feines Gespür für soziale Probleme, an die Gründung des Waisenhauses »La Providence« und einer Volksschule für Mädchen, gedacht haben, aber besonders dachte der Papst an Vianneys Bemühen, das heilende, befreiende Erbarmen Gottes unter den Menschen durch das Sakrament der Sündenvergebung zu vergegenwärtigen.

Der Gedenktag des heiligen Pfarrers von Ars lädt uns zum Nachsinnen über die Beichte ein. Wie halten wir die Gewissenserforschung? Prüfen wir die tieferen Ursachen für unsere Sünden und nicht nur einzelne Verfehlungen? Bereuen wir unsere Sünden als Beleidigung Gottes und nicht bloß als falsches Verhalten? Das Bekenntnis der Sünden ist eine Selbstanklage in Demut und Aufrichtigkeit und nicht bloß ein sachlicher Bericht. Wir sollen uns gut darauf vorbereiten: gläubig, dankbar, demütig, in Reue, mit einem guten Vorsatz. Und wenn wir die auferlegte Buße verrichten, sollen wir bedenken, daß das milde Bußwerk mehr ist als nur eine kurze Frömmigkeitsübung: ein Werk der Sühne und der Wiedergutmachung: »Meine Kinder, man muß darum beten, daß man seine Sünden gut bereut. Nachdem man sie gebeichtet hat, muß man den Stachel der Reue im Herzen behalten und seine Sünden nicht aus dem Auge verlieren. Es sollte uns geschehen wie dem heiligen Franziskus: ein Engel pflanzte ihm fünf Stacheln ein, die ständig in ihm blieben. Nach einer guten Beichte habt ihr den Teufel in Ketten gelegt.«[12]

III. Ein zeitgenössischer Rationalist soll empört angemerkt haben, es sei »widerlich, daß dieser Pfarrer von Ars das 19. Jahrhundert zu stören sich erkühnt hat«[13]. In der Tat: »Das große Aufleuchten des Supranaturalen, das 1856 von Lourdes und von 1818 bis 1859 von Ars ausging, geschah vor einem sehr selbstbewußten Hintergrund des Triumphes der Natur, der Ratio, des Staates – omnipotent und liberal.«[14] Wie reagierte der Pfarrer von Ars auf den übersteigerten Rationalismus und auf die überzüchtete Glaubenskritik seiner Zeit? Er bekräftigte mit selbstverständlicher Schlichtheit die Realität des Übernatürlichen und lehrte die Menschen beten: »Meine Kinder, ihr habt ein enges Herz, aber das Gebet weitet es und macht es fähig, Gott zu lieben. (....) Das Gebet bewirkt, daß die Zeit schnell und mit solcher Freude voranschreitet, daß der Mensch die lange Dauer nicht merkt. Hört: Als ich Pfarrer in Bresse war und einmal fast alle meine Mitbrüder krank waren, betete ich auf dem weiten Weg zu Gott, und – glaubt mir – die Zeit schien mir nicht lang.«[15]

Der Heilige sah sein Priestertum als einen Dienst, »ganz für Christus und die Menschen da. Es hängt völlig von Christus und seinem einzigen Priestertum ab und wurde zugunsten der Menschen und der Gemeinschaft der Kirche eingesetzt. (...) Die Ausübung dieser Vollmacht hat sich somit nach dem Vorbild Christi zu richten, der aus Liebe sich zum Letzten und zum Diener aller gemacht hat.«[16] Er kannte die Grenzen seines Dienstes und wußte, daß die Menschen in ihm nicht den Richter oder Schlichter[17] in irdischen Angelegenheiten suchten. Heute ist es wichtig, dies klar zu sehen; denn »nach dem Konzil ist da und dort der Eindruck entstanden, als gäbe es nun Vordringlicheres zu tun, als das Wort Gottes zu verkünden und die Sakramente zu spenden. Manche meinten, man müsse erst einmal eine andere Gesellschaft herstellen, bevor man sich für solche Dinge wieder Zeit nehmen könne. Solchen Auffassungen lag eine geistige Erblindung zugrunde, die nur noch die materiellen Werte wahrzunehmen vermochte und vergaß, daß der Mensch immer das Ganze braucht, die Antwort auf den Hunger des Leibes und der Seele. Auch die Fragen der Seele lassen sich nicht aufschieben. Im Gegenteil, ihre Verschiebung oder Ausklammerung provoziert erst die anderen Probleme und macht sie immer unlösbarer.«[18]

Johannes Maria Vianney lehrt uns, was es heißt, ganz Priester zu sein, ganz Diener zu sein. »Alle Fragen des Jahrhunderts, alle seine Irrtümer, alle Vergnügungen und alle Ängste danach brandeten schließlich an die Stufen der kleinen Kirche von Ars: ganz einfach, weil dies die Kirche eines heiligen Priesters war.«[19]

Die Berufung zum Priester ist »ein Geschenk für die ganze Kirche, ein Gut für ihr Leben und ihre Sendung«; deshalb ist die Kirche gerufen, »dieses Geschenk zu hüten, es hochzuschätzen und zu lieben: Sie ist verantwortlich für das Entstehen und Heranreifen der Priesterberufe«[20]. Die Sorge um Priesterberufungen muß allen Gliedern der Kirche gemeinsam sein, sie muß »im Zentrum der Liebe jedes Christen zu seiner Kirche stehen«[21]. Bitten wir den Herrn um Berufungen zum Priestertum und schaffen wir in unseren Familien eine Atmosphäre, die sie fördern kann. Wie groß sollte die Freude in einer Familie sein, wenn Gott sie mit diesem Geschenk segnet! Beten wir für alle Priester: für jene, die uns nahestehen; für jene, die in geistiger Not sind; für jene, die ihr Amt aufgegeben haben; für jene, die treu ihrer Berufung folgen.

Papst Johannes Paul II. beschließt das Apostolische Schreiben *Pastores dabo vobis* über die Priester mit einem langen Gebet zu »Maria, Mutter Jesu Christi und Mutter der Priester.« Schließen wir uns seinem Gebet an:

»Mutter Christi, dem Messias und Priester hast Du einen menschlichen Leib geschenkt durch die Kraft des Heiligen Geistes, zum Heil der Armen und der im Herzen Betrübten: behüte die Priester in Deinem Herzen und in der Kirche, Mutter des Erlösers. (...)

Mutter der Kirche, inmitten der Jünger im Abendmahlssaal hast Du zum Heiligen Geist gebetet für das Neue Volk und die Hirten: erhalte dem Priesterstand die Früchte der Gaben, Königin der Apostel.

Mutter Jesu Christi, Du warst bei Ihm in den Anfängen seines Lebens und seiner Sendung; Ihn, den Meister, hast Du in der Menschenmenge gesucht, Ihm bist du beigestanden, da er von der Erde erhöht wurde und sich hingab als das eine und ewige Opfer; Du hattest Johannes bei Dir, Deinen Sohn: nimm an, die von Anfang an gerufen sind, schütze ihr Wachsen, begleite Deine Söhne in ihrem

Leben und Dienst, Mutter der Priester. Amen!«

[1] *Mt* 9,35-10,1. – [2] W. Nigg, *Große Heilige*, Zürich 1986, S.456. – [3] F. Trochu, *Der heilige Pfarrer von Ars*, Stuttgart 1952, S.79. – [4] ebd., S.83. – [5] *Katechismus der Katholischen Kirche*, 1548. – [6] Johannes Paul II., Apost. Schreiben *Pastores dabo vobis*, 25.3.1992, 12. – [7] J. Escrivá, Homilie *Priester auf ewig*, Köln 1973, S.28. – [8] *Joh* 3,30. – [9] M. Rostropowitsch, Interview in der Tageszeitung *Die Welt*, 11.7.1988. – [10] W. Nigg, *Große Heilige*, S.457. – [11] vgl. Lektionar zum Stundenbuch. – [12] *Ausgewählte Gedanken des hl. Pfarrers von Ars*, Leutesdorf 1973, S.53. – [13] W. Nigg, *Große Heilige*, S.447. – [14] Th. Schnitzler, *Die Heiligen im Jahr des Herrn*, Freiburg 1978, S.265. – [15] vgl. Lektionar zum Stundenbuch. – [16] *Katechismus derKatholischen Kirche*, 1551. – [17] vgl. *Lk* 12,13-14. – [18] J. Kard. Ratzinger, *Diener eurer Freude*, Freiburg 1988, S.81. – [19] J. de Fabrègues, *J. M. Vianney, der Zeuge von Ars*, Freiburg 1957, S.148. – [20] Johannes Paul II., Apost. Schreiben *Pastores dabo vobis*, 41. – [21] ebd.

WEIHE DER BASILIKA SANTA MARIA MAGGIORE IN ROM

Anbetendes, gläubiges Staunen.
Ephesus – Dei Genitrix, Theotókos.
Rom – Salus Populi Romani.

I. Lassen wir heute Geschichte und Legende, jede auf ihre Art, in unserer Meditation zu Wort kommen. Nach Auskunft der Geschichte geht der heutige Gedenktag auf die Weihe der Basilika Santa Maria Maggiore auf dem Esquilin-Hügel in Rom zurück. Ein erster Bau aus der Mitte des 4. Jahrhunderts wurde 435 erweitert und der Mutter Gottes geweiht zur Erinnerung an das Konzil von Ephesus, das vier Jahre zuvor die Gottesmutterschaft Marias ausdrücklich bestätigt hatte. Die Legende wiederum erzählt vom Ursprung des früheren Namens *Maria Schnee.* Der römische Patrizier Johannes und seine Frau wollten eine Kirche zu Ehren der Gottesmutter errichten lassen, und sie erfuhren in einem Traum, sie solle an der Stelle gebaut werden, wo am nächsten Morgen frischer Schnee falle. Und tatsächlich habe es auf dem Esquilin geschneit – mitten in der Hitze des August.

Vielleicht verweist die Legende auf die *reine Jungfrau* und Helferin »in der Hitze der Leidenschaften, die die Menschheit verzehren«[1]. Oder will das Bild einer verschneiten Landschaft mitten im Sommer auf Unerhörtes hinweisen – die Menschwerdung Gottes im Schoß der Jungfrau? Noch ein anderes Bild kommt uns in den Sinn – dem ersten entgegengesetzt und doch ähnlich – von »Maria, der Reinen«: vom »Röslein«, das »mitten im kalten Winter wohl zu der halben Nacht«[2] blüht. Weihnachtliche Anspielungen. Und tatsächlich wird in der Krypta von Santa Maria Maggiore – ursprünglich als Nachbildung der Höhle von Betlehem gebaut – die Reliquie verehrt, die der Überlieferung nach als die Krippe von Betlehem gilt. Dies macht Santa Maria Maggiore zu einer Weihnachtskirche, »gleichsam als Schale herumgebaut um den Stall von Betlehem, der hier seinerseits als Bild der Welt und der Kirche Gottes verstanden ist«[3].

Das Staunen aller Geschöpfe vor dem unfaßbaren Geheimnis der Menschwerdung klingt in der uralten marianischen Antiphon *Alma Redemptoris Mater, erhabne Mutter des Erlösers*[4] an. Sie verbindet den liturgischen Lobpreis des Menschen mit dem Staunen der gesamten Schöpfung: *Du hast geboren, der Natur zum Staunen, deinen heiligen Schöpfer.* »Wie wunderbar weit ist Gott, der Schöpfer und

Herr aller Dinge, in der ›Offenbarung seiner selbst‹ an den Menschen gegangen! Wie deutlich hat er alle Räume jener unendlichen ›Distanz‹ überwunden, die den Schöpfer vom Geschöpf trennt! Wenn er schon in sich selbst unaussprechlich und unerforschlich bleibt, so ist er noch unaussprechlicher und unerforschlicher in der Wirklichkeit der Inkarnation des göttlichen Wortes, das durch die Jungfrau von Nazaret Mensch geworden ist.«[5]

Während des Konzils von Ephesus predigte der heilige Cyrill: »Durch dich leuchtete der eingeborene Sohn Gottes als Licht den Menschen auf (...). Welcher Mensch könnte das Lob Mariens würdig singen? Sie ist Mutter und Jungfrau zugleich. O welch staunenswertes Wunder!«[6] Betendes, anbetendes, gläubiges Staunen über die Großtaten Gottes – so wollen wir diesen Abschnitt unseres Gebetes beschließen.

II. *Du wirst ein Kind empfangen, einen Sohn wirst du gebären.*[7] Die lateinische Kirche betont mit dem Titel *Dei Genitrix* eher das erste Moment, die Empfängnis; die griechische Kirche ihrerseits betont mit dem Titel *Theotókos* eher das zweite Moment, die Geburt. Im Hintergrund beider Aussagen steht die eine Wirklichkeit: *Das Wort ist Fleisch geworden und hat unter uns gewohnt.*[8] In den Anfangszeiten des christlichen Glaubens, da dieser noch nicht theologisch ausformuliert war, taten sich viele mit der Annahme einer echten Menschwerdung des Sohnes Gottes schwer. »Die ersten Häresien haben weniger die Gottheit Christi als sein wahres Menschsein geleugnet.«[9] Viele scheuten sich, die staunenswerte Erniedrigung Gottes anzunehmen und flüchteten sich in Erklärungsversuche, die uns heute abstrus vorkommen. Wird es nicht so gewesen sein, behaupten die einen, daß Christus einen »Scheinleib«, also keinen wirklichen menschlichen Körper annahm? Andere räumten ein, Jesus sei von Maria zwar geboren, aber nicht in ihr empfangen worden: »Vom Himmel in die Jungfrau gesandt, ging er aus ihr eher wie aus einem Durchgang als durch wahre Empfängnis hervor; durch sie, nicht von ihr, indem die Jungfrau ihm nicht Mutter, sondern Weg war.«[10]

Indem die Kirche von Anfang an das Geheimnis der Menschwerdung bekennt, bekennt sie zugleich, daß Maria *Mutter Gottes* ist. Dies ist die älteste und wichtigste dogmatische Aussage über Maria und das Fundament ihrer Würde. »Im Neuen Testament wird Maria nicht ausdrücklich als die *Mutter Gottes* bezeichnet. Was wir aber finden, sind jene Aussagen, mit denen sich dann in der Folgezeit die Kirche unter der Führung des Heiligen Geistes auf das sorgfältigste auseinandersetzte und von denen sich letztlich erweisen sollte, daß sie diese Wahrheit gewissermaßen *in nuce* bereits in sich bergen.«[11]

Als das Konzil von Ephesus (431) nach einer verbindlichen dogmatischen Formulierung suchte, wurde eine Verständigung nicht nur durch »die Unterschiede theologischer Traditionen und kirchenpolitischer Interessen«[12], sondern auch durch die persönlichen Animositäten zwischen Cyrill und Nestorius und die Rivalität zwischen Alexandrien und Konstantinopel erschwert. Dies festzustellen lenkt nicht vom Ernst des Gebetes ab; ja, es ist lehrreich, weil ernüchternd. Am Ende wurde bekräftigt, »daß der Emanuel wahrhaftig Gott ist und deshalb die heilige Jungfrau Gottesgebärerin ist, denn sie hat das Wort, das aus Gott ist und Fleisch wurde, dem Fleisch nach geboren«[13]. Das Konzil traf »eine deutlich mariologische Aussage, die sich als Konsequenz und im Dienst der Wahrheit über Christus zu erkennen gibt«[14].

Santa Maria Maggiore – die erste unter den rund achtzig Marienkirchen Roms und die erste unter diesem Titel in der abendländischen Christenheit – ist ein »Memorialbau der Theotokos«[15], der Gottesgebärerin, genannt worden. Sie erinnert daran, daß Gott in unsere Zeit und in unsere Geschichte hinabgestiegen ist. Die Mosaiken auf den beiden Längsseiten des Kirchenschiffs lassen sich von hier her deuten. Sie »legen sozusagen die ganze Geschichte als Prozession der Menschheit zum Erlöser aus. In der Mitte, über dem Triumphbogen, am Zielpunkt der Wege, an dem die Geburt Christi dargestellt sein müßte, finden wir statt dessen nur einen leeren Thron und auf ihm eine Krone, einen Herrschermantel und das Kreuz; auf dem Fußschemel liegt wie ein Kissen das Bündel der Geschichte, von sieben roten Fäden zusammengehalten.«[16] In der Lesung[17] ist der Thron nicht mehr leer. Da sind *der erste Himmel und die erste Erde vergangen*, da hat die Geschichte ihren Lauf vollendet. Der Seher hört *eine laute Stimme vom Thron her rufen: Seht, die Wohnung Gottes unter den Menschen!* Und er sieht *die heilige Stadt, das neue Jerusalem, von Gott her aus dem Himmel herabkommen.* Und er hört wie *Er, der auf dem Thron saß, sprach: Ich mache alles neu.*

III. *Als Jesus zum Volk redete, rief eine Frau aus der Menge ihm zu: Selig die Frau, deren Leib dich getragen und deren Brust dich genährt hat.*[18] Der Herr greift das begeisterte Kompliment auf und hebt es auf eine höhere Ebene: *Selig sind vielmehr die, die das Wort Gottes hören und es befolgen.* Der heilige Augustinus erläutert das Wort: »Seliger ist Maria dadurch, daß sie den Glauben an Christus vollzog, als daß sie das Fleisch Christi empfing. Die mütterliche Nähe hätte ihr nichts genutzt, wenn sie nicht glücklicher Christus im Herzen als im Leibe getragen hätte.«[19]

Siehe, von nun an preisen mich selig alle Geschlechter.[20] Mit diesem Wort im Hause Elisabets beginnt ein Marienlob, das mit der unbekannten Frau im heutigen Evangelium anhebt. Es setzt sich fort durch die Jahrhunderte in Gebeten und Liedern, Volksbräuchen und Gedichten, Gnadenbildern und Hausaltärchen, Kathedralen, Dorfkirchen, Waldkapellen. Auch die Basilika, deren Weihetag wir heute feiern, ist auf diesem Weg ein Markstein. In ihr wird das Bild verehrt, das die Römer *Salus Populi Romani*, »Heil des römischen Volkes«, nennen. »Nach der Überlieferung ist es das Bild, das Gregor der Große im Jahr 590 bei einer Prozession durch die Straßen Roms trug, als die Pest in der Stadt wütete. Am Ende der Prozession erlosch die Seuche, Rom war wieder gesund geworden. Der Name des Bildes will uns sagen: An ihm kann Rom, von ihm her können die Menschen immer wieder gesund werden. Aus dieser zugleich jugendlichen und ehrwürdigen Gestalt, aus ihren wissenden und gütigen Augen blickt uns die mütterliche Güte Gottes an. ›Ich will euch trösten, wie eine Mutter tröstet‹, sagt Gott zu uns durch den Propheten Jesaja (66,13). Das mütterliche Trösten vollzieht Gott offenbar am liebsten durch die Mutter, durch seine Mutter, und wen könnte es wundern? Vor diesem Bild fällt von uns die Selbstgerechtigkeit ab; es lösen sich die Verkrampfungen unseres Hochmuts, die Angst vor dem Gefühl und alles das, was uns inwendig krank macht.«[21]

Mitten in Rom ist Santa Maria Maggiore eines der wichtigsten Ziele für die Pilger. Eine der bewegendsten Wallfahrten dorthin war der Besuch Papst Pauls VI. zusammen mit vielen Konzilsvätern am Nachmittag des 21. November 1964, am Ende der dritten Sitzungsperiode des Zweiten Vatikanischen Konzils. An jenem Vormittag war die dogmatische Konstitution *Lumen gentium* über die Kirche feierlich verkündet worden. Deren letztes Kapitel trägt den Titel: »Die seligste Jungfrau und Gottesmutter Maria im Geheimnis Christi und der Kirche«. Papst Paul VI. hatte am Morgen jenes Tages Maria zum erstenmal *Mutter der Kirche* genannt. »Wenn wir auf die Kirche selbst schauen, dann müssen wir auch voller Liebe die wunderbaren Taten betrachten, die Gott an seiner heiligsten Mutter geschehen ließ. Und so wird die Kenntnis der katholischen Lehre über die heilige Jungfrau Maria immer eine effektive Hilfe darstellen, in rechter Weise in das Verstehen des Geheimnisses Christi und seiner Kirche einzudringen. Daher erklären Wir die heiligste Jungfrau Maria – zu ihrer Ehre und zu unserem Trost – zur *Mater Ecclesiae* – zur *Mutter der Kirche* – und damit zur Mutter des ganzen christlichen Volkes, der Gläubigen wie der Hirten, die sie als ihre liebende Mutter anrufen.«[22] Paul VI. griff am Nachmittag beim Besuch in Santa Maria Maggiore diese Worte auf – ein ferner Nachklang der Predigt des Cyrill während des Konzils von Ephesus in der dortigen – heute zerstörten – Marienkirche: »Sei uns gegrüßt, heilige, geheimnisvolle Dreifaltigkeit; denn du hast uns alle in dieser Kirche der heiligen Gottesgebärerin zusammengeführt. Sei uns gegrüßt, Gottesgebärerin, du kostbarer Schatz der ganzen Erde, du nie erlöschende Lampe, du Krone der Jungfräulichkeit, du Zepter des wahren Glaubens, du unzerstörbares Heiligtum, du Ort dessen, den kein Ort umfaßt, Mutter und Jungfrau! Du hast in deinem Schoß umfangen, den kein Raum zu fassen vermag.«[23]

[1] Th. Schnitzler, *Die Heiligen im Jahr des Herrn*, Freiburg 1978, S.266. – [2] Weihnachtslied *Es ist ein Ros entsprungen*. – [3] J. Kard. Ratzinger, *Bilder der Hoffnung – Wanderungen im Kirchenjahr*, Freiburg 1997, S.28. – [4] Antiphon *Alma Redemptoris Mater*. – [5] Johannes Paul II., Enz. *Redemptoris Mater*, 51. – [6] Cyrill von Alexandrien, *Homilie während des Konzils von Ephesus*. – [7] *Lk* 1,31. – [8] *Joh* 1,14. – [9] *Katechismus der Katholischen Kirche*, 465. – [10] Tertullian, *Gegen die Valentinianer*, 27,1. – [11] R. Cantalamessa, *Maria, ein Spiegel für die Kirche*, Köln 1992, S.79. – [12] H. J. Vogt, *Die Gottesmutterschaft Mariens auf dem Konzil von Ephesus* in: G. Rovira (hrsg.), *Das Zeichen des Allmächtigen*, Würzburg 1980, S.89. – [13] DH 252. – [14] H. J. Vogt, *Die Gottesmutterschaft Mariens auf dem Konzil von Ephesus*, S.86. – [15] Th. Schnitzler, *Die Heiligen im Jahr des Herrn*, S.267. – [16] J. Kard. Ratzinger, *Bilder der Hoffnung – Wanderungen im Kirchenjahr*, S.26. – [17] *Offb* 21,1-5a. – [18] *Lk*

11,27-28. – [19] Augustinus, *Über die Jungfräulichkeit*. – [20] *Lk* 1,48. – [21] J. Kard. Ratzinger, *Bilder der Hoffnung – Wanderungen im Kirchenjahr*, S.30. – [22] Paul VI., *Ansprache an das Konzil*, 21.11.1964. – [23] Cyrill von Alexandrien, *Homilie während des Konzils von Ephesus*.

VERKLÄRUNG DES HERRN

Zeugen seiner Herrlichkeit.
Auf ihn hören im Gebet.
Zur Herrlichkeit berufen.

I. Das geheimnisvolle Ereignis der Verklärung des Herrn steht in einem bezeichnenden Zusammenhang. Petrus hat kurz zuvor Jesus als *den Sohn des lebendigen Gottes* bekannt; dann hat Jesus begonnen, *seinen Jüngern zu erklären, er müsse nach Jerusalem gehen und (...) vieles erleiden; er werde getötet werden, aber am dritten Tag werde er auferstehen.*[1] Petrus will sich widersetzen, auch die anderen Jünger begreifen die Ankündigung nicht. *Sechs Tage danach nahm Jesus Petrus, Jakobus und dessen Bruder Johannes beiseite und führte sie auf einen hohen Berg. Und er wurde vor ihren Augen verwandelt.* Achten wir auf die unterschiedlichen Nuancen.[2] Markus betont, daß Jesus *nur sie allein* mitnahm; Lukas ergänzt, der Herr sei auf den Berg gestiegen, *um zu beten.* Im Folgenden spürt man das Unvermögen der Sprache, die an die Grenzen des Sagbaren stößt. Matthäus – und ähnlich Lukas – schreibt: *Seine Kleider wurden blendend weiß wie das Licht*; bei Markus heißt es: *strahlend weiß, so weiß, wie sie auf Erden kein Bleicher machen kann. Da erschien vor ihren Augen Elija und mit ihm Mose, und sie redeten mit Jesus.* Von Lukas erfahren wir, wovon sie mit dem Herrn sprachen: *von seinem Ende, das sich in Jerusalem erfüllen sollte.* Wir erinnern uns: dies war das Thema der unverstanden gebliebenen Apostelbelehrung gewesen; und Jesu Tod wird auch Thema des Gespräches mit den Dreien *während sie den Berg hinabstiegen:* er *verbot ihnen, irgendjemand zu erzählen, was sie gesehen hatten, bis der Menschensohn von den Toten auferstanden sei.*

Dieselben Apostel, die später in Getsemani bei Jesus sind, werden auf dem Berg Zeugen seiner Herrlichkeit. »Nun also würdigt Jesus den dereinstigen Stellvertreter und Nachfolger Simon Petrus, den ersten künftigen Märtyrer-Apostel Jakobus (den Älteren) und Johannes, den menschlich geliebten Freund, als erste Sterbliche sinnenhaft die vergöttlichte menschliche Leiblichkeit des Herrn als eine ewige Frucht der kommenden Passion wahrzunehmen, die vergöttlichte Leiblichkeit, die den durch Jesus Christus erlösten Menschen nach Tod und Gericht erwartet. Sie dürfen einen Vorblick auf die Auferstehung des Leibes tun, die der *sichtbare* Ausdruck der Erlösung ist.«[3]

Das Licht, das aus Christus erstrahlte, war »ein reales Enthülltwerden und eine Selbstenthüllung des Gottmenschen«[4]. Es überstrahlte und durchleuchtete Vergangenheit und Zukunft: alle alten Verheißungen von Gesetz und Propheten – Elija und Mose –, sowie das kommende erlösende Leid. »Moses und Elias, die mit Jesus Zwiesprache halten, haben viele Jahrhunderte vor ihm gelebt; nun aber sind sie wirklich zur Stelle, und die Verklärung des Menschenleibes Christi, die aus dem Kreuzestod, der der für alle Menschen zu erlegende Preis ist, hervorgehen wird, ›Zukunft‹ also noch, ist hier Gegenwart; nicht anders, wie die Eucharistie im Abendmahlssaal am Gründonnerstag das vorweggenommene, unblutige Kreuzesopfer und wie jede Heilige Messe das unblutig wiederholte Golgota ist. Gott ist Allgegenwart, und er kann in seiner Schöpfung, wann und wie immer er will, Vergangenheit und Zukunft gegenwärtigsetzen.«[5]

Wie können wir das Ereignis in unseren Alltag einbetten? »Am Beginn des öffentlichen Lebens steht die Taufe, am Beginn des Pascha die Verklärung. Bei der Taufe Jesu wurde ›das Geheimnis der ersten Neugeburt kundgetan‹: unsere Taufe; die Verklärung ist ›das Sakrament der zweiten Wiedergeburt‹: unserer Auferstehung. Schon jetzt haben wir an der Auferstehung des Herrn Anteil durch den Heiligen Geist, der in den Sakramenten der Kirche, des Leibes Christi, wirkt. Die Verklärung gibt uns eine Vorahnung der Wiederkunft Christi in Herrlichkeit, ›der unseren armseligen Leib verwandeln wird in die Gestalt seines verherrlichten Leibes.‹ (*Phil* 3,21). Sie sagt uns aber auch, daß wir ›durch viele Drangsale (...) in das Reich Gottes gelangen‹ müssen (*Apg* 14,22).«[6]

II. »Das sind die göttlichen Wunder des heutigen Festes, dies ist das heilbringende Mysterium, das für uns auf dem Berg vollendet wurde; dies die Festfeier und der Lobpreis Christi, der uns heute zusammengeführt hat. Um in die Tiefe dieses Mysteriums zusammen mit den Auserwählten unter den von Gott mit heiligem Geist erfüllten Jüngern einzudringen, wollen wir die göttliche, heilige Stimme vernehmen, die uns gewissermaßen aus der Höhe, vom Gipfel des Berges her eindringlich mahnend zusammenruft.«[7] Diese Stimme spricht: *Das ist mein geliebter Sohn; auf ihn sollt ihr hören.* In der Lesung[8] bekräftigt der Apostel Petrus, er und seine Begleiter seien *nicht irgendwelchen klug ausgedachten Geschichten gefolgt*, sondern seien *Augenzeugen seiner Macht und Größe* gewesen. *Er hat von Gott, dem Vater, Ehre und Herrlichkeit empfangen; denn er hörte die Stimme der erhabenen Herrlichkeit, die zu ihm sprach: Das ist mein geliebter Sohn, an dem ich Gefallen gefunden habe. Diese Stimme, die vom Himmel kam, haben wir gehört, als wir mit ihm auf dem heiligen Berg waren.*

Diese Stimme wollen auch wir jetzt hören, in der Sammlung des Gebetes. Was ist

Gebet anders als *Auf ihn hören*? Wir sprechen mit dem Herrn über unsere Arbeit, unsere Familie, unsere Freunde. Und er spricht zu uns und will uns mit seinen Anregungen zu einer freudigeren Erfüllung unserer Pflichten, zu einem entschlosseneren Zeugnis hinführen und uns mehr Licht in den Aufgaben unseres alltäglichen Lebens schenken.

Auf ihn hören erfordert innere Stille, ein Schweigen vor Gott, ohne Worte. Wenn man mit einem wirklichen Freund zusammen ist, stört die Stille nicht; erst im Umgang mit Menschen, die man nicht gut kennt, empfindet man den Zwang, immer etwas sagen zu müssen, und sei es auch nur über das Wetter. Ähnlich kann es dem Betenden ergehen: »Als mein Gebet immer andächtiger und innerlicher wurde, da hatte ich immer weniger zu sagen. Zuletzt wurde ich ganz still. Ich wurde, was womöglich noch ein größerer Gegensatz zum Reden ist: Ich wurde ein Hörer. Ich meinte erst, Beten sei Reden. Ich lernte aber: daß Beten nicht bloß Schweigen ist; sondern Hören. So ist es: Beten heißt nicht, sich selbst reden hören. Beten heißt: still werden und still sein und warten, bis der Betende Gott hört.«[9]

Auf ihn hören geschieht meistens ganz unspektakulär, denn unser Weg auf Erden ist ein Weg des Glaubens, nicht des Schauens, reich an Prüfungen und in ein großes Geheimnis eingetaucht. Auf Gott hörend, begreifen wir den Sinn unseres Lebens, empfinden wir die Freude an der eigenen Berufung, die Freude über die Nähe lieber Menschen. Breiten wir vor dem Herrn die Ereignisse unseres Lebens aus: Dinge, die wir nicht verstehen, Erlebnisse, die uns belasten, Entscheidungen, die uns schwerfallen. Herr, in dieser Angelegenheit ... Was erwartest du von mir? Wie kann ich besser meine Arbeit auf dich hin ausrichten? Wie kann ich dem Freund helfen? Welche Anregung kann er verkraften, welche noch nicht?

Wie aber, wenn wir meinen, Gott erhöre uns nicht? Wenn die betende Begegnung mit Christus im Dunkeln bleibt? Dann können wir uns Szenen aus dem Evangelium vor Augen halten, in denen bittende Menschen Ähnliches empfinden. Der blinde Bartimäus mußte an der Straße von Jericho lange rufen und sich gegen jene, die ihn zum Schweigen bringen wollten, behaupten.[10] Die kanaanäische Frau rief mit ihrem ständigen Rufen den Unmut der Jünger hervor.[11] Jesus kannte die Sehnsucht dieser Menschen; er ließ sie warten, um ihren Glauben zu prüfen. Auch in solchen Situationen bleibt Jesus *das wahre Licht, das jeden Menschen erleuchtet*[12] – jeden Menschen und jeden Augenblick seines Lebens *bis der Tag anbricht und der Morgenstern aufgeht in eurem Herzen*[13]. Wie herrlich ist doch dieses Bild aus der heutigen Lesung!

III. »Die Verklärung des Herrn, deren die Liturgie heute festlich gedenkt, wirft strahlendes Licht auf unser tägliches Leben und richtet unser Denken auf die unsterbliche Bestimmung, welche dieses Ereignis in sich birgt. Auf dem Gipfel des Berges Tabor enthüllt Christus für einige Augenblicke den Glanz seiner göttlichen Natur und zeigt sich den auserwählten Zeugen als der, der er wirklich ist: Sohn Gottes.«[14]

Ehrfurcht, Erschütterung, Verwirrung ließen Jakobus und Johannes verstummen, auch Petrus ist überwältigt; und doch hat er auch jetzt – wie so oft – etwas zu sagen. »Aber was er sagt, ist doch überaus liebenswert in seiner Ahnungslosigkeit, in seiner dienstwilligen Geschäftigkeit. Dieser Mann will dem Himmel mit Bretterbuden zu Leibe rücken«[15]: *Rabbi, es ist gut, daß wir hier sind. Wir wollen drei Hütten bauen, eine für dich, eine für Mose und eine für Elija.* »Die Antwort auf Simons sehr naiven, aber auch doch sehr liebevollen Vorschlag gibt Gott selbst.«[16] *Da kam eine Wolke und warf ihren Schatten auf sie, und aus der Wolke rief eine Stimme: Das ist mein geliebter Sohn, auf ihn sollt ihr hören. Als sie dann um sich blickten, sahen sie auf einmal niemand mehr bei sich außer Jesus.* Die Normalität der Gegenwart tritt wieder in ihr Recht.

Für uns gehört zu dieser Normalität auch die Gebets-Erfahrung der Mühe, der Dürre und Trockenheit. Das kann eine gottgewollte Läuterung sein. Auch große Heilige haben solche Zeiten durchgemacht. Theresia von Avila schreibt: »Ich beschäftigte mich einige Jahre hindurch mehr mit dem Verlangen nach dem Ende der Gebetsstunde, die ich für mich zu halten mir vorgenommen hatte, und mit Horchen auf den Schlag der Uhr als mit anderen guten Gedanken. (...) Die Traurigkeit, die mich beim Eintritt in das Oratorium befiehl, war fast unerträglich.«[17] Das kann indes auch an uns liegen, und deshalb werden wir an erster Stelle prüfen, wie wir mit Gottes Hilfe Hindernisse ausräumen können: freiwillige Zerstreuungen durch mehr Zucht der Sinne zu beseitigen, die eigentliche Gebetszeit bewußter zu beginnen, indem man etwa das Einleitungsgebet nicht routiniert spricht, sondern schon als Teil des eigentlichen Betens betrachtet.

Dieser ist mein geliebter Sohn, auf ihn sollt ihr hören ... Der Herr sagt uns Tag für Tag, was wir tun sollen, im persönlichen Zwiegespräch mit ihm und auch in der geistlichen Leitung. Wir lernen immer besser: »Beten besteht nicht in schönen Worten, nicht in frommen Absichtserklärungen, nicht in Trostsprüchen ... – Gebet: das ist ein Blick auf ein Bild des Herrn oder seiner heiligsten Mutter, eine Bitte in schlichten Worten oder das Aufopfern einer guten Tat, die Darbringung der Früchte unserer Treue ...

Wie der Soldat, der Wache hält, so müssen wir vor den Toren Gottes stehen. Oder wie ein Hund zu Füßen seines Herrn liegt, so bergen wir uns bei Gott. Das ist Gebet!

Es soll dir nichts ausmachen, dem Herrn zu sagen: Herr, da bin ich, wie ein treuer Hund; oder – noch besser – wie ein Eselchen, das ja nie nach einem, der es liebt, ausschlagen wird.«[18]

Wir werden ihn sehen, wie er ist[19], heißt es im Kommunionvers. Papst Paul VI. starb am Fest der Verklärung des Herrn im Jahre 1978. In der Ansprache zum Fest, die er nicht mehr halten konnte, hatte er geschrieben: »Dieser Leib, der sich vor den erstaunten Augen der Apostel verklärt, ist der Leib unseres Bruders Christus, gleichzeitig aber auch unser Leib, der zur Herrlichkeit bestimmt ist. Das Licht, das ihn umflutet, ist jetzt und künftig auch unser Anteil an seiner Hinterlassenschaft und Herrlichkeit. Wir sind berufen, solche Herrlichkeit zu teilen, um ›an der göttlichen Natur Anteil‹ (*2 Petr* 1,13) zu nehmen. Ein unvergleichliches Geschick erwartet uns, wenn wir unserer christlichen Berufung treu bleiben: wenn wir in Wort und Verhalten aus den mit der Taufe auferlegten Verpflichtungen die logischen Folgen ziehen.«[20]

[1] *Mt* 16,21. – [2] *Mt* 17,1-9; *Mk* 9,2-10; *Lk* 9,28b-36. – [3] P. Berglar, *Petrus – Vom Fischer zum Stellvertreter*, Köln 1999, S.113. – [4] ebd., S.114. – [5] ebd., S.113. – [6] *Katechismus der Katholischen*

Kirche, 556. – [7] Anastasius vom Sinai, *Predigt über die Verklärung*. – [8] *2 Petr* 1,16-18. – [9] S. Kierkegaard, *Ja zu jedem Tag*, Stuttgart 1984, S.90. – [10] vgl. *Mk* 10,46 ff. – [11] vgl. *Mt* 15,21 ff. – [12] *Joh* 1,9. – [13] *2 Petr* 1,19. – [14] Paul VI., nicht mehr gehaltene *Ansprache am Fest der Verklärung des Herrn 1978*. – [15] P. Berglar, *Petrus – Vom Fischer zum Stellvertreter*, S.115. – [16] ebd., S.116. – [17] Theresia von Avila, *Leben*, 8,7. – [18] J. Escrivá, *Im Feuer der Schmiede*, Nr.73. – [19] *1 Joh* 3,2. – [20] Paul VI., nicht mehr gehaltene *Ansprache am Fest der Verklärung des Herrn 1978*.

9. AUGUST

EDITH STEIN

Sehnsucht nach der Wahrheit.
Erfahrungen bei gläubigen Menschen.
Die vom Kreuz Gesegnete.

I. Die heilige Edith Stein – »ein Geschenk, ein Anruf und eine Verheißung für unsere Zeit«[1] – lehrt uns, die Reichtümer des Glaubens neu zu sehen. »Es ist im Grunde nur eine kleine einfache Wahrheit, die ich zu sagen habe: wie man es anfangen kann, an der Hand des Herrn zu leben.«[2] Hinter der scheinbaren Leichtigkeit dieser Worte verbirgt sich ein leidenschaftliches Ringen der Vierzehnjährigen, die sich dem jüdischen Glauben der Mutter entzieht, wie der Studentin, die, tief enttäuscht von der »seelenlosen Psychologie« ihrer Zeit, sich der Philosophie zuwendet. »Meine Sehnsucht nach der Wahrheit war ein einziges Gebet«, sagt sie zurückblickend. »Ein Wort des Trostes für alle, die sich mit dem Glauben schwertun.«[3]

In ihren gottfernen Jahren traf sie das Abschiedswort eines hochgeschätzten Lehrers, als sie von ihrer Heimatstadt Breslau nach Göttingen zum Weiterstudium zog, »wie ein erster Weckruf, der mich nachdenklich machte«. Dieser wünschte ihr, hoffentlich treffe sie in Göttingen Menschen, die ihr recht zusagen, »denn hier sind Sie doch etwas gar zu kritisch geworden. (...) Über diese Worte war ich sehr betroffen. Ich war an gar keinen Tadel mehr gewöhnt. Zu Hause wagte mir kaum noch jemand etwas zu sagen; meine Freundinnen hingen mit Liebe und Bewunderung an mir. So lebte ich in der naiven Selbsttäuschung, daß alles an mir recht sei: wie es bei ungläubigen Menschen mit einem hochgespannten ethischen Idealismus häufig ist. Weil man für das Gute begeistert ist, glaubt man, selber gut zu sein.«[4] Eine nachdenkenswerte Beobachtung.

Edith schätzte an der damals neuen philosophischen Richtung der Phänomenologie die Offenheit für das Reale: »Die Schranken der rationalistischen Vorurteile, in denen ich aufgewachsen war, ohne es zu wissen, fielen, und die Welt des Glaubens stand plötzlich vor mir. Menschen, mit denen ich täglich umging, zu denen ich mit Bewunderung aufblickte, lebten darin. Sie mußten zum mindesten eines lebhaften Nachdenkens wert sein. Vorläufig ging ich noch nicht an eine systematische Beschäftigung mit den Glaubensfragen; dazu war ich noch viel zu sehr von anderen Dingen ausgefüllt. Ich begnügte mich damit, Anregungen aus meiner Umgebung widerstandslos in mich aufzunehmen, und wurde – fast ohne es zu merken – dadurch umgebildet.«[5] Sie zeigt an einem – auch für uns heute – aufschlußreichen Beispiel, wie eine flüchtige Begegnung nachwirken kann: »Wir traten für einige Minuten in den Dom, und während wir in ehrfürchtigem Schweigen dort verweilten, kam eine Frau mit ihrem Marktkorb herein und kniete zu kurzem Gebet in einer Bank nieder. Das war für mich etwas ganz Neues. In die Synagogen und die protestantischen Kirchen, die ich besucht hatte, kam man nur zum Gottesdienst. Hier aber kam jemand mitten aus den Werktagsgeschäften in die menschenleere Kirche zu einem vertrauten Gespräch. Das habe ich nie vergessen.«[6]

Ediths Suche »wurde schließlich belohnt: Sie eroberte die Wahrheit. Oder besser gesagt: Sie wurde von der Wahrheit erobert. Denn sie durfte entdecken, daß die Wahrheit einen Namen hat: Jesus Christus«[7] – nicht ein philosophisches System, sondern ein Lebender, einer, von dem sie zu einem Priester sagte: »Sie glauben nicht, was es für mich bedeutet, Tochter des auserwählten Volkes zu sein, nicht nur geistig, sondern auch blutsmäßig zu Christus zu gehören.«[8] Staunend schaut sie auf »eine unendliche Welt, die sich ganz neu auftut, wenn man einmal anfängt, statt nach außen nach innen zu leben. Alle Realitäten, mit denen man vorher zu tun hatte, werden transparent, und die eigentlich tragenden und bewegenden Kräfte werden spürbar. Wie belanglos erscheinen die Konflikte, mit denen man vorher zu tun hatte! Und welche Fülle des Lebens mit Leiden und Seligkeiten, wie sie die irdische Welt nicht kennt und nicht begreifen kann, faßt ein einziger, nach außen fast ereignisloser Tag eines gänzlich unscheinbaren Menschendaseins!«[9] Bitten wir die heilige Edith Stein um Treue und Großmut, denn »es ist ein weiter Weg von der Selbstzufriedenheit eines ›guten Katholiken‹, der ›seine Pflicht erfüllt‹, eine ›gute Zeitung‹ liest und ›richtig wählt‹, im übrigen aber tut, was ihm beliebt, bis zu einem Leben an Gottes Hand und aus Gottes Hand in der Einfalt des Kindes und der Demut des Zöllners. Aber wer ihn einmal gegangen ist, wird ihn nicht mehr zurückgehen.«[10]

II. Edith Stein hat viele Erfahrungen im Umgang mit Menschen in sich aufgenommen und fruchtbar werden lassen. Man darf darin eine Folge ihrer philosophischen Einstellung – das Interesse für die konkrete Erscheinung – sehen, aber sie blickt gleichzeitig tiefer: »Je gesammelter ein Mensch im Innersten seiner Seele lebt, um so stärker ist diese Ausstrahlung, die von ihm ausgeht und andere in seinen Bann zieht.«[11] Edith erfuhr dies an Adolf Reinach und dessen Frau, von denen sie wußte, daß sie erst vor kurzem getauft und in die evangelische Kirche aufgenommen worden waren. »Ich war nach dieser ersten Begegnung sehr glücklich und von einer tiefen Dankbarkeit erfüllt. Es war mir, als sei mir noch nie ein Mensch mit einer so reinen Herzensgüte entgegengekommen. (...) Es war wie ein erster Blick in eine ganz neue Welt.«[12] Als Reinach 1917 an der Front fiel, wurde Edith gebeten, seinen philosophischen Nachlaß zu ordnen. Sie sagte zu, dennoch fürchtete sie sich. Würde sie die geprüfte Witwe trösten können? Sie traf aber eine gottergebene Frau an, fähig, andere zu trösten. »Es war dies meine erste Begegnung mit dem Kreuz und der göttlichen Kraft, die es seinen Trägern mitteilt. Ich sah zum erstenmal die aus dem Erlöserleiden geborene Kirche in ihrem Siege über den Stachel des Todes handgreiflich vor mir, es war der Augenblick, in dem mein Unglaube zusammenbrach und Christus aufstrahlte, Christus im Geheimnis des Kreuzes.«[13] Der entscheidende Durchbruch zum Glauben ereignete sich im Sommer 1921, als sie bei einem befreundeten Ehepaar in Bad Bergzabern weilte. Eines Abends suchte sie nach einer passenden Lektüre, griff aufs Geratewohl in den Bücherschrank und holte ein dickleibiges Buch hervor, die Autobiographie der heiligen Theresia von Avila. »Ich begann zu lesen, war sofort gefangen und hörte nicht mehr auf bis zum Ende. Als ich das Buch schloß, sagte ich mir: ›Das ist die Wahrheit‹.«[14] Mit 30 Jahren empfing sie die Taufe.

Ediths Lebensweg – vom realistischen Blick für Dinge und Menschen und von der Leidenschaft für das Wahre bestimmt – verlief anders, als sie es sich vorgestellt hatte. Ihre ehrgeizigen Pläne zielten auf eine Professorenstelle an der Universität; sie wurde promoviert, erstritt sich sogar durch eine Eingabe beim Ministerium die Bestätigung, daß Frau zu sein kein Hindernis für die Habilitation ist. Aber: »Was nicht in meinen Plänen lag, hat in Gottes Plan gelegen.«[15] Sie erläutert dies an einem Beispiel, das zweifellos ein Stück ihrer persönlichen Erfahrung ist und wir unschwer auf unsere eigene Situation übertragen können: »Man unterscheidet in der gewöhnlichen Rede ›Planvolles‹ – und das gilt zugleich als ›sinnvoll‹ und ›verständlich‹ – und ›Zufälliges‹, was in sich sinnlos und unverständlich erscheint. Ich habe ein bestimmtes Studium vor und suche mir dafür eine Universität aus, die mir besondere Förderung für mein Fach verspricht. Das ist ein sinnvoller und verständlicher Zusammenhang. Daß ich in jener Stadt einen Menschen kennenlerne, der ›zufällig‹ auch dort studiert, und eines Tages ›zufällig‹ mit ihm auf weltanschauliche Fragen zu sprechen komme, erscheint mir zunächst nicht durchaus als verständlicher Zusammenhang. Aber wenn ich nach Jahren mein Leben überdenke, dann wird mir klar, daß jenes Gespräch von entscheidendem Einfluß auf mich war, viel ›wesentlicher‹ vielleicht als mein ganzes Studium, und es kommt mir der Gedanke, daß ich vielleicht ›eigens darum‹ in jene Stadt ›gehen mußte‹. Und je öfter mir so etwas begegnet, desto lebendiger wird in mir die Glaubensüberzeugung, daß es – von Gott her gesehen – keinen *Zufall* gibt, daß mein ganzes Leben (...) vor Gottes allsehendem Auge ein vollendeter Sinnzusammenhang ist.«[16]

Ein Stück dieses Sinnzusammenhangs ist das Gebet für andere Menschen im Wissen, »daß Gott niemanden allein für sich beruft und daß er verschwenderisch an Liebesbeweisen ist, wenn Er eine Seele annimmt«[17]. Seitdem sie den Glauben entdeckte, hat sie intensiv für andere gebetet: an erster Stelle für Mutter und Geschwister.

Auch für die Bekehrung ihres Lehrers Husserl zum christlichen Glauben hat sie viel gebetet. Dessen lange Agonie fiel in die Tage, da seine ehemalige Assistentin sich in Einkehr und Schweigen auf die Ablegung der ewigen Gelübde vorbereitete. Es sei »ein ähnlicher Zusammenhang wie bei meiner lieben Mutter, die zur Stunde meiner Profeßerneuerung starb«, schreibt sie. Und dann – gerichtet an eine Freundin, ebenfalls Schülerin Husserls – ein Wort, das würdig ist, am Ende dieses Gebetsabschnittes vertieft zu werden: »Um meinen lieben Meister mache ich mir keine

Sorgen. Es hat mir immer sehr fern gelegen zu denken, daß Gottes Barmherzigkeit sich an die Grenzen der Kirche binde. Gott ist die Wahrheit. Wer die Wahrheit sucht, der sucht Gott, ob es ihm klar ist oder nicht.«[18]

III. Schwester Teresia Benedicta a Cruce – *Die vom Kreuz Gesegnete* – lehrt uns, das Kreuz zu lieben: »Es gibt eine Berufung zum Leiden mit Christus und dadurch zum Mitwirken mit seinem Erlösungswerk ... Christus lebt in seinen Gliedern fort und leidet in ihnen fort; und das in Vereinigung mit dem Herrn ertragene Leiden ist *Sein* Leiden, eingestellt in das große Erlösungswerk und darin fruchtbar.«[19] Es ist beinahe anstößig – und deshalb dringlich –, in einer Konsum- und Wohlstandsgesellschaft daran zu erinnern. Askese ist »keine bloße pietätvolle Erinnerung an das Leiden des Herrn (...). Das freiwillige Sühneleiden ist das, was wahrhaft und wirklich am tiefsten mit dem Herrn verbindet. Es entspringt einmal der bereits bestehenden Verbindung mit Christus. Denn der natürliche Mensch flieht vor dem Leiden. Und die Sucht nach Leiden um einer perversen Lust am Schmerz willen ist von dem Verlangen nach Sühneleiden gänzlich verschieden. Sie ist kein geistiges Streben, sondern sinnliches Begehren, keineswegs besser als andere sinnliche Begierden, vielmehr schlechter, weil es widernatürlich ist. Nach Sühneleiden verlangen kann nur jemand, dessen Geistesauge geöffnet ist für die übernatürlichen Zusammenhänge des Weltgeschehens; das ist aber nur möglich bei Menschen, in denen der Geist Christi lebt, die als Glieder vom Haupt ihr Leben, seine Kraft, seinen Sinn und seine Richtung empfangen. Andererseits verbindet die Sühneleistung näher mit Christus, wie jede Gemeinschaft zum Zusammenwirken an einem Werk immer inniger wird und wie die Glieder eines Leibes in ihrem organischen Zusammenspiel immer stärker eins werden.

Weil aber das *Einssein* mit Christus unsere Seligkeit ist und das fortschreitende Eins*werden* mit ihm unsere Beseligung auf Erden, darum steht Kreuzesliebe zu froher Gotteskindschaft keineswegs im Gegensatz. Christi Kreuz tragen helfen, das gibt eine starke und reine Freudigkeit, und die es dürfen und können, die Bauleute an Gottes Reich, sind die echtesten Gotteskinder. Und so bedeutet die Vorliebe für den Kreuzweg auch durchaus keine Abscheu davor, daß der Karfreitag vorbei und das Erlösungswerk vollbracht ist. Nur Erlöste, nur Kinder der Gnade, können ja Christi Kreuzträger sein. Nur aus der Vereinigung mit dem göttlichen Haupt bekommt menschliches Leiden sühnende Kraft. Zu leiden und im Leiden selig zu sein, auf der Erde zu stehen, über die schmutzigen und rauhen Wege dieser Erde zu gehen und doch mit Christus zur Rechten des Vaters zu thronen, mit den Kindern dieser Welt zu lachen und zu weinen und mit den Chören der Engel ohne Unterlaß Gottes Lob zu singen, das ist das Leben des Christen, bis der Morgen der Ewigkeit anbricht.«[20]

Edith Stein hatte sich Gott als »Sühneopfer für den wahren Frieden« und vor allem für ihr bedrohtes und geschundenes jüdisches Volk dargeboten. »Ich vertraue darauf, daß der Herr mein Leben für alle (Juden) genommen hat. Ich muß immer wieder an die Königin Esther denken, die gerade darum aus ihrem Volk genommen wurde, um für das Volk vor dem König zu stehen. Ich bin eine sehr arme und ohnmächtige kleine Esther, aber der König, der mich erwählt hat, ist unendlich groß und barmherzig.«[21] Ihr letztes Werk *Kreuzeswissenschaft* blieb auf dem Papier unvollendet. Als sie von der Gestapo abgeholt wurde, faßte Edith ihre Schwester Rosa, die mit ihr im Kloster in Echt war, bei der Hand und sagte nur: »Komm, wir gehen für unser Volk.« Sie starb in den Gaskammern von Auschwitz, vermutlich am 9. August 1942.

Ein der heiligen Edith Stein zugeschriebenes Gebet möge uns helfen, Gegenwart und Zukunft in Gottes Hände zu legen: »Ohne Vorbehalt und ohne Sorgen / leg ich meinen Tag in Deine Hand. / Sei mein Heute, sei mein gläubig Morgen, / sei mein Gestern, das ich überwand. / Frag mich nicht nach meinen Sehnsuchtswegen – / bin aus deinem Mosaik ein Stein. / Wirst mich an die rechte Stelle legen – / Deinen Händen bette ich mich ein.«[22]

[1] J. Kard. Höffner, *Hirtenwort zur Seligsprechung von Edith Stein am 1.5.1987*. – [2] Edith Stein, *Werke*, Bd. VIII (*Selbstbildnis in Briefen*), Freiburg 1983, S.86. – [3] *Hirtenwort der deutschen Bischöfe zur Heiligsprechung*, 11.10.1998. – [4] Edith Stein, *Werke*, Bd. VII (*Aus dem Leben einer jüdischen Familie*), S.130. – [5] ebd., S.183. – [6] ebd. S.282. – [7] Johannes Paul II., *Ansprache bei der Heiligsprechung*, 11.10.1998. – [8] vgl. W. Herbstrith OCD, *Das wahre Gesicht Edith Steins*, München 1980, S.104. – [9] Brief vom 8.11.1927. – [10] Teresia a Matre Dei, *Edith Stein – Auf der Suche nach Gott*, Kevelaer 1963, S.178. – [11] Edith Stein, *Werke*, Bd. II (*Endliches und ewiges Sein*), S.404f. – [12] Edith Stein, *Werke*, Bd. VII, S.173. – [13] Teresia a Matre Dei, *Edith Stein – Auf der Suche nach Gott*, S.51. – [14] vgl. *Hirtenwort der deutschen Bischöfe zur Heiligsprechung*. – [15] Edith Stein, *Werke*, Bd. VII, Geleitwort des Herausgebers. – [16] Edith Stein, *Werke*, Bd. II, S.109 f. – [17] Edith Stein, *Werke*, Bd. VIII, S.24. – [18] ebd., S.23. – [19] Johannes Paul II., *Ansprache in Köln*, 1.5.1987. – [20] Edith Stein, *Werke*, Bd. XI, S.122. – [21] Johannes Paul II., *Ansprache in Köln*, 1.5.1987. – [22] Neyer/Gerl-Falkovitz, *Edith Stein*, Freiburg 1994, S.116.

MAXIMILIAN KOLBE

Schauplatz tiefster Erniedrigungen und Ort des Sieges.
In unserem Jahrhundert sind die Märtyrer zurückgekehrt.
Der Märtyrer lebt uns Treue, Geduld und Liebe vor.

I. *Daran haben wir die Liebe erkannt, daß er sein Leben für uns hingegeben hat. So müssen auch wir für die Brüder das Leben hingeben.*[1] *Der Bruder* war für Maximilian Kolbe ein junger Familienvater, Mithäftling im Konzentrationslager Auschwitz/Birkenau. Er gehörte zu den zehn Ausgesonderten, die als Rache für die Flucht eines Gefangenen in den Todesbunker gehen sollten. Pater Kolbe bot sich stellvertretend für ihn an: »Ich bin ein polnischer katholischer Priester, ich bin alt und will für ihn sterben, denn er hat Frau und Kinder.« Man strich aus der Strafliste die Nummer des ursprünglich Bestraften und setzte dafür die Nr. 16670 ein. Als letzter der zehn Ausgesonderten wurde Pater Maximilian mit einer Phenolspritze am 14. August 1941 umgebracht. Er war 47 Jahre alt. Papst Johannes Paul II. faßte bei einer Predigt in Auschwitz die Lebensdaten des Heiligen zusammen: »Sein Familienname ist: Kolbe; ›von Beruf‹ (wie es in den Registern des Konzentrationslagers verzeichnet steht): katholischer Priester; seine Berufung: Sohn des heiligen Franziskus; von Geburt: Sohn einfacher, arbeitsamer und frommer Eltern, Weber aus der Umgebung von Lodz.«[2] Erwähnen wir noch seine Verehrung der *Immaculata*, der Unbefleckten Jungfrau, sein Engagement im Presseapostolat mit der Gründung eines Presseklosters namens Niepokalanow (»Ort der Unbefleckten«) und seinen Aufenthalt als Missionar in Japan. Er war bemüht, sein Gebetsleben im Geist des heiligen Franz von Assisi zu pflegen und durch die strenge Beobachtung des Gehorsams und der franziskanischen Armut die innere Freiheit des Geistes zu erlangen. Alle seine apostolischen Initiativen bleiben jedoch in jener Geste aufgehoben, die – irdisch gesehen ein Scheitern, ein Untergang – ein Sieg von Glaube und Liebe war, ein Echo der Worte des Apostels: *Das ist der Sieg, der die Welt besiegt hat: unser Glaube.*[3] Maximilian Kolbe steht stellvertretend für viele andere, deren Namen nur Gott kennt, die ähnliche Leiden ertrugen und ähnliche Siege errangen.

Die Tat gläubiger Liebe zu Christus und zum Bruder geschah gerade an einem Ort, »der im Zeichen der Leugnung des Glaubens – des Glaubens an Gott und des Glaubens an den Menschen – und einer radikalen Verhöhnung nicht nur der Liebe, sondern von allem, was dem Menschen und der Menschheit heilig ist, errichtet wurde. (...) An diesem Ort schrecklicher Qual, die vier Millionen Menschen verschiedener Nationen den Tod brachte, hat Pater Maximilian einen geistigen Sieg errungen, der dem Sieg Christi ähnlich ist, indem er freiwillig den Tod im Hungerbunker auf sich nahm – für einen Bruder.«[4]

Es war eine priesterliche Geste. Der Priester – *in persona Christi* handelnd – setzt in der Eucharistiefeier das Opfer Christi am Kreuz gegenwärtig: *Mein Leib, für euch hingegeben ... Mein Blut, für euch vergossen ...* Dem Häftling war es verwehrt, das *Für euch* sakramental in der heiligen Messe zu realisieren, aber er realisierte mystisch – und buchstäblich zugleich – das andere *Für*, das Jesus kurz vor Beginn seiner Passion gesprochen hatte: *Es gibt keine größere Liebe, als wenn einer sein Leben für seine Freunde hingibt.*[5]

II. *In der Welt seid ihr in Bedrängnis; aber habt Mut: Ich habe die Welt besiegt.*[6] Seit den ersten Christengenerationen bis in unsere Gegenwart erleben Christen Bedrängnisse. Manchmal von einzelnen, die im Christlichen ein Ärgernis sehen; manchmal von einer ganzen Gesellschaft, die Sinn und Gespür für das Christliche verloren hat. Wie grausam oder wie subtil auch immer die Herausforderung der *Welt* ist – sie läßt sich bestehen, wenn der Blick auf Christus gerichtet bleibt. Es ist, als sagte der Herr zu den Jüngern: *Ich*, nicht ihr, besiege *die Welt*. Verlaßt euch deshalb nicht auf eure Stärke, sondern auf eure Liebe zu mir. Nicht Sturm und Drang erwarte ich von euch, sondern den Mut des Ertragens, der Ausdauer, der Beharrlichkeit, des Standhaltens, der Geduld.

»Sanguis martyrum – semen christianorum – Das Blut der Märtyrer ist der Samen neuer Christen.«[7] Warum ist ihr Zeugnis so bewegend? Ist es nur die Kraft des Beispiels? Der Nichtglaubende entdeckt vielleicht in ihnen »eine Liebe, die keiner langen Argumentationen bedarf, um zu überzeugen, da sie zu jedem von dem spricht, was er im Innersten bereits als wahr vernimmt und seit langem gesucht hat«[8]. Wahrscheinlich spürt er in ihrem Opfer etwas, das er dunkel erahnt: »Das Leben reicht weiter als unsere biologische Existenz. Wo es nichts mehr gibt, wofür zu sterben sich lohnt, da lohnt sich auch das Leben nicht mehr.«[9] Aber die tieferen Gründe sind nur dem Glaubenden zugänglich: *Wenn das Weizenkorn nicht in die Erde fällt und stirbt, bleibt es allein; wenn es aber stirbt, bringt es reiche Frucht.*[10] Und: *Der Sklave ist nicht größer als sein Herr. Wenn sie mich verfolgt haben, werden sie auch euch verfolgen.*[11] Der Gläubige weiß, daß die Märtyrer keine geborenen Helden sind, sondern Menschen, die »Christus nachgefolgt sind auf dem Weg des Leidens und ihr Blut vergossen haben als Zeugen des Glaubens«[12]. Es ist Gott, der in ihnen »das Wunder seiner Gnade« offenbart und »in der menschlichen Schwachheit« seine »göttliche Kraft zur Vollendung« bringt.[13]

Den Glaubenden deutlich, den Nichtglaubenden eine Ahnung, ist das Blutzeugnis vieler Märtyrer durch die Jahrhunderte ein leuchtendes Zeichen der Heiligkeit der Kirche: die mit dem Tod bezeugte Treue zum heiligen Gesetz Gottes ist feierliches Zeugnis und missionarischer Einsatz *usque ad sanguinem*, auf daß nicht der Glanz der sittlichen Wahrheit in den Gewohnheiten und Denkweisen der Menschen und der Gesellschaft um seine Leuchtkraft gebracht werde.

Schließen wir diesen Abschnitt unseres Gebetes mit einem aktuellen Wort der Mahnung: »Am Ende des zweiten Jahrtausends *ist die Kirche erneut zur Märtyrerkirche geworden*. Die Verfolgung von Gläubigen – Priestern, Ordensleuten und Laien – hat in verschiedenen Teilen der Welt ihre reiche Saat von Märtyrern bewirkt. Das Zeugnis für Christus bis hin zum Blutvergießen ist zum gemeinsamen Erbe von Katholiken, Orthodoxen, Anglikanern und Protestanten geworden. (...) In unserem Jahrhundert sind die Märtyrer zurückgekehrt, häufig unbekannt, gleichsam

›unbekannte Soldaten‹ der großen Sache Gottes.«[14]

III. Maximilian Kolbe – jeder Märtyrer – lebt uns Treue, Geduld und Liebe vor. Treue, weil er »weiß, daß er in der Begegnung mit Jesus Christus die Wahrheit über sein Leben gefunden hat; nichts und niemand wird ihm jemals diese Gewißheit zu entreißen vermögen. Weder das Leiden noch der gewaltsame Tod werden ihn dazu bringen können, die Zustimmung zu der Wahrheit zu widerrufen, die er in der Begegnung mit Christus entdeckt hat. Deshalb fasziniert uns bis heute das Zeugnis der Märtyrer, es weckt Zustimmung, stößt auf Gehör und findet Nachahmung.«[15] Er lebt uns auch Geduld vor: »Laßt uns an der Geduld, durch die wir in Christus bleiben und mit Christus zusammen zu Gott gelangen können, mit aller Gewissenhaftigkeit festhalten«, mahnt ein großer Märtyrer des Anfangs, der heilige Cyprian. »Sie ist es, die den Zorn mäßigt, die Zunge im Zaum hält, den Sinn leitet, den Frieden hütet, die Zucht lenkt, die das Ungestüm der Begierde bricht, die Gewalt des Stolzes unterdrückt, den Brand der Feindschaft löscht. (...) Sie überwindet die Versuchungen, sie erträgt die Verfolgungen, sie führt das Leiden und das Martyrium zur Vollendung. Sie ist es, die die Grundlage unseres Glaubens unerschütterlich befestigt, sie ist es, die das Wachstum unserer Hoffnung gewaltig fördert. Sie leitet unser Tun und Lassen, daß wir imstande sind, den Weg Christi einzuhalten, indem wir in seiner Geduld wandeln. Sie bewirkt, daß wir Gottes Kinder bleiben, indem wir die Geduld des Vaters nachahmen.«[16] Wir brauchen Geduld, um einen hartnäckigen Fehler beharrlich zu bekämpfen und um klaglos und gelassen alles zu tragen, was immer an Leiden auf uns zukommt. Selten wird es sich um Situationen handeln, die denen der Märtyrer ähnlich sind. Meistens geht es um alltägliche Kleinigkeiten. Wir dürfen sie – sozusagen *kleinlaut* – als eine bescheidene Einübung in das Große ansehen, falls Gott es einmal von uns erwarten sollte, aber auch als Anlaß, sie aufzuopfern.

Schließlich ist Maximilian Kolbe ein Liebender: *Es gibt keine größere Liebe, als wenn einer sein Leben für seine Freunde hingibt.*[17] Als der Herr dieses Wort sprach, schickte er sich an, nach Getsemani zu gehen. Dort sagte er Ja zum Willen des Vaters, wissend, daß er von jenem Augenblick an kein *Tätiger* mehr sein würde, sondern ein *Erleidender*, der im Erleiden das Äußerste an Liebe verwirklicht. Dies war die Situation des heiligen Maximilian Kolbe, als er sich anbot, in die drei Meter lange und eineinhalb Meter hohe Todeszelle eingesperrt zu werden.

Der Herr gibt jenen, die an sein Wort

glauben, daß er *die Liebe ist*[18], »die Sicherheit, daß allen Menschen der Weg der Liebe offensteht und daß der Versuch, eine allumfassende Brüderlichkeit herzustellen, nicht vergeblich ist. Zugleich mahnt er, dieser Liebe nicht nur in großen Dingen nachzustreben, sondern auch und besonders in den gewöhnlichen Lebensverhältnissen.«[19] Gott stellt den Nächsten mit seinen konkreten Nöten auf unseren Lebensweg. Die Liebe bewirkt, was Stunde und Augenblick erfordern. Es sind nicht immer heroische, schwierige Akte; häufig sind es einfache, oftmals kleine Dinge – vielleicht nur ein liebenswürdiges Wort, eine aufmunternde Geste, ein Zeichen des Vertrauens …

Maximilian Kolbe erinnert uns auf eine eigenartige Weise an den barmherzigen Samariter.[20] Eigenartig, denn er ist der mitfühlende Samariter, der sich niederbeugt und geduldig seinen Weg unterbricht, um einem Unbekannten beizustehen; und er ist zugleich der Mann, der – in dramatisch buchstäblichem Sinne – *von Räubern überfallen* wurde: *Sie plünderten ihn aus und schlugen ihn nieder*. Aber hier vermochten es die Räuber nicht, ihn innerlich zu zerbrechen. Er blieb innerlich unversehrt und brauchte nicht zu fragen: *Wer ist mein Nächster?* Er sieht im Unbekannten den Bruder, dem er die Solidarität schenken will, die aus dem Glauben kommt. Denn »im Licht des Glaubens strebt die Solidarität danach, sich selbst zu übersteigen, um die spezifisch christlichen Dimensionen des völligen Ungeschuldetseins, der Vergebung und der Versöhnung anzunehmen. Dann ist der Nächste nicht mehr nur ein menschliches Wesen mit seinen Rechten und seiner grundlegenden Gleichheit mit allen, sondern wird das lebendige Abbild Gottes, des Vaters, erlöst durch das Blut Jesu Christi und unter das ständige Wirken des Heiligen Geistes gestellt.«[21]

Viele in unserer Nähe brauchen die Hilfe des Beispiels, der brüderlichen Ermahnung, des aufmunternden Wortes, des klugen Rates ... und natürlich des Gebets und der Abtötung. Bitten wir den Herrn auf die Fürsprache des heiligen Maximilian Kolbe: *Sieh auf unsere Schwachheit und gib uns die Kraft, deine Wahrheit und deine Liebe in unserem Leben und Sterben zu bezeugen.*[22]

[1] vgl. *1 Joh* 3,16. – [2] Johannes Paul II., *Ansprache in Auschwitz/Birkenau*, 7.6.1979. – [3] *1 Joh* 5,4. – [4] Johannes Paul II., *Ansprache in Auschwitz/Birkenau*. – [5] *Joh* 15,13. – [6] *Joh* 16,33. – [7] Tertullian, *Apologeticum*, 50,13. – [8] Johannes Paul II., Enz. *Fides et ratio*, 32. – [9] J. Kard. Ratzinger, *Zur Gemeinschaft gerufen – Kirche heute verstehen*, Freiburg 1991, S.146. – [10] *Joh* 12,24. – [11] *Joh* 15,20. – [12] vgl. *Präfation von den Märtyrern*. – [13] ebd. – [14] Johannes Paul II., Apost. Schreiben *Tertio millenio adveniente*, 10.11.1994, 37. – [15] Johannes Paul II., Enz. *Fides et ratio*, 32. – [16] Cyprian von Karthago, *Vom Segen der Geduld*, 20. – [17] *Joh* 15,13. – [18] vgl. *1 Joh* 4,8. – [19] II. Vat. Konz., Konst. *Gaudium et spes*, 38. – [20] vgl. *Lk* 10,25-35. – [21] Johannes Paul II., Enz. *Sollicitudo rei socialis*, 40. – [22] *Tagesgebet*.

15. AUGUST

MARIÄ AUFNAHME IN DEN HIMMEL

Die neue Eva.
Maria und die Kirche.
Die Würde des Leibes.

I. *Freut euch alle im Herrn am Fest der Aufnahme der seligsten Jungfrau Maria in den Himmel. Mit uns freuen sich die Engel und loben Gottes Sohn.*[1] Unser Gebet beginnt mit einem jubelnden Lobpreis, der *alles* und *alle* einschließt, Himmel und Erde, Engel und Menschen. Es ist der kosmische Jubel, der in der Osternacht mit dem *Exsultet* einsetzt: *Frohlocket, ihr Chöre der Engel, frohlocket, ihr himmlischen Scharen. (...) Lobsinge, du Erde, überstrahlt vom Glanz aus der Höhe* ... Ostern jubeln wir, weil *Christus die Ketten des Todes zerbrach und aus der Tiefe als Sieger emporstieg*[2]. Heute begegnen sich Himmel und Erde, da »die Unbefleckte Gottesgebärerin und immerwährende Jungfrau Maria nach Vollendung des irdischen Lebenslaufes mit Leib und Seele in die himmlische Herrlichkeit aufgenommen wurde«[3]. Heute freuen wir uns, weil der österliche Sieg zum erstenmal voll wirksam wird an einem Geschöpf – an Jesu heiliger Mutter. Heute vollendet sich in ihr, der Vor- und Ersterlösten, das Geheimnis ihres Anfangs. Heute scheint jene Herrlichkeit auf, die jahrelang in der Bescheidenheit des Alltags verborgen lag. Auf Maria schauend, schüren wir die Sehnsucht nach der Fülle des *Lebens*, das als *Licht der Menschen*[4] in unsere vergängliche Welt mit der Menschwerdung des Sohnes Gottes im Schoße der Jungfrau aufleuchtete.

Anders als bei der Auferstehung und Himmelfahrt unseres Herrn schweigt das Neue Testament über das Ereignis. Aber es entspricht der Struktur des Katholischen, daß die Kirche »ihre Gewißheit über alles Geoffenbarte nicht aus der Heiligen Schrift allein schöpft«[5]. In der Überlieferung begegnet uns vom 2. Jahrhundert an die Gegenüberstellung von Eva und Maria, gleichsam als Fortführung der Parallele zwischen Adam und Christus im Römerbrief[6]. Christus sei durch die Jungfrau Mensch geworden – schreibt der um 165 als Märtyrer gestorbene Philosoph Justin –, damit die Sünde auf dem gleichen Wege aufgehoben werde, auf dem sie ihren Anfang nahm; denn Eva »gebar, nachdem sie das Wort der Schlange empfangen hatte, Sünde und Tod. Die Jungfrau Maria dagegen war voll Glaube und Freude, als der Engel Gabriel ihr die frohe Botschaft brachte.«[7] Bei Irenäus von Lyon, der über seinen Lehrer Polycarp von Smyrna noch Kontakt mit dem Apostel Johannes hatte, heißt es: »Und wie durch den Ungehorsam einer Jungfrau der Mensch zu Fall gebracht wurde, stürzte und starb, so empfing der Mensch durch eine Jungfrau, welche auf Gottes Wort hörte, wieder mit Leben beseelt, das Leben. (...) Es war notwendig und billig, daß bei der Wiederherstellung Adams in Christus das Sterbliche vom Unsterblichen verschlungen werde und in ihm aufgenommen werde und die Eva von Maria, auf daß die Jungfrau Fürsprecherin der Jungfrau werde und den jungfräulichen Ungehorsam entkräfte und aufhebe durch den jungfräulichen Gehorsam.«[8]

Maria, *die neue Eva* ... Eva wurde mit ihrem Ungehorsam »für sich und das ganze Menschengeschlecht zur Ursache des Todes«, Maria »für sich und das ganze Menschengeschlecht zur Ursache des Heils«[9]. Diese und andere Überlegungen der Kirchenväter sind keine bloß scharfsinnigen Gedanken; sie »stützen sich auf die Heilige Schrift als letzte Grundlage; diese stellt uns nämlich die gütige Mutter Gottes gleichsam vor Augen als mit ihrem göttlichen Sohn innigst verbunden und sein Los immer teilend«[10].

Freuen wir uns darüber, »daß Maria, nachdem sie Jesus von Betlehem bis unter das Kreuz begleitet hat, ganz bei ihm ist, mit Leib und Seele, und die Freude der ewigen Herrlichkeit genießt. (...) Sie ist uns vorausgegangen auf den Spuren der Nachfolge Christi, und die Verherrlichung unserer Mutter ist die feste Hoffnung auf unser eigenes Heil; darum nennen wir sie *spes nostra* und *causa nostrae laetitiae*, unsere Hoffnung und Ursache unserer Freude.«[11]

II. *Dann erschien ein großes Zeichen am Himmel: Eine Frau, mit der Sonne bekleidet, der Mond war unter ihren Füßen und ein Kranz von zwölf Sternen auf ihrem Haupt.*[12] Das Bild der *Frau* erscheint im letzten Buch der Heiligen Schrift und entspricht jenem anderen Bild am Anfang, im Buch Genesis: *Feindschaft setze ich zwischen dich und die Frau, zwischen deinen Nachkommen und ihren Nachwuchs.*[13] Hier wird in der Verheißung vom Sieg über die Schlange die Mutter des Erlösers »schattenhaft angedeutet«[14]. Alter und Neuer Bund gehören ja zusammen: »Die Bücher des Alten Testamentes beschreiben die Heilsgeschichte, durch die die Ankunft Christi in der Welt in langsamem Voranschreiten vorbereitet wird. Diese ersten Dokumente, so wie sie in der Kirche gelesen und im Licht der weiteren und vollen Offenbarung verstanden werden, bieten Schritt für Schritt deutlicher die Gestalt der Frau dar, der Mutter des Erlösers.«[15]

Die apokalyptische Frau ist das Bild der Kirche, denn sie »ist angetan mit dem Logos, dem vom Vater Gezeugten, der da heller leuchtet als die Sonne«, schreibt im 3. Jahrhundert Hippolyt von Rom.[16] Zugleich ist die apokalyptische Frau das Bild Marias, die ja – nach einem vom heiligen Ambrosius geprägten Ausdruck – »Urbild der Kirche«[17] ist. Als solche wird sie im Schlußabschnitt der Konzilskonstitution über die Kirche charakterisiert: »Wie die Mutter Jesu, im Himmel schon mit Leib und Seele verherrlicht, Bild und Anfang der in der kommenden Weltzeit zu vollendenden Kirche ist, so leuchtet sie auch hier auf Erden in der Zwischenzeit bis zur Ankunft des Herrn (*2 Petr* 3,10) als Zeichen der sicheren Hoffnung und des Trostes dem wandernden Gottesvolk voran.«[18] In der Präfation der heutigen Messe sind beide Sehweisen verknüpft: *Heute hast du die jungfräuliche Gottesmutter in den Himmel erhoben, als erste empfing sie von Christus die Herrlichkeit, die uns allen verheißen ist, und wurde zum Urbild der Kirche in ihrer ewigen Vollendung.*[19]

Das Bild der apokalyptischen Frau verweist nicht nur auf überirdische Vollendung: *Sie war schwanger und schrie vor Schmerz in ihren Geburtswehen.* Und der Drache *wollte ihr Kind verschlingen, sobald es geboren war.* Drangsal, Bedrängnis, Verfolgung – Maria hat sie erfahren, die Kirche erfährt sie durch die Geschichte. Die Heilige Schrift und auch die Erfahrung der Gläubigen »sehen in der Mutter Gottes diejenige, die mit der Kirche in den schwierigsten Momenten ihrer Geschichte, wenn die Angriffe besonders gefährlich werden, auf ganz besondere Weise verbunden ist. Dies trifft sich zutiefst mit dem Bild der Frau, wie es uns im Buch Genesis und in der Offenbarung des Johannes geoffenbart worden ist. Gerade in den Perioden, in denen Christus und somit seine Kirche, der Papst, die Ordensleute und alle Gläubigen zu einem Zeichen werden, das den hartnäckigsten und vorsätzlichen Widerspruch hervorruft, erscheint Maria der Kirche besonders nahe, denn die Kirche ist immer gleichsam ihr Jesus, der zuerst Kind war und sodann der Gekreuzigte und Auferstandene.«[20] *Sie wird der Schlange den Kopf zertreten*[21], sie wird die Kirche und jeden in ihr beschützen. Wie viele Mariengebete lassen dieses Vertrauen konkret werden! »Erlöse uns jederzeit von allen Gefahren.«[22] »Nach diesem Elend zeige uns Jesus, die gebenedeite Frucht deines Leibes.«[23] Und der Rosenkranz! Wir sind Maria nahe in Betlehem und in Nazaret, auf dem Kalvarienberg und im Abendmahlssaal, wo an Pfingsten die Kirche geboren wird. Und vielleicht gelingt es uns heute besser als an anderen Tagen, ihr auch bei ihrer Heimfahrt in den Himmel nahe zu sein, im schlichten, kindlichen Beten: »Die Mutter Gottes ist entschlafen (...). Aber Jesus will seine Mutter mit Leib und Seele im Himmel haben. – Und der himmlische Hofstaat entfaltet seine ganze Herrlichkeit, um die Herrin in Freuden aufzunehmen. – Du und ich – schließlich nur Kinder – nehmen die Schleppe des leuchtend blauen Mantels der Jungfrau und können so jene ganze Pracht beobachten.

Die Heiligste Dreifaltigkeit empfängt die Tochter, Mutter und Braut Gottes ... Und die Herrin hat eine solche Würde, daß die Engel sich fragen: Wer ist doch diese?«[24]

III. Auf dem Weg zu ihrer Verwandten Elisabet – dies ist das Evangelium des Festtages[25] – mag Maria das *Sei gegrüßt, du Begnadete*[26] des Engels immer wieder bedacht haben, nicht im Monolog, sondern im Gespräch mit Gott – nach ihrem Jawort in der zweiten Person *Fleisch geworden* in ihr, Fleisch von ihrem Fleisch ... Und da erinnern wir uns an die Präfation von heute: *Ihr Leib, der den Urheber des Lebens geboren hat, sollte die Verwesung nicht schauen.* Maria lebt bereits im Zustand der letzten Vollendung und bekräftigt unsere Hoffnung auf *die Auferstehung der Toten*[27].

Der endgültige, gottgewollte Zustand des Leibes ist weder Verwesung noch Auflösung ins Nichts, sondern Auferstehung, »Wiedereinsetzung der menschlichen Leiblichkeit in ihr wahres Leben, das auf Erden dem Tod unterworfen war«[28]. Unser Herr Jesus Christus wird *unseren armseligen Leib verwandeln in die Gestalt seines verherrlichten Leibes*[29]. Auf Maria schauend, ist es, als wenn wir mit ihr, »der Vollerlösten, bereits einen Anker in das Reich der Vollendung geworfen hätten, an dem nun die Hoffnung auf die Vollendung aufs neue befestigt ist«[30].

Deswegen ist die Glaubenswahrheit, die wir heute feiern, »ein Bekenntnis zum Leib und damit ein Bekenntnis zur Erde, ein Bekenntnis zur Materie und ein Bekenntnis zur Zukunft von alledem. Die scheinbar leibfeindliche Kirche hat mit diesem Dogma einen Hymnus auf den Leib angestimmt und ihn in Zusammenhang mit dem Göttlichen gebracht.«[31] Das Dogma antwortet auf die verschiedenen Spiritualismen und groben Materialismen aller Zeiten, es bekräftigt die Größe und Würde des Menschen, indem es die Würde des Leibes unterstreicht. Denn »die nach dem Bilde Gottes erschaffene menschliche Person ist ein zugleich körperliches und geistiges Wesen. (...) Der ganze Mensch ist von Gott gewollt. (...) Der Leib des Menschen hat an der Würde des Seins ›nach dem Bilde Gottes‹ teil: er ist eben deswegen menschlicher Leib, weil er durch die geistige Seele beseelt wird.«[32] »Immer wieder hört man sagen, das Christentum denke vom Menschen klein, es verachte den Leib, es entwerte die Welt, es hole den Glaubenden von

Tat und Werk in eine geistige oder religiöse Abseitigkeit fort. Man begreift nicht, wie dieses Dogma der Unwahrheit entstehen und aufrechterhalten werden konnte, denn nirgendwo ist der Mensch so groß gesehen wie in der christlichen Botschaft; nirgendwo wird die Welt so ernst genommen wie in ihr; nirgendwo wird das Geschaffene, das in der Zeitlichkeit sich Zutragende so entschieden zu Gott hinauf- und in ihn hineingehoben, wie es durch Christus geschieht. Das aber in einer Weise, der von Mythos oder Märchen auch kein Hauch anhaftet, sondern in einem göttlichen Ernst, für welchen Christi Schicksal die Gewähr bildet.«[33]

Seit ihren Anfängen mußte sich die Kirche gegen eine falsche Spiritualisierung des Glaubens wehren, die eine Menschwerdung Gottes für unwürdig und beschämend hielt. Als Pius XII. das Dogma verkündete, sahen viele darin das notwendige Gegengewicht zu einer menschen- und lebensverachtenden Geisteshaltung, die sich nach den Schrecken des Krieges – teils heroisch-verzeifelt, teils zynisch – in Nihilismus und Daseinsekel äußerte. Die Gefahren unserer Zeit sind evident: Materialismus und Hedonismus degradieren den Leib zu einer Sache. Und als Reaktion darauf tauchen esoterische Scheinspiritualismen auf, die heidnisch, unchristlich und irrational sind.

Als Maria und Elisabet sich begegnen, geschieht etwas Wunderbares: Als wären ihre Leiber transparent, begegnen sich – gleichsam durch die Leiber der Mütter hindurch – Jesus und sein Wegbereiter Johannes, die beiden noch Ungeborenen ... *In dem Augenblick, als ich deinen Gruß hörte, hüpfte das Kind vor Freude in meinem Leib* ... Elisabet preist den Glauben Marias, Maria antwortet mit dem Lobpreis Gottes im *Magnificat.* Sie spürt die Macht des göttlichen Erbarmens triumphieren, die die Gewalt des Satans niederreißt und in ihrem Schoß das Werk der Erlösung beginnen läßt. Sie »beugt sich über uns als fürsorgliche und vorausschauende Mutter; für alle ist sie wie ein *Spiegel*, eine lebende Ikone, in der sich die Großtaten Gottes in tiefster und reinster Weise widerspiegeln.«[34]

[1] *Eröffnungsvers.* – [2] *Exsultet der Osternacht.* – [3] Pius XII., Apost. Konst. *Munificentissimus Deus*, 1.11.1950. – [4] vgl. *Joh* 1,4. – [5] II. Vat. Konz., Konst. *Dei verbum* 9. – [6] vgl. *Röm* 5,12-21. – [7] Justin, *Dialog mit dem Juden Tryphon.* – [8] Irenäus von Lyon, *Erweis der apostolischen Verkündigung*, 33. – [9] ders., *Gegen die Häresien*, 3,22. – [10] Pius XII., Apost. Konst. *Munificentissimus Deus.* – [11] J. Escrivá, *Christus begegnen*, 176. – [12] *Offb* 12,1. – [13] *Gen* 3,15. – [14] II. Vat. Konz., Konst. *Lumen gentium*, 55. – [15] ebd. – [16] Hippolyt von Rom, *Erweis von Christ und Antichrist*, 61. – [17] Ambrosius, *Auslegung des Evangeliums nach Lukas*, 2,7. – [18] II. Vat. Konz., Konst. *Lumen gentium*, 68. – [19] *Präfation* der Tagesmesse. – [20] Karol Wojtyla, *Zeichen des Widerspruchs*, Freiburg 1979, S.233. – [21] vgl. *Gen* 3,15. – [22] Gebet *Unter deinen Schutz und Schirm.* – [23] *Salve Regina.* – [24] J. Escrivá, *Der Rosenkranz, Himmelfahrt Mariens.* – [25] *Lk* 1,39-56. – [26] *Lk* 1,28. – [27] *Glaubensbekenntnis.* – [28] Johannes Paul II.,

Ansprache, 2.12.1981. – [29] *Phil* 3,21. – [30] L. Scheffczyk, *Maria im Glauben der Kirche*, Wien 1980, S.43. – [31] J. Kard. Ratzinger, *Mitarbeiter der Wahrheit*, Würzburg 1992, S.264. – [32] *Katechismus der Katholischen Kirche*, 362 u. 364. – [33] R. Guardini, *Die letzten Dinge*, Mainz 1989, S.127. – [34] Johannes Paul II., *Ansprache*, 8.12.1990.

20. AUGUST

BERNHARD VON CLAIRVAUX

In Liebe zu Christus und zur Kirche.
Ganz Gesicht und ganz Gehör für das heilige Menschsein Christi sein.
Sehnsucht, Suche, Liebe.

I. »Mein Gott und Helfer, ich will dich lieben nach der Größe deiner Gaben und nach dem Maße meiner Kräfte, das zwar zu klein ist, aber nicht kleiner als mein Können. Ich werde mehr vermögen, wenn du mir mehr zu geben dich würdigst, aber nie nach dem Maße, wie du es verdienst.«[1] Dies kann heute, zu Beginn unserer Betrachtung am Gedenktag des heiligen Bernhard, ein anspornender Vorsatz sein: Gott lieben nach der Größe seiner Gaben und nach dem Maße unserer Kräfte. Der heilige Bernhard – um 1090 bei Dijon aus burgundischem Adel geboren – war vom Licht und vom Feuer der Liebe Gottes ergriffen; und es drängte ihn, sie weiterzugeben. Als er mit 22 Jahren in das nahegelegene Kloster von Citeaux eintrat, riß er dreißig Gefährten mit: vier Brüder, einige Vettern, einen Onkel und eine Reihe Freunde. Später gesellten sich noch sein Vater und der jüngste Bruder hinzu. Citeaux – erst wenige Jahre zuvor als Reformkloster gegründet, das wegen seiner Strenge nur wenige Mönche hatte – blühte auf und ließ weitere Klöster entstehen. Schon drei Jahre nach seinem Eintritt wurde Bernhard an der Spitze einer Gruppe von zwölf Mönchen zur Gründung von Clairvaux ausgesandt, das ihm den Namen gegeben hat, unter dem wir ihn kennen. »Die Einöde, in welcher die Diener Gottes verweilten – heißt es in einem zeitgenössischen Bericht –, war von einem düsteren und dichten Wald umgeben und von zwei benachbarten Bergen so eng eingeschlossen, daß sie ihr fast das Aussehen einer tiefen Höhle gaben (...). Wenn man vom Berg hinabstieg und Clairvaux betrat, spürte man überall Gott, und das stumme Tal verkündete durch die Einfachheit und Niedrigkeit der Gebäude den einfachen und demütigen Sinn ihrer Bewohner.«[2] Clairvaux wurde zum Zentrum und Vorbild der Reform. Als Bernhard 1053 starb, waren von dort aus achtundsechzig neue Klöster gegründet worden, der Zisterzienserorden zählte 343 Klöster und hatte sich über ganz Europa ausgebreitet.

Bernhard – ein kontemplativer Geist, ganz in Gott versunken und Liebhaber der Einsamkeit – wäre froh gewesen, wenn er ganz das hätte sein können, was er eigentlich war: *nur* Abt von Clairvaux. Aber Päpste und Fürsten suchten seinen Rat, überall wollte man ihn als Prediger hören, verfeindete Städte riefen ihn als Friedensstifter an. Bernhard litt darunter und hatte das Gefühl, nichts ganz zu sein: weder Mönch noch Ritter, vielmehr ein Zwitterwesen, »die Chimäre des Jahrhunderts, nicht Kleriker und nicht Laie«, wie er klagend an einen Mitbruder schreibt. Aber er gehorchte in Demut, denn: »Mein einziges Verdienst ist die Barmherzigkeit des Herrn. Ich werde nicht an Verdiensten arm sein, solange er nicht an Barmherzigkeit arm ist. Und da seine Barmherzigkeit groß ist, sind auch meine Verdienste groß.«[3]

Gott hat ihn »mit brennender Sorge für seine Kirche erfüllt und ihn in den Wirren seiner Zeit zu einem hellen Licht gemacht«[4]. Als ein Mönch aus Clairvaux und Bernhards Schüler als Eugen III. Papst wurde, schrieb er ihm einen ernsten Brief: »Ich wage nicht mehr, dich Sohn zu nennen, da sich der Sohn in einen Vater, der Vater in einen Sohn verwandelt hat. (....) Nachdem du selbst so verwandelt bist, muß auch die Braut, die dir anvertraut ist, sich heilsam wandeln. Wenn Christus dich gesandt hat, so wisse, daß du nicht gekommen bist, dir dienen zu lassen, sondern zu dienen. (...) Wer wird mir geben, bevor ich sterbe, die Kirche Gottes so zu sehen, wie sie in alten Tagen war, als die Apostel ihre Netze zum Fange auswarfen, nicht um Gold und Silber, sondern um Seelen zu gewinnen?« In einer später verfaßten Abhandlung über die Pflichten des Papstes ermahnte er seinen ehemaligen Schüler: »Jetzt ist das Messer des Winzers nötig, kein Szepter (...). Kein Eisen und kein Gift fürchte ich mehr für dich als die Leidenschaft, zu herrschen (...). Nicht auf einmal kannst du alles Schlechte reformieren wollen. Geh klug und stufenweise vor! Nimm dir Zeit! Verbessere die schlechten Gewohnheiten allmählich!«[5]

II. *Die Güte und Menschenliebe Gottes, unseres Retters*[6], ist erschienen. »Dank sei Gott, daß wir auf dieser Pilgerschaft, in dieser Verbannung, in diesem Elend so reichen Trost haben!«[7] Wir sollen *zum Herzen heimkehren*[8], damit wir »die innere Stimme« hören können, die »mehr von innen heraus die Stimme Gottes als von außen die Stimme eines Menschen« ist. Diese Stimme »erschüttert die einsame Wüste, durchdringt die geheimnisvollen Tiefen und rüttelt die Seelen aus der starren Stumpfheit auf«. Es sei keine besondere Anstrengung nötig, um sie zu vernehmen: »Es kostet eher Mühe, die Ohren zu verstopfen, um nicht zu hören, (...) denn sie drängt sich auf und pocht ohne Unterlaß an eines jeden Herzens Türe.« Diese machtvolle Stimme ist »ein Lichtstrahl, der den Menschen die Sünden vorhält und die dunklen Winkel erhellt«. Durch sie spricht zu uns »der Sohn Gottes, das Wort des Vaters, der Abglanz der Herrlichkeit«; ihm gegenüber soll die Seele »ganz Gesicht und ganz Gehör«[9] sein.

Die Menschheit unseres Herrn Jesus Christus – »sein Fleisch« – ist ein Widerschein des ewigen Wortes, das Maß seiner Liebe zu uns. Warum ist Gott Mensch geworden? Aus Liebe, aus Güte. »Bevor die Menschenliebe Gottes erschien, war die Güte verborgen. Sie war ja schon immer da, wie auch die Barmherzigkeit Gottes von Ewigkeit ist. Aber woran hätte man ihre Größe erkennen können? Sie war verheißen, aber nicht erfahren; darum glaubten viele nicht an sie.« Nach der Menschwerdung wurde es sichtbar, daß Gott *Pläne des Heils und nicht des Unheils*[10] hegt. Und jetzt? Jetzt ist uns »Friede nicht nur verheißen, sondern auch verwirklicht; nicht aufgeschoben, sondern mitgeteilt; nicht bloß vorhergesagt, sondern gegenwärtig. Denn als die Fülle der Zeit kam (*Gal* 4,4), erschien auch die Fülle der Gottheit. Sie kam im Fleisch; denn so sollte sie den irdischen Menschen gezeigt werden.«[11]

Bernhard stellt uns vor den Gottmenschen Jesus Christus und antwortet auf unsere Fragen: »Ihr wollt von mir hören, warum und wie man Gott lieben müsse. Nun denn: der Grund, Gott zu lieben, ist Gott selbst; das Maß der Liebe, ihn ohne Maß zu lieben. Ist das klar genug gesagt? Ja, aber nur für den, der es begreift.« Der Heilige will es auch denen, »die langsam sind im Auffassen«, verdeutlichen und sagt ausführlicher: »Aus zweifachem

Grunde muß man Gott um seiner selbst willen lieben, einmal, weil nichts mit mehr Recht, und dann weil nichts mit größerem Nutzen geliebt werden kann. Die Frage, warum Gott geliebt werden soll, läßt eine doppelte Antwort zu. Man kann darüber im Zweifel sein, worüber die Entscheidung geht, ob er zu lieben ist um eines Verdienstes von seiner Seite und welchen Verdienstes willen oder um eines Vorteiles und welchen Vorteiles für uns. Auf beide Fragen gebe ich die gleiche Antwort: ich finde einfach keinen anderen Grund, ihn zu lieben, als ihn selbst. (...) Wenn wir also auf die Frage nach dem Grund unserer Gottesliebe sein Verdienst betrachten, so ist es vornehmlich dieses: er hat uns zuerst geliebt. Würdig fürwahr ist er aller Gegenliebe, besonders wenn wir bedenken, wer, wen und wie sehr er geliebt hat.«[12]

Christus, wahrer Gott und wahrer Mensch, liebt uns: »Wo gibt es noch einmal so viel Liebe? (...) Hier soll der Mensch begreifen lernen, wie sehr sich Gott um ihn sorgt; hier soll er erfahren, was Gott von ihm denkt und was er fühlt. O Mensch, du sollst nicht danach fragen, was du leidest, sondern was er gelitten hat. An dem, was er für dich getan hat, erkenne, wieviel du ihm wert bist. Dann wird seine Güte dir aus seiner Menschenliebe entgegenleuchten.« Mit dem heiligen Bernhard lassen wir diese Anregungen mit einem Wort ausklingen, das inniges mystisches Empfinden und leidenschaftliche Liebe vereint: »Je tiefer er sich in seinem Menschsein erniedrigte, um so größer erwies er sich in seiner Güte. Je armseliger er für mich geworden ist, desto lieber ist er mir geworden.«[13]

III. »Das Becken ahme die Quelle nach. Die Quelle ergießt sich nicht in Rinnsalen und strömt nicht ab in einen See, bevor sie sich nicht mit ihrem eigenen Wasser gesättigt hat. Das Becken schäme sich daher nicht, daß es nicht strömender ist als seine eigene Quelle. (…) Füllt euch zuerst, und dann erst denkt daran, euch auszugießen.«[14] In der Kontemplation des Klosters füllt sich Bernhard mit der leidenschaftlichen Liebe zu Gott, die er dann in die Welt ausschüttet. Auch dort, wo er sich im Dienst der Kirche politisch engagiert, blieb für ihn die apostolische Mission – Menschen zu gewinnen, den Glauben zu verkündigen – die Hauptsache.

Ein und diesselbe Leidenschaft trieb ihn zu Gott und ließ ihn den Menschen in den weltlichen Geschäften zurufen: »Du, Mensch, du brauchst keine Meere zu überqueren, keine Wolken zu durchdringen oder die Alpen zu überschreiten. Du brauchst keinen weiten Weg zu machen, sage ich. Geh deinem Gott entgegen bis zu dir selbst. Denn das Wort ist dir nahe, es ist in deinem Mund und in deinem

Herzen (vgl. *Röm* 10,8). Geh ihm entgegen bis zur Reue des Herzens und zum Bekenntnis des Mundes.«[15]

Die mystische Tiefe des heiligen Bernhard entfaltet sich besonders in seinen sechsundachtzig Predigten über das *Hohelied*, das er als eine Allegorie der mystischen Liebe zwischen Gott und der Seele deutet. *Aufstehen will ich, die Stadt durchstreifen, die Gassen und Plätze, ihn suchen, den meine Seele liebt.*[16] Die Seele kann den Geliebten suchen, weil dieser »dir zuvorgekommen ist und dich zuerst gesucht hat und dich zuerst geliebt hat. Du würdest ihn gar nicht suchen, wenn du nicht schon zuvor gesucht worden wärest, und nicht lieben, wenn du nicht schon zuvor geliebt worden wärest.« Gott ist der Seele zweifach zuvorgekommen: »mit dem Lieben und dem Suchen. Die Liebe ist der Grund für das Suchen, und das Suchen ist die Frucht der Liebe und ihr sicheres Anzeichen. Du wirst geliebt, damit du nicht bangen mußt, man suche dich fürs Gericht, du wirst gesucht, damit du nicht klagst, ohne spürbare Folgen geliebt zu werden.« Gottes Zärtlichkeit soll uns Kühnheit verleihen, ihn immer wieder neu zu suchen: »Und daher dieser Eifer, diese Glut, den zu suchen, den deine Seele liebt; denn wärest du nicht gesucht worden, so hättest du dich nicht auf die Suche begeben können; und wenn du gesucht wirst, kannst du nicht anders, als dich ebenfalls auf die Suche zu begeben.«[17] Wie ihn aber suchen? »Nicht mit den Schritten der Füße wird Gott gesucht, sondern mit Schritten der Sehnsucht. Und das glückliche Finden vertreibt die Sehnsucht nicht, sondern steigert sie. Ist die Vollendung der Freude denn die Aufzehrung der Sehnsucht? Nein, die Vollendung der Freude ist Öl für die Sehnsucht: denn die Sehnsucht ist eine Flamme. Ja, so ist es. Das Maß der Fröhlichkeit wird voll gemacht, aber die Sehnsucht endet nicht und darum auch das Suchen nicht.«[18]

Eine der schönsten Predigten des heiligen Bernhard ist ein Lobpreis auf Maria. Sie ist ein Brennspiegel, in welchem Bernhard alles vollkommen verwirklicht sieht, was ihn bewegt: die Liebe zu Gott, die Demut des Geschöpfes, die Hingabe von Verstand, Herz und Gemüt und besonders die innige Zuwendung zur heiligsten Menschheit unseres Herrn Jesus Christus – zu ihrem Sohn, unserem Herrn und Bruder. Machen wir uns am Ende dieser Zeit des Gebetes den Rat des heiligen Bernhard zu eigen: »In Gefahren, in Ängsten, in Zweifeln – denk an Maria, ruf zu Maria! Ihr Name weiche nicht aus deinem Munde, weiche nicht aus deinem Herzen! Damit du aber ihre Hilfe und Fürbitte erlangst, vergiß nicht das Vorbild ihres Wandels! Folge ihr, und du wirst nicht vom Wege weichen. Bitte sie, und niemals bist du hoffnungslos. Denk an sie, dann irrst du nicht. Hält sie dich fest, wirst du nicht fallen. Schützt sie dich, dann fürchte nichts. Führt sie dich, wirst du nicht müde. Ist sie dir gnädig, dann kommst du ans Ziel.«[19]

[1] *Von der Gottesliebe*, c.6. – [2] G. Kranz, *Politische Heilige und katholische Reformatoren*, Bd. II, Augsburg 1959, S.64. – [3] *Predigt über das Hohelied*, 61. – [4] vgl. *Tagesgebet*. – [5] *Über die Betrachtung*. – [6] *Tit* 3,4. – [7] *Predigt an Erscheinung des Herrn*. – [8] vgl. *Jes* 46,8. – [9] *Über die Bekehrung*, c.3-5. – [10] *Jer* 29,11. – [11] *Predigt an Erscheinung des Herrn*. – [12] *Von der Gottesliebe*, 1. – [13] *Predigt an Erscheinung des Herrn*. – [14] *Predigt über das Hohelied*, 18. – [15] *Predigt I im Advent*, 10. – [16] *Hld* 3,2. – [17] *Predigt über das Hohelied*, 84. – [18] ebd. – [19] *Predigt über die Jungfrau Maria*, 2,17.

PIUS X.

Alles in Christus erneuern.
Fels, Hirt.
Katechismus und Kommunion.

I. *Der Herr machte ihn zum Vorsteher seiner Gemeinde, zum Diener seines Bundes, daß er Priester sei in Ewigkeit.* Der Eröffnungsvers der heutigen Messe ist dem Buch Jesus Sirach entlehnt. Dort wird ein Hoherpriester gelobt, *weil er sich einsetzte für den Gott des Alls und für sein Volk in die Bresche trat*[1]. Der heilige Pius X. tat es in der kirchlich wie politisch schwierigen Zeit seines Pontifikates von 1903 bis zu seinem Todestag am 20. August 1914, drei Wochen nach Beginn des Ersten Weltkrieges. In seiner ersten Enzyklika verkündet er, »daß Wir für Unser Pontifikat kein anderes Programm kennen als das, alles zu erneuern in Christus, damit Christus alles und in allem sei«[2]. Dies war sein Wahlspruch: *Alles in Christus erneuern – Instaurare omnia in Christo*[3]. Wir denken da an die Erneuerung des Gregorianischen Chorals, des Stundengebetes, des Meßbuches, des Kalenders, an die Sorge um die Ausbildung des Klerus, die Kodifizierung des kirchlichen Rechts, die Dekrete über die frühe Erstkommunion und den häufigen Kommunionempfang.

Simon, Sohn des Johannes, liebst du mich? Wir hören dieses Evangelium[4] oft am Gedenktag eines heiligen Papstes; aber heute klingt es besonders passend, wenn wir an den Kampf Pius' X. um Aufbau und Verteidigung, Festigung und Verlebendigung des Glaubens denken. Verweilen wir etwas am See von Tiberias: »Wie menschlich rührend, daß hier Jesus ihn ein letztes Mal beim ursprünglichen Namen nennt – immer, von Ewigkeit her, heißt das, bist du mein gewesen, auch schon als du bloß der Simon aus Betsaida warst. Und die zutiefst menschlich vornehme Antwort, die nicht einfach lautet ›Ja‹, was er vor den anwesenden Freunden nicht fertigbringt, weil es ihnen weh tun könnte. So sagt er denn: ›Ja, Herr, du weißt, daß ich dich liebe.‹ Wie hat Jesus ihn wohl, falls man es überhaupt so ausdrücken kann, für dieses demütige Zartgefühl geliebt! Er sagte zu ihm: ›Weide meine Lämmer.‹ Das sind die kleinen, die jungen, die noch taumeligen und schwachen Schafe. Sie nennt der Herr der Kirche als erste, denn sie bedürfen zuallererst des guten Futters, der regelmäßigen ausreichenden Nahrung, sonst gehen sie zugrunde. Noch einmal fragt Jesus: ›Simon, Sohn des Johannes, liebst du mich?‹ Und noch einmal die gleiche Antwort. Aber nicht die ganz gleiche Weisung Jesu, sondern: ›Hüte meine Schafe!‹ Das heißt, nicht nur für ihre Ernährung sorgen, sondern auch für ihren Schutz vor den Wölfen und vor den Unbilden der Natur.«[5] Und zum drittenmal die Frage: *Simon, Sohn des Johannes, liebst du mich? Da wurde Petrus traurig, weil Jesus ihn zum drittenmal gefragt hatte: Hast du mich lieb? Er gab ihm zur Antwort: Herr, du weißt alles; du weißt, daß ich dich lieb habe. Jesus sagte zu ihm: Weide meine Schafe.* »Es versteht sich, auch die ausgewachsenen Tiere der Herde brauchen Weidegrund. Weide meine Lämmer – hüte meine Schafe – weide meine Schafe. Diese Reihenfolge ist nicht zufällig, sie bezeichnet genau die Lebensbedingungen und -gesetze für das Werden und Wachsen von Kirche, damals wie gestern, heute und alle Zeit.«[6]

Durch einen Befehl, der auch eine Bitte ist, hat der Gekreuzigte und Auferstandene »den heiligen Petrus an die Spitze der übrigen Apostel gestellt und in ihm ein immerwährendes und sichtbares Prinzip und Fundament der Glaubenseinheit und der Gemeinschaft eingesetzt«[7]. Das Petrusamt stammt aus der Gnade und dem Erbarmen Gottes und verpflichtet seinen Träger: »Durch seine Bindung an das dreifache Liebesbekenntnis des Petrus, das dem dreifachen Verrat entspricht, weiß sein Nachfolger, daß er Zeichen der Barmherzigkeit sein muß. Sein Dienst ist ein Dienst der Barmherzigkeit, geboren aus einem Barmherzigkeitsakt Christi. Diese ganze Lehre aus dem Evangelium muß dauernd neu gelesen werden, damit die Ausübung des Petrusamtes nichts von ihrer Glaubwürdigkeit und Transparenz verliert.«[8]

II. Eines Tages fragte Jesus die Jünger bei Cäsarea Philippi[9]: *Für wen halten die Leute den Menschensohn?* Jesus interessieren nicht die herumschwirrenden Vermutungen und Gerüchte im Volk, er will nur auf die folgende, entscheidende Frage kommen: *Ihr aber, für wen haltet ihr mich?* Petrus antwortet: *Du bist der Messias, der Sohn des lebendigen Gottes!* Es ist »jenes Bekenntnis, das erstmals in der Weltgeschichte, in der Heilsgeschichte die Einheit von ›Menschensohn‹ und ›Gottessohn‹ vom glaubenden Menschen her erkannte und aussprach. Ein ungeheures Ereignis der Menschheitsgeschichte!«[10] Leo der Große predigt im 5. Jahrhundert: »Alle Apostel fragt der Herr, was die Menschen von ihm dächten, und sie geben ihre Antwort gemeinsam, solange sie sich auf die menschliche Unwissenheit mit ihrem Schwanken beziehen. Sobald nach dem gefragt wird, was die Jünger selbst denken, legt der zuerst Zeugnis ab für den Herrn, der in der apostolischen Würde der erste ist.«[11]

Diesem Bekenntnis des Petrus folgt eine Art Bekenntnis Jesu zu ihm: *Du bist Petrus – der Fels.* Warum nennt ihn Jesus mit einem aramäischen Namen, *Kephas*, der – anders als der uns geläufige *Petrus* – kein Eigenname war? Dem Herrn geht es um das Bild des *Felsen*: *auf diesen Felsen werde ich meine Kirche bauen*. Warum ist Petrus *Fels*? Der neue Rufname ist gewiß keine Charakterschilderung des Apostels: »Die Benennung ›Fels‹ gibt keinen pädagogischen oder psychologischen Sinn; sie ist nur aus dem Mysterium, das heißt christologisch und ekklesiologisch zu verstehen: Simon Petrus wird durch Jesu Auftrag sein, was er durch ›Fleisch und Blut‹ gerade nicht ist.«[12] Nach Papst Leo dem Großen will Jesus sagen: »Ich bin der unzerstörbare Fels, der *Schlußstein*, der beide (Juden und Heiden) vereint (vgl. *Eph* 2,20.14), das Fundament, außer dem kein anderes gelegt werden kann (*1 Kor* 3,11). Dennoch bist auch du Fels, weil du durch meine Kraft gestärkt wirst und mit mir durch Teilnahme gemeinsam haben darfst, was für mich eigene Vollmacht ist.«[13]

Heute, am Gedenktag eines heiligen Papstes, vergegenwärtigen wir uns, daß die Verheißung des Herrn, *die Mächte der Unterwelt werden* die Kirche *nicht überwältigen*, nur dann einen Sinn ergibt, wenn sie – über den sterblichen Einzelnen hinaus – das Petrusamt meint, das durch die Jahrhunderte sichtbares Fundament der Kirche sein soll. »Unter allen Kirchen und kirchlichen Gemeinschaften ist sich die katholische Kirche bewußt, das Amt des Nachfolgers des Apostels Petrus, des Bischofs von Rom, bewahrt zu haben, den Gott als ›immerwährendes und sichtbares Prinzip und Fundament der Einheit‹ eingesetzt hat und dem der Heilige Geist beisteht, damit er alle anderen an diesem wesentlichen Gut teilhaben läßt.«[14]

Nehmen wir in unser Gebet noch eine dritte Stelle aus der Bibel über das Petrusamt in der Kirche. *Simon, Simon, der Satan hat verlangt, daß er euch wie Weizen sieben darf. Ich aber habe für dich gebetet, daß dein Glaube nicht erlischt. Und wenn du dich wieder bekehrt hast, dann stärke deine Brüder.*[15] Christus selbst trägt den jeweiligen Träger des Amtes, einen schwachen Menschen, durch die Jahrhunderte. »Lukas hebt hervor, daß Christus dem Petrus aufträgt, die Brüder zu stärken, ihn aber gleichzeitig seine menschliche Schwäche und die Notwendigkeit seiner Bekehrung erkennen läßt. Es ist gerade so, als würde vor dem Hintergrund der menschlichen Schwachheit des Petrus voll offenkundig werden, daß sein besonderes Amt in der Kirche vollständig seinen Ursprung aus der Gnade hat; es ist, als würde sich der Meister ganz besonders seiner Bekehrung widmen, um ihn auf die Aufgabe vorzubereiten, die er sich anschickt, ihm in seiner Kirche anzuvertrauen, und würde ihm gegenüber sehr anspruchsvoll sein.«[16]

Tatsächlich gibt es ein schreiendes Mißverhältnis zwischen der Felsfunktion und dem schwachen Menschen. Aber gestützt auf das

Wort des Herrn glauben wir trotz aller Erbärmlichkeiten und Schwächen – gleichsam durch sie hindurch –, »daß es nicht diese Menschen sind, die die Kirche halten, sondern er allein, der dies mehr trotz der Menschen als durch die Menschen tut«[17].

III. Der Dienst der Einheit verlangt vom Papst, »wie ein Wächter zu ›wachen‹ (*episkopein*), so daß dank der Hirten in allen Teilkirchen die wirkliche Stimme des Hirten Christus zu hören ist. Auf diese Weise verwirklicht sich in jeder der ihnen anvertrauten Teilkirchen die *una, sancta, catholica et apostolica Ecclesia*. Alle Kirchen befinden sich in voller und sichtbarer Gemeinschaft, weil alle Hirten in Gemeinschaft mit Petrus und so in der Einheit Christi sind. Mit der Vollmacht und Autorität, ohne die dieses Amt illusorisch wäre, muß der Bischof von Rom die Gemeinschaft aller Kirchen gewährleisten. Dadurch ist er der Erste unter den Dienern an der Einheit.«[18] Als solcher hat er »an die Forderungen des Gemeinwohls der Kirche zu erinnern, falls jemand versucht wäre, dies zugunsten eigener Interessen zu vergessen. Er hat die Pflicht hinzuweisen, zu warnen und manchmal diese oder jene Meinung, die verbreitet wird, für unvereinbar mit der Einheit des Glaubens zu erklären.«[19]

Die Worte der heutigen Lesung erinnern uns an das Bemühen des heiligen Pius' X., den Glauben zu festigen und Gefährdungen entgegenzutreten: *Wir haben im Vertrauen auf unseren Gott das Evangelium Gottes trotz harter Kämpfe freimütig und furchtlos bei euch verkündet. Denn wir predigen nicht, (...) um den Menschen, sondern um Gott zu gefallen, der unsere Herzen prüft.*[20] Aus der Sorge um die Unversehrtheit des Glaubens betonte der Papst die Bedeutung des Katechismusunterrichts, »gleichsam der Pflug, der die Seelen aufackert, damit sie für den Samen aufnahmebereit seien«[21]. Ihm selbst war es wegen der damaligen politischen Verhältnisse verwehrt, den Vatikan zu verlassen und in seiner römischen Diözese von einer Pfarrei zur anderen zu eilen; aber er sorgte dafür, daß die Leute zu ihm kamen, und hielt im Damasushof Sonntagskatechesen.

Jesus Christus besser kennen, ihn überhaupt kennenlernen! Dies bewegte den heiligen Papst, den man nach einem alten Wort »ignis ardens« – brennendes Feuer – genannt hat. »Wie viele gibt es, die Christus hassen, die die Kirche und das Evangelium verabscheuen, mehr aus Unwissenheit als aus Böswilligkeit. Die Armen! Sie lästern das, was sie nicht kennen.« Man finde, so der Papst, diesen traurigen Seelenzustand nicht nur unter ungebildeten Menschen, sondern »sogar bei solchen, die eine überdurchschnittliche Bildung besitzen. Es ist nicht der Fortschritt der Wissenschaft, der in vielen den Glauben zerstört, sondern die Unwissenheit; daher kommt es, daß dort, wo Unwissenheit herrscht, der Unglaube die größten Verheerungen anrichten kann.«[22]

Wer Christus wirklich kennt, wird seinen Umgang suchen, er wird ihn empfangen wollen. Die Verfügungen über die frühe Erstkommunion und den häufigen Kommunionempfang richteten sich gegen noch wirksame Überreste jansenistischer Strenge. »Das Verlangen Jesu Christi und der Kirche aber, daß alle Christgläubigen täglich zum heiligen Gastmahl hinzutreten, zielt vor allem darauf, daß die Christgläubigen, durch das Sakrament mit Gott verbunden, daraus Kraft schöpfen, um die Begierde zu zügeln, um leichte Verschuldungen, die täglich vorkommen, abzuwaschen, und um schwerere Sünden, denen die menschliche Gebrechlichkeit ausgesetzt ist, zu verhüten.«[23]

Das Gebet für den Papst und für seine Anliegen hat in jeder heiligen Messe einen festen Platz. Unsere Verbundenheit mit ihm soll sich ebenso in unserem persönlichen Gebet zeigen: »Dank, mein Gott, für die Liebe zum Papst, die du mir ins Herz gelegt hast.«[24]

[1] *Sir* 45,23. – [2] Pius X., Enz. *E supremi apostolatus cathedra*. – [3] *Eph* 1,10. – [4] *Joh* 21,1.15-17. – [5] P. Berglar, *Petrus – Vom Fischer zum Stellvertreter*, Köln 1999, S.194f. – [6] ebd. – [7] II. Vat.

Konz., Konst. *Lumen gentium*, 18. – [8] Johannes Paul II., Enz. *Ut unum sint*, 93. – [9] *Mt* 16,13-20. – [10] P. Berglar, *Petrus – Vom Fischer zum Stellvertreter*, S. 23. – [11] Leo der Große, *Predigt 4*. – [12] J. Kard. Ratzinger, *Zur Gemeinschaft gerufen*, Freiburg 1991, S.51. – [13] Leo der Große, *Predigt 4*. – [14] Johannes Paul II., Enz. *Ut unum sint*, 88. – [15] *Lk* 22,31-32. – [16] Johannes Paul II., Enz. *Ut unum sint*, 91. – [17] J. Kard. Ratzinger, *Zur Gemeinschaft gerufen*, S.69. – [18] Johannes Paul II., Enz. *Ut unum sint*, 94. – [19] ebd. – [20] *1 Thess* 2,2-8. – [21] Pius X., Enz. *Acerbo nimis*. – [22] Pius X., Enz. *E supremi apostolatus cathedra*. – [23] Dekret *Sacra Tridentina Synodus*, 20.12.1905. – [24] J. Escrivá, *Der Weg*, 573.

MARIA KÖNIGIN

Aus der Sicht der Engel und Heiligen.
Königin und Magd des Herrn.
Fürsprecherin und Mittlerin.

I. Vor einer Woche feierten wir Maria, »nach Vollendung des irdischen Lebenslaufs mit Leib und Seele in die himmlische Herrlichkeit aufgenommen und als Königin des Alls vom Herrn erhöht«[1]. Heute vernehmen wir ein Echo jenes Geheimnisses: *Selig bist du, Jungfrau Maria, du thronst zur Rechten des Herrn.*[2] Gleichsam als Ausfaltung des Dogmas führte Papst Pius XII. zum Abschluß des Marianischen Jahres 1954 das Fest »Maria Königin« ein. Bei der Neuordnung des Generalkalenders wurde es vom 31. Mai auf den achten Tag nach Mariä Himmelfahrt verlegt, »damit die Verbindung zwischen der königlichen Würde der Gottesmutter und ihrer Aufnahme in den Himmel deutlicher wird«[3].

Maler, Bildhauer, Dichter und Mystiker versuchen, jeder auf seine Art, den Augenblick nachzuempfinden, da Maria in die Herrlichkeit des Himmels aufgenommen wurde. Wenn wir als Betende versuchen, das Geschehen aus der Sicht der Engel und Heiligen zu betrachten, fallen Aufnahme in den Himmel und Krönung Mariens zusammen – das eine gewissermaßen »von unten«, das andere »von oben« betrachtet. »Jesus will seine Mutter mit Leib und Seele im Himmel haben. – Und der himmlische Hofstaat entfaltet seine ganze Herrlichkeit, um die Herrin in Freude aufzunehmen. – Du und ich – schließlich nur Kinder – nehmen die Schleppe des leuchtend blauen Mantels der Jungfrau und können so jene ganze Pracht beobachten. Die Heiligste Dreifaltigkeit empfängt die Tochter, Mutter und Braut Gottes und überhäuft sie mit Ehren ... – Und die Herrin hat eine solche Würde, daß die Engel sich fragen: Wer ist doch diese?«[4]

Was heißt in der Sprache der Theologie, Maria sei Königin? Eine erste Auskunft besagt: Sie ist die Mutter des Königs, »sie wurde wahrhaft Herrin über jedes Geschöpf, indem sie Mutter des Schöpfers ward«[5], wie der Kirchenvater Johannes von Damaskus schreibt. Als sie sich demütig als *die Magd des Herrn*[6] bekannte, wurde sie die Königin. Die Exegeten machen darauf aufmerksam, daß im Alten Testament die Königin-Mutter höher geehrt wird als die Gemahlin des Königs. Sie erwähnen als Beispiel die unterwürfige Art, wie Davids Ehefrau Batseba dem König gegenüber auftritt, und die ehrfürchtige Art, wie dieselbe Batseba von ihrem Sohn Salomo behandelt wird. Die Szene aus dem 1. Buch der Könige mutet an wie ein irdischer Entwurf der Erhöhung Mariens: *Als nun Batseba zu Salomo kam (...), erhob sich der König, ging ihr entgegen und verneigte sich vor ihr. Dann setzte er sich auf seinen Thron und ließ auch für die Königinmutter einen Thron hinstellen. Sie setzte sich an seine rechte Seite und begann: Eine einzige kleine Bitte hätte ich an dich. Weise mich nicht ab! Der König antwortete ihr: Sprich sie nur aus, Mutter! Ich werde dich nicht abweisen.*[7]

Jesus ist der verheißene Davidsnachfolger und Maria die Königinmutter: *Einen Sohn wirst du gebären (...). Gott, der Herr, wird ihm den Thron seines Vaters David geben. Er wird über das Haus Jakob in Ewigkeit herrschen, und seine Herrschaft wird kein Ende haben.*[8]

Glaube und Theologie geben uns eine weitere Auskunft über die königliche Würde Marias: Man muß sie »nicht nur wegen ihrer göttlichen Mutterschaft Königin nennen, sondern auch, weil sie nach Gottes Willen außerordentlichen Anteil am Werk unseres ewigen Heiles hatte«[9]. Sie war als neue Eva dem neuen Adam zugesellt und trug zum Werk unserer Erlösung bei, »indem sie ihr Dasein zur Verfügung stellte, ihn (Christus) für uns freiwillig darbrachte und auf einzigartige Weise unser Heil ersehnte, erbat und besorgte«[10]. Sie gab ihrem Sohn alles, was eine gute Mutter geben kann: während der Kindheit, dann zu Beginn seines öffentlichen Lebens und schließlich unter dem Kreuz. Dort »nahm sie mit dem Herzen seine Dornenkrone auf ihr Haupt«[11]. Wir nennen sie Königin, aber immer bleibt sie die Mutter – für Jesus und für uns.

II. *Dann erschien ein großes Zeichen am Himmel: eine Frau, mit der Sonne bekleidet; der Mond war unter ihren Füßen und ein Kranz von zwölf Sternen auf ihrem Haupt.* »Auch wenn diese Frau die Kirche ist, die Gemeinschaft des Neuen Bundes, aus dem der neue Mensch und die neue Welt hervorgehen, so ist doch auch Maria damit gemeint, denn in ihr findet die Gemeinschaft der Gläubigen zugleich ihren Beginn und ihr vollendetes Symbol. Schon sehr früh hat die Kirche in Maria auch jenes Urbild der Frau gesehen, als sie Maria als die neue Eva bezeichnete, die neue ›Mutter aller Lebenden‹.«[12]

In der apokalyptischen Vision erscheint die selige Jungfrau »im Schmuck kosmischer Kräfte wie der Sonne, die das Bild Gottes darstellt. Im Glanz dieses Lichtes wird die Mutter, welche ›die Sonne der Gerechtigkeit‹ gebar, selbst zum Inbegriff gottgeschenkter kosmischer Schönheit, wie sie keinem anderen Geschöpf zuteil wurde noch jemals zuteil werden kann.«[13] Ihr Glanz ist das Leuchten der Gnade Gottes, die sie durchdringt und umhüllt. Dennoch ist das Bild nicht nur vom Glanz der Gestirne erhellt, sondern auch von

Chaos und Finsternis bedroht: *Der Drache stand vor der Frau, die gebären sollte; er wollte ihr Kind verschlingen, sobald es geboren war.* Wir werden gewahr, daß die selige Jungfrau mit uns die Not der Zeiten teilt – Leid, Verfolgung, Flucht. »Gerade in den Perioden, in denen Christus und somit seine Kirche, der Papst, die Ordensleute und alle Gläubigen zu einem Zeichen werden, das den hartnäckigsten und vorsätzlichen Widerspruch hervorruft, erscheint Maria der Kirche besonders nahe, denn die Kirche ist immer gleichsam ihr Jesus, der zuerst Kind war und sodann der Gekreuzigte und Auferstandene. (...) All das, was sein Vermächtnis darstellt – sein Heilswerk, der Mystische Leib Christi, das ganze Gottesvolk und die Kirche – wird von ihr behütet und weiterhin behütet werden mit der gleichen Treue und Kraft, mit der sie ihren Erstgeborenen behütet hat, vom Stall zu Betlehem (vgl. *Lk* 2,7) über den Kalvarienberg (vgl. *Joh* 19,25-17) bis zum Abendmahlssaal am Pfingsttag (*Apg* 1,14; 3,1-3), wo die Kirche geboren wurde. Maria ist in allen Schicksalen dieser Kirche zugegen.«[14]

Die Frau im kosmischen Glanz ist dieselbe, die sich in Nazaret *die Magd des Herrn* nannte. Die Königin und demütige Magd aus Nazaret lebt uns das Wort ihres Sohnes vor: *Der Menschensohn ist nicht gekommen, um sich dienen zu lassen, sondern um zu dienen und sein*

Leben hinzugeben als Lösegeld für viele.[15] Sie »hat jenen ›Zustand königlicher Freiheit‹, der den Jüngern Christi eigen ist, vollkommen besessen: Dienen bedeutet herrschen! (...) Die Herrlichkeit des Dienens bleibt ihre königliche Würde: Nach ihrer Aufnahme in den Himmel endet nicht jener Heilsdienst, in dem sich ihre mütterliche Vermittlung ›bis zur ewigen Vollendung aller Auserwählten‹ ausdrückt.«[16] Schließen wir diesen Abschnitt unserer Meditation mit dem Vorsatz, feinfühlig Situationen des Dienens zu erspähen. »Wenn wir unseren Blick auf das Geheimnis der Aufnahme Mariens in den Himmel und ihrer Krönung in der Herrlichkeit richten, lernen wir das tägliche Dienen. Gott dienen in unseren Brüdern und Schwestern. Wir lernen es, das ›Königtum‹ unserer christlichen Berufung in jedem Stand und Beruf, an jedem Ort und zu jeder Zeit in einer Haltung des Dienens zum Ausdruck zu bringen und durch diese Haltung die Bitte ›dein Reich komme‹, die wir täglich an den Vater richten, in die Wirklichkeit des täglichen Lebens zu übersetzen.«[17]

III. »Was der Magd an Verehrung dargebracht wird, bezieht sich auf den Herrn; was der Mutter an Ehre zuteil wird, strahlt zurück auf den Sohn. (...) Dem König gilt die Ehre, die der Königin erwiesen wird.«[18] Dieses Wort des Kirchenvaters Ildefons von Toledo im 7. Jahrhundert gilt für alle Äußerungen der Marienverehrung in Liturgie und Brauchtum, in Dichtung, Malerei, Skulptur und Musik, in Gebeten, Hymnen, Liedern und Legenden. Das Wort gilt besonders für die ganze »›Geografie‹ des Glaubens und der marianischen Frömmigkeit«[19]: Lourdes und Fatima, Altötting und Kevelaer, Mariazell und Einsiedeln, Montserrat und Guadalupe, die Jasna Gora in Tschenstochau ... Die Gläubigen verbinden das Gnadenbild in diesen Wallfahrtsstätten mit wichtigen persönlichen Erlebnissen, mit Schicksalsstunden in der Geschichte ihres Volkes, mit Erinnerungen an Kindheit, Heimat, Landschaft ... »Die Schönheit und die Farbe der Bilder regen mein Gebet an. Sie sind ein Fest für meine Augen, so wie das Bild der Landschaft mein Herz anregt, Gott zu preisen.«[20]

Neben den Orten die alten Mariengebete, die wir oft beten. Die meisten sind ein Ruf des Herzens, überschwenglich, jenseits der Strenge der Liturgie und der Präzision der Theologie. Im *Salve Regina* (gegen Ende des 11. Jahrhunderts entstanden) ist die Königin zugleich *Mater misericordiae* und *Vita, dulcedo et spes nostra – Mutter der Barmherzigkeit, Leben, Wonne und unsere Hoffnung*. Deshalb dürfen wir uns bei ihr ausweinen: *Zu dir seufzen wir trauernd und weinend in diesem Tal der*

Tränen. Wir klagen ihr unsere Not mit Rufen von Liebenden und Bildern von Dichtern. Aber wem fällt es ein, die Übertreibung von Liebenden auf die Goldwaage zu legen? Wer ist so begriffsstutzig, das Bild eines Dichters buchstäblich zu nehmen? *Et Iesum, benedictum fructum ventris tui, nobis post hoc exsilium ostende – nach diesem Elend zeige uns Jesus, die gebenedeite Frucht deines Leibes.* Vielleicht gelingt es uns, diese Bitte um die große, entscheidende Gnade auch im konkreten, unmittelbaren Sinn auf die vielen Gnaden des Augenblicks zu beziehen.

Einige Mariengebete entfalten sich zur Litanei. Am bekanntesten ist die Lauretanische Litanei, in Loreto entstanden und unter uns im 16. Jahrhundert besonders vom heiligen Petrus Canisius bekanntgemacht. Wie viele Stoßgebete, wenn es uns gelingt, diese Litanei bewußt zu beten! *Regina*, Königin! Königin der Engel, der Patriarchen, der Propheten, der Apostel, der Märtyrer, der Bekenner, der Jungfrauen und aller Heiligen! Und auch – erst vor kurzem hinzugefügt – Königin der Familie! Und schließlich, drängend, die Not unserer Zeit vor Augen: Du Königin des Friedens, bitte für uns!

Gewöhnlich wird Unsere Liebe Frau zusammen mit dem Jesuskind auf dem Arm dargestellt. Oft erscheint sie als Thron Gottes, die den Herrn trägt und ihn den Menschen schenkt. Als Schutzmantelmadonna – ein Motiv, das um dreizehnhundert auftaucht und sich wahrscheinlich vom Asyl gewährenden sogenannten *Mantelschutz* des Mittelalters herleitet – birgt sie unter ihrem Mantel zahlreiche Bittsteller, meistens Vertreter der verschiedenen Stände und Berufe. Diese Bilder haben in unseren Kirchen und Wohnungen einen Ehrenplatz, aber wir finden sie auch draußen auf der Straße und – natürlich – in Museen. Es ist anregend – und es kann ein guter Vorsatz sein –, gerade vor einem solchen Bild an einem profanen Ort ein Stoßgebet zu verrichten.

Auch die Mariensäule, die man in manchen Städten findet, erinnert an den mütterlichen Schutz der Gottesmutter über Stadt und Land. Einige stehen – wie in Trier – auf einer Bergkuppe am Rande der Stadt und sind weithin sichtbar. Andere wiederum im Herzen der Stadt, wie die Münchner Mariensäule, die 1638 in der furchtbaren Bedrängnis des Dreißigjährigen Krieges errichtet wurde. Sie »sollte nicht nur die Mitte dieser Stadt sein, sondern die Mitte des ganzen Landes, und in der Tat werden noch heute alle Entfernungen bei uns von diesem Punkt aus gemessen; Maria ist der stille Mittelpunkt aller unserer Straßen geblieben.

Das Bild der Mutter des Herrn gehört zur Herzmitte der europäischen Kultur. Es gehört zur Herzmitte unseres Glaubens. Vor der Mutter verstehen wir uns alle; vor ihr erkennen wir uns alle als Kinder. Von ihr lernen wir Vertrauen; mit ihr lernen wir glauben und beten.«[21] *Laßt uns also voll Zuversicht hingehen zum Thron der Gnade, damit wir Erbarmen und Gnade finden und so Hilfe erlangen zur rechten Zeit.*[22]

[1] II. Vat. Konz., Konst. *Lumen gentium*, 59. – [2] *Antwortpsalm* am Fest Mariä Aufnahme in den Himmel. – [3] *Grundordnung des Kirchenjahres und des Kalenders* vom 21. März 1969. – [4] J. Escrivá, *Der Rosenkranz, Himmelfahrt Mariens*. – [5] Johannes von Damaskus, *Darlegung des orthodoxen Glaubens*, 4,14. – [6] *Lk* 1,38. – [7] *1 Kön* 2, 19-21. – [8] *Lk* 1,31-33. – [9] Pius XII., Enz. *Ad caeli Reginam*. – [10] ebd. – [11] Johannes Paul II., *Ansprache in Tschenstochau*, 19.6.1983. – [12] R. Cantalamessa, *Maria – ein Spiegel für die Kirche*, Köln 1994, S.169. – [13] L. Scheffczyk, *Das biblische Zeugnis von Maria*, Wien 1979, S.42. – [14] Karol Wojtyla, *Zeichen des Widerspruchs*, Zürich/Freiburg 1979, S.233f. – [15] *Mt* 20,28. – [16] Johannes Paul II., Enz. *Redemptoris Mater*, 41. – [17] Johannes Paul II., *Ansprache beim Angelus*, 23.8.1981. – [18] Ildefons von Toledo, *Über die immerwährende Jungfräulichkeit Mariens*, 12. – [19] Johannes Paul II., Enz. *Redemptoris Mater*, 28. – [20] Johannes von Damaskus, *Reden an die Verächter der heiligen Ikonen*, 1,27. – [21] J. Kard. Ratzinger, *Christlicher Glaube und Europa*, München 1981, S.17. – [22] *Hebr* 4,16.

24. AUGUST

BARTHOLOMÄUS, APOSTEL

Ein echter Israelit …
Natürliche Tugenden.
Wahrhaftigkeit und Zeugnis.

I. Der heilige Bartholomäus erscheint in den Apostelverzeichnissen bei Matthäus, Markus und Lukas, die die Zwölf in drei Gruppen mit je vier Namen einteilen, immer in der zweiten Gruppe zusammen mit Philippus. Im Johannes-Evangelium dagegen wird nirgendwo ein Apostel mit diesem Namen erwähnt, dafür aber ein Natanaël, den ihrerseits die drei älteren Evangelisten nicht kennen. Dieser Jünger namens Natanaël wird von seinem Freund Philippus zu Jesus geführt. Die Schrifterklärer nehmen an, daß Bartholomäus und Natanaël ein und dieselbe Person sind. Natanaël (»Geschenk Gottes«) war der Vorname und Bartholomäus (»Sohn des Tholomäus«) der Familienname.

Natanaël-Bartholomäus ist einbezogen in jene eindrucksvolle *Kettenreaktion*, da einer den anderen zum Herrn führt: der Bruder den Bruder, der Freund den Freund. Philippus sagt zu seinem Freund[1]: *Wir haben den gefunden, über den Mose im Gesetz und auch die Propheten geschrieben haben: Jesus aus Nazaret, den Sohn*

Josefs. Da sagte Natanaël zu ihm: Aus Nazaret? Kann von dort etwas Gutes kommen?

War es Spott? Oder das übliche Vorurteil gegen Nachbarn? Natanaël stammte ja *aus Kana in Galiläa*[2], und Nazaret lag nur vierzehn Kilometer davon entfernt. Bloßes Abwerten wird es nicht gewesen sein, denn Jesus lobt ja die Lauterkeit dieses Mannes. War es vielleicht solide religiöse Bildung? Schließlich sollte jener, *über den Mose im Gesetz und auch die Propheten geschrieben haben* – so hatte ihn Philippus bezeichnet – nach der Schrift in Betlehem geboren werden.[3] Wollte Natanaël seinen Freund vor schwärmerischen Illusionen, vor dem verführerischen Glanz der Utopie bewahren? Tatsächlich berichtet die Geschichte von irregeleiteten Scharen, die damals irgendeinem selbsternannten Messias gefolgt waren – und alles endete in Blut, Trauer und Enttäuschung.

Aber Philippus erweist sich doch als Realist, zumindest in der Art, wie er auf die Skepsis des Freundes reagiert: *Komm und sieh!*

Das Eigentliche bei der Begegnung bleibt uns unzugänglich, es ereignet sich im Herzen des Natanaël. Jesus preist seine Geradheit. *Da kommt ein echter Israelit, ein Mann ohne Falschheit.* Nur Schmeichelei, um ihn so für sich einzunehmen? *Schon bevor dich Philippus rief, habe ich dich unter dem Feigenbaum gesehen.* Er kapituliert: *Rabbi, du bist der Sohn Gottes, du bist der König von Israel!*

Was meinte Jesus mit dem Lob? Wer ist *ein echter Israelit*? Einer, der das Gesetz und die Propheten kennt und gewissenhaft die Gebote Gottes erfüllt; einer, der sich nach dem Kommen des verheißenen Messias sehnt; einer, der zum *Volk der Armen* gehört, zu den »demütigen und sanften Menschen, die sich ganz auf die geheimnisvollen Pläne ihres Gottes verlassen und Gerechtigkeit erwarten, aber nicht von den Menschen, sondern vom Messias«[4]. Natanaël-Bartholomäus wird am Rande der großen Auseinandersetzungen zwischen Pharisäern, Sadduzäern, Essenern, Zeloten gelebt haben, wach für die große Hoffnung Israels und *ohne Falsch*.

Was hatte Natanaël *unter dem Feigenbaum* erlebt? Es muß für ihn eine Stunde großer Gedanken, tiefer Sehnsüchte gewesen sein. Vielleicht kennen auch wir solche Stunden *unter dem Feigenbaum* – Zeiten, in denen wir – allein mit Gott – uns aufrichtig vor ihm aussprechen, vielleicht auch einen wichtigen Entschluß fassen. Erneuern wir heute, am Gedenktag des heiligen Apostels Natanaël-Bartholomäus, die Bereitschaft, in den Zeiten der Stille, die wir Gott widmen, ehrlich, aufrichtig, großzügig, *ohne Falsch* vor ihm zu stehen.

II. *Ein Mann ohne Falschheit* ... Jesus – »vollkommener Gott und vollkommener

Mensch«[5] – schätzt die natürlichen Tugenden: Wahrhaftigkeit, Einfachheit, Loyalität, Freundschaft, Liebenswürdigkeit … Er ist *die Wahrheit*[6], er prangert Heuchelei und Falschheit an[7], reagiert betroffen auf Undankbarkeit[8], beklagt den Mangel an Aufmerksamkeit ihm gegenüber[9]. Der staunende Kommentar seiner Zeitgenossen – *er hat alles gut gemacht*[10] – bezog sich wahrscheinlich nicht nur auf die Wunder seiner göttlichen Allmacht, sondern auch – ganz schlicht – auf die gewinnende Art seines Menschseins.

Das Glaubensleben wird dem natürlichen Leben nicht übergestülpt. Zwar kann die Gnade einen Menschen von Grund auf und im Nu verwandeln; doch das Normale ist, daß Gott von den Gaben nicht absieht, mit denen er die menschliche Natur ausgestattet hat. »Gott ist nicht der Zerstörer eines Guten, sondern er ist ein Vollender. Gott ist nicht ein Vernichter der Natur, sondern er ist ihr Schöpfer. Auch zerstört nicht etwa die Gnade die Natur; sie vervollkommnet sie vielmehr. (…) Also sollen auch wir nicht einmal ein geringfügiges Gutes in uns zerstören; auch nicht eine geringe Weise um einer großen willen, sondern wir sollen sie zum höchsten Grad hin vollenden.«[11]

Vernachlässigt man die natürlichen Tugenden, wird das Fundament für die übernatürlichen brüchig. Wie kann jemand im

Bekennen des Glaubens tapfer sein, wenn er ständig um seine Bequemlichkeit kreist und wegen jeder Kleinigkeit – Hitze, Kälte oder Kopfschmerzen – stöhnt? Wie kann jemand zu der übernatürlichen Wahrheit stehen, wenn er im Umgang mit Freunden oder Kollegen ein Wendehals und opportunistisch ist?

Seit der Menschwerdung ist der Maßstab des Gutseins nicht bloße Menschlichkeit, von nun an ist es Christus. Mit ihm ist Gott »in die Menschheitsgeschichte eingetreten. (…) Durch die Menschwerdung hat Gott dem menschlichen Leben jene Dimension gegeben, die er ihm von Anfang an zugedacht hat.«[12] Wie können wir anderen helfen, daß sie sich dieser Dimension öffnen? Indem wir »so leben, daß die Menschen, denen wir begegnen, sagen können: Der ist ein Christ, denn er haßt nicht, er weiß zu verstehen, er ist nicht fanatisch, er hat sich in der Gewalt, er kann Opfer bringen, er sucht den Frieden, er liebt«[13]. Wenn wir im Menschlichen darauf achten, aufrichtig, loyal, arbeitsam, verständnisvoll und ausgeglichen zu sein, sind wir auf dem Weg, Jesus Christus nachzuahmen, das Modell für unser Verhalten. In dem Maße, wie wir an Christus Maß nehmen, wächst in uns das Gespür für alles Menschliche.

III. *Ein Mann ohne Falschheit* … Ein Mann, der die Wahrheit liebt, ein wahrhaftiger Mensch ... Natürlich erleichtert dies den Umgang mit dem Herrn. *Die Wahrheit wird euch befreien.*[14] Das ganze Dasein, Besitz, Beruf, gesellschaftliche Beziehungen – alles muß auf der Liebe zur Wahrheit gegründet sein. »Die Wahrheit im Sinn des redlichen Handelns und aufrichtigen Sprechens heißt Wahrhaftigkeit, Aufrichtigkeit oder Freimut. Die Tugend der Aufrichtigkeit oder Wahrhaftigkeit besteht darin, daß man sich in seinen Handlungen als wahr erweist, in seinen Worten die Wahrheit sagt und sich vor Doppelzüngigkeit, Verstellung, Vortäuschung und Heuchelei hütet.«[15]

Wer sein Wort gibt, gibt in gewisser Weise sich selbst und bindet sich vom Innersten seines Seins her. Das Wort Treue gehört zur Mitte des Christseins, deshalb heißt ein Christ ein *fidelis*, ein Getreuer: »Das Wort *fidelis* ist seit seiner Übernahme durch die christliche Gemeinde verwandt worden, um den durch die Taufe erlangten Charakter als Glied des Volkes Gottes auszudrücken.«[16] Diese Treue wurzelt in Gott. Er ist nach der Heiligen Schrift der Inbegriff der Treue: *Gott ist treu, er wird nicht zulassen, daß ihr über eure Kraft hinaus versucht werdet.*[17]

Der ist treu, der loyal zu seinem Wort steht, das er Gott oder einem Menschen gegeben hat. In einer von Skepsis und Relativismus geprägten Atmosphäre ist viel von Taktiken und Strategien die Rede. Sie dürfen niemals auf Kosten der Treue und der Wahrheit gehen; die Treue zu sich selbst ist wichtiger als der Posten, den man durch Intrigen bekommen könnte, oder die materiellen Vorteile, die man sich durch einen Wortbruch erkauft. Dies mag naiv und blauäugig klingen – es ist aber möglich und nötig. Die Heiligen – besonders die Märtyrer – erinnern uns daran: »Als Bekräftigung der Unverbrüchlichkeit der sittlichen Ordnung kommen im Martyrium die Heiligkeit des Gesetzes Gottes und zugleich die Unantastbarkeit der persönlichen Würde des nach dem Abbild und Gleichnis Gottes geschaffenen Menschen zum Leuchten: Es ist eine Würde, die niemals, und sei es auch aus guter Absicht, herabgesetzt oder verstellt werden darf, wie auch immer die Schwierigkeiten aussehen mögen.«[18]

Es ergibt sich nicht von selbst, daß einer, der grundsätzlich die Wahrheit liebt, auch schon nach der Wahrheit lebt. Sünde, Leidenschaften, Stolz und eine materialistische Einstellung können den Blick verdunkeln und dazu verleiten, sich mit der Lüge zu arrangieren, die Vorteile vortäuscht: mehr Ansehen, ein besseres berufliches Einkommen, höheren Lebensstandard. Aber es gilt die klare Mahnung Jesu: *Euer Ja sei ein Ja, euer Nein ein Nein; alles andere stammt vom Bösen.*[19]

Ein bloß theoretischer Wunsch, die

Tugenden zu leben und die Sünde zu meiden, genügt nicht, er muß – in Demut und im Vertrauen auf die Gnade – in die Tat umgesetzt werden, auch dann, wenn es uns hart ankommt und scheinbar tausend Gründe für ein Nachgeben sprechen. »Wenn das Martyrium den Höhepunkt des christlichen Zeugnisses für die sittliche Wahrheit bildet, zu dem nur vergleichsweise wenige berufen sein können, so gibt es dennoch ein kohärentes Zeugnis, das alle Christen täglich zu geben bereit sein sollen, auch auf Kosten von Leiden und schweren Opfern.«[20] Es ist das Zeugnis im Alltag: in der Mühsal der Arbeit, im Bemühen, in einem sexualisierten Klima zu bestehen, fragwürdige Finanzpraktiken nicht mitzumachen ...

Der Tradition zufolge soll der heilige Bartholomäus den Glauben in Indien, Mesopotamien und Armenien gepredigt haben, wo er schließlich die persische Form der Todesstrafe erlitt: ihm wurde bei lebendigem Leib die Haut abgezogen. Wahrhaftigkeit und Lauterkeit standen am Anfang seines Weges. Er möge uns beistehen, damit wir im Natürlich-Menschlichen treue Zeugen sind, denn »der heutige Mensch hört lieber auf Zeugen als auf Gelehrte, und wenn er auf Gelehrte hört, dann deshalb, weil sie Zeugen sind«[21].

Bitten wir Maria, die *Königin der Apostel* und *getreue Jungfrau*, um Treue und Wahrhaftigkeit, damit unser Glaube fest stehe und zum Zeugnis werde.

[1] *Joh* 1,45-51. – [2] *Joh* 21,2. – [3] vgl. *Mich* 5,2 und *Mt* 2,6. – [4] *Katechismus der Katholischen Kirche*, 716. – [5] *Athanasianisches Glaubensbekenntnis*. – [6] *Joh* 14,6. – [7] vgl. *Mt* 23,13-32. – [8] vgl. *Lk* 17,17-18. – [9] vgl. *Lk* 7,44-46. – [10] vgl. *Mk* 7,37. – [11] Meister Eckhart, *Die Gottesgeburt im Seelengrund*, Freiburg 1990, S.69. – [12] Johannes Paul II., Enz. *Redemptor hominis*, 1. – [13] J. Escrivá, *Christus begegnen*, 122. – [14] *Joh* 8, 32. – [15] *Katechismus der Katholischen Kirche*, 2468. – [16] A. del Portillo, *Gläubige und Laien in der Kirche*, Paderborn 1972, S.16. – [17] *1 Kor* 10,13. – [18] Johannes Paul II., Enz. *Veritatis splendor*, 92. – [19] *Mt* 5,37. – [20] Johannes Paul II., Enz. *Veritatis splendor*, 93. – [21] Paul VI., *Ansprache* 2.10.1974.

27. AUGUST

MONIKA

Gebet für den Sohn.
Jesus und die Witwe von Naïn.
Dank an die Mutter.

I. Die heilige Monika ist die Mutter des heiligen Augustinus. Alles, was wir von ihr wissen, hat mit ihm zu tun und geht auf ihn zurück, der in seinen *Bekenntnissen*[1] ein zartes Porträt von ihr zeichnet. Ihr Leben zeigt uns auf beeindruckende Weise die Sendung der Mutter im Heilsplan Gottes. Monika lehrt uns, was es heißt, betend den Kindern beizustehen. Sie lehrt uns ebenso die Macht des *beharrlichen* Betens und ist dabei Trösterin und Fürsprecherin vieler Mütter, die wegen der Irrwege ihrer Kinder leiden. Betrachten wir heute einige Begebenheiten aus ihrem Leben, die ihr Sohn in seinen *Bekenntnissen* überliefert – und versuchen wir, es so zu tun wie er, der keine distanzierte Biographie schreibt, sondern sich betend an Gott wendet: »Du, Herr, hast ihr Flehen erhört.«

Monika wurde in Tagaste, im heutigen Algerien, um 332 als Tochter christlicher Eltern geboren. Mit achtzehn Jahren wurde sie mit einem Beamten namens Patricius verheiratet. Augustinus war das älteste von drei

Kindern. Patricius war Heide und Monika »war bestrebt, ihn für Dich zu gewinnen, indem sie ihm Zeugnis von Dir gab schon durch ihren Lebenswandel, durch den Du ihr Schönheit verliehst und sie anziehend und bewundernswert machtest für den Mann. Sie ertrug, daß er die eheliche Treue verletzte, so daß sie niemals deswegen mit ihrem Mann in Streit geriet; hoffte sie doch von Deinem Erbarmen für ihn, daß er, wenn er erst an Dich glaubte, auch keusch werden würde.«[2] Augustinus lobt die milde Art der Mutter und vergißt nicht, daß er von seinem Vater spricht: »Er war sonst sehr gutmütig, nur hin und wieder jähzornig. (...) War sein Zorn verraucht, hatte er sich beruhigt, dann hielt sie den rechten Augenblick für gekommen, um ihm ihr Verhalten zu erklären, falls er etwa in eine allzu sinnlose Wut geraten war.« Schließlich gelang es Monika, ihren Mann zum Glauben zu bekehren, »und nun brauchte sie an ihm, der gläubig geworden, nicht mehr zu beklagen, was sie an dem Heiden mit Geduld ertragen hatte«[3].

Monika hatte ihren Sohn schon früh unter die Katechumenen aufnehmen lassen, aber – einem damals verbreiteten Brauch folgend – die Taufe immer wieder hinausgeschoben. Sie merkte, daß er sich zunehmend auf Irrwegen verlor, konnte aber dem nur ihr stilles Gebet entgegensetzen. Sie war bemüht, den Kontakt mit ihm zu halten, auch wenn dies mit manchen Demütigungen verbunden war; so, als er in Karthago eine Geliebte zu sich nahm, und ebenso später, als er versuchte, mit einer arglistigen Täuschung sich der Mutter zu entziehen, und – während sie im Gottesdienst war – sich nach Rom einschiffte. Als Monika von seinem Aufenthalt in Mailand erfuhr, folgte sie ihm dorthin.

Monika betete und überlegte zugleich, was sie, eine einfache Frau, für ihren Sohn, einen angesehenen Lehrer der Rhetorik und philosophisch hochgebildet, tun könnte. Sie nutzte dessen Bewunderung für die rhetorische Kunst des Mailänder Bischofs Ambrosius und trat an diesen heran mit der Bitte, er möge sich ihres Sohnes annehmen. Augustinus erzählt bewegt über diese Begegnung, von der er später erfuhr.[4] Monika hatte den Bischof gebeten, so erzählt Augustinus, »er möge mich einer Unterredung würdigen, meine Irrtümer widerlegen, mich vom Bösen abbringen und mich das Gute lehren. (...) Da weigerte er sich, aus klugen Gründen, wie ich später einsah. Er antwortete, daß ich noch keiner Belehrung zugänglich sei, weil ich noch allzusehr von jener neuen Irrlehre aufgeblasen sei und, wie sie selber ihm gestanden, viele Unerfahrene durch manch verfängliche Fragen verwirrt hätte. Doch, sprach er, laß ihn dort. Bete du nur für ihn zum Herrn, er wird beim Lesen ihrer Schriften selbst dahinter kommen, wie irrsinnig und gottlos jene Lehre ist.« Monika wollte sich nicht überzeugen lassen und bedrängte den Bischof mit Worten und Tränen, er möge mit ihrem Sohn doch sprechen. »Da sagte jener, beinahe schon unwillig: ›Geh von mir, denn so wahr du lebst, es ist unmöglich, daß ein Sohn solcher Tränen verloren gehe.‹« Für die Mutter sei dieses Wort – so Augustinus – »eine Stimme vom Himmel gewesen«.

II. Die heilige Monika versinnbildet in unseren Augen den Schmerz einer Mutter, die ihren Sohn verloren hat. Im Evangelium ihres Gedenktages[5] betrachten wir Jesus als »die Inkarnation des Erbarmens«[6], der diesen Schmerz in Freude verwandelt. Jesus kommt mit seinen Jüngern nach Naïn. Beim Stadttor begegnen sie einem Trauerzug, von einer Witwe angeführt, derer einziger Sohn gestorben war. Viele Leute aus der Stadt begleiteten sie. Nach jüdischer Gewohnheit trug man den Toten in Linnen umwickelt auf einer Bahre. Lukas schildert meisterhaft den Augenblick, da sich die beiden Züge begegnen, der Zug, der die Stadt mit dem Toten verläßt, und der Zug des Herrn, der der Stadt entgegenstrebt. *Als der Herr die Frau sah, hatte er Mitleid mit ihr und sagte zu ihr: Weine nicht!* Jesus »hätte vorübergehen oder auch erst auf einen Ruf oder eine Bitte hin reagieren können. Aber er geht weder vorbei, noch wartet er ab. Er ergreift die Initiative, bewegt vom Leid einer Witwe, die das letzte, was sie besaß, verloren hatte: ihren Sohn. (...) Christus weiß sich umgeben von einer Menschenmenge, die staunend die Kunde von diesem Wunder in der ganzen Gegend verbreiten wird. Aber sein Tun ist keine Pose für die Zuschauer. Er ist einfach ergriffen vom Schmerz jener Frau und kann nicht umhin, sie zu trösten.«[7] *Er ging zu der Bahre hin und faßte sie an. Die Träger blieben stehen, und er sagte: Ich befehle dir, junger Mann: Steh auf! Da richtete sich der Tote auf und begann zu sprechen, und Jesus gab ihn seiner Mutter zurück.*

Augustinus wurde vom Unglauben befreit – wie er schreibt –, »da für mich meine Mutter, deine Getreue, zu dir weinte, mehr als sonst Mütter weinen an der Bahre ihres Kindes. Denn sie sah meinen Tod im Glauben und im Geist, den sie von dir empfangen, und du, Herr, hast ihr Flehen erhört«[8].

Das, was sich damals in der Kleinstadt Naïn ereignete, als Jesus vorüberging, ereignete sich auch in Tagaste und Mailand, wo Monika jahrelang für ihren Sohn gebetet hat, und es ereignet sich ebenso heute an vielen Orten, wo Mütter um das Erbarmen Gottes für ihre Kinder bitten. Stellen wir diesen Gedanken in die Mitte unserer heutigen Betrachtung, betend für alle Mütter, für alle

Eltern in Not wegen ihrer Kinder. Und erbitten wir vom Herrn Beharrlichkeit im Gebet, Geduld und Verständnis, damit wir jenen nahe bleiben, die uns im Kreis der Familie brauchen. Das höchste Gut, das wir jenen geben können, die auf Irrwege geraten sind, ist, Gott zu finden oder zu ihm zurückzufinden. Der heilige Augustinus lehrt, daß alle Gaben Gottes sich in einer einzigen Gabe zusammenfassen lassen: »Den Glauben empfangen und im Glauben ausharren bis zum letzten Augenblick unseres Lebens.«[9] Bitten wir um eine wachsame Liebe, damit wir jeden Tag und überall »in unseren Brüdern, den Menschen, (…) Christus sehen, der uns in ihnen begegnet«[10].

III. Es ist ein Gesetz des Lebens, daß sich im Laufe der Zeit die Beziehung der Kinder zu den eigenen Eltern ändert: jene, die einmal als kleine Kinder unter der Pflicht des Gehorsams standen, treten in eine neue Lebenssituation ein, heiraten, gründen eine Familie, werden selbst Eltern und spüren die Verantwortung, ihre Kinder richtig zu erziehen. Dennoch bleiben die Pflichten gegenüber den eigenen Eltern immer bestehen, wenn auch in einem neuen Zusammenhang.

Menschliches und Übernatürliches fließen in der Liebe der Kinder zu den Eltern und der Eltern zu den Kindern ineinander. Die natürliche Liebe zwischen Eltern, Kindern, Geschwistern gehört zur übernatürlichen, gottgewollten Berufung. Gott schenkt dem Herzen Weite und Sensibilität, zugleich eine befreiende Klarheit, damit natürliche Bindungen nicht zum Hindernis werden, wenn Gott etwa zu einem Weg der Ganzhingabe ruft, der die Trennung vom Elternhaus erfordert.

Heute, am Gedenktag einer Frau, die vor allem als eine Mutter dasteht, die um den Glauben ihres Sohnes ringt, führen wir uns die Gestalt der Mutter vor Augen – unserer eigenen Mutter. Wie einfühlsam wandelt sich die Liebe zu ihr im Laufe der Zeit! Am Anfang ist sie instinktiv von Bedürftigkeit geprägt, später von einsichtiger Dankbarkeit für die Wohltaten, die wir von ihr empfangen haben, dann verbeugen wir uns vor der Altgewordenen, die uns braucht; und schließlich beten wir jeden Tag für die Verstorbene, in der Hoffnung, daß sie uns in der Gemeinschaft der Heiligen nahe bleibt.

Augustinus widmet seiner Mutter Monika ein ausführliches, herzliches Gedächtnis im 9. Buch der *Bekenntnisse*. Wie immer in diesem Buch ist Gott der Gesprächspartner. Betrachten wir jetzt die Stelle, an der er eines der letzten Gespräche mit seiner Mutter wiedergibt, und denken wir dabei an unsere eigene Mutter – ob noch am Leben oder schon in der Vollendung ... – und an alles, was sie für uns getan hat. »Als der Tag nahte, an dem sie aus diesem Leben scheiden sollte – du kanntest diesen Tag, wir nicht –, da geschah es, (…) daß ich und sie an ein Fenster gelehnt standen, das eine Aussicht auf den Garten innerhalb des Hauses, das wir bewohnten, bot.« Es war in Ostia an der Tibermündung, »wo wir fern vom Geräusche der Welt nach den Anstrengungen einer so langen Reise Kräfte für die Seefahrt sammelten. Wir unterhielten uns also allein.« Mutter und Sohn unterhalten sich über den Himmel und über das Wort des Apostels: *Was kein Auge gesehen und kein Ohr gehört hat, was keinem Menschen in den Sinn gekommen ist: das Große, das Gott denen bereitet hat, die ihn lieben.*[11] Da sagte Monika: »Mein Sohn, ich für meine Person werde an nichts mehr Freude empfinden. Was ich nun hier noch tun soll und warum ich hier bin, weiß ich nicht, da ich von dieser Zeitlichkeit nichts mehr erhoffe. Nur um dich vor meinem Tode als katholischen Christen zu sehen, wollte ich einzig und allein noch eine Zeitlang am Leben bleiben. Über mein Hoffen hinaus hat Gott mir meine Bitte erfüllt, da ich dich jetzt als seinen Knecht erblicke, der aller irdischen Glückseligkeit entsagt hat. Was tue ich nun noch hier?«[12] Einige Tage später wurde sie krank und erkannte, daß sie bald sterben würde. »Ihr werdet eure Mutter hier begraben. Ich schwieg und hemmte mit Gewalt meine

Tränen. Mein Bruder aber sprach einige Worte und drückte dabei den Wunsch aus, daß sie nicht in der Fremde, sondern in der Heimat sterben möchte. Als sie das gehört, warf sie ihm mit ängstlicher Miene einen strafenden Blick zu, daß er solche Gedanken hege, schaute dann mich an und sprach: ›Höre doch, was er sagt.‹ Und bald danach zu uns beiden: ›Begrabet diesen Leib, wo ihr wollt; macht euch um ihn keine Sorge. Nur darum bitte ich: gedenkt meiner am Altare Gottes, wo ihr auch seid.‹ Als sie diese Gedanken, so gut sie es vermochte, ausgesprochen, verstummte sie, und die Krankheit nahm an Heftigkeit zu.« Augustinus erzählt dann, einmal habe eine Freundin, die über ihren Starkmut staunte, sie gefragt, »ob sie nicht schaudere, den Körper so weit von der Heimat zu verlassen. Da antwortete sie: ›Von Gott ist nichts fern, und ich brauche nicht zu fürchten, daß er am Ende der Welt nicht wisse, woher er mich auferwecken solle‹.« Monika starb »am neunten Tage ihrer Krankheit, im sechsundfünfzigsten Jahre ihres Alters, in meinem dreiunddreißigsten Lebensjahr«.

[1] Augustinus, *Bekenntnisse*; vgl. bes. die Bücher 3 u. 9. – [2] ebd., 9,9. – [3] ebd. – [4] ebd., 3,12. – [5] *Lk* 7,11-17. – [6] Johannes Paul II., Enz. *Dives in Misericordia*, 2. – [7] J. Escrivá, *Christus begegnen*, 166. – [8] Augustinus, *Bekenntnisse*, 3,11. – [9] Augustinus, *Über die Gabe der Beharrlichkeit*, 17. – [10] J. Escrivá, *Christus begegnen*, 111. – [11] *1 Kor* 2,9. – [12] Augustinus, *Bekenntnisse*, 9,11.

AUGUSTINUS

Ein Heiliger, der uns nahesteht.
Ruhelos ist unser Herz, bis es ruhet in dir.
Nimm und lies!

I. *Sero te amavi, pulchritudo tam antiqua et tam nova, sero te amavi!*[1] »Spät habe ich dich geliebt, o Schönheit, so alt und doch so neu, spät habe ich dich geliebt!« Beginnen wir unsere Meditation am Gedenktag des heiligen Augustinus mit dieser Klage voller Liebe und Reue, Sehnsucht und Dankbarkeit. Augustinus wundert sich darüber, wie er so lange Zeit blind und taub sein konnte: »Siehe, du warst drinnen, und ich war draußen, und dort draußen suchte ich dich und stürzte mich in meiner Häßlichkeit auf die schönen Gebilde, die du geschaffen. Du warst mit mir, und ich war nicht bei dir. Und weit hielt ich mich von dir entfernt, was gar kein Dasein hätte, wenn es in dir nicht wäre.« Die Geschöpfe also, die Schönheit der Welt hatten ihm den Schöpfer verhüllt. Aber jetzt nimmt er Gottes Berührung mit allen fünf Sinnen wahr: »Du hast gerufen und laut gerufen und meine Taubheit mir zerrissen; du hast geblitzt und hast gestrahlt und meine Blindheit in die Flucht geschlagen; du hast Duft verbreitet, und ich sog den Hauch und lechze nun nach dir; ich habe dich gekostet, und nun hungere und dürste ich nach dir, du hast mich angerührt, und da bin ich entbrannt nach deinem Frieden.«

Augustinus ist uns und unserer Zeit – besonders durch seine *Bekenntnisse* – ganz nahe. Über den Abstand von Jahrhunderten hinweg finden wir in ihm unsere Nöte und Fragen wieder. Er schaut auf die Sünden und Fehltritte seines Lebens mit einer Aufrichtigkeit, die gerade heute vor dem Hintergrund allgemeiner Verharmlosung eindrucksvoll ist. Auch dort, wo er seine Schuld überzeichnet, verstehen wir, daß dies aufgrund seiner leidenschaftlichen Gottesliebe geschieht und weil er das Wirken der Gnade als machtvolle Hilfe erfährt. Seine Zeit war – wie die unsere – eine Zeit der Krise und der Wende. Als er 430 starb, belagerten die Vandalen die Stadt. Der Untergang der antiken Welt setzte ein.

Augustinus wurde 354 in Tagaste, im heutigen östlichen Algerien, als Sohn des heidnischen Beamten Patricius und der heiligen Monika geboren. Er erhielt eine christliche Erziehung, blieb aber als Katechumene ohne Taufe. Er verlor seinen Glauben und wurde zuerst Manichäer, dann Skeptiker, später näherte er sich den neuplatonischen Lehren und löste sich dadurch von einer materialistischen Lebenseinstellung. Er machte als Professor der Rhetorik Karriere, zuerst in seiner Heimat, dann in Rom, schließlich in Mailand. Dort zogen ihn die Predigten des heiligen Ambrosius wegen ihres rhetorischen Glanzes an. Durch ihn entdeckte er die Reichtümer des Glaubens von neuem. Im Sommer 386 hatte er sein berühmtes Bekehrungserlebnis, am 25. April 387 schließlich wurde er von Ambrosius getauft. Es war der Abschluß eines langen Weges, aber auch ein neuer Anfang, ganz anders, als er es sich vorgestellt hatte.

Noch in Mailand hatte er das Mönchsleben kennengelernt. Nach Afrika zurückgekehrt, gründete er mit einigen Freunden eine Art klösterliche Gemeinschaft. Aber als er einmal die Kirche von Hippo betrat, war der greise Bischof Valerius gerade dabei zu klagen, er sei alt und tue sich, da er von Geburt ein Grieche sei, schwer mit der Predigt, er brauche einen geeigneten Priester als Helfer. Anscheinend war Augustinus im Volk bekannt. Gleich erhob sich ein Geschrei: »Augustinus zum Priester!« Und so wurde er – auch wenn er sich dagegen wehrte – zum Priester geweiht. Der Neupriester beklagt seine mangelnde Erfahrung und bittet Valerius um einige Tage Urlaub, damit er sich auf die neue Tätigkeit als Seelsorger vorbereiten könne. Denn er sei »wie ein Mensch, der nie das Rudern gelernt hat und der nun plötzlich Steuermann eines großen Schiffes sein soll. Dies ist auch der Grund, weshalb ich bei meiner Priesterweihe im stillen geweint habe.« Er schließt mit der Bitte: »Du mögest dich meiner erbarmen, mir mein Gesuch gewähren, mir die erbetene Frist gestatten und mich mit deinem Gebete unterstützen, auf daß meine Sehnsucht nicht unerfüllt bleibe und meine Zurückgezogenheit reiche Früchte trage für die Kirche Christi und zum Nutzen meiner Brüder und Mitknechte.«

II. »Groß bist du, Herr, und überaus lobwürdig; groß ist deine Stärke und unermeßlich deine Weisheit. Und loben will dich der Mensch, der selbst ein Teilchen deiner Schöpfung ist, der Mensch, der seine Sterblichkeit mit sich herumträgt und in ihr das Zeugnis seiner Sündhaftigkeit und das Zeugnis, daß du den Stolzen widerstehst. Und dennoch will er dich loben, der Mensch, der selbst ein Teilchen deiner Schöpfung ist. Du treibst uns an, so daß wir mit Freuden dich loben, denn du hast uns auf dich hin geschaffen, und ruhelos ist unser Herz, bis es ruhet in dir.«[2] Mit diesen Worten beginnt die einzigartige Gewissenserforschung, die Augustinus vor Gottes Angesicht in seinen *Bekenntnissen* hält. Wir verstehen, daß er oft mit einem flammenden Herzen in seinen Händen dargestellt wird.

Die *Bekenntnisse*, die er um 395 zu

schreiben beginnt, sind ein einziges Gebet. Durch die dreizehn Bücher hindurch zieht sich die direkte Anrede Gottes in Lobpreis, Dank, Reue, Sühne und Bitte: »Wie soll ich's dem Herrn vergelten, daß ich diese Dinge im Gedächtnis wiederholen kann, ohne daß meine Seele darob in Furcht gerät? Ich will dich lieben, Herr, dir danken, deinen Namen preisen, daß du mir so viel Böses und Ruchloses, das ich getan, vergeben hast. Deiner Gnade, deiner Erbarmung rechne ich es zu, daß du meine Sünden wie Eis hinweggeschmolzen hast. Deiner Gnade rechne ich es ebenso zu, wenn ich nicht noch mehr Böses tat. (...) Alles, ich bekenne es, hast du mir nachgelassen, sowohl die Sünden, die ich aus eigenem Triebe begangen, als auch die, die ich dank deiner Führung unterließ.«[3]

Augustinus läßt uns bedenken, wieviel Gutes und Schönes unser Herz sammeln kann, wenn es auf Gott ausgerichtet bleibt. Wo Christus die wirkliche Mitte ist, entsteht eine geordnete Abstufung der Güter. Nichts bedrängt uns, alles findet seinen Platz, auch Gesundheit, Ansehen, Wohlstand, Vergnügen und andere irdische Güter, die ein gewöhnlicher Christ, zu einem Leben mitten in der Welt berufen, begehren darf. Aber wie bleiern wird alles das, wenn sich das Herz von Gott abwendet! Es wird krank, es kann dann sein, daß es auch das Edelste verdirbt und an nichts

Geschmack findet: »Aus Erfahrung weiß ich, daß es ganz natürlich ist, wenn einem kranken Gaumen das Brot nicht mundet, das dem Gesunden so wohl schmeckt, und kranken Augen das Licht verhaßt ist, das klaren so lieblich ist.«[4]

Was ist es, das das Herz krank macht? An erster Stelle der Hochmut in seinen vielfachen Spielarten. Vielleicht äußert er sich in der vermeintlichen Ordentlichkeit dessen, der überheblich denkt, bei ihm sei alles in Ordnung. Heute bedenken wir die rückhaltlose Offenheit, mit der Augustinus seine Sünden bekennt. Fragen wir uns, aufrichtig wie er: An was hängt mein Herz? Führt mich das, was ich im Herzen trage, zu Gott? Oder verdunkeln meine Pläne und Sorgen – Geschäft, Karriere, Studium – den Blick auf das Ziel? Vielleicht müssen wir eingestehen: Viel zu vieles belastet mich, ich sehe Menschen und Dinge viel zu sehr aus dem Blickwinkel meines Interesses, viel zu wenig dagegen aus der Perspektive Gottes.

III. Neben dem flammenden Herzen in der Hand ist ein Buch – die Heilige Schrift – das andere Symbol, mit dem der heilige Augustinus dargestellt wird. Betrachten wir jetzt die Ratschläge, die er seinen geistlichen Kindern gibt, damit sie das Wort Gottes fruchtbar hören. In einer Predigt entfaltet er seine rhetorische Kunst: »Wir werden gemahnt, Gott zu lieben. All das, was ich gesagt habe, waren Silben; sie haben die Luft getroffen und erschüttert, um zum Sinne eurer Ohren zu gelangen, sie sind verklungen und vergangen; nicht jedoch darf das, wozu ich euch ermahnt habe, vergehen, weil der, den ich euch zu lieben ermahnt habe, nicht vergeht, und wenn ihr, durch vergehende Silben ermahnt, euch zu ihm bekehrt, so werdet auch ihr nicht vergehen, sondern mit dem Bleibenden bestehen. Dies also ist in der Lehre groß, hoch und ewig, was bleibt; dahin ruft alles, was zeitlich vergeht, wenn es ein richtiges Zeichen ist und nicht lügenhaft vorgebracht wird. Denn alle Zeichen, die wir durch Töne ausdrücken, bezeichnen etwas, was nicht der Ton ist. Denn nicht eine kurze Silbe ist Gott, und nicht eine kurze Silbe verehren wir, und nicht eine kurze Silbe beten wir an, und nicht zu einer kurzen Silbe verlangen wir zu kommen, die beinahe schon aufhört zu tönen, ehe sie anfängt. Es bleibt also etwas Großes, was Gott heißt, obwohl der Ton nicht bleibt, wenn Gott ausgesprochen wird. So habet acht auf die Lehre Christi, und ihr werdet zum Worte Gottes gelangen.«[5]

In einer anderen Predigt kommt er von neuem auf die rechte Art des Hörens zu sprechen, diesmal knapper: »Wir wollen das Evangelium so hören, als wäre der Herr zugegen.

Wir wollen nicht sagen: O jene Glücklichen, die ihn sehen konnten! Denn viele unter denen, die ihn sahen, haben ihn auch getötet, viele aber unter uns, die ihn nicht sahen, sind auch gläubig geworden. Denn die kostbaren Worte, die aus dem Munde des Herrn ertönten, sind unsertwegen aufgeschrieben, uns bewahrt, unsertwegen vorgelesen worden und sie werden vorgelesen werden auch wegen unserer Nachkommen und bis zum Ende der Welt.«[6]

Stand hinter dieser eindringlichen Ermahnung die persönliche Erfahrung aus der Zeit seines inneren Ringens? Folgen wir seinem Bericht[7] über jene entscheidende Situation, die der Durchbruch Gottes in sein Leben war: »Ich wandte und drehte mich in meinen Banden, bis auch die letzten Fäden, die mich noch hielten, rissen. Aber sie hielten noch immer. (...) Das gewohnte Schlimmere war stärker in mir als das ungewohnte Bessere, und je näher der Zeitpunkt kam, da ich ein anderer werden sollte, desto größeren Schrecken jagte er mir ein.« Augustinus erkennt die Sünden und Laster seiner Vergangenheit als Torheit und ist entschlossen, sich von ihnen zu lösen: »Sie wagten nicht, mir offen zu widersprechen und frei entgegenzutreten; aber ich hörte sie gewissermaßen hinter meinem Rücken murmeln, und sie zupften verstohlen an mir, damit ich mich umdrehte. (...) Die gewalttätige Gewohnheit sagte zu mir:

›Glaubst du, es ohne sie aushalten zu können?‹ Aber sie sagte es schon mit ersterbender Stimme.« Da ereignet sich jene Begebenheit, die er wahrscheinlich immer im Sinn hatte, wenn er später in seinen Predigten die Zuhörer ermahnte, aufmerksam die Heiligen Schriften zu lesen. Augustinus hat sich im Garten seines Hauses zurückgezogen. »Ich warf mich, ohne zu wissen wie, unter einem Feigenbaum auf den Boden und ließ meinen Tränen freien Lauf.« Die Worte des Psalms sind seine Worte: *Meine Seele ist tief verstört. Du aber, Herr, wie lange säumst du noch?*[8] »Und siehe, ich höre da aus dem benachbarten Haus die Stimme eines Knaben oder eines Mädchens in singendem Tone sagen und öfters wiederholen: ›Nimm und lies, nimm und lies!‹« Augustinus überlegt, was für ein Spiel das sein könnte, »aber ich entsann mich nicht, jemals solches gehört zu haben«. Er ahnte, das sei eine Weisung des Herrn, er kehrte auf den Platz zurück, wo er die Briefe des Apostels hatte liegen lassen. Er griff nach ihnen und »las das Kapitel, auf das zuerst meine Augen fielen«. Es war die Stelle aus dem Römerbrief: *Laßt uns ehrenhaft leben wie am Tag, ohne maßloses Essen und Trinken, ohne Unzucht und Ausschweifung, ohne Streit und Eifersucht; sondern zieht den Herrn Jesus Christus an und pflegt das Fleisch nicht so, daß es lüstern wird.*[9] »Ich wollte nicht weiter lesen, es war auch nicht nötig;

denn bei dem Schluß dieses Satzes strömte das Licht der Sicherheit in mein Herz ein, und alle Zweifel der Finsternis verschwanden.«

Wie läßt sich diese außergewöhnliche Erfahrung auf unseren Alltag übertragen? Vielleicht indem wir uns fragen, ob wir die Heilige Schrift als Quelle unseres Betens benutzen. Widmen wir jeden Tag einige Minuten der Lektüre des Evangeliums? Man lernt Christus in seiner Menschheit und in seiner Gottheit lieben, zu ihm beten, seinem Wort Raum schaffen. Dem Heiligen mit dem flammenden Herzen wird ein Gebet zugeschrieben, das wir am Ende unserer Meditation betrachten können:

Atme in mir, du Heiliger Geist, daß ich Heiliges denke.

Treibe mich, du Heiliger Geist, daß ich Heiliges tue.

Locke mich, du Heiliger Geist, daß ich Heiliges liebe.

Stärke mich, du Heiliger Geist, daß ich Heiliges hüte.

Hüte mich, du Heiliger Geist, daß ich das Heilige nimmer verliere.

[1] Augustinus, *Bekenntnisse*, 10,27. – [2] ebd., 1,1. – [3] ebd., 2,7. – [4] ebd., 7,16. – [5] Augustinus, *Vorträge über das Johannesevangelium*, 29,4. – [6] ebd., 30,1. – [7] Augustinus, *Bekenntnisse*, 8,11. – [8] *Ps* 6,4. – [9] *Röm* 13,13-14.

ENTHAUPTUNG JOHANNES' DES TÄUFERS

Das Zeugnis des Täufers.
Tapferkeit und Sich-fürchten.
Nöte unserer Zeit.

I. Es war Berufung und Sendung des Täufers Johannes, im Schatten Jesu zu bleiben. Er nahm es freudig an: *Ich bin nicht der Messias, sondern ein Gesandter, der ihm vorausgeht (...). Er muß wachsen, ich aber muß kleiner werden.*[1] Auch der Bericht des Evangelisten über seinen Tod, den wir im heutigen Evangelium[2] hören, steht gleichsam im Schatten des Herrn, er ist ja eine eingeschobene Rückblende. Aber anscheinend war es in den Augen des Volkes anders: die auffallende Gestalt des Täufers überschattete in gewissem Sinne die Gestalt Jesu, weil dieser – auch wenn er im Unterschied zu Johannes Wunder wirkte – in seinem Auftreten nicht so auffiel wie Johannes. Dies muß das Volk erregt haben, und deshalb gab es nach der Hinrichtung des Täufers Gerüchte, Jesus sei der wiedererstandene Johannes. Auch Herodes dachte: *Johannes, den ich enthaupten ließ, ist auferstanden.*[3]

Markus berichtet ungewohnt ausführlich über den Tod des Johannes, der – Gerüchten zufolge – schon einige Zeit zurückliegen muß, und über die Vorgänge, die zu seinem Tod führten. Herodes hatte seine erste Frau verstoßen und seine Schwägerin Herodias und seine Nichte zu sich genommen. Dies war ein schwerer Verstoß gegen das jüdische Gesetz. Johannes stellt sich mutig dagegen und wird deshalb eingekerkert. Herodias erscheint als die eigentliche Widersacherin, während Herodes hin und her schwankt, von einer abergläubischen Scheu gefesselt: Einerseits läßt er sich den Tadel des Johannes wegen seines Ehebruchs nicht gefallen und ihn in den Kerker werfen. Andererseits aber muß er sich doch immer wieder den Johannes anhören. Weder folgt er der Ermahnung des Johannes, seine Verbindung mit Herodias zu lösen, noch tut er Herodias den Gefallen, Johannes aus dem Wege zu räumen. »Es ist bezeichnend genug für den Charakter beider, der Frau und des Königs, auf welche Weise es ihr gelingt, zu ihrem Ziel zu kommen. Sie ist viel konsequenter in ihrem Gefühl und nährt beständig den Haß gegen den Propheten. Und da ist ihr nun jedes Mittel recht. Sie kennt des Königs Sinnlichkeit und Eitelkeit. Es ist ihr nicht zu schlecht, da sie selbst nicht mehr so bestricken kann, durch ihre Tochter aus erster Ehe den König zu reizen. Und grausam nützt sie dann die gelegene Stunde für sich aus. Es ist ungeheuerlich, wie dieses Weib allen romantischen

Wünschen und Träumen – bis zur Hälfte des Königreiches! – ihrer eigenen Tochter ein Ende bereitet, indem sie sofort, kalt und trocken, das Haupt ihres Feindes verlangt.«[4]

Das Evangelium, das sonst nur das Milieu der einfachen Leute kennt, läßt uns hier in die korrupte Welt der Großen am Hof blikken. In zwei knappen, dichten Sätzen werden die zwei Welten gegenübergestellt – Luxus und Schlichtheit, Intrige und Arglosigkeit, Haß und Ehrerbietung: Der Scharfrichter *brachte den Kopf auf einer Schale, gab ihn dem Mädchen, und das Mädchen gab ihn seiner Mutter. Als die Jünger des Johannes das hörten, kamen sie, holten seinen Leichnam und legten ihn in ein Grab.* Auch in der letzten Etappe seines irdischen Weges ist Johannes der Wegbereiter und Zeuge Jesu, den er als *Lamm Gottes*[5] erkannt hatte. »Derjenige wurde in das Dunkel des Kerkers eingeschlossen, der gekommen war, um von dem Licht Zeugnis zu geben, und der von eben diesem Licht, das Christus ist, gewürdigt wurde, Licht, das im Dunkel leuchtet, genannt zu werden. Und im eigenen Blut wurde derjenige getauft, dem es zuteil geworden war, den Erlöser der Welt zu taufen.«[6]

II. *Was habt ihr denn sehen wollen, als ihr in die Wüste hinausgegangen seid? Ein Schilfrohr, das im Wind schwankt?*[7] Nein: *Er ist der, von dem es in der Schrift heißt: Ich sende meinen Bo-*

ten vor dir her; er soll den Weg für dich bereiten.[8] Als Jesus sein Zeugnis über Johannes gab, wollte er nicht bloß seine starke Persönlichkeit preisen, sondern auch seine Treue zur Berufung. Charakterstärke ist eine natürliche Eigenschaft; aber sie allein besagt noch nichts über die Güte eines Menschen. Gerade das heutige Evangelium zeigt, wie verschieden ihre Früchte sein können. Stark war Johannes, als er sich dem Mächtigen entgegenstellte – stark war auch Herodias mit ihrem hartnäckigen bösen Willen, den Mahner zu vernichten. Bei Herodias war die Stärke Teil eines verdorbenen Charakters, bei Johannes war sie Treue zur Berufung. Charakterstärke kann Tugend oder Laster fördern.

Die *fortitudo*, die wir Tapferkeit oder Starkmut nennen, ist mehr als bloße Charakterstärke. »Welcher Mensch gilt als tapfer und mutig? Gewöhnlich denken wir hier an den Soldaten, der sein Vaterland verteidigt und im Krieg seine Gesundheit und sogar sein Leben in Gefahr bringt. Wir sind uns aber bewußt, daß wir auch im Frieden Tapferkeit brauchen. Deshalb empfinden wir große Hochachtung gegenüber Menschen, die sich durch sogenannte ›Zivilcourage‹ auszeichnen. Ein Zeuge der Tapferkeit ist jemand, der sein Leben einsetzt, um einen Ertrinkenden zu retten, oder ein Mensch, der bei Naturkatastrophen wie Brand, Überschwemmung usw. Hilfe leistet.«[9]

Tapferkeit ist auch ohne den Blick auf Christus möglich. »Diese Tugend hatte bereits in der Antike klare Umrisse. Mit Christus bekam sie ein eigentlich christliches Profil. Sein Evangelium richtet sich an die schwachen, armen, sanftmütigen und demütigen Menschen, an die Friedensstifter, an die Barmherzigen, und es enthält zugleich einen ständigen Anruf zur Tapferkeit. Immer wieder heißt es: ›Fürchtet euch nicht!‹ (*Mt* 14,27).«[10]

Dennoch gehört ein gewisses Sich-Fürchten zur echten Tapferkeit. Man kann einen Menschen, der sich gedankenlos in eine gefährliche Situation stürzt, nicht tapfer nennen, wohl aber einen, der sich der Gefahr bewußt ist und trotzdem handelt: »Tapferkeit setzt Verwundbarkeit voraus; ohne Verwundbarkeit gibt es nicht einmal die Möglichkeit der Tapferkeit. Ein Engel kann nicht tapfer sein, weil er nicht verwundbar ist. Tapfer sein nämlich heißt: eine Verwundung hinnehmen können. Weil er wesenhaft verwundbar ist, darum kann der Mensch tapfer sein. (...) Die Möglichkeit, im echten Sinne tapfer zu sein, ist erst dann gegeben, wenn alle jene scheinbaren oder wirklichen Sicherheiten versagen, das heißt, wenn der natürliche Mensch sich fürchtet; und zwar nicht, wenn er sich aus unbegründeter Ängstlichkeit fürchtet, sondern wenn er auf Grund der klaren Einsicht in die wirkliche Lage der Dinge nicht anders kann, als sich, sozusagen mit gutem Grunde, zu fürchten. Wer in solcher Situation des unbedingten Ernstfalles, vor der jeder *miles gloriosus* verstummt und jede heroische Geste lahm wird, auf das Furchtbare zugeht und sich nicht hindern läßt, das Gute zu tun, und zwar um des Guten, das ist letztlich um Gottes willen, nicht also aus Ehrgeiz oder aus Angst, für feige gehalten zu werden: der erst ist wirklich tapfer.«[11]

Johannes steht mit seinem Blutzeugnis noch an der Schwelle des Neuen Testamentes, vorausschauend auf das Opfer Christi: *Seht, das Lamm Gottes, das die Sünde der Welt hinwegnimmt.*[12] Er steht am Anfang einer langen Reihe von Zeugen, die um Christi willen durch die Jahrhunderte bekräftigen, daß das Martyrium »die eigentliche und höchste Tat der Tapferkeit ist. Die Bereitschaft zum Martyrium ist die Wesenswurzel aller christlichen Tapferkeit. Es gibt keine christliche Tapferkeit ohne diese Bereitschaft.«[13] Andererseits hat die Kirche immer das mutwillige Drängen nach dem Martyrium verurteilt: Die Kirchenväter der ersten Jahrhunderte scheinen anzunehmen, »Gott werde die Kraft durchzuhalten denen am ehesten entziehen, die sich, mutwillig vertrauend auf den selbsteigenen Entschluß, zum Blutzeugnis drängen«[14].

III. »Gott braucht und bestimmt seine

Zeugen nicht nach einem starren Reglement, sondern nach dem Ratschluß seiner Vorsehung. Er bedarf aller Arten von Zeugen – solcher, die leiden und sterben, anderer, die heiraten und Kinder aufziehen, solcher, die ihr Blut vergießen, und anderer, die nur Tinte benötigen, solcher, die arbeiten, und anderer, die als Invaliden im Rollstuhl sind. Und er bedarf der Zeugen an allen Orten und in allen Situationen – solcher, die im Zentrum des Wirbelsturms ausharren, und anderer, die fortgeweht werden als Same in fremdes, unbebautes und verwildertes Erdreich; solcher, die vor die Verfolger hintreten, und anderer, die sich vor ihnen verstecken.«[15]

Gerade die Stätten, die in den Augen der Welt Stätten der Ohnmacht und Wehrlosigkeit sind – Krankenhäuser, Altenheime, Konzentrationslager – sind die Stätten höchster Tapferkeit. Denn »das vornehmliche Werk der Tapferkeit, vornehmlicher denn Angreifen, ist Standhalten, das ist: unbeweglich feststehen in der Gefahr (...). Standhalten schließt zwar eine erleidende Haltung des Körpers in sich, aber auch die Tat der Seele, die mit aller Kraft im Guten beharrt, woraus entspringt, daß sie dem körperlichen Leiden, das schon über sie hereinbricht, nicht nachgibt. (...) Standhalten schließt zeitliche Dauer ein, angreifen indes kann einer aus plötzlichem Antrieb; es ist aber schwerer, lange unerschüttert zu verharren als in plötzlicher Bewegung auf ein steiles Ziel loszugehen.«[16] Tatsächlich weiß jeder aus eigener Erfahrung in alltäglichen Kleinigkeiten, daß Standhalten viel innere Kraft erfordert. Wir denken dabei an das Bemühen, die schlechte Laune des Augenblicks zu überwinden oder bei einer ermüdenden Arbeit auszuharren. Aber die Vornehmheit des Standhaltens bewährt sich nicht allein in diesen kleinen alltäglichen Erfahrungen, sondern gerade in extremen Situationen, etwa des Leidens. Warum? »Weil die wirkliche Welt so gebaut ist, daß erst im äußersten Ernstfall, der außer dem Standhalten gar keine andere Möglichkeit des Widerstandes übrigläßt, die letzte und tiefste Seelenstärke des Menschen sich zu offenbaren vermag. (...) Es gehört zu den fundamentalen Gegebenheiten dieser durch die Erbschuld in die Unordnung gestürzten Welt, daß die äußerste Kraft des Guten in der Ohnmacht sich erweist.«[17]

Dennoch gilt es für die meisten von uns, daß die Tapferkeit sich in Ausdauer und Geduld in den unscheinbaren alltäglichen Situationen zu bewähren hat: bei der Arbeit, im Familienleben, in Enttäuschungen und Widrigkeiten ... Die heilige Theresia merkt an, »ein unvollkommener Mensch habe dazu, den Weg der Vollkommenheit zu gehen, mehr Tapferkeit nötig als dazu, plötzlich Märtyrer zu werden«[18]. Damit aus Alltäglichkeit nicht Mittelmäßigkeit wird, sagt sie auch: Gott »will und liebt beherzte Seelen, wenn sie nur in Demut wandeln und nicht auf sich selbst vertrauen (...). Ich staune darüber, wieviel auf diesem Weg darauf ankommt, daß man sich zu großen Dingen ermutige. Hat die Seele auch noch nicht die Kräfte, sie sogleich auszuführen, so macht sie doch schon einen Flug und kommt weit voran, wenn sie auch, einem Vöglein gleich, das noch zu wenig flügge ist, müde wird und ausruht.«[19] Deshalb gibt sie den Rat, auf der Suche nach einem geistlichen Leiter darauf zu achten, »daß dieser keiner von jenen sei, die uns den langsamen Krötengang lehren und sich schon damit zufrieden geben, wenn die Seele im Jagen nach Eidechsen sich tapfer erweist«[20].

Johannes der Täufer gab »für Recht und Wahrheit Zeugnis«[21]. Am Gedenktag dieses Zeugnisses schauen wir auf die Nöte unserer Zeit, besonders was die Ehe betrifft: »Ehe auf Probe«, Untreue, Ehescheidung, zerbrochene Ehen, zerstörte Familien, wiederverheiratete Geschiedene ... Vielleicht erleben wir selbst aus der Nähe eine solche Situation. Erbitten wir heute vom Herrn auf die Fürsprache seines treuen Wegbereiters Treue, Geduld und Tapferkeit für die Eheleute. Beten wir für alle, die trotz aller Bedrängnisse treu bleiben wollen. Beten wir für alle, die auch in einer objektiv irregulären Situation bemüht sind, Christus nahe zu bleiben. Wir schauen auf das Kreuz Christi, die Quelle der Tapferkeit. Maria, *Virgo fidelis*, steht zu Füßen des Kreuzes. Sie möge die Gnade Gottes über alle herabflehen, die mitten in der Ohnmacht tapfer sein wollen.

[1] *Joh* 3,28.30. – [2] *Mk* 6,17-29. – [3] *Mk* 6,14. – [4] J. Dillersberger, *Markus*, Bd. I, Salzburg 1937, S.50. – [5] *Joh* 1,36. – [6] Beda der Ehrwürdige, *Homilien zum Evangelium*, 2,23. – [7] *Mt* 11,7. – [8] *Mt* 11,9-10. – [9] Johannes Paul II., *Ansprache*, 15.11.1978. – [10] ebd. – [11] J. Pieper, *Das Viergespann*, München 1964, S.165 u. 178. – [12] *Joh* 1,29. – [13] J. Pieper, *Das Viergespann*, S.166. – [14] ebd., S.167. – [15] P. Berglar, *Petrus – Vom Fischer zum Stellvertreter*, Köln 1999, S.245. – [16] Thomas von Aquin, *Summa theologica*, II-II, q.123, a.6. – [17] J. Pieper, *Vom Sinn der Tapferkeit*, München 1963, S.54-55. – [18] Theresia von Avila, *Leben*, 31,18. – [19] ebd., 13,2-3. – [20] ebd. – [21] *Tagesgebet*.

MARIÄ GEBURT

Stella matutina.
Von Ewigkeit her auserwählt.
Aus der Wurzel Jesse.

I. Geburtstage bieten die schöne Gelegenheit, jemanden, den wir gernhaben, dies auch spüren zu lassen: durch einen Brief, einen Anruf, einen Besuch, ein Gebet. Am Geburtstag unserer leiblichen Mutter beten wir für sie und beglückwünschen sie herzlich. Warum dies nicht auf das heutige liturgische Fest übertragen? Es ist der Geburtstag der Gottesmutter, die auch unsere Mutter ist. Wir beten ebenso – doch nicht für sie, sondern für uns zu ihr – und grüßen sie herzlich: *Selig bist du, Jungfrau Maria, und allen Lobes überaus würdig. Denn aus dir ging hervor die Sonne der Gerechtigkeit, Christus, unser Gott.*[1]

Der liturgische Ursprung dieses Festes scheint im Weihefest der Annakirche in Jerusalem zu liegen; dort soll – entgegen anderer Überlieferung, die Nazaret angibt – der Geburtsort Mariens gewesen sein. Das Gedenken ihrer Geburt gewinnt im Umfeld des Jahres 2000 an Dichte: »In der Tat, wenn es auch nicht möglich ist, einen genauen Zeitpunkt für das Datum der Geburt Marias festzustellen, so ist sich die Kirche doch stets bewußt, daß Maria vor Christus am Horizont der Heilsgeschichte erschienen ist. Es ist eine Tatsache, daß beim Herannahen der endgültigen ›Fülle der Zeit‹, das heißt beim erlösenden Kommen des Immanuel, diejenige, die von Ewigkeit her dazu bestimmt war, seine Mutter zu sein, bereits auf der Erde lebte.«[2]

Nur von zwei Heiligengestalten feiert die Kirche den irdischen Geburtstag: von Maria und von Johannes dem Täufer. Johannes wurde im Schoße der Mutter geheiligt, Maria war vom Augenblick der Empfängnis an frei von der Erbsünde. Sonst feiert die Kirche die Heiligen meistens an ihrem Todestag, der ja ihr eigentlicher *dies natalis*, ihr Geburtstag ist. Die Kirche will dadurch andeuten, »daß es einfach verfrüht sei, den Geburtstag zu feiern, weil zuviel Zweideutigkeit über dem Menschenleben liegt. Von der Geburt her weiß man ja noch gar nicht, ob dieses Leben ein Grund zum Feiern ist oder nicht; ob dieser Mensch einmal des Tages seiner Geburt froh sein kann; ob die Welt froh sein kann, daß es diesen Menschen gab, oder ob sie ihn eher verwünschen wird.«[3]

Mit der Geburt Marias ist es natürlich anders. Gott hat sie dazu erwählt, die Mutter Jesu Christi zu werden, und diese außerordentliche Berufung prägt sie ganz, jeden Augenblick ihres Daseins. Das ist der Grund, warum wir heute auf ihren Eintritt in diese Welt schauen: *Voll Freude feiern wir das Geburtsfest der Jungfrau Maria, aus ihr ist hervorgegangen die Sonne der Gerechtigkeit, Christus, unser Gott.*[4] Die Geburt Marias war das Licht, das in der Nacht adventlicher Menschheitserwartung dem Aufgang der Sonne voraufging – dem Aufgehen unseres Erlösers Jesus Christus, den die Kirche lobpreist als die *Sonne der Gerechtigkeit.*[5] *Stella matutina, ora pro nobis! – Du Morgenstern, bitte für uns!*

II. Die zwei Lesungen, die heute zur Auswahl stehen[6], beleuchten den göttlichen Heilsplan aus verschiedenen Perspektiven. Der Prophet Micha, der im 8. Jahrhundert gelebt hat, kündigt an, daß Jahwe seinem Volk nach vielen Prüfungen und Trübsalen eine herrliche Friedenszeit schenken wird und einen Herrscher, der nicht aus der Hauptstadt des Reiches, sondern aus Betlehem hervorgehen wird. Es ist, als deutete sich schon hier die göttliche Art an, das Kleine und Niedrige zu erwählen, um das, was groß ist, zu beschämen. Der König, der *über Israel herrschen soll,* wird ein anderer David sein. Wir erinnern uns an die Worte des Engels bei der Verkündigung an Maria: *Gott, der Herr, wird ihm den Thron seines Vaters David geben*[7]. Er wird *Hirt sein in der Kraft des Herrn.* Mit ihm werden die Völker *in Sicherheit leben*, denn er wird unser *Friede* sein.

Vom Ursprung dieses Herrschers heißt es, daß er *in ferner Vorzeit liegt.* In spiritueller Deutung verstehen wir das dunkle Wort als einen Hinweis auf den ewigen, wesensgleichen Sohn des Vaters. Der prophetische Text weitet sich aus und nimmt die Mutter des verheißenen Herrschers in den Blick: Die Menschen werden Not erfahren, *bis die Gebärende einen Sohn geboren hat.* Erst dann werden sich die messianischen Zeichen – Heimkehr, *Sicherheit* und *Friede* – erfüllen.

Die andere läßt die Geburt – die, die wir heute feiern, und jede Geburt eines Menschen – als den Augenblick erscheinen, in welchem der ewige Heilsplan Gottes in die Zeit eingreift. Heute bedenken wir dies im Blick auf den Anfang des Lebens Marias. Aber haben wir bedacht, daß hier die Wurzeln des Lebens eines jeden von uns liegen? Wir leben, weil wir *nach seinem ewigen Plan berufen* worden sind. Gott hat uns *im voraus erkannt* und *vorausbestimmt ... berufen ... gerecht gemacht ...* und er will uns *verherrlichen.*

Heute, am Geburtstag unserer Mutter, lobpreisen wir sie als »jenes Geschöpf, das unter allen – nach Christus, der nicht nur Mensch, sondern auch Gott ist – sich uns als Vorbild und Lehrerin der Untadeligkeit in allen Dimensionen des eigenen Seins und als Widerschein und Teilhabe der unendlichen Reinheit Gottes vorstellt«[8]. Wir sind dazu berufen – heißt es weiter in der Lesung – *an Wesen und Gestalt seines Sohnes teilzuhaben, damit dieser der Erstgeborene von vielen Brüdern sei.* Das Geschöpf, dessen sichtbares Leben heute beginnt, wird dies Tag für Tag bis zum Augenblick der Verherrlichung vollkommen verwirklichen.

Die Geburt Marias und später die Geburt Jesu ereignen sich im Schoß einer Familie. Es liegt deshalb nahe, daß wir heute an die Familien denken. »Wenn die Eltern durch ihr Beispiel und ihr gemeinsames Gebet auf dem Weg vorausgehen, werden auch die Kinder und alle, die in der Familiengemeinschaft leben, leichter diesen Weg des echten Menschentums, des Heils und der Heiligkeit finden. Die Gatten aber müssen in ihrer Würde und Aufgabe als Vater und Mutter die Pflicht der Erziehung, vornehmlich der religiösen, die ihnen in ganz besonderer Weise zukommt, sorgfältig erfüllen.«[9] Maria hat ihren Sohn Jesus erzogen – und Jesu Leben hat das ihre geprägt. Auf einer anderen Ebene geschieht es bis heute, daß die Kinder den Eltern helfen, den Weg zum Glauben zu finden oder neu zu entdecken. Beten wir heute für die Familien, damit sich in ihnen das erfüllt, was der Apostel in der heutigen Lesung gleichsam als Konsequenz der Einsicht in Gottes Auserwählung festhält: *Wir wissen, daß Gott bei denen, die ihn lieben, alles zum Guten führt.*

»Sie, die Mutter der schönen Liebe, werde für die Christen auf dem Weg dem Großen Jubiläum des dritten Jahrtausends entgegen der Stern, der mit Sicherheit ihre Schritte auf den Herrn zulenkt. Das einfache Mädchen aus Nazaret, das vor zweitausend Jahren der ganzen Welt das fleischgewordene Wort dargebracht hat, möge die Menschheit des neuen Jahrtausends zu dem hinlenken, der ›das wahre Licht ist, daß jeden Menschen erleuchtet‹ (*Joh* 1,9).«[10]

III. *Stammbaum Jesu Christi, des Sohnes Davids, des Sohnes Abrahams* …[11] Die lange, trockene Aufzählung von Namen wird zum Gebet, wenn wir sie einzuordnen wissen. Weshalb bringt sie der Evangelist? Er stellt uns vor Augen, daß Jesus eingebunden ist in eine Ahnenkette. Er ist ein Glied des auserwählten Volkes und ein Nachkomme Davids und Abrahams. Er ist der verheißene Davidssproß schlechthin und jener, in welchem sich die Verheißung erfüllt, die als erster der Stammvater des auserwählten Volkes erhielt.[12]

Warum bringt der Evangelist den Stammbaum Josefs, obgleich er nicht der physische Vater Jesu war? Weil »Josef nach jüdischem Recht als der Ehemann der Mutter Jesu dessen gesetzlicher Vater war, darum sind Josefs Ahnen auch die Ahnen Jesu, ist Jesus ein Sproß des Geschlechts Davids. Der Stammbaum seiner Mutter, ihre Zugehörigkeit zum Geschlecht Davids, ist daneben unwichtig und wäre nach jüdischer Rechtsanschauung wohl auch nicht genügend gewesen, um die Davidssohnschaft Jesu sicherzustellen. Denn es ist nicht lediglich die leibliche Abstammung aus Davids Geschlecht, die der Evangelist beweisen will, sondern dies, daß er der Erbe seines Vaters David ist. Durch Josef aber und durch ihn allein empfing Jesus diesen Erbanspruch.«[13]

Am Ende der Aufzählung fällt ein Bruch auf. Nach dem Sprachrhythmus erwartet man: *Jakob war der Vater von Josef, Josef war der Vater von Jesus*. Aber es heißt: *Jakob war der Vater von Josef, dem Mann Marias, von ihr wurde Jesus geboren, der der Christus – der Messias – genannt wird*. Der Grund ist klar und wird in der Fortsetzung des evangelischen Berichtes deutlich. »Maria tritt in das Licht der Öffentlichkeit als schwangere Frau. Die Menschen sind zunächst verwirrt; man scheint sich ihrer zu schämen. Dann erfährt jedoch Josef, ihr angetrauter Mann, die Bedeutung dieses zu erwartenden Kindes: Es ist in einzigartiger Weise von Gott gewollt; es ist *vom Heiligen Geist*. Sein Name wird *Jesus* sein und so bereits seine künftige Aufgabe andeuten: *Er wird sein Volk von seinen Sünden erlösen*. Ja, er wird ein wahrer Immanuel sein: In ihm ist Gott mit uns: Und Josef nahm seine Frau zu sich. So bekennt er sich zu Maria und zur Frucht ihres Leibes; mutig tritt er an die Seite der Mutter des Erlösers und besteht somit die große Prüfung seines Lebens.«[14]

Jesus, der Sohn Mariens, ist das *Reis* (im Lateinischen *virga)*, das *aus dem Baumstumpf Isais hervorwächst*, *der junge Trieb*, der *aus seinen Wurzeln Frucht bringt*[15]. Und Maria, die Mutter Jesu, ist die *Jungfrau*, lateinisch *virgo*, die *ein Kind empfangen wird, einen Sohn gebären wird, und sie wird ihm den Namen Immanuel (Gott mit uns) geben.*[16] Die Ähnlichkeit zwischen *virga* (*Reis*) und *virgo* (*Jungfrau*) inspiriert Frömmigkeit und Kunst in der Darstellung der Wurzel Jesse. Aus dem Körper des schlafenden Jesse, des Vaters Davids, wächst ein weitverzweigter Baum auf, in dem die Vorfahren Christi bis hin zu Maria erscheinen. Darüber thront Christus, oder die sitzende Mutter trägt den Sohn auf ihrem Arm.

Als Maria durch die Verkündigung endgültig in das Geheimnis Christi eingeführt wird, beginnt der Neue Bund. Dieser Augenblick ist zugleich »der Ausgangspunkt, an dem ihr ganzer ›Weg zu Gott‹, ihr Glaubensweg insgesamt, beginnt«[17]. Da wird deutlich, wozu sie geboren wurde, was der Sinn ihres Lebens ist. Sie wird zur Mutter des Erlösers – das ist das Geheimnis ihrer Berufung. Sie ist unsere Mutter – das ist Teil unserer Begnadung. Beides – schon prophetisch nach der Ursünde in der Verheißung an die Stammeltern schattenhaft angedeutet – tritt heute in die Zeit ein, in die Geschichte der Menschen. Schließen wir unsere Betrachtung mit einer Bitte um die Fürsprache unserer Mutter Maria, während wir versuchen, sie uns als Kind vorzustellen, das, wie später ihr Sohn, *an Weisheit und Alter und Gnade vor Gott und den Menschen* zunimmt.[18]

[1] *Ruf vor dem Evangelium.* – [2] Johannes Paul II., Enz. *Redemptoris Mater*, 3. – [3] J. Kard. Ratzinger, *Mitarbeiter der Wahrheit*, Würzburg 1992, S.291. – [4] *Eröffnungsvers.* – [5] vgl. *Mal* 4,2; *Lk* 1,78. – [6] *Mi* 5,1-4a; *Röm* 8,28-30. – [7] *Lk* 1,32. – [8] Johannes Paul II., *Ansprache zum Angelus*, 8.12.1989. – [9] II. Vat. Konz., Konst. *Gaudium et spes*, 48. – [10] Johannes Paul II., Apost. Schreiben *Tertio millenio adveniente*, 10.11.1994, 59. – [11] *Mt* 1,1-16.18-23. – [12] vgl. *Gen* 12,3; 22,18. – [13] *Regensburger Neues Testament*, Bd 1, Regensburg 1959, S.38. – [14] Johannes Paul II., *Ansprache in Liechtenstein*, 8.9.1985. – [15] vgl. *Jes* 11,1. – [16] vgl. *Jes* 7,14. – [17] Johannes Paul II., Enz. *Redemptoris Mater*, 14. – [18] vgl. *Lk* 2,52.

12. SEPTEMBER

MARIÄ NAMEN

Helferin in der Not.
Der Name: Person, Ruf, Sendung.
Der Name der Jungfrau war Maria.

I. *Ich hebe meine Augen auf zu den Bergen: woher kommt mir Hilfe? Meine Hilfe kommt vom Herrn.*[1] Am 12. September 1683, dem Sonntag in der Oktav des Festes Mariä Geburt, wurde dieses Psalmwort für die Einwohner Wiens buchstäblich real, als sie das Entsatzheer des polnischen Königs Jan Sobieski von den Höhen des Wienerwaldes herabreiten sahen. Die seit Juli dauernde Belagerung der Stadt durch die Türken war beendet, Wien war gerettet, aber auch Europa, die Kirche und die christliche Kultur. Zur Erinnerung an diesen Sieg führte Papst Innozenz XI. das liturgische Fest Mariä Namen ein. Es wurde bei der Reform des liturgischen Kalenders gestrichen, weil man meinte, es sei eine Verdopplung des wenige Tage zuvor gefeierten Festes Mariä Geburt. Wegen seiner historischen Bedeutung und wegen seiner Verwurzelung im Volk wurde es im Regionalkalender für den deutschen Sprachraum jedoch beibehalten.

Die Kirche auf dem Kahlenberg bei Wien erinnert an die Not der Belagerten und an das Gebet der Befreier im Marienheiligtum von Jasna Góra, bevor sie nach Wien aufbrachen. Denn diese wußten, »wie sehr sie auf die Hilfe von oben angewiesen waren. Sie wollten die Schlacht nicht beginnen, ohne vorher gemeinsam Gott um seine Hilfe angefleht zu haben. Und dieses Gebet nahmen sie mit in den Kampf: ›Jesus und Maria helft!‹«[2]

Der Sieg hat »die europäische Kultur und die Christenheit Europas gerettet und sich tief in seine Geschichte eingeschrieben. (...) Der Tag, an den uns die Kirche auf dem Kahlenberg erinnert, entschied über Leben und Tod von Zehntausenden von Soldaten und Bürgern und über das politische und religiöse Schicksal ganzer Völker auf Jahrhunderte hin. Bei einem solchen Rückblick fühlen wir uns recht klein. Aber der Herr der Geschichte hat auch den Lebensweg eines jeden einzelnen von uns in seiner Hand und in seinem Herzen. Vertrauen wir uns ihm an, im großen und im kleinen.«[3] Es fällt heute schwer, sich ein christliches Heer vorzustellen, das die Christenheit und Europa verteidigt. Die Gefährdungen des christlichen Glaubens sind heute nicht mehr kriegerischer Art und kommen nicht mehr von außerhalb. Maria, *Auxilium christianorum*, möge auch in unserer Zeit Europa vor inneren und äußeren Gefahren bewahren, sie möge uns Christen neue Kraft geben, damit wir »die radikalste

Herausforderung, die die Geschichte bisher gekannt hat«[4], die Neuevangelisierung, bestehen.

Einige Jahre vor der großen Not der Türkenbedrohung war ein Marienlied entstanden, das wir oft singen und jetzt im stillen Gebet betrachten wollen: »Maria, breit den Mantel aus, mach Schirm und Schild für uns daraus; laß uns darunter sicher stehn, bis alle Stürm vorübergehn. Patronin voller Güte, uns allezeit behüte. Dein Mantel ist sehr weit und breit, er deckt die ganze Christenheit, er deckt die weite, weite Welt, ist aller Zuflucht und Gezelt. Patronin voller Güte, uns allezeit behüte. Maria, hilf der Christenheit, dein Hilf erzeig uns allezeit; komm uns zu Hilf in allem Streit, verjag die Feind all von uns weit. Patronin voller Güte, uns allezeit behüte.«[5] »Hören wir nicht auf zu beten und zu singen; Mariä Namen ist uns auch heute als Zuflucht gegeben.«[6]

II. Der Name – das heißt: Person, Ruf, Sendung. »Der Name drückt das Wesen, die Identität der Person und den Sinn ihres Lebens aus.«[7] An Orten der Unmenschlichkeit tritt an die Stelle des Namens eine Nummer – eine Absage an das Personsein des Betroffenen, eine symbolische Auslöschung seiner menschlichen Existenz. Ein Überlebender aus dem Konzentrationslager blickt zurück: »Jeder stellt buchstäblich nur eine Nummer dar; auf der Liste erscheinen ja eigentlich nur die Häftlingsnummern. (...) Was allein feststeht (in den meisten Fällen in Form einer Tätowierung) und die Lagerbehörden daher einzig interessiert, ist die Häftlingsnummer. Keinem Wachposten oder Aufseher würde es einfallen, wenn er einen Häftling ›zur Meldung bringen‹ will, was meist wegen ›Faulheit‹ erfolgt, seinen Namen abzuverlangen; er schaut vielmehr bloß auf die Nummer, die jeder Häftling an bestimmten Stellen von Hose, Rock und Mantel vorschriftsmäßig angenäht tragen muß, und notiert sie.«[8]

Gott erschafft nicht nur, er gibt seinen Geschöpfen einen Namen, er benennt sie[9]: *Gott nannte das Licht Tag, und die Finsternis nannte er Nacht. (...) Gott nannte das Gewölbe Himmel (...). Das Trockene nannte Gott Land, und das angesammelte Wasser nannte er Meer.* Und auch der Mensch darf nach Gottes Willen den Tieren einen Namen geben[10]: *Wie der Mensch jedes lebendige Wesen benannte, so sollte es heißen. Der Mensch gab Namen allem Vieh, den Vögeln des Himmels und allen Tieren des Feldes.*

Gott offenbart seinen Namen, damit wir ihn unter diesem einzigen Namen anrufen, verehren, anbeten. »Gott hat einen Namen. Er ist nicht eine namenlose Kraft. Seinen Namen preisgeben heißt sich den anderen zu erkennen geben; es heißt gewissermaßen sich selbst preisgeben, sich zugänglich machen, um tiefer erkannt und persönlich gerufen werden zu können. (...) Gott vertraut seinen Namen jenen an, die an ihn glauben. Er gibt sich ihnen im Mysterium seiner Person zu erkennen. Diese Preisgabe des Namens ist ein Zeichen des Vertrauens und der Freundschaft.«[11] Die Menschwerdung ist der Höhepunkt der Selbstoffenbarung Gottes: Jesus, *der Einzige, der Gott ist und am Herzen des Vaters ruht, hat Kunde gebracht*[12]. Er offenbart uns den Namen des Vaters und sagt uns, daß wir ihn mit der familiären Anrede *Abba* ansprechen dürfen.

In einer Zeit, da vieles zur Anonymität einlädt und zur Auslöschung der Eigenverantwortung verführt, ist es sinnvoll, die tiefe Bedeutung des Namens zu bedenken. Der Name ermöglicht die Kommunikation, schafft den Brückenschlag zum Mitmenschen und die Voraussetzungen, damit Gemeinschaft entsteht. Ich rufe jemanden beim Namen, wenn ich ihn kenne. Einen Unbekannten kann ich nur auf eine unpersönliche, verwechselbare Art rufen: ein Ton, keine Mitteilung, etwa: »Eh, Sie!« Hätte ich keinen Namen, wäre ich nicht als Person ansprechbar. Dies gilt nicht für unser christliches Leben. Wir werden *auf den Namen des Vaters und des Sohnes und des Heiligen Geistes*[13] getauft und treten ein in die übernatürliche Familie der Kirche. Wir sind Berufene – zur Heiligkeit Berufene: *Vocavi te nomine tuo. Meus es tu. – Ich habe dich bei deinem Namen gerufen, du bist mein.*[14] Wir hören die Stimme des *guten Hirten*, wie er *die Schafe, die ihm gehören, einzeln beim Namen ruft und hinausführt*[15]. Wir erhalten den Name eines Heiligen, »das heißt eines Jüngers Christi, der in vorbildlicher Treue zu seinem Herrn gelebt hat. Der Namenspatron ist ein Vorbild christlicher Liebe und sichert seine Fürbitte zu.«[16] Viele Frauen, die Maria heißen, feiern gerade heute, am Tag Mariä Namen, ihren Namenstag. Mit ihnen zusammen feiern wir unsere Mutter mit dem Wort eines Dichters, das Gruß, Dank und Bitte verbindet: »Gegrüßet seist du, Maria; du hilfst mir, den Himmel zu ackern.«[17]

III. *Der Name der Jungfrau war Maria.*[18] Es klingt wie eine sachliche Auskunft, ist aber das Vorwort zum bewegendsten Ereignis in der Geschichte der Menschheit, zur Menschwerdung des Sohnes Gottes. Die Bedeutung des Namens »Maria« ist unsicher. Einige meinen, im damaligen Aramäisch habe er »Fürstentochter«, »Herrin« bedeutet. Andere sagen, er sei ägyptischen Ursprungs und bedeute »Die von Gott Geliebte, Bevorzugte«. Heute ist es müßig, nach Bedeutungen zu fragen, denn der Name ist ganz vom Reichtum erfüllt, den Maria von Nazaret ihm gibt. Gebete und Lieder lobpreisen ihn, Menschen und Städte tragen ihn, auch Kirchen, Schulen, Straßen, Plätze, Brunnen, Quellen ... Wie viele Mariendarstellungen außerhalb des liturgischen Raumes! In einer Wandnische, an einer Straßenecke, an der Fassade eines Hauses, an einer Wegekreuzung – im Museum. Ob künstlerisch wertvoll, volkstümlich oder kitschig ... hoffentlich kommen wir auf den Gedanken, angesichts solcher Darstellungen ein Stoßgebet zu sprechen.

Mit dem Namen *Maria* verbindet sich oft der Name eines Ortes: Altötting in Bayern, Kevelaer am Niederrhein, Telgte und Werl in Westfalen; oder, mit nationaler Ausstrahlung, Mariazell in Österreich, Einsiedeln in der Schweiz, Tschenstochau in Polen, El Pilar in Spanien; und manchmal auch weltweit – Lourdes ist nicht nur französisch, Fatima nicht nur portugiesisch.

In Anlehnung an die Ähnlichkeit von *Maria* und *mare*, Meer, entwickelt sich die dichterisch anregende und für das Gebet hilfreiche Deutung des Namens als *Stella maris.* Im Hymnus *Ave, maris stella*, der wahrscheinlich aus dem 9. Jahrhundert stammt, rufen wir Maria an als die *Stella maris*, die den Weg des Glaubens weist und sichert: *Meerstern sei gegrüßet, Gottes hohe Mutter, allzeit reine Jungfrau, selig Tor zum Himmel!* Mit einem klassischen Wortspiel betrachten wir, wie ihre Antwort auf das *Ave* des Engels das Unheil wendet, das von *Eva* kam: *Du nahmst an das AVE aus des Engels Munde. Wend den Namen EVA, bring uns Gottes Frieden.* Wir bitten sie dann um sicheres Geleit, da sie unsere Mutter ist: *Monstra te esse Matrem ... Zeige dich als Mutter ... Iter para tutum ... Gib ein lautres Leben, sicher uns geleite, daß wir einst in Freuden, Jesus mit dir schauen.*

Schließen wir unsere Meditation mit einem hymnischen Ruf des heiligen Bernhard von Clairvaux, der das Bild von Maria als leuchtenden, wegweisenden Stern lyrisch entfaltet und spirituell vertieft: »Wenn du erfährst, daß dieses Erdenleben mehr ein Dahintreiben in Wellen, Wind und Wetter ist als ein Dahinschreiten auf festem Land: wende deine Augen nicht ab vom Licht dieses Sternes, damit du nicht untergehst in den Stürmen. Wenn die Sturmwinde der Versuchungen daherbrausen, wenn du zwischen die Klippen der Drangsale verschlagen wirst, blick auf zum Stern, ruf zu Maria! Wenn dich emporschleudern Wogen des Stolzes, des Ehrgeizes, der Verleumdung, der Eifersucht – blick auf zum Stern, ruf zu Maria! Wenn Zorn, Habsucht oder die Begierde des Fleisches deine Seele erschüttern – blick auf zu Maria! Wenn dich die Last der Sünden drückt und die Schmach des Gewissens beschämt, wenn dich die Strenge des Gerichtes schreckt, wenn du drohst von abgrundtiefer Traurigkeit und Verzweiflung verschlungen zu werden – denk an Maria!

In Gefahren, in Ängsten, in Zweifeln – denk an Maria, ruf zu Maria! Ihr Name weiche nicht aus deinem Munde! Damit du aber ihre Hilfe und Fürbitte erlangest, vergiß nicht das Vorbild ihres Wandels! Folge ihr, und du wirst nicht vom Wege weichen. Bitte sie, und niemals bist du hoffnungslos. Denk an sie, dann irrst du nicht. Hält sie dich fest, wirst du nicht fallen. Schützt sie dich, dann fürchte nichts. Führt sie dich, wirst du nicht müde. Ist sie dir gnädig, dann kommst du ans Ziel.«[19]

[1] *Ps* 121,1. – [2] Johannes Paul II., *Ansprache auf dem Kahlenberg* in Wien, 13.9.1983. – [3] ebd. – [4] Johannes Paul II., *Ansprache*, 11.10.1985. – [5] *Gotteslob* 595. – [6] Johannes Paul II., *Ansprache auf dem Kahlenberg*. – [7] *Katechismus der Katholischen Kirche*, 203. – [8] V. E. Frankl, *... trotzdem Ja zum Leben sagen – Ein Psychologe erlebt das Konzentrationslager*, München 1997, S.17. – [9] vgl. *Gen* 1,3-9. – [10] *Gen* 2,19-20. – [11] *Katechismus der Katholischen Kirche*, 203 u. 2143. – [12] vgl. *Joh* 1,18. – [13] *Mt* 28,19. – [14] *Jes* 43,1. – [15] vgl. *Joh* 10,1-18. – [16] *Katechismus der Katholischen Kirche*, 2156. – [17] vgl. M. Nikisch; zit. R. Kunze, *Am Sonnenhang*, Frankfurt 1993, S.28. – [18] *Lk* 1,27. – [19] Bernhard von Clairvaux, *Homilie über die Jungfrau Maria*, 2,17.

14. SEPTEMBER

KREUZERHÖHUNG

Kreuzerhöhung im eigenen Leben.
Baum des Lebens.
Bilder, Legenden, Ahnungen.

I. *Wir rühmen uns des Kreuzes unseres Herrn Jesus Christus. In ihm ist uns Heil geworden und Auferstehung und Leben. Durch ihn sind wir erlöst und befreit.*[1] Wie ein Leitmotiv stehen die Worte des Apostels Paulus über der Liturgie am heutigen Fest Kreuzerhöhung. Die ersten Spuren eines Festes der Kreuzverehrung führen in die erste Hälfte des 4. Jahrhunderts und stehen in Zusammenhang mit der Auffindung des heiligen Kreuzes durch Kaiserin Helena um das Jahr 324 und mit der Einweihung der Kreuzeskirche auf dem Golgota in Jerusalem im Jahre 335. Am 14. September, dem Jahrestag dieser Kirchweihe, »pflegte man in den Kirchen, die eine größere Kreuzreliquie besaßen (Jerusalem, Konstantinopel, Rom), diese in einer feierlichen Zeremonie den Gläubigen zu zeigen, was man als *exaltatio*, Erhöhung des Kreuzes, zu bezeichnen pflegte und was dem Fest den Namen verlieh«[2].

Im heutigen Evangelium spricht der Herr zu Nikodemus ein Wort, das ihm unverständlich bleiben mußte: *Wie Mose die Schlange in der Wüste erhöht hat, so muß der Menschensohn erhöht werden, damit jeder, der an ihn glaubt, in ihm das ewige Leben hat.*[3] Wir ahnen, daß es nicht nur um den einmaligen historischen Augenblick der *Erhöhung* – der Kreuzigung – auf Golgota geht, sondern auch um eine Erhöhung im Leben eines jeden und in der Welt.

Das heutige Fest verweist über das Liturgische hinaus darauf. Das Kreuz ist schon aufgerichtet, in der Welt und im Leben eines jeden Menschen, durch Leid und Schmerz. Das Leiden scheint »wesentlich die Natur des Menschen zu betreffen. Es ist so tief wie der Mensch selbst, gerade weil es auf seine Weise die dem Menschen eigene Tiefe ausdrückt und sie seinerseits noch übersteigt.«[4] Wir müssen entdecken, daß unsere Bedrängnisse und Nöte mit der Not Christi – mit seinem Kreuz – zusammenhängen. Er sagt es uns: *Kommt alle zu mir, die ihr euch plagt und schwere Lasten zu tragen habt. Ich werde euch Ruhe verschaffen.*[5] Gelingt es uns – in dieser Zeit des Gebetes und dann im Alltag – dieses Wort so zu hören, als hörten wir es zum erstenmal? Darin liegt der Kern der Nachfolge: Sich Christus mit allem nähern, was man hat – auch mit den eigenen Plagen und Lasten; und dann entdecken, daß die Lasten nicht wegfallen, aber doch aufhören zu drücken, weil sie mit dem Joch Christi eins werden. Die Frage ist: Gelingt uns das?

Nehmt mein Joch auf euch … Was ist das, sein Joch? Wir sind besser als die Jünger damals in der Lage, es zu begreifen: sein Kreuz und unsere Not. *Wer mein Jünger sein will, der verleugne sich selbst, nehme täglich sein Kreuz auf sich und folge mir nach.*[6] »Kreuzesnachfolge kann vielfältige Gestalt annehmen: Verfolgung, Verleumdung, Armut, Gehorsam, selbstloser Dienst, innere und äußere Zucht, Trostlosigkeit und Trauer, Einsamkeit, Krankheit und Leiden, Sterben.«[7] Der Glaube sagt uns, daß wir all diese Nöte in einem – wenn auch bisweilen dunklen und uns unbegreiflichen – Zusammenhang mit dem Kreuz, mit Christi Leiden und Schmerz, sehen sollen. Immer, wenn wir uns unseres Christseins bewußt werden, *erhöhen* wir schon das Kreuz.

Die Frage nach Ursprung und Sinn des Leidens bewegt die Menschen seit jeher. »Im Anschluß an den heiligen Paulus lehrte die Kirche stets, daß das unermeßliche Elend, das auf den Menschen lastet, und ihr Hang zum Bösen und zum Tode nicht verständlich sind ohne den Zusammenhang mit der Sünde Adams und mit dem Umstand, daß dieser uns eine Sünde weitergegeben hat, von der wir alle schon bei der Geburt betroffen sind.«[8] Mit der Sünde traten Leid und Tod in die Welt. Der Sohn Gottes nahm ihnen den Stachel, indem er Mensch und am Kreuz erhöht wurde. Er hat mit uns die Beschwerden eines Menschendaseins teilen wollen: die alltägliche Last ebenso wie den Abstieg in tiefstes menschliches Leiden durch seine Passion und seinen Tod am Kreuz.

II. *Du hast das Heil der Welt auf das Holz des Kreuzes gegründet. Vom Baum des Paradieses kam der Tod, vom Baum des Kreuzes erstand das Leben. Der Feind, der am Holz gesiegt hat, wurde auch am Holze besiegt durch unseren Herrn Jesus Christus.*[9] Das Kreuz erscheint in alten Darstellungen oft als Baum: als Baum des Lebens, voller Blätter und Früchte. An uns liegt es, das Symbol konkret werden zu lassen und die Schmerzen, Gebrechen und alltäglichen Widrigkeiten anzunehmen. Denn »es gibt keine Heiligkeit ohne Kreuz, ohne Abtötung. Am ehesten werden wir diese Abtötung in den normalen täglichen Angelegenheiten finden: in der angespannten Arbeit, die wir ausdauernd und ordentlich tun; weil wir wissen, daß der echte Opfergeist sich in der Beharrlichkeit zeigt, die begonnene Arbeit so vollkommen wie möglich zu vollenden; in der Pünktlichkeit, mit der wir den Tag über die ›heroischen Minuten‹ meistern; in der Pflege der Gegenstände, die wir besitzen und benutzen; in dem Eifer zu dienen, der uns die kleinsten Pflichten mit Gewissenhaftigkeit erfüllen läßt; und in den winzigen

Liebesbeweisen, mit denen wir den Weg der Heiligkeit in der Welt für alle liebenswert machen; ein Lächeln kann manchmal der schönste Beweis unseres Bußgeistes sein.«[10]

Das Ja zum Kreuz macht uns zu Mitarbeitern Christi am Werk des Heiles und verheißt uns die Vollendung in seiner Herrlichkeit am Ende unseres Weges. Diese Sicht ist nur möglich aus der gläubigen Schau eines Menschen, der weiß, daß im erhöhten Gekreuzigten Heil liegt. »Denn der natürliche Mensch flieht vor dem Leiden. Und die Sucht nach Leiden um einer perversen Lust am Schmerz willen ist von dem Verlangen nach Sühneleiden durchaus verschieden. Sie ist kein geistiges Streben, sondern sinnliches Begehren, keineswegs besser als andere sinnliche Begierden, vielmehr schlechter, weil es widernatürlich ist. Nach Sühneleiden verlangen kann nur jemand, dessen Geistesauge geöffnet ist für die übernatürlichen Zusammenhänge des Weltgeschehens; das ist aber nur möglich bei Menschen, in denen der Geist Christi lebt, die als Glieder vom Haupt ihr Leben, seine Kraft, seinen Sinn und seine Richtung empfangen. Andererseits verbindet die Sühneleistung näher mit Christus, wie jede Gemeinschaft zum Zusammenwirken an einem Werk immer inniger wird und wie die Glieder eines Leibes in ihrem organischen Zusammenspiel immer stärker eins werden.

Weil aber das Einssein mit Christus unsere Seligkeit ist und das fortschreitende Einswerden mit ihm unsere Beseligung auf Erden, darum steht Kreuzesliebe zu froher Gotteskindschaft keineswegs im Gegensatz. Christi Kreuz tragen helfen, das gibt eine starke und reine Freudigkeit, und die es dürfen und können, die Bauleute an Gottes Reich, sind die echtesten Gotteskinder.«[11]

Die Bedrängnisse und Widerwärtigkeiten erleichtern uns die Loslösung von den irdischen Gütern und helfen uns, selbst so Wichtiges wie die Gesundheit zu relativieren. Außerdem geben sie uns die Gelegenheit zur Sühne für unsere Sünden. Der heilige Augustinus hebt hervor, daß der Herr als Arzt handelt, wenn er durch das Heilmittel der Drangsal die Wunden der Sünden heilt.[12] Die erste Lesung[13] deutet die Heilkraft des Kreuzes an, wenn sie vom rätselhaften Geschehen mit der kupfernen Schlange berichtet, die an einer Fahnenstange aufgehängt wird: *Jeder, der gebissen wird, wird am Leben bleiben, wenn er sie ansieht*. Der Herr fordert uns auf, Ausschau nach ihm zu halten in unserer Not: *Kommt alle zu mir, die ihr euch plagt und schwere Lasten tragt. Ich werde euch Ruhe verschaffen.*[14]

Die vielfachen Formen des Leidens geben uns Gelegenheit, die Tugenden zu üben: Glauben, Starkmut, Demut, Ergebenheit, Hingabe an den Willen Gottes. Das sind

Schätze. Wer – im Glauben verankert – einmal einen sehr tiefen Schmerz erfahren hat, zum Beispiel beim Tod eines geliebten Menschen, weiß das. Die Erschütterung mag bis an die Wurzeln der Existenz gehen. Aber der Glaubende erfährt staunend, daß er nicht versinkt, sondern festen Boden unter sich spürt. Auf ihm ist das Kreuz Christi, der Baum des Lebens, aufgerichtet.

III. In der Liturgie vom Karfreitag wird das Kreuz sichtbar erhöht, es wird als Zeichen des Heils und der Erlösung über die Gemeinde erhoben, zur Verehrung aufgestellt: *Seht das Kreuz, an dem der Herr gehangen, das Heil der Welt. Kommt, lasset uns anbeten.*[15]

Wie oft bezeichnen wir uns mit dem Zeichen des Kreuzes! »Der Sohn Gottes – für alle gekreuzigt – hat alles mit dem Zeichen des Kreuzes gezeichnet«, schreibt einer der ersten großen Theologen des Altertums, Irenäus von Lyon, im 2. Jahrhundert.[16] *Alles* heißt: das gesamte Weltgeschehen, rückwirkend und vorwirkend. Aber es heißt auch die persönliche Geschichte jedes einzelnen, das Leben jener eingeschlossen, die nichts davon wissen. Tod und Leid, Unglück und Ungerechtigkeit, Verlassenheit und Not erhalten keine Erklärung, als ginge es um ein Ideensystem, aber einen Sinn: er hat *mich geliebt und sich für mich hingegeben*[17].

Die Kraft des Kreuzes erreicht nicht nur jene, die daran glauben, sondern auch die ehrlich Ahnungslosen, die meinen, in der Sinnlosigkeit einer absurden Welt unterzugehen. Nur wer sich willentlich, verächtlich abwendet, schließt sich aus. »Ausgespannt hat Gott am Kreuz seine Hände, um die Grenzen der Welt zu umarmen«, schreibt mit überraschend modernem Empfinden ein kirchlicher Schriftsteller des 4. Jahrhunderts.[18] Er greift damit die antike Symbolik vom Kreuz als Einheit und Verknüpfung von Extremen auf, jetzt aber nicht durch die zwei Balken, sondern durch die Arme des Gekreuzigten verwirklicht. Einige Kirchenväter wagen es sogar, in selbstbewußter Verbeugung vor dem heidnischen Epos die Geschichte des Odysseus als Vorahnung auf das rettende Kreuz Christi zu deuten. »Drinnen erhob er den Mast, von der Segelstange durchkreuzet« – so baute Odysseus sein Floß. »Bindet mich mit drückenden Fesseln, daß ich dort standhaft verharre, aufrecht fest am Mast, und lasset die Taue dran haften« – so segelte er an den Lockungen der Sirenen vorbei. Als hätte der blinde Homer das erlösende Kreuz Christi kommen sehen, deutet er an: nichts kann dem etwas anhaben, der sich am Mastbaum – am Kreuz – freiwillig fesselt.

Wie tief erscheint der Zusammenhang zwischen Leben und Tod, Heil und Sünde in jenen mittelalterlichen Darstellungen, die unter dem Kreuzesstamm den Schädel Adams zeigen. Adam – der erste, Christus – der vollendete Mensch! Nach der Legende habe der todkranke Adam sich eine Frucht der Unsterblichkeit vom paradiesischen Baum des Lebens holen lassen, aber ihm sei nur ein Samen gegeben worden. Aus diesem Samen wuchs ein Baum, aus dem Holz dieses Baumes zimmerten die Schergen das Kreuz Christi. Betrachten wir auch jene andere Darstellung, die Jahrhunderte später entsteht, den Isenheimer Altar von Matthias Grünewald. Dort wird die Gegenwärtigkeit der Passion durch die reale zeitbedingte Not selbst dargestellt. Der Leib Christi ist mit eitrigen Wunden übersät – so realistisch wie die Wunden der Pestkranken damals. Und alle, die zu Füßen des Kreuzes stehen, ringen die Hände: die Gottesmutter, Maria Magdalena, der Jünger Johannes. Nur Johannes der Täufer erscheint außerhalb des historischen Augenblicks zu stehen. Er war nicht Zeuge der Passion, sondern ihr prophetischer Verkünder, wie es das Lamm zwischen ihm und dem Kreuz versinnbildet. Sein gestreckter Finger zeigt auf den Gekreuzigten, auf das aufgerichtete Kreuz, auf die schmerzensreiche Mutter. Morgen werden wir sie, unter dem Kreuz stehend, betrachten.

[1] vgl. *Gal* 6,14. – [2] A. Adam, *Das Kirchenjahr mitfeiern*, Freiburg 1995, S.150. – [3] *Joh* 3,13-17. – [4] Johannes Paul II., Apost.

Schreiben *Salvifici doloris*, 11.2.1984, 2. – [5] *Mt* 11,28-30. – [6] *Lk* 9,23. – [7] *Katholischer Erwachsenen-Katechismus*, Bonn 1985, S.193. – [8] *Katechismus der Katholischen Kirche*, 403. – [9] *Präfation* vom Fest Kreuzerhöhung. – [10] J. Escrivá, Brief 24.3.1930, in: P. Berglar, *Opus Dei – Leben und Werk des Gründers Josemaría Escrivá*, Köln 1992, S.90-91. – [11] Edith Stein, *Werke*, Bd. XI, S.122. – [12] Augustinus, *Erklärung der Psalmen*, 21,2,4. – [13] *Num* 21,4-9. – [14] *Mt* 11,28. – [15] *Missale Romanum*, Karfreitagsliturgie. – [16] Irenäus von Lyon, *Erweis der apostolischen Verkündigung*. – [17] *Gal* 2,20. – [18] vgl. H. Rahner, *Griechische Mythen in christlicher Deutung*, Freiburg 1992, S.281-328.

GEDÄCHTNIS DER SCHMERZEN MARIENS

Stabat Mater.
Im Alltag und unter dem Kreuz.
Siehe, dein Sohn! Siehe, deine Mutter!

I. *Stabat Mater dolorosa* ... Die Sequenz *Stabat Mater*, die man heute dem heiligen Bonaventura zuschreibt, sprengt den Rahmen liturgischer Strenge und ist in Schmerz und Liebe ein verinnerlichter Schrei der Trauer, ein Versuch, sich mystisch in das Leid Mariens zu vertiefen. *Christi Mutter stand mit Schmerzen / bei dem Kreuz und weint' von Herzen, / als ihr lieber Sohn da hing. / Durch die Seele voller Trauer, / seufzend unter Todesschauer, / jetzt das Schwert des Leidens ging.*[1] Lassen wir diese Worte auf uns wirken, während wir das Evangelium betrachten. *Bei dem Kreuz Jesu standen seine Mutter und die Schwester seiner Mutter, Maria, die Frau des Klopas, und Maria von Magdala. Als Jesus seine Mutter sah und bei ihr den Jünger, den er liebte, sagte er zu seiner Mutter: Frau, siehe, dein Sohn! Dann sagte er zu dem Jünger: Siehe, deine Mutter! Und von jener Stunde an nahm sie der Jünger zu sich.*[2] Es ist die letzte Geste des irdischen Jesus gegenüber seiner Mutter, die er in tiefem Schmerz zurückläßt, aber es ist mehr als nur die fürsorgliche Geste eines guten Sohnes. Jesus bekräftigt hier – im Augenblick, da das Geheimnis der Erlösung sich erfüllt – die Mutterschaft Marias gegenüber den Menschen. »Die Worte, die Jesus vom Kreuz herab spricht, bedeuten, daß die Mutterschaft derer, die ihn geboren hat, sich in der Kirche und durch die Kirche ›neu‹ fortsetzt, die durch Johannes symbolisiert und dargestellt wird.«[3]

Die Sequenz hebt das *Sehen* hervor: was Maria sieht, die auf Christus schaut; und was wir sehen, auf Maria schauend: *Welch ein Schmerz der Auserkornen, / da sie sah den Eingebornen, / wie er mit dem Tode rang! / Angst und Trauer, Qual und Bangen, / alles Leid hielt sie umfangen, / das nur je ein Herz durchdrang. / Wer könnt' ohne Tränen sehen / Christi Mutter also stehen / in so tiefen Jammers Not? / Wer nicht mit der Mutter weinen, / seinen Schmerz mit ihrem einen, / leiden bei des Sohnes Tod?* Und weiter heißt es: *Ach, für seiner Brüder Schulden / sah sie ihn die Marter dulden, / Geißeln, Dornen, Spott und Hohn!* Maria sieht ihren leidenden Sohn, wir sehen die schmerzensreiche Mutter. Maria nimmt Anteil am Leiden des Sohnes. Wir sollen am Leiden der Mutter Anteil nehmen – und so mit Christus leiden. Aus der Anteilnahme erwächst das Verlangen, mit ihr – die wir *fons amoris, Born der Liebe*, nennen

– das Leiden zu teilen: *Gib, o Mutter, Born der Liebe, / daß ich mich mit dir betrübe, / daß ich fühl' die Schmerzen dein.* Zu Füßen des Kreuzes lebt sie uns vor, wie Leid bewältigt werden kann: in Liebe. Deshalb unsere Bitte: *Fac ut ardeam cor meum / in amando Christum Deum … Daß mein Herz von Lieb' entbrenne, / daß ich nur noch Jesus kenne, / daß ich liebe Gott allein.*

Wir brauchen die lebendige Anleitung zum Leidtragen, denn das Leiden begleitet unser Leben – als gegenwärtige Bedrückung oder als beängstigendes Omen, es hat einen zweischneidigen Charakter. Es kann wie ein läuterndes Feuer wirken, das die Seele veredelt, oder wie ein verheerender Brand, der den Geist in Asche verwandelt; es kann helfen, irdische Güter zu relativieren, oder Verzweiflung nach sich ziehen; es kann die Seele mit dem göttlichen Willen enger vereinen oder sie von Gott abwenden. Maria ist mit dem Sohn im Leiden solidarisch, zu Füßen des Kreuzes bringt sie dem Vater ihre mütterliche Liebe dar, ausharrend und stark. Sie legt Fürbitte für die ganze Kirche und für jeden Gläubigen ein: »Die Mutterschaft Mariens in der Gnadenökonomie dauert unaufhörlich fort, von der Zustimmung an, die sie bei der Verkündigung gläubig gab und unter dem Kreuz ohne Zögern festhielt, bis zur ewigen Vollendung der Auserwählten. Deshalb wird sie in der Kirche unter dem Titel Mittlerin angerufen.

Das aber ist so zu verstehen, daß es der Würde des einzigen Mittlers nichts abträgt und nichts hinzufügt.«[4] *Heil'ge Mutter, drück die Wunden, / die dein Sohn am Kreuz empfunden, / tief in meine Seele ein. / Ach, das Blut, das er vergossen, / ist für mich dahingeflossen; / laß mich teilen seine Pein. / Laß mich wahrhaft mit dir weinen, / mich mit Christi Leid vereinen, / solang mir das Leben währt. / Unterm Kreuz mit dir zu stehen, / unverwandt hinaufzusehen, / ist es, was mein Herz begehrt.*

II. Maria hat nahe beim Sohn viele Freuden und viele Leiden erlebt. Eine bekannte Andacht zu den sieben Freuden und den sieben Schmerzen Mariens faßt sie zusammen. Der Weissagung Simeons folgt der Schmerz über die Flucht nach Ägypten und später über das Verschwinden des zwölfjährigen Kindes. Dann die Ereignisse der Passion: die Begegnung mit dem Sohn auf der *Via dolorosa*, das Stehen unter dem Kreuz, die Beweinung des toten Sohnes und Jesu Grablegung. »Ihr werdet sie nicht beim Einzug in Jerusalem finden, noch – mit Ausnahme von Kana – zur Stunde der großen Wunder. Aber sie flieht nicht vor der Verachtung auf Golgota, sie steht da, ›iuxta crucem Jesu‹, unter dem Kreuz Jesu, seine Mutter.«[5]

Die Präfation vom Gedenktag spannt den Bogen von der Ankündigung des Leidens bis zur Verwandlung in Herrlichkeit: *Als Maria unter dem Kreuze stand, erfüllte sich das Wort des greisen Simeon: ein Schwert durchdrang ihre Seele beim Leiden und Sterben ihres Sohnes. Du aber,* so beten wir zu Gott, *hast ihren Schmerz in Freude gewandelt und sie mit Christus in deine Herrlichkeit erhoben.*[6]

Maria erhielt eine erste Ahnung vom kommenden Schmerz, als sie und Josef am vierzigsten Tag nach der Geburt Jesu[7] gemäß der Vorschrift des mosaischen Gesetzes *das Kind nach Jerusalem hinaufbrachten, um es dem Herrn zu weihen*. Da erschien der greise Simeon, vom Geist in den Tempel geführt, nahm das Kind in seine Arme und nannte es ein *Zeichen, dem widersprochen wird*. Er sah das Schicksal der Mutter mit dem Schicksal des Kindes verbunden: *Dir selbst aber wird ein Schwert durch die Seele dringen*. »Dieses Wort Simeons erscheint wie eine zweite Verkündigung an Maria; denn es zeigt ihr die konkrete geschichtliche Dimension, in der ihr Sohn seine Sendung erfüllen wird, nämlich im Unverständnis und im Leid.«[8] Nach frommem Empfinden kommt es in der vierten Station des Kreuzweges zur Begegnung von Mutter und Sohn. »An einer Straßenkreuzung wird sie gewartet haben und tritt nun an den Zug heran. Sie sprechen nichts, die Mutter und ihr Sohn. Was sollten sie auch sagen? Sie sind miteinander ganz allein, allein in der Welt, trotz des wüsten Gedränges ringsum, Aug' in Auge, Herz in Herzen. Was da durch ihre Seelen geht an Liebe und Leid, was von Auge zu Auge geht, das weiß nur Gott allein.«[9]

Maria wird Zeuge gewesen sein, als Simon von Zyrene wohl widerwillig das Kreuz trug, weil man ihn dazu zwang.[10] Der Evangelist nennt ihn *den Vater des Alexander und des Rufus* und deutet damit an, daß seine Söhne später in der christlichen Urgemeinde wohlbekannt sind; und es liegt nahe anzunehmen, daß ihr Weg zu Christus mit der Begegnung des Vaters mit dem kreuztragenden Erlöser begann. Unterwegs mag Simons Blick nicht mehr auf das Kreuz, sondern auf den Kreuztragenden gefallen sein, und der dankbare und gütige Blick des Herrn wird am Anfang der Bekehrung einer ganzen Familie gestanden haben. Uns Betenden fällt es nicht schwer, die Szene zu erweitern und uns die Dankbarkeit der Mutter vorzustellen.

Das Leiden formt uns. Lenken wir in unserem Alltag den Blick auf das Kreuz an der Wand oder auf ein kleines Kruzifix auf unserem Arbeitstisch und bedenken wir: »Gut ist es, den Gekreuzigten im Bild zu verehren und Bilder zu verfertigen, die zu seiner Verehrung anspornen. Aber besser als Bilder aus Holz oder Stein sind lebendige Bilder, Seelen nach dem Bilde Christi zu formen.«[11]

III. Stellen wir von neuem die Worte des Evangeliums in die Mitte unseres Gebetes. Einige Kirchenväter haben das *Stehen* Marias unter dem Kreuz so gedeutet, daß die Mutter Jesu hier, in einer Art Ausweitung ihrer ersten Annahme bei der Verkündigung, das Heil von ihrem Sohn bei der Vollendung der Erlösung gleichsam nochmals annimmt: *Als Jesus seine Mutter sah und bei ihr den Jünger, den er liebte, sagte er zu seiner Mutter: Frau, siehe, dein Sohn! Dann sagte er zu dem Jünger: Siehe, deine Mutter!*[12] Maria steht am ersten Opferaltar des Neuen Bundes nicht passiv, sondern im Geiste mit dem Sohn eng vereint. Neben Christus hat sie in einzigartiger Weise beim Werk der Erlösung »in Gehorsam, Glaube, Hoffnung und brennender Liebe mitgewirkt zur Wiederherstellung des übernatürlichen Lebens der Seelen«[13].

Siehe, dein Sohn ... Der Jünger wird Maria anvertraut. In ihm ist sie »Mutter des ganzen christlichen Volkes, sowohl der Gläubigen als auch der Hirten«[14]. Und Maria wird dem Jünger anvertraut, der *sie von jener Stunde annahm*. Dieses »Annehmen der Mutter Jesu« ist ein selbstverständliches Merkmal der Christusnachfolge. Origenes äußert im 3. Jahrhundert den mystischen Gedanken, daß Maria in jedem Christen Jesus sieht; denn der Herr habe nicht gesagt: »Dieser ist auch dein Sohn«, sondern: *Siehe, dein Sohn*.

Maria erhält von ihrem sterbenden Sohn den Auftrag, in der Person des Johannes für Christi mystischen Leib, die Kirche, zu sorgen. Dies war die letzte Gabe Jesu an uns vor seinem Tod: er gibt uns seine Mutter zu unserer Mutter. Jene Stunde des Heils eröffnet eine neue Ära, in welcher der Schutz der Mutter über die Kirche niemals fehlen wird: Die Heilige Schrift und auch die Erfahrung der Gläubigen sehen in der Mutter Gottes »diejenige, die mit der Kirche in den schwierigsten Momenten ihrer Geschichte, wenn die Angriffe besonders gefährlich werden, auf ganz besondere Weise verbunden ist«[15].

Als Mutter, Mittlerin und Fürsprecherin ist Mariens Aufgabe einmalig, aber zugleich ist sie Urbild der Christusnachfolge für alle. Sie lehrt uns, still in den Alltagssituationen den Willen Gottes zu entdecken und Leid und Freuden auf Gott hin zu sehen – auch wir haben unser Betlehem, unser Ägypten, unser Nazaret ... Sie lehrt uns ebenso, in außergewöhnlichen Situationen unter dem Kreuz auszuharren – auch wir haben unser Golgota. Und sie lehrt uns schließlich das wache Gespür dafür, daß das Erlösungswerk alle Menschen erreichen muß. Maria »umfing den Heilswillen Gottes mit ganzem Herzen und von Sünde unbehindert und gab sich als Magd des Herrn ganz der Person und dem Werk ihres Sohnes hin und diente so unter ihm und mit ihm in der Gnade des allmächtigen Gottes dem Geheimnis der Erlösung«[16].

Wie die schmerzensreiche Mutter können wir in der Nachfolge Christi Mittler des Heiles sein: durch unser Gebet, durch unsere gewissenhafte Arbeit, durch die liebenswürdige Begegnung in der Familie und unter den Kollegen, durch einen passenden Rat im richtigen Augenblick. Sie möge uns lehren, die gegenwärtigen Prüfungen in Geduld zu ertragen und den kommenden in Hoffnung entgegenzugehen. »›Cor Mariae perdolentis, miserere nobis!‹ – Rufe das heiligste Herz Mariens an mit dem festen Vorsatz, dich mit ihrem Schmerz zu vereinen, als Sühne für deine Sünden und für die Sünden aller Menschen aller Zeiten.

Und dieser Schmerz – das erbitte von ihr für jede Seele – möge in uns die Abscheu vor der Sünde vertiefen und uns dazu bereit machen, die körperlichen oder seelischen Belastungen unseres Alltags in Liebe als Sühne anzunehmen.«[17]

[1] Sequenz *Stabat Mater*. – [2] *Joh* 19,25-27. – [3] Johannes Paul II., Enz. *Redemptoris Mater*, 24. – [4] II. Vat. Konz., Konst. *Lumen gentium*, 62. – [5] J. Escrivá, *Der Weg*, Nr.507. – [6] *Präfation* vom Tage. – [7] *Lk* 2,22-38. – [8] Johannes Paul II., Enz. *Redemptoris Mater*, 16. – [9] R. Guardini, *Der Kreuzweg*, 4. Station. – [10] vgl. *Mt* 27,32; *Mk* 15,21. – [11] Edith Stein, *Im verschlossenen Garten der Seele*, Freiburg 1987, S.71. – [12] *Joh* 19,26-27. – [13] II. Vat. Konz., Konst. *Lumen gentium*, 61. – [14] Paul VI., *Ansprache an das Konzil*, 21.11.1964. – [15] Karol Wojtyla, *Zeichen des Wider-*

spruchs, Zürich/Freiburg 1979, S.233. – [16] II. Vat. Konz., Konst. *Lumen gentium*, 56. – [17] J. Escrivá, *Die Spur des Sämanns*, Nr.258.

HILDEGARD VON BINGEN

Schatten des lebendigen Lichtes.
Schöpfung, Sünde, Erlösung.
Die Mahnerin.

I. *Scivias* ... *Sci vias* ... Hildegard von Bingen, »die Leuchte ihres Volkes und Zeitalters«[1], gibt ihrem Erstlingswerk diesen Namen: *Wisse die Wege* ... Aber welche Wege? Hildegard sieht den Menschen – jeden von uns – als Teil und Mitte des Kosmos, als leib-seelische Einheit im Schöpfungswerk und in der Heilsgeschichte. Beginnen wir unsere Meditation mit einem bezeichnenden Ausspruch von ihr: »Im Menschen hat Gott alle seine Werke vollendet ... So trägt der Mensch in seiner Leiblichkeit die ganze Welt, indem er alle irdischen Dinge in seiner Existenz überwindet.«[2]

Sci vias ... Wege zur Innerlichkeit, zur Anbetung Gottes, zum Dank für das eigene Leben, für die Menschen und für die Welt. Hildegards dichterisches Genie war Werkzeug im Dienst Gottes. Stellen wir also jetzt ihre Bilder in den Dienst unseres Gebetes und bleiben wir nicht bei der poetischen Dichte ihrer Visionen stehen. Nähern wir uns ehrfürchtig ihrer visionären Welt. Zur Ehrfurcht gehört, ihre Stimme nicht zu verfälschen. Es ist ein Mißklang, in ihr ein Vorbild feministischer Selbstverwirklichung oder die Botschafterin eines esoterischen Weltbildes zu sehen; es ist auch einseitig, sie ausschließlich nach der Heilkraft von Kräutern, Wurzeln, Früchten und Mineralien zu befragen.

Hildegard, 1098 als zehntes Kind einer edelfreien Familie in Bermersheim bei Alzey (Rheinhessen) geboren, wurde mit acht Jahren von ihren Eltern zur geistlichen Erziehung ins benediktinische Kloster von Disibodenberg gegeben. Später legte sie dort die monastischen Gelübde ab und wurde 1136 einstimmig zur Meisterin und Mutter der Gemeinschaft gewählt. Fünfzehn Jahre später zog sie mit ihren Nonnen in das von ihr erbaute Kloster Rupertsberg bei Bingen; einige Jahre danach besiedelte sie das Kloster Eibingen oberhalb von Rüdesheim.

Hildegard nennt ihre Visionen *umbra lucis viventis*: »Das Licht, das ich schaue, ist nicht an den Raum gebunden. Es ist viel, viel lichter als eine Wolke, die die Sonne in sich trägt. Weder Höhe noch Länge noch Breite vermag ich an ihm zu erkennen. Es wird mir als der *Schatten des lebendigen Lichtes* bezeichnet. (...) In diesem Licht sehe ich zuweilen, aber nicht oft, ein anderes Licht, das mir *das lebendige Licht* genannt wird. Wann und wie ich es schaue, kann ich nicht sagen. Aber solange ich es schaue, ist alle Traurigkeit und alle Angst von mir genommen, so daß ich mich wie ein einfaches junges Mädchen fühle und nicht wie eine alte Frau.«[3]

Eines ihrer gewaltigsten Bilder ist die Vision des Menschen mitten im vielgliedrigen Weltenbau. »In konzentrischen Kreisen ordnen sich die kosmischen Sphären auf die Zentralgestalt des Menschen zu, die sich weit in das Weltenrad ausspannt. Das Rad selber wird von den Händen des dreifaltigen Gottes gehalten. Gott hat diese Welt mit den Winden verstärkt, mit den Sternen erleuchtet, mit der Erde als dem Herzen des Firmaments gefestigt, weil Gott selber aus der Materie der Erde das Gewand für seine Menschwerdung nehmen wollte. Mit allen Weltstoffen hat Gott den Menschen durchströmt; mit dem Geist der Vernunft hat er ihn begabt, auf daß die ganze Welt dem Menschen zur Verfügung stehe und er mit ihr schöpferisch wirken könne. Die Erde ist ein Sinnbild für alles planende und tätige Leben des Menschen.«[4]

Der Mensch im Rad der Welt und der Geschichte – von Gottes Händen getragen ... So sieht sich Hildegard: ganz in Gottes Händen geborgen. Sie erklärt es mit einem anderen Bild, nicht so feierlich wie die kosmische Vision, dafür familiärer, vielleicht auch dem Betenden zugänglicher: »Ein mächtiger König thronte in seinem Palast. Hohe Säulen standen vor ihm, von goldenem Schmuckwerk umwunden und mit vielen Perlen und kostbaren Steinen herrlich geziert. Dem König aber gefiel es, eine kleine Feder zu berühren, daß sie in Wundern emporfliege. Und ein starker Wind trug sie, damit sie nicht sinke.«[5]

II. »Schreibe, was du siehst und hörst, zu Nutz und Frommen der Menschen nieder, auf daß sie ihren Schöpfer erkennen und ihm die gebührende Ehre nicht vorenthalten.« *Erhaltung der Schöpfung* – ein aktuelles Wort. Sieht man aber den Schöpfer hinter seinem Werk? Oder ist *Schöpfung* bloß eine Chiffre für *Natur*? Hildegards Naturverbundenheit wurzelt in der Einsicht, »daß die Welt nur als Schöpfung eines liebenden und fürsorglichen Vaters im Himmel richtig verstanden und verwaltet werden kann«[6].

Wisse die Wege... Die Natur ist ein Weg – nicht als Abstraktion, sondern als *diese* Landschaft, *jene* Wiese, *dieser* Grashalm: »Die Gräslein können den Acker nicht begreifen, aus dem sie sprießen. Denn sie haben nicht Sinn und Verstand und kennen weder ihr eigenes Wesen noch die Wirkung ihres Samens. Und doch umgeben sie den Acker mit der Anmut der Fruchtbarkeit (...). Wieviel weniger kannst du erkennen, was im Wissen Gottes ist! Was hast du getan oder wo warst du, als Himmel und Erde erschaffen wurden?«[7]

Das Geheimnis der Schöpfung erspüren einfache Menschen mit offenen Augen und große Gelehrte mit tiefen Gedanken. Heute empfinden wir außerdem, deutlicher als in früheren Jahrhunderten, die Verantwortung für die Schöpfung. Der Glaube hält uns an, »die Unversehrtheit der Schöpfung zu achten. Tiere, Pflanzen und leblose Wesen sind von Natur aus zum gemeinsamen Wohl der Menschheit von gestern, heute und morgen bestimmt. Die Bodenschätze, die Pflanzen und die Tiere der Welt dürfen nicht ohne Rücksicht auf sittliche Forderungen genutzt werden. Die Herrschaft über die belebte und die unbelebte Natur, die der Schöpfer dem Menschen übertragen hat, ist nicht absolut; sie wird gemessen an der Sorge um die Lebensqualität des Nächsten, wozu auch die künftigen Generationen zählen; sie verlangt Ehrfurcht vor der Unversehrtheit der Schöpfung.«[8]

Ein Christ weiß, daß er nicht in der Natur aufgeht. Er lebt in der Natur, aber seine Uhr richtet sich nicht nach dem Zeitmaß der blinden Naturkräfte. Er ist sich der Einmaligkeit seines Lebens bewußt und weiß sich unterwegs – auf Gott hin geschaffen und zur vollen Teilnahme an seinem Leben berufen. Er sieht sich nicht in die vermeintlich ewige Wiederkehr des Stirb und Werde eingeschlossen, sondern zur vollen Gemeinschaft mit Gott am Ende des irdischen Weges berufen.

Er ist nicht ziellos unterwegs: er ist ein Berufener und lebt in der Hoffnung, das endgültige Ziel einmal zu erreichen.

Hildegard zeigt die Güte der Schöpfung, aber auch den Kampf, der sich in ihr abspielt: »Zum Dienst des Menschen war die Schöpfung gerufen. Keinerlei Aufruhr spürte sie in sich. Doch als der Mensch zum Ungehorsam griff und sich seinem Schöpfer widersetzte, verlor auch sie ihre Ruhe und wurde mit hineingerissen in seine Ruhelosigkeit. Große und viele Widerwärtigkeiten trägt sie nun an den Menschen heran. Wie er sich zum Bösen geneigt hat, so soll er nun durch sie gezüchtigt werden.«[9] Dies ruft uns zur Selbstbescheidung auf, damit wir unsere Begierlichkeit gegenüber den Dingen der Schöpfung läutern. »Der Mensch meint, willkürlich über die Erde verfügen zu können, indem er sie ohne Vorbehalte seinem Willen unterwirft, als hätte sie nicht eine eigene Gestalt und eine ihr vorher von Gott verliehene Bestimmung, die der Mensch entfalten kann, aber nicht verraten darf. Statt seine Aufgabe als Mitarbeiter Gottes am Schöpfungswerk zu verwirklichen, setzt sich der Mensch an die Stelle Gottes und ruft dadurch schließlich die Auflehnung der Natur hervor, die von ihm mehr tyrannisiert als verwaltet wird.«[10]

»Schauet und wandelt auf dem rechten Weg.«[11] Hildegard ermutigt uns, nach einer

Lebensweise zu streben, die nicht vom Besitzen und Genießen herrührt, sondern von »jener uneigennützigen, selbstlosen, ästhetischen Haltung, die aus dem Staunen über das Sein und über die Schönheit entsteht, das in den sichtbaren Dingen die Botschaft des unsichtbaren Schöpfergottes erkennen läßt«[12]. Dieses Staunen besingt Hildegard in einem ihrer vielen Lieder: »O ewiger Gott, nun neige dich, in jener Liebe glühe auf, die uns zu Gliedern macht, von dir erschaffen in der Liebesglut, mit der du deinen Sohn gezeugt im ersten Morgenrot vor aller Kreatur. Schau auf die Not, die uns befällt, nimm sie hinweg um deines Sohnes willen, und führ uns in die Freude unseres Heils!«[13]

III. Hildegard hatte »aus weiblicher Scheu, aus Furcht vor dem Gerede der Leute und dem verwegenen Urteil der Menschen«[14] viele Jahre lang gezögert, ihre Visionen niederzuschreiben, bis sie 1141 meinte, erkannt zu haben, daß Gott es von ihr wollte. Als Papst Eugen III. von November 1147 bis Februar 1148 in Trier zu einer Kirchensynode weilte, berichtete man ihm über Hildegard und legte ihm das noch unvollendete *Scivias* vor. Der Papst las vor der Synode aus dem Werk und »rief die Herzen aller zum Lobe des Schöpfers und zur jubelnden Mitfreude auf«[15]. Hildegard erhielt somit eine Art offizielle Anerkennung ihrer Sehergabe und die Ermunterung, nach außen hin zu wirken.

Ihre Zeit war reich an großartigen Aufbrüchen in der Kirche, aber auch an Gefährdungen und Krisen. Es war die Zeit, da Friedrich Barbarossa zwischen 1159 und 1177 vier Gegenpäpste aufstellte. Es war vor allem die Zeit, da die Irrlehre der Katharer sich immer mehr ausbreitete. Sie verachteten die Welt und sahen alles Leibliche als die Verkörperung des Bösen an. Man kann sich keinen schärferen Widerspruch zu den Anschauungen Hildegards vorstellen. Hildegard stellt ja »die Verbindung zwischen Erlösung und Schöpfung ins Licht«[16] und damit das Hinabsteigen des Sohnes Gottes in die materielle Welt: »Im gesamten Planen und Vorherwissen Gottes war der Gipfel der höchsten Liebe, daß der Sohn Gottes in seiner Menschheit die verlorenen Menschen heimführte in das himmlische Reich.«[17] Für sie gibt es in der Schöpfung eine wunderbare Harmonie von Geist und Leib, Natur und Übernatur, Mensch, Tier, Pflanze: »Gott hat alle Dinge so eingerichtet, daß eins auf das andre Rücksicht nehme.«[18]

Hildegard spürte, wie dringend es war, »Posaune Gottes«, besonders für die Mächtigen, zu sein. »Sie liebte einzig die Kirche. Aus glühender Liebe zu ihr zögerte sie nicht, die Klausur des Klosters zu verlassen, um als unerschrockene Vorkämpferin der Wahrheit und des Friedens mit Bischöfen, staatlichen Würdenträgern und selbst mit dem Kaiser zusammenzutreffen und auch die Volksmassen anzusprechen. Wenn auch von schwacher Konstitution, aber an geistlichen Kräften stark und eine wahrhaft tapfere Frau, wurde sie damals die ›Prophetin Deutschlands‹ genannt.«[19]

Die *Vita* bezeichnet es als »bemerkenswert, daß Hildegard, vom göttlichen Geist nicht nur angetrieben, sondern genötigt, nach Köln, Trier, Metz, Würzburg und Bamberg ging und der Geistlichkeit und dem Volke den Willen Gottes kundtat«[20]. Die Predigten in Köln und Trier sind uns überliefert, weil sie der Klerus dort um Zusendung der Texte gebeten hatte. Zu den Kölnern sagte sie: »Ihr müßtet die starken Eckpfeiler sein, die die Kirche stützen, wie die Eckpfeiler, die die Grenzen der Erde tragen. Allein ihr seid zu Boden geworfen und seid kein Halt für die Kirche, sondern ihr flieht in die Höhle eurer Lust.« Und zum Trierer Klerus: »Die Doktoren und Magister (der Theologie) wollen nicht mehr in die Posaune der Gerechtigkeit stoßen (...). Sie haben keine guten, vom Feuer des Heiligen Geistes durchglühten Werke in sich, und sie stehen, da ihnen das lebendige Grün fehlt, verdorrt da. (...) In ihrem Wohlleben ehren sie nicht das Leiden Christi, in ihnen herrscht dagegen Mitternacht.«[21]

Hildegard hat nicht nur hart gepredigt,

sie hat auch gesungen und singen lassen. Von ihren Gesängen sind sechzehn der Gottesmutter gewidmet. Sie ist das »dornenlose Reis, das uns die leuchtende Blüte, Christus, geschenkt hat«. Ihr Schoß frohlockte, da aus ihr »alle Symphonie des Himmels tönte«. Und »der höchste Segen – vor aller Kreatur – ruht auf der Gestalt der Frau«. Lassen wir unser Gebet mit einer der schönsten Lobpreisungen Marias ausklingen, die Hildegard und ihre geistlichen Töchter oft gesungen haben: »O strahlendheller Edelstein, der Sonne lichter Glanz, er strömte in dich ein, der Springquell aus des Vaters Herz, sein einzig Wort, durch das den Urschoß aller Welt er schuf, den Eva hat erschüttert. Dieses Wort hat, Vater, dir den Menschen zubereitet; darum bist du der lichte Schoß (Maria), aus dem dies Wort die Kräfte all verströmt, wie aus dem Urschoß führte er ins Sein die ganze Kreatur.«

[1] Johannes Paul II., *Brief an Kardinal Volk zum 800. Jahrestag des Todes der heiligen Hildegard*, 8.9.1979. – [2] Hildegard von Bingen, *Liber vitae meritorum*, Teil VI, 24. – [3] Hildegard von Bingen, *Briefwechsel*, Salzburg 1965, S.226. – [4] Einführung (Heinrich Schipperges) zu: Hildegard von Bingen, *Welt und Mensch (De operatione Dei)*, Salzburg 1965, S.16. – [5] *Briefwechsel*, S.30. – [6] Johannes Paul II., *Brief*, 8.9.1979. – [7] Hildegard von Bingen, *Scivias*, Salzburg, 1987, S.313. – [8] *Katechismus der Katholischen Kirche*, 2415. – [9] *Scivias*, S.105. – [10] Johannes Paul II., Enz. *Centesimus annus*, 37. – [11] Johannes Paul II., *Brief*, 8.9.1979. – [12] Johannes Paul II., Enz. *Centesimus annus*, 37. – [13] Hildegard von Bingen, Antiphon *O aeterne Deus*. – [14] *Das Leben der hl. Hildegard, verfaßt von den Mönchen*

Gottfried und Theoderich, Düsseldorf 1968, I. Buch, 3.Kap. – [15] ebda. – [16] Johannes Paul II., *Brief*, 8.9.1979. – [17] Hildegard von Bingen, *Liber divinorum operum*, 27. – [18] *Liber vitae meritorum*, 181. – [19] Johannes Paul II., *Brief*, 8.9.1979. – [20] *Das Leben der hl. Hildegard, verfaßt von den Mönchen Gottfried und Theoderich*, III. Buch, 17. Kap. – [21] *Briefwechsel*, S.226.

MATTHÄUS, APOSTEL UND EVANGELIST

Der Zöllner.
Die Freunde.
Das Evangelium.

I. Am Fest des heiligen Apostels und Evangelisten Matthäus – der Name bedeutet »Geschenk Gottes« – hören wir ihn selber im Evangelium[1] von seiner Berufung berichten. Da *sah Jesus einen Mann namens Matthäus am Zoll sitzen und sagte zu ihm: Folge mir nach! Da stand Matthäus auf und folgte ihm.* Wir sind darin geübt, in den Texten der Evangelien Nuancen aufzuspüren, um sie für unser Gebet fruchtbar zu machen. Merken wir uns heute das knappe: *Da stand Matthäus auf und folgte ihm.* Wie rasch! Wie spontan! Es war kein *Folgen* für ein paar Stunden oder Tage. Es war eine Entscheidung für das ganze Leben. Matthäus wurde zum Jünger Jesu, einige Zeit danach zum Apostel. Jahre später schrieb er unter dem Antrieb des Heiligen Geistes sein Evangelium. Und wenn er es vorgezogen hätte, an seiner Zollstätte zu bleiben?

Lukas und Markus berichten von der Berufung eines Zöllners, den sie *Levi* nennen; und Markus vervollständigt: *Levi, Sohn des*

Alphäus. Wenn man die Stellen miteinander vergleicht[2], wird deutlich, daß dieser *Levi* kein anderer als Matthäus sein kann. Warum nennen sie ihn aber Levi? Vielleicht ist es nur Geschmacksache; man braucht nicht überall nach einem tieferen Grund zu suchen. Wenn wir aber dem Drang mancher Kirchenväter folgen, die für jedes Wort und jede Situation eine – gelegentlich recht abenteuerliche – spirituelle Erklärung zu finden bemüht sind, kommen wir mit dem heiligen Hieronymus zu der Vermutung: »Die anderen Evangelisten wollten aus Verehrung und Hochachtung vor Matthäus ihn nicht bei seinem allgemein bekannten Namen nennen, sondern sagten ›Levi‹. Der Apostel selber nennt sich ›Matthäus‹ und ›Zöllner‹. Er will den Lesern dadurch zeigen, daß keiner am Heil verzweifeln soll, wenn er sich zu einem besseren Leben bekehrt. Wurde er doch selbst aus einem Zöllner plötzlich in einen Apostel verwandelt.«[3] Es ist ein sympathischer Zug, daß er das Gewesene nicht auslöschen, sondern reinigen will.

Levi-Matthäus war Zöllner. Er gehörte damit zu einer anderen gesellschaftlichen Schicht als die anderen Elf. Er lebte, anders als die galiläischen Fischer, in einer exponierten gesellschaftlichen Stellung: mit üblem Leumund, aber einflußreich und vermögend. Man kann es auch so sehen: »Der arme Matthäus! Zu einer Zeit, als die jungen Petrus und

Andreas, Johannes und Jakobus mit ihren Vätern Johannes und Zebedäus in die Sonne und in die Stürme des Sees hinausfahren konnten, wies der alte Alphäus seinen Jungen in die Schulstube, hinter Bücher und Papiere.«[4] Warum waren die Zöllner so verhaßt? Das Eintreiben der Steuern für jede Provinz wurde an einen privaten Unternehmer verpachtet, der den Eingang der festgesetzten Summe verbürgte. »Dafür war ihm den Steuerpflichtigen gegenüber freie Hand gegeben. Was er forderte, war oft ein Vielfaches jener Summe, und er hatte das Recht der Vollstreckung. Seine Befugnis gab er dann in der Regel für kleinere Bezirke an Untereinnehmer weiter, die ebenfalls für ihre Tasche sorgten. Die Eintreibung geschah mit unbarmherziger Härte, und das Ganze war oft nichts anderes als ein gesetzlich gestütztes Raubsystem.«[5] Egal, wie sie sich persönlich benahmen; in den Augen des Volkes waren sie alle Betrüger und Diebe – und dazu noch Kollaborateure im Sold der römischen Besatzungsmacht. Letzteres traf bei Matthäus wahrscheinlich nicht zu, denn seine Heimatstadt und Arbeitsstätte Kafarnaum unterstand dem Landesherrn von Galiläa, Herodes Antipas.

II. Der Berufene »folgte Jesus nach, und sein Gehorsam war voll Freude«[6]. Er lud seine Freunde zu einem Festmahl in sein Haus ein,

Menschen aus seinem Lebenskreis, Berufskollegen, und das heißt – so nennt sie das Evangelium –: *viele Zöllner und Sünder*. Der Herr ziert sich nicht, mit diesen Menschen am selben Tisch zu sitzen. Dabei sind auch einige Zaungäste, die Pharisäer. Sie staunen, daß Jesus jemanden rief, der doch so weit weg war von dem, was sie für echte Frömmigkeit hielten, und sind befremdet. Sie warten draußen auf die Jünger und sagen zu ihnen: *Wie kann euer Meister zusammen mit Zöllnern und Sündern essen?*

Der Evangelist deutet an, daß Jesus die Situation aufmerksam beobachtet: *Er hörte es* ... Er will den überforderten Jüngern beistehen, aber auch die Freunde des Matthäus in Schutz nehmen. So sagt er zu den Lästerern: *Nicht die Gesunden brauchen den Arzt, sondern die Kranken. Darum lernt, was es heißt: Barmherzigkeit will ich, nicht Opfer* – in Anlehnung an den Propheten Hosea[7].

Dann antwortet er auf die vorwurfsvolle Frage der Pharisäer: *Ich bin gekommen, um die Sünder zu rufen, nicht die Gerechten.* Das heißt natürlich nicht, daß Jesus die *Gerechten* ausschließt, wohl eher, daß es keine gibt. Es ist, als sagte er ihnen – und als Betende fügen wir immer hinzu: uns, auch uns sagt er das: Prüft euch. Solltet ihr nicht erkennen, daß auch ihr vor Gott Sünder seid? Und wenn ihr es seid: Worin ist dann noch ein Unterschied zwischen euch und jenen?

Die Kritiker hatten den Gästen gegenüber nicht bloß distanziert, sondern selbstgerecht, hartherzig und verständnislos reagiert. Ihre Achtung, die sie dem Gesetz entgegenbrachten, war lobenswert; sie war aber auch unfruchtbar, weil sie sich nicht vorstellen konnten, daß Menschen, denen das Gesetz nicht so vertraut war wie ihnen, gut sein und Gutes tun könnten.

Wir sehen Jesus inmitten feiernder Menschen. Jesus sucht den Umgang mit ihnen, mit allen. Er wendet sich allen zu: kleinen, unschuldigen Kindern, Gebildeten wie Nikodemus, Wohlhabenden wie Josef von Arimathäa, Bettlern, Aussätzigen, ganzen Familien ... Alle will er erlösen, alle ohne Ausnahme. Er verkehrt mit uns, wenn wir uns als Sünder bekennen – als Kranke. Dann bleibt Jesus bei uns, als unser Erlöser und Arzt. Wie deplaziert klingt da die sektiererische Frage: *Wie kann euer Meister zusammen mit Zöllnern und Sündern essen?* Wie sonderbar klingt sie auch, wenn wir versuchen, sie auf unsere eigene Situation zu übertragen, auf die vielen Begegnungen mit Menschen, Tag für Tag! Solche Begegnungen können entscheidend, lebensprägend sein, ähnlich wie die heutige für Matthäus. Die meisten aber hinterlassen nur eine flüchtige Spur und können doch wertvoll sein: im Aufzug, an der Bushaltestelle, im Wartezimmer, an der Ladenkasse.

Das ganze Evangelium ist ein beständiger Erweis der liebevollen Zuwendung, mit der Jesus allen begegnet: Gesunden, Kranken, Reichen, Armen, Kindern, Erwachsenen, Bettlern, Sündern ... Wir, seine Jünger, sollen ihn auch hier nachahmen – auch wenn es manchmal schwerfällt. Betrachten wir noch einmal die Szene: Levi-Matthäus, von Freunden und Kollegen umgeben. Er will, daß auch sie von der Begegnung mit Jesus profitieren.

III. *Aus dem heiligen Evangelium nach Matthäus* ... Wie dankbar müssen wir für das Evangelium sein! »Hauptzeugnis für Leben und Lehre des fleischgewordenen Wortes, unseres Erlösers. Am apostolischen Ursprung der vier Evangelien hat die Kirche immer und überall festgehalten und hält daran fest; denn was die Apostel nach Christi Gebot gepredigt haben, das haben später unter dem Anhauch des Heiligen Geistes sie selbst und apostolische Männer uns als Fundament des Glaubens schriftlich überliefert.«[8]

Die göttliche Inspiration bleibt beim Schreiben dem menschlichen Verfasser verborgen, sie erspart ihm die Mühe des Schaffens nicht, löscht seine Eigenart nicht aus, erdrückt seine Persönlichkeit nicht. Deshalb hat jedes heilige Buch seine eigene Entstehungsgeschichte. Jeder Evangelist hat seine Eigenart, seine Neigungen, seine Absichten, seinen Arbeitsstil, etwa bei der Auswahl und Zusammenstellung des Materials. Es gehört zur Eigenart des Matthäus, daß er über die Taten des Herrn – anders als der farbenfrohe Markus – knapp berichtet, während er ausführlich und breit die Reden Jesu wiedergibt. Er baut sie in sechs großen Kompositionen systematisch auf, die er jedesmal mit der gleichen Schlußformel abschließt: *Als Jesus diese Rede beendet hatte ...*[9] Matthäus legt besonderen Wert auf alles, was Jesus als den von Israel erwarteten Messias beglaubigt. Daher die zahlreichen sogenannten »Reflexionszitate«: *Dies alles ist geschehen, damit sich erfüllte, was der Herr durch den Propheten gesagt hat.*[10] Für einen frommen, in der Welt der Heiligen Schrift beheimateten Juden waren die Wendungen ein gewichtiger Grund zum Nachdenken über die Erfüllung von Israels Hoffnungen.

Man hat gesagt, im Matthäus-Evangelium begegne uns auf Schritt und Tritt der Zöllner und Zähler. Es wird wohl kein Zufall sein, daß gerade er viel genauer als die anderen Evangelisten Geldbeträge nennt; bei den siebenunddreißig Angaben, die er macht, nennt er zehn verschiedene Geldsorten: vierundzwanzigmal griechische, achtmal römische und fünfmal vorderasiatische Münzeinheiten.

Am Fest des heiligen Matthäus danken wir ihm auch für die Stellen, die er als einziger bringt.[11] Ist es uns bewußt, daß wir nichts von der Huldigung der Magier und der Flucht nach Ägypten wüßten, wenn wir das Matthäus-Evangelium nicht hätten? Wie oft haben wir das Gleichnis vom *Schatz, der in einem Acker vergraben war*, gehört? Und vom *Kaufmann, der schöne Perlen suchte* und *eine besonders wertvolle Perle fand*? Nur Matthäus erzählt sie. Er mag beim Sichten der vielen Gleichnisse und Bilder über das Himmelreich, die unser Herr erzählte, besonders froh jene aufgeschrieben haben, in denen es um Geld und Geschäfte geht. Der Experte in Geldsachen erzählt als einziger vom unbarmherzigen Knecht, der *seinem Herrn zehntausend Talente schuldig war*. Nur er berichtet vom *Gutsbesitzer*, der *Arbeiter für seinen Weinberg* anwirbt und sich mit ihnen *auf einen Denar für den Tag einigt*. All dies sind interessante, sympathische Beobachtungen. Aber besonders sollten wir für seinen Bericht über das Geschehen bei Cäsarea Philippi danken. *Tu es Petrus ... Du bist Petrus, und auf diesen Felsen werde ich meine Kirche bauen*.[12]

Am Ende unseres Gebetes merken wir uns den eindrucksvollen Schluß des Evangeliums. Ein Wort ertönt, von Satz zu Satz springend, feierlich und gebieterisch: *alles – alle Macht ... alle Völker ... alle Menschen ... alle Tage*. Matthäus, der an seiner Zollstätte hätte bleiben können, als er den unerwarteten Ruf vernahm, erfuhr jetzt, wie recht er damals hatte, als er sofort *aufstand und ihm folgte*. Der verherrlichte Herr sprach: *Mir ist alle Macht gegeben im Himmel und auf der Erde. Darum geht zu allen Völkern, und macht alle Menschen zu meinen Jüngern; tauft sie auf den Namen des Vaters und des Sohnes und des Heiligen Geistes, und lehrt sie, alles zu befolgen, was ich euch geboten habe. Seid gewiß: Ich bin bei euch alle Tage bis zum Ende der Welt.*

[1] *Mt* 9,9-13. – [2] *Mt* 9,9-13; *Mk* 2,13-17; *Lk* 5,27-32. – [3] Hieronymus, *Kommentar zum Matthäusevangelium*, 1,9. – [4] O. Hophan, *Die Apostel*, Luzern 1955, S.173. – [5] R. Guardini, *Der Herr*, Würzburg 1951, S.57. – [6] M. J. Lagrange, *Das Evangelium von Jesus Christus*, Heidelberg 1949, S.143. – [7] *Hos* 6,6. – [8] II. Vat. Konz., Konst. *Dei Verbum*, 18. – [9] vgl. *Mt* 7,28; 11,1; 13,53; 19,1; 26,1. – [10] vgl. *Mt* 1,22; 2,15; 2,23; 4,14 etc. – [11] vgl. *Mt* 2,1-23; 13,44-46; 18,23-35; 20,1-16. – [12] *Mt* 16,18.

NIKLAUS VON FLÜE

Ein ungewöhnlicher Weg.
Mahner und Ratgeber.
Friedensstifter.

I. Man tut sich schwer, die ungewöhnliche Berufung des heiligen Niklaus von Flüe einzuordnen[1]. Bis zum fünfzigsten Lebensjahr geht der 1417 auf dem Flüeli bei Sachseln in der Schweiz Geborene den unauffälligen Weg eines frommen Bauern und Familienoberhaupts, fürsorglich gegenüber seiner Frau Dorothee und seinen zehn Kindern, engagiert in den Angelegenheiten des Gemeinwesens, angesehen als Ratsherr und als Richter. Mit einem feinen Empfinden für Gerechtigkeit bekämpfte er als erster Vertrauensmann der Sachsler Gemeinde den Mißbrauch, daß Pfarrstellen von weltlichen Herren vergeben wurden und oft an unwürdige Pfründenjäger gerieten. Er führte und gewann einen Prozeß gegen den Pfarrer zu Sachseln, der von der Gemeinde eine ungerechtfertigte Abgabe verlangte, einen anderen gegen ein reiches Kloster, um ihm das Recht zu entziehen, die benachbarte Pfarrei von Stans ohne Anhören der Gemeinde zu besetzen.

Viele andere Beispiele bezeugen das Selbstbewußtsein eines Laienchristen, der sich klerikale Bevormundung verbittet und – nach einem Wort des seligen Josemaría Escrivá – aus Liebe zum Priestertum einen »Antiklerikalismus der guten Art«[2] pflegt. Der Bauer und Ratsherr Niklaus von Flüe verstand es, zwischen dem heiligen Amt und der unheiligen Art mancher Priester zu unterscheiden, die nur auf ihren Vorteil aus waren und die Seelsorge vernachlässigten. Ein Zeitgenosse berichtet, er habe seine Landsleute gelehrt, »sich ganz auf die Predigten ihrer Priester zu stützen, auch wenn diese schlechtes Beispiel gäben (...). Wie man aus einem und demselben Brunnen, der verschiedene – bleierne, kupferne, silberne und goldene – Röhren hat, dasselbe Wasser der Frische und dem Geschmacke nach trinke, so genieße man auch von guten und bösen Priestern, die das Sakrament der Eucharistie am Altare vollziehen, die gleiche Gnade.«[3]

Aber natürlich wüßten wir von alledem nichts, hätte sich nicht ein Bruch und eine Wende in seinem Leben ereignet. Im Jahre 1467 – er stand in seinem fünfzigsten Lebensjahr – legte er alle Ämter nieder, verließ Haus, Hof und Familie, versuchte zuerst ins Ausland zu gehen und als Pilger von einer heiligen Stätte zur anderen zu wandern, wurde dann aber durch eine Vision belehrt, in der Heimat zu bleiben. Er zog sich in eine Klause in Ranft zurück und lebte fortan dort als Einsiedler, nachdem seine Frau, da sie seinem seelischen Frieden nicht im Wege stehen wollte, eingewilligt hatte. »Das ungewöhnliche Opfer dieser einfachen Bauernfrau, zu dem gewiß nicht viele andere fähig gewesen wären, erheischt Bewunderung. Ohne ihre heroische Selbstverleugnung ist das spätere Lebenswerk Niklaus' nicht denkbar.«[4]

Was hat ihn dazu getrieben? Asoziales Verhalten, wie die Nachbarn zuerst meinten? Weltflucht eines vom Leben Enttäuschten? Oder kann man sein Auftreten mit manchem zeichenhaften, schockierenden Gebaren alttestamentlicher Propheten vergleichen?[5] Auf die Folgen seiner Entscheidung zurückschauend, läßt sich die ungewöhnliche Fügung des Heiligen Geistes beinahe *verstehen*. Der kluge und gerechte Ratsherr mußte sein Dorf, seinen Stand und seine Familie verlassen, damit er zum Friedensvermittler und Mahner für das ganze Volk werden könnte. Erst die beiden letzten Jahrzehnte seines Lebens machten ihn für die Eidgenossen zum *Pater patriae*, Vater des Vaterlandes, wie die Inschrift an seinem Sarkophag in der Pfarrkirche zu Sachseln lautet.

Zeitgenossen berichten, daß in seiner Eigenart ein Zug zur Schwermut und eine Neigung zur Einsamkeit lag: »Seine Frömmigkeit besaß eine dunkle Tönung und verstärkte seine depressive Anlage. (...) Während bei unzähligen Menschen sich eine solche gefährliche Seelenstimmung in unfruchtbarer Selbstzerfleischung auswirkt, vermochte der größte Sohn Obwaldens aus ihr in einem gewaltigen Ringen sein eigentliches Werk zu schaffen. Alle Neigungen, ins Krankhafte abzugleiten, verbrannte er in einem großen Läuterungsprozeß, aus dem ein aufbauendes Lebenswerk hervorging, vor dem nur restlose Bewunderung am Platze ist. Die schweren Depressionen abgerungene Heiligkeit ist das Große an Niklaus, und ihr kommt vorbildlicher Wert zu.«[6] Damit entdecken wir ihn als Schutzheiligen, Fürbitter und Schrittmacher für depressive und seelisch leidende Menschen. Er lehrt sie, ihre Krankheit als Weg der Heiligung zu sehen.

II. *Das Reich Gottes ist nicht Essen und Trinken, es ist Gerechtigkeit, Friede und Freude im Heiligen Geist*[7], hören wir in der Lesung. Bruder Klaus – der mystisch schon ganz in diesem *Reich Gottes* lebte – hat neunzehn Jahre lang ohne Nahrung zu sich zu nehmen gelebt. Eine Bemerkung seines Beichtvaters wirft ein wenig Licht darauf. Bruder Klaus habe ihm »in großem Vertrauen gesagt, wenn er bei der Messe sei und der Priester das Sakrament genieße, dann empfange er davon eine Stärkung, daß er ohne Essen und Trinken sein möge, sonst möchte er das nicht erleiden.« Gott hat ihm buchstäblich die Wahrheit der Psalmworte zeigen wollen: *Wirf deine Sorge auf den Herrn, er hält dich aufrecht!*[8] Die Nahrungslosigkeit war also ein mystisches Zeichen, das die wahre Sättigung durch den eucharistischen Christus, *das Brot des Lebens*, bezeichnen soll, und zugleich ein gleichsam handgreifliches Zeichen, »das aufgerichtet war gegen die der Freß-Sucht verfallene Welt. Die Zeit, da Bruder Klaus lebte, huldigte einer unbeherrschten Gefräßigkeit, und die Menschen stopften sich bei ihren Mahlzeiten jeweils den Wanst so voll, daß es an tierische Mast grenzte.«[9] Schließlich illustriert es das alttestamentliche Wort, das Christus dem Versucher entgegenschleuderte: *Der Mensch lebt nicht nur von Brot, sondern von jedem Wort, das aus Gottes Mund kommt.*[10]

Wer Christus so dient, wird von Gott anerkannt und ist bei den Menschen geachtet, heißt es weiter in der Lesung. Das Wunderfasten – nicht zuletzt dank der mißtrauischen Überwachung durch die politische und die geistliche Behörde belegt – machte Bruder Klaus schon zu Lebzeiten über die Landesgrenzen hinaus berühmt. Ein Zeitgenosse aus Halle schreibt: »Ich glaube, es lebt kein Mensch in Deutschland, der die Kunde dieses Wunders nicht vernommen.«[11] Wir kennen auch Zeugnisse aus Österreich und Italien. »Das Zeichen hat jedenfalls seine Wirkung getan, indem es die Menschen aufmerksam machte. Gleichwohl darf man auf das Wunderfasten nicht das Hauptgewicht legen. Diese Einstellung ist bei der wundererpichten Veranlagung der Menschen begreiflich, liegt jedoch nicht im Sinne Bruder Klaus'. Er selbst hat davon keinerlei Aufsehen gemacht, und er darf auch nicht vorwiegend unter diesem Gesichtspunkt betrachtet werden. Sonst rückt das Zeichen an die Stelle der Sache, und der Hinweis wird illusorisch.«[12]

Bruder Klaus empfängt aus der Gottinnigkeit, in der er lebt, das Licht, um Menschen raten zu können. Einer, der ihn nach der rechten Art des betrachtenden Gebetes fragte, berichtet über die Antwort des Heiligen: »Nach welcher Art du es machst, so ist es gut. Denn Gott weiß es zu machen, daß dem Menschen eine Betrachtung so schmeckt, als ob er zum Tanze ginge, und umgekehrt weiß er ihn eine Betrachtung so empfinden zu lassen, als ob er im Kampfe streite.« Im zeitgenössischen Bericht heißt es weiter: »Als er aber vom Tanz sprach, sah ich ihn ein wenig an, als ob ich daran Ärgernis nähme, daß ein solcher Mann von Tanzen rede. Er bemerkte es alsbald und wiederholte den Ausdruck – und hier geht der sonst lateinische Text in die alemannische Mundart über –: Ja, als solt es an ain dantz gon.«[13]

III. Bruder Klaus war *Ratgeber für viele* und *Mittler des Friedens*[14] im Dienste am Reich Gottes, das – wie wir in der Lesung hören – *Gerechtigkeit, Friede und Freude im Heiligen Geist* ist. »Die Menschen sind ständig dabei, Frieden zu schließen, und ständig dabei, Kriege zu entfesseln. Woran das liegt? Sie haben die Lehre vergessen, daß man im eigenen Inneren kämpfen und sich auf die Hilfe Gottes stützen muß, damit er der Sieger sei und sein Friede herrsche – im eigenen Herzen, im eigenen Zuhause, in der Gesellschaft und in der Welt.«[15] Christus *ist unser Friede*[16], die Verbundenheit mit ihm läßt diesen Frieden herausströmen. Man will ihn weitergeben, die Nahestehenden erreichen und im Rahmen des Möglichen die Strukturen der Gesellschaft prägen. Denn der Friede ist *Werk der Gerechtigkeit*[17] und er »kann nur dann begründet und gesichert werden, wenn die von Gott gesetzte Ordnung gewissenhaft beobachtet wird«[18]. Die Päpste haben oft daran erinnert, daß er »nicht bloß das Ergebnis geschickter politisch-diplomatischer Verhandlungen oder eigennütziger wirtschaftlicher Kompromisse ist, sondern wesentlich von dem abhängt, der das Herz der Menschen kennt und ihre Schritte ausrichtet und lenkt«[19].

Warum gedeihen Haß und Gewalt in der Welt, wenn andererseits die ganze Welt nach Frieden ruft? Wie viel Brutalität, wie viele Verletzungen der Menschenwürde, wie viele Tragödien in ganzen Völkern! Es ist naheliegend, sich zu fragen: Was kann ich tun, damit weniger Menschen leiden? Was kann ich tun, damit es in der Welt weniger Geschundene gibt? Wie kann es uns gelingen, mitmenschliches Empfinden in praktische Solidarität umzuformen?

Prüfen wir uns, damit wir, von der großen Not draußen überwältigt, die eigene Schuld an mancher Ungerechtigkeit – groß oder klein – nicht übersehen. Wieviel Unfrieden kann in der eigenen Familie, unter Freunden, Berufskollegen oder Nachbarn durch ichsüchtiges Verhalten, durch eine übelgelaunte Bemerkung, durch mangelnde Dankbarkeit, durch rechthaberische Einwürfe entstehen! Bruder Klaus wußte, wieviel Frieden durch ein passendes Wort, durch eine Geste des Annehmens, durch einen guten Rat entstehen kann. Er war ein Meister im Erteilen solcher Ratschläge. Im Jahre 1482 schrieb er von seiner Klause aus an den Bürgermeister und Rat von Konstanz, die mit den Eidgenossen in Streit lagen: »Mein Rat ist auch, daß ihr in diesen Sachen gütlich seiet, denn ein Gutes bringt das andere. Wenn es aber nicht in Freundschaft möchte geschlichtet werden, so laßt doch das Recht das beste sein.« Wie einfach und einleuchtend! Wenn möglich, auf Freundschaft bauen; wenn dies nicht möglich ist, weil es an Verständnis fehlt, auf Grundlegenderes bauen, auf die Gerechtigkeit. »Jedes Einander-Annehmen, geschehe es nun in der Freundschaft oder in weiser Gerechtigkeit, setzt die Bereitschaft zum Verzicht auf Eigenes voraus: Verzicht auf eigene Rechte, Verzicht auf Besserwissen, Verzicht auf ein kämpferisches Durchsetzen des eigenen Standpunktes. Der Friede ist ein so hohes Gut, daß er immer nur um den Preis persönlicher oder gemeinschaftlicher Opfer erkauft werden kann.«[20]

Alles, was Bruder Klaus unter seinen Mitbürgern bewegt hat, war Frucht seiner innigen Verbundenheit mit Gott. Vielleicht ist es uns in dieser Zeit des Gebetes gelungen, einiges aus seinem ungewöhnlichen Leben so zu betrachten, daß es in unserem gewöhnlichen Leben Platz findet. Am Ende soll sein Gebet stehen, damit wir es oft beten, wenn innere oder äußere Bedrängnisse den Frieden bedrohen: »Mein Herr und mein Gott, nimm alles von mir, was mich hindert zu dir. Mein Herr und mein Gott, gib alles mir, was mich fördert zu dir. Mein Herr und mein Gott, nimm mich mir und gib mich ganz zu eigen dir.«[21]

[1] Zitate aus zeitgenössischen Quellen: W. Nigg, *Große Heilige*, Zürich 1986; G. Kranz, *Politische Heilige*, Augsburg 1958. – [2] vgl. P. Berglar, *Opus Dei – Leben und Werk des Gründers Josemaría Escrivá*, Köln 1992, S.193. – [3] G. Kranz,

Politische Heilige, S.127. – [4] W. Nigg, *Große Heilige*, S.158. – [5] vgl. *Hos* 1-3. – [6] W. Nigg, *Große Heilige*, S.155. – [7] *Röm* 14,17. – [8] *Ps* 55(54),23. – [9] W. Nigg, *Große Heilige*, S.169. – [10] *Mt* 4,4; *Dtn* 8,3. – [11] W. Nigg, *Große Heilige*, S.171. – [12] ebd. – [13] W. Nigg, *Große Heilige*, S.176; G. Kranz, *Politische Heilige*, S.140. – [14] vgl. *Tagesgebet*. – [15] J. Escrivá, *Im Feuer der Schmiede*, Nr.102. – [16] vgl. *Eph* 2,14. – [17] *Jes* 32,17. – [18] Johannes XXIII., Enz. *Pacem in terris*, 1. – [19] Johannes Paul II., *Botschaft zur Feier des Weltfriedenstages 1992*, 8.12.1992, 3. – [20] Johannes Paul II., *Ansprache in Flüeli*, 14.6.1984. – [21] *Gotteslob* 5,1.

29. SEPTEMBER

MICHAEL, GABRIEL, RAFAEL, ERZENGEL

Michael: Wer ist wie Gott?
Gabriel: Macht Gottes.
Rafael: Gott heilt.

I. Heute feiern wir die drei Engel, die in der Heiligen Schrift mit Namen genannt werden: Michael, Gabriel und Rafael. Michael, mit Schild und Lanze im Kampf gegen den Satan dargestellt, Gabriel mit dem Lilienstengel als Herold der Verkündigung und Rafael mit dem Wanderstab als Freund und Begleiter des Tobias. Wir *preisen* in ihnen Gottes *Macht und Größe*[1], denn es gereicht ihm *zur Verherrlichung und zum Lob, wenn wir sie ehren*, die ja seine Geschöpfe sind. »In der irdischen Liturgie singen wir dem Herrn mit der ganzen Schar des himmlischen Heeres den Lobgesang der Herrlichkeit.«[2] Der Kirchenvater Johannes Chrysostomos – nicht ohne Grund »Goldmund« genannt – rühmt enthusiastisch diesen Lobgesang: »Wir singen mit den Seraphim, öffnen unsere Flügel mit ihnen, fliegen mit ihnen um den Thron des Königs.«[3] Und – so dürfen wir ergänzen – reden mit ihnen, wenn wir uns einmal in die Niederungen des Alltags verstricken.

Mika-El heißt: *Wer ist wie Gott?* Es ist die Ehre des Geschöpfes, daß es dem Schöpfer dienen darf, demütig, dankbar, und deshalb stark. Die Lesung[4] malt mit der Unbestimmtheit und Zeitlosigkeit apokalyptischer Bilder eine Schlacht aus um die Ehre Gottes: *Im Himmel entbrannte ein Kampf. Michael und seine Engel erhoben sich, um mit dem Drachen zu kämpfen.* Einige Kirchenväter haben diese Stelle als Hinweis auf die urzeitliche Rebellion des Lichtengels Luzifer gedeutet. Da der Rebell aber bereits als Teufel in Drachengestalt auftritt, scheint es stimmiger – und für unser persönliches Gebet anregender –, darin ein Bild der endgültigen Entmachtung Satans zu sehen. Christus ist am Kreuz gestorben, *um durch seinen Tod den zu entmachten, der die Gewalt über den Tod hat, nämlich den Teufel.*[5] Sein Tod und seine Auferstehung bedeuten, daß *der Herrscher dieser Welt hinausgeworfen* und *gerichtet* ist.[6]

Der Kampf ist schon entschieden, dennoch dauert er fort bis zum Ende der Geschichte. Jeder spürt dies in seinem eigenen Leben, Tag für Tag. Wir haben es nicht mit einem anonymen Prinzip zu tun, sondern mit einem unheimlichen Wesen, dessen Name *Teufel* oder *Satan* ist. Wer ist wie Gott? – fragt er. *Du* bist es. Setze dein *Ich* an Gottes Stelle, werde doch selbst göttlich, ruft er uns zu. Selbstentfaltung, Selbstfindung, Autonomie …

Der Vater der Lüge[7] verdreht und verfälscht diese Begriffe, die im richtigen Kontext zum Heiligwerden gehören.

»Wer ist wie Gott?« Richtig verstanden, ein herrlicher Ruf am Ende eines Jahrhunderts, in dem die Gottvergessenheit furchtbare Ideologien gezeugt hat! »Es gibt Zeiten, in denen die Existenz des Bösen unter den Menschen in der Welt in einer besonderen Weise in Erscheinung tritt. Dann wird noch offenkundiger, daß die Mächte der Finsternis, die in den Menschen und durch die Menschen wirken, größer sind als der Mensch. Sie übersteigen ihn, sie kommen von außen über ihn. Der heutige Mensch scheint dieses Problem fast nicht sehen zu wollen. Er tut alles, um die Existenz jener ›Beherrscher dieser finsteren Welt‹, jene ›listigen Anschläge des Teufels‹, von denen der Epheserbrief spricht, aus dem allgemeinen Bewußtsein zu verbannen. Dennoch gibt es solche Zeiten in der Geschichte, in denen diese – nur widerwillig angenommene – Wahrheit der Offenbarung und des christlichen Glaubens ihre volle Ausdruckskraft und fast handgreifliche Bestätigung findet.«[8]

In vielen mittelalterlichen Kirchen steht Michael als Wächter und Bezwinger der Dämonen am Eingang, an der Westseite, von woher die Finsternis kommt. Rufen wir ihn an, damit er alle Götzen der Neuzeit verscheuche.

Heiliger Erzengel Michael, verteidige uns im Kampfe; gegen die Bosheit und die Nachstellungen des Teufels sei unser Schutz. Gott gebiete ihm, so bitten wir flehentlich; du aber, Fürst der himmlischen Heerscharen, stoße den Satan und die anderen bösen Geister, die in der Welt umhergehen, um die Seelen zu verderben, durch die Kraft Gottes in die Hölle. Amen.

II. *An ihrem Glanz und ihrer Würde erkennen wir, wie groß und über alle Geschöpfe erhaben du selber bist.*[9] Vergeblich versucht der Mensch, diesen Glanz der Engel darzustellen! »Aus dem herrlich-furchtbaren Wesen der Schrift hat man etwas Sentimentales, ja manchmal Zweideutiges gemacht. In Wahrheit ist der Engel das früheste Geschöpf Gottes. Sein Wesen hat eine unerträgliche Gewalt. Wenn er dem Menschen erscheint, lautet sein erstes Wort: ›Fürchte dich nicht!‹ – was so viel heißt, daß er selbst die Kraft gibt, ihn zu ertragen.«[10]

Wir können nicht viel über den Erzengel Gabriel sagen. Als hätte es einer Einstimmung auf den großen Auftritt bedurft, wurde er zuerst zu Zacharias gesandt und stellte sich ihm vor: *Ich bin Gabriel, der vor Gott steht. Ich bin gesandt worden, um mit dir zu reden und dir diese frohe Botschaft zu bringen.*[11] Auch hier, wie bei Michael, schimmert im Namen etwas vom Wesen durch. *Gabriel* bedeutet: *Meine Macht ist Gott* oder *Macht Gottes, Fortitudo Dei*, »als ob er sagen wollte, daß auf dem Höhepunkt der Schöpfung die Menschwerdung das erhabenste Zeichen des allmächtigen Vaters darstellt«[12].

Gabriel ist der Überbringer einer kosmischen, die Zeiten übergreifenden und doch sehr konkreten, an jeden einzelnen gerichteten Botschaft: die der Menschwerdung Gottes. *In jener Zeit wurde der Engel Gabriel von Gott in eine Stadt in Galiläa namens Nazaret zu einer Jungfrau gesandt. Sie war verlobt mit einem Mann namens Josef, der aus dem Haus David stammte. Der Name der Jungfrau war Maria.* Plötzlich steht er da, der Engel, mitten im Raum, und wendet sich an Maria: *Sei gegrüßt, du Begnadete* ... Weil Maria über die Anrede erschrak, sagte der Engel zu ihr: *Fürchte dich nicht, Maria; denn du hast bei Gott Gnade gefunden. Du wirst ein Kind empfangen, einen Sohn wirst du gebären: dem sollst du den Namen Jesus geben. Er wird groß sein und Sohn des Höchsten genannt werden. Gott, der Herr, wird ihm den Thron seines Vaters David geben. Er wird über das Haus Jakob in Ewigkeit herrschen, und seine Herrschaft wird kein Ende haben.*

Das Jawort Marias eröffnet den Neuen Bund. *Ich bin die Magd des Herrn; mir geschehe, wie du es gesagt hast.* Es klingt wie das Bekräftigen einer Selbstverständlichkeit. Der Engel nimmt das Wort entgegen, als hätte er nichts anderes erwartet. *Danach verließ sie der Engel.*

Was ist geschehen? »Gott kommt in Person, um zum Menschen über sich zu sprechen und ihm den Weg zu zeigen, auf dem er ihn erreichen kann.«[13] Als erste erfährt dies ein junges Mädchen aus Nazaret, das nach der Tradition und nach den jüdischen Sitten vierzehn oder fünfzehn Jahre alt ist und eine erste wesentliche Entscheidung in seinem Leben getroffen hat: die Verlobung mit Josef. »Wir sollten uns nicht scheuen, Gottes Menschwerdung ernstzunehmen. Der Schoß Mariens, die Krippe und die Windeln, die dreißig Jahre verborgenen Lebens, Durst und Erschöpfung und die offene Seite Jesu am Kreuz sind ja nicht eindringliche Metaphern, sondern Ausdruck einer authentischen und realen Menschlichkeit, die nichts außer der Sünde aussparte. Gott wurde Mensch, aus Liebe zu uns und um uns zu erlösen. (...) Unserem Dünkel mag es widerstreben, wenn er nicht aus erhabenen Sphären und mit spektakulären Effekten verbunden unser Heil wirkt, sondern sich rückhaltlos ganz auf unsere menschliche Existenz einläßt und auch vor deren leiblicher Dimension nicht zurückschreckt. In dem Maße, in welchem er von seiner Seite aus alle noch so belanglos erscheinenden Aspekte der *conditio humana* für sich akzeptiert hat, dürfen wir getrost davon ausgehen, daß wir ihm auch in diesen banalen, erdnahen, profanen und wahrlich unspektakulären Aspekten unserer Existenz begegnen können.«[14]

III. Während Michael und Gabriel heilsgeschichtlich entscheidend in Erscheinung treten, gehört das, was wir in der Heiligen Schrift über Rafael erfahren, in die Alltäglichkeit des Familiären, Privaten. Rafael erscheint nur im Buch Tobit, das man nach seiner literarischen Gattung eine »Lehrschrift im Gewand einer geschichtlichen Erzählung«[15] genannt hat. Da ist er zuerst nur Reiseführer des jungen Tobias, der von seinem Vater Tobit in eine ferne Stadt geschickt wird, um die *zehn Talente Silber* zu holen, die er einem Verwandten zur Aufbewahrung anvertraut hatte. Der bescheidene Auftrag weitet sich aus – und da liegt der Reiz und der geistliche Nutzen dieses Büchleins. Rafael begleitet nicht nur – unerkannt – den jungen Tobias, den Sohn Tobits, auf der gefahrvollen Reise; er ist auch sein Ratgeber und Freund bei der Werbung um Sara, seine künftige Frau, und befreit diese von dämonischem Einfluß. Und schließlich, wenn er vor den alten Tobit hintritt, heilt er ihn von seiner Blindheit. Rafael ist tatsächlich das, was der Name bedeutet: *Gott heilt*.

Übertragen wir die Erzählung aus dem Buch Tobit auf unseren Lebensweg. *Tobias ging auf die Suche nach einem Begleiter und traf dabei Rafael; Rafael war ein Engel, aber Tobias wußte es nicht.* Kennen wir diese Ahnung, daß man neben einem Engel geht, unsichtbar, aber rätselhaft wirksam und hilfreich? Dem jungen Tobias standen viele Wege offen – auch Irrwege und Holzwege. Der Engel – in seinen Augen war er nur ein Freund – geleitete ihn.

Wie viele Sorgen, Nöte, Anliegen können wir heute Rafael anempfehlen, der *einer von den sieben Heiligen Engeln* ist, *die das Gebet der Heiligen emportragen und mit ihm vor die Majestät des heiligen Gottes treten*[16]. Gebet für die vielen, die ohne christliches Wissen orientierungslos geworden sind. Wir brauchen »eine Katechese, die Jugendliche und Erwachsene in unseren Gemeinschaften lehrt, in ihrem Glauben klar und konsequent zu bleiben, unbefangen ihre christliche und katholische Identität zu bekräftigen, den Unsichtbaren zu sehen (vgl. *Hebr* 11,27) und dem absoluten Gott derart verbunden zu sein, daß sie seine Zeugen werden in einer materialistischen Zivilisation, die ihn leugnet«[17].

Die Praxis des Glaubens – Sakramentenempfang, Gebet, die klassischen Übungen der Frömmigkeit – erlernt man nicht durch Bücher, sondern im Leben, im Alltag. »Es ist nun dringend notwendig, daß die Christen die Eigenständigkeit ihres Glaubens und ihrer Urteilskraft gegenüber der herrschenden, ja sich aufdrängenden Kultur wiederentdecken, (...) das wahre Antlitz des christlichen Glaubens zurückgewinnen und wieder bekannt machen; dies ist ja nicht lediglich eine Summe von Aussagen, die mit dem Verstand entgegengenommen und bestätigt werden müssen. Er ist vielmehr eine gelebte Kenntnis von Christus, ein lebendiges Gedächtnis seiner Gebote, eine Wahrheit, die gelebt werden muß.«[18]

Die Familie ist der selbstverständliche Ort, wo die Eltern »den Kindern all das vermitteln, was für die stufenweise Reifung ihrer Persönlichkeit in christlicher und kirchlicher Sicht notwendig ist«, und ihnen aufzeigen, »zu welcher Tiefe und welchem Reichtum der Glaube und die Liebe zu Jesus Christus sie zu führen vermögen«[19]. In der gegenwärtigen Krise der Familie sollen christliche Eltern nicht nur für die christliche Bildung ihrer eigenen Kinder sorgen, sondern auch ein Milieu schaffen, in welchem auch andere Kinder, die aus ihrer eigenen Familie das Christliche kaum kennen, den Glauben erfahren. Diese werden ihn dann in die eigene Familie tragen.

Bei der so schwierigen Aufgabe, den eigenen Kindern ein christliches Zuhause zu schaffen, sie vor den oft schon früh einsetzenden seelischen und auch körperlichen Verheerungen eines gottfernen, materialistischen und hedonistischen Milieus zu schützen, ohne sie der Welt zu entfremden, kann der Erzengel Rafael ein guter Lotse und Partner sein. Stellen wir unsere Kinder unter seinen besonderen Schutz.

[1] vgl. *Präfation von den Engeln.* – [2] II. Vat. Konz., Konst. *Sacrosanctum Concilium*, 8. – [3] Johannes Chrysostomos, *Predigt über die Engel*, 3. – [4] *Offb* 12,7-12a. – [5] *Hebr* 2,14. – [6] vgl. *Joh* 12,31; 16,11. – [7] *Joh* 8,44. – [8] Johannes Paul II., *Ansprache in München*, 3.5.1987. – [9] *Präfation von den Engeln.* – [10] R. Guardini, *Der Herr*, Würzburg 1951, S.313. – [11] *Lk* 1,19. – [12] Johannes Paul II., *Generalaudienz*, 6.8.1986. – [13] ders., Apost. Schreiben *Tertio millenio adveniente*, 10.11.1994, 6. – [14] St. Puhl, *Zur Spiritualität der Arbeit*, in: *Die neue Ordnung*, Heft 6, Dezember 1998. – [15] Einheitsübersetzung der Hl. Schrift, *Altes Testament*, Kommentar zum Buch Tobit. – [16] *Tob* 12,15. – [17] Johannes Paul II., Apost. Schreiben *Catechesi tradendae*, 16.10.1979, 57. – [18] ders., Enz. *Veritatis splendor*, 88. – [19] ders., Apost. Schreiben *Familiaris consortio*, 22.11.1981, 39.

1. OKTOBER

THERESIA VOM KINDE JESUS

Allein die Liebe.
Der kleine Weg geistlicher Kindschaft.
Vertrauen und Liebe in finsterer Nacht.

I. »Unter den Kleinen, denen in bevorzugter Weise die Geheimnisse des Gottesreiches erschlossen wurden, leuchtet Theresia vom Kinde Jesus und vom Heiligen Antlitz hervor, Nonne vom Orden der Unbeschuhten Karmelitinnen.«[1] Mit fünfzehn Jahren war sie in den Karmel von Lisieux eingetreten, mit vierundzwanzig Jahren starb sie am 1. Oktober 1897. Sie – »die kleine Theresia« im Unterschied zu der »großen« Theresia von Avila, ihrer geistlichen Mutter – hat unsere Zeit spirituell geprägt, besonders durch die drei autobiographischen Manuskripte, die sie auf Bitten der Priorin hin schrieb und die als die »Geschichte einer Seele« veröffentlicht wurden.[2] Papst Johannes Paul II. hat sie 1998 zur Kirchenlehrerin erhoben.

Was bedeutet sie uns heute? »Gott hat durch ihr Leben der Welt eine bestimmte Botschaft gegeben. Er hat einen Weg nach dem Evangelium gewiesen, nämlich den ›kleinen Weg‹, den alle gehen können, da ja alle zur Heiligkeit berufen sind. (...) Der Kern ihrer

Botschaft ist das Geheimnis Gottes selbst, der die Liebe ist, des dreieinigen, in sich unendlich vollkommenen Gottes. (...) Den Gipfelpunkt bildet als Quelle und Ziel die erbarmende Liebe der drei göttlichen Personen (...). An der Basis steht, auf seiten des Menschen, die Erfahrung, in Jesus Adoptivkind des Vaters zu sein. Darin liegt die eigentliche Bedeutung der geistlichen Kindschaft: in der vom Heiligen Geist bewirkten Erfahrung, Kind Gottes zu sein. Ferner befindet sich an der Basis, uns gegenüber, der Nächste, alle anderen, an deren Heil wir mitarbeiten müssen mit und in Jesus, mit dieser seiner barmherzigen Liebe.«[3]

Theresia erzählt aus ihrer Kindheit, wie die ältere Schwester ihr und der anderen Schwester einen »Korb voller Puppenkleider und schöner Stoffreste« brachte, damit jede etwas davon nehme: »Céline streckte die Hand aus und nahm ein kleines Bündel von Schleifen, das ihr gefiel. Nach einem Augenblick des Nachdenkens streckte ich die Hand aus und erklärte: ›Ich wähle alles!‹ und ohne viel Umstände nahm ich den Korb an mich.«[4] Dieser Drang zur Unbedingtheit prägte ihr geistliches Leben, ihr Gebet und ihr apostolisches Streben: »Ich fühle die Berufung zum Krieger, zum Priester, zum Apostel, zum Kirchenlehrer, zum Märtyrer. Kurz, ich spüre das Bedürfnis, den Wunsch, für dich, Jesus, die heroischsten Werke insgesamt zu vollbringen.«[5] Theresia findet eine Antwort auf ihre Sehnsucht, *alles* zu sein, in den Worten des Apostels Paulus an die Korinther[6], die er über die vielen Glieder in dem einen Leib und über die verschiedenen Charismen in der Kirche belehrt und sie dann ermahnt: *Strebt nach den höheren Gnadengaben! Ich zeige euch jetzt noch einen anderen Weg, einen, der alles übersteigt.* Dieser *andere Weg, der alles übersteigt,* ist die höchste Gabe der Liebe. Theresia hat die Gedanken des Apostels aufgenommen und daraus eine überraschende Einsicht gewonnen: »Als ich aufmerksam den mystischen Leib der Kirche betrachtete, hatte ich mich in keinem der vom heiligen Paulus beschriebenen Glieder wiedererkannt oder besser, ich wollte mich in allen wiedererkennen ... Die Liebe gab mir den Schlüssel meiner Berufung. Ich begriff: wenn die Kirche einen Leib hat, der aus verschiedenen Gliedern besteht, dann fehlt ihr nicht das notwendigste, das edelste von allem; ich begriff, daß die Kirche ein Herz hat und daß dieses Herz von Liebe brennt. Ich begriff, daß allein die Liebe die Glieder der Kirche zum Handeln befähigt, daß die Apostel das Evangelium nicht mehr verkünden und die Märtyrer sich weigern würden, ihr Blut zu vergießen, wenn die Liebe erlischt ... Ich begriff, daß die Liebe alle Berufungen umfaßt, daß die Liebe alles ist, daß sie alle Zeiten und Orte umgreift ... mit einem Wort, daß sie ewig ist! Hierauf rief ich im Übermaß meiner übergroßen Freude: Jesus, meine Liebe ... endlich habe ich meine Berufung gefunden, meine Berufung ist die Liebe!

Ja, ich habe meinen Platz in der Kirche gefunden, und diesen Platz, mein Gott, hast du mir gegeben ... im Herzen der Kirche, meiner Mutter, werde ich die Liebe sein ... Auf diese Weise werde ich alles sein ... So wird sich mein Traum verwirklichen!«[7]

II. *Wer ist im Himmelreich der Größte?*[8] Jesus antwortet auf die Frage der Jünger mit einem lebendigen Gleichnis: *Da rief er ein Kind herbei, stellte es in ihre Mitte und sagte: Amen, das sage ich euch: Wenn ihr nicht umkehrt und wie die Kinder werdet, könnt ihr nicht in das Himmelreich kommen.* Markus schildert, wie so oft, die Szene anschaulicher: *Er nahm die Kinder in seine Arme; dann legte er ihnen die Hände auf und segnete sie.*[9] Merken wir uns nebenbei, daß der Herr die Kinder ernst nimmt. Woher mag es kommen, daß man sie oft als unfertige Geschöpfe auf dem Weg zum Erwachsenendasein ansieht?

Wie die Kinder werden? Was heißt das? Theresias leibliche Schwester Céline – sie war ihre Mitschwester im Kloster – erzählt, sie habe einmal Theresia aufgesucht und ihr gesagt, sie sei völlig entmutigt und komme überhaupt nicht über eine gewisse Schwierigkeit hinweg. Da antwortete Theresia ihr: »Das wundert mich nicht. Wir sind zu klein, um über Schwierigkeiten hinwegzukommen. Wir müssen unten drunter durchschlüpfen.«[10] Sie meinte damit: die Dinge »nicht allzu genau anschauen, sich nicht von ihnen verrückt machen lassen«. Die Heilige erklärt es an einer anderen Stelle: Kindbleiben »bedeutet, sein Nichts anerkennen, alles von Gott erwarten, so wie ein kleines Kind alles von seinem Vater erwartet. Es bedeutet, sich über nichts Sorge machen, keine besonderen Verdienste ansammeln wollen. Sogar bei den armen Leuten gibt man dem Kind alles Notwendige. Sobald es aber erwachsen ist, lehnt sein Vater es ab, länger für es aufzukommen und erklärt ihm: ›Arbeite jetzt, du kannst nun für deinen Unterhalt selbst sorgen.‹ Nun, um das nie hören zu müssen, wollte ich nicht größer werden, denn ich fühlte mich unfähig, mir mein Leben, mein ewiges Leben selbst zu verdienen. Daher bin ich immer klein geblieben und habe keine andere Beschäftigung, als Blumen zu pflücken, die Blumen der Liebe und des Opfers, und sie Gott zur Freude anzubieten. Klein bleiben bedeutet darüber hinaus, sich nicht selbst die Tugenden zuschreiben, die man praktiziert, als halte man sich zu irgend etwas fähig, sondern anerkennen, daß Gott diesen Reichtum in die Hände seines kleinen Kindes legt, damit es sich dessen bedient, wenn es seiner bedarf. Aber immer bleibt es Gottes Reichtum. Endlich bedeutet es, sich nicht wegen seiner Fehler entmutigen lassen, denn Kinder fallen oft, aber sie sind zu klein, um sich schwer zu verletzen.«[11]

Das kleine Kind braucht sich also nicht zu verstellen und so zu tun, als wäre es groß und mächtig. Es weiß sich wehrlos – und doch geborgen. Darin wurzelt das Gebet. Scheuen wir uns nicht, im Gespräch mit dem Herrn schlichte, naive Worte zu gebrauchen. Das Gebet ist keine *Leistung*. Wie viele Menschen geben das Beten auf, weil sie darin einen unerfüllbaren Leistungsdruck sehen. Für Theresia ist das Gebet »ein Aufschwung des Herzens, ein einfacher Blick zum Himmel, ein Ausruf der Dankbarkeit und Liebe inmitten der Prüfung wie in Stunden der Freude. Es ist etwas Erhabenes, Übernatürliches, das die Seele weitet und mit Gott vereinigt. Zuweilen, wenn mein Geist sich so ausgedörrt findet, daß ich keinen einzigen guten Gedanken finden kann, bete ich langsam ein Vaterunser oder ein Ave.«[12]

Sollte uns einmal der Gedanke bedrängen, mit dem Beten aufzuhören, weil uns nichts Gescheites einfällt oder »weil es eh nichts bringt«, merken wir uns die Worte der Heiligen: »Wenn ich gar nichts empfinde, wenn ich nicht in der Lage bin, ein Gebet zu sprechen, die Tugend zu üben, dann ist das der gegebene Augenblick, kleine Gelegenheiten zu suchen, Nichtigkeiten, die Jesus Freude machen, größere Freude als die Herrschaft über die Welt oder gar das großmütig durchlittene Martyrium; zum Beispiel: ein Lächeln, ein liebenswürdiges Wort, wenn ich Lust hätte, nichts zu sagen oder ein gelangweiltes Gesicht zu machen, und so weiter …«[13]

Theresia wird in der Abgeschiedenheit ihres Klosters nur wenig vom gewaltigen technischen Fortschritt ihrer Zeit erfahren haben. Indes eine technische Erfindung hat sie beeindruckt: der Aufzug: »Wir leben in einem Jahrhundert der Erfindungen. Man macht sich heute nicht mehr die Mühe, eine Treppe stufenweise heraufzusteigen. Bei den Reichen ersetzt ein Aufzug sie aufs vorteilhafteste. Auch ich möchte einen Aufzug finden, der mich zu Jesus emporhebt, denn ich bin zu klein, um die mühsame Treppe der Vollkommenheit emporzusteigen. Daher forschte ich in den heiligen Büchern nach einem Hinweis auf den begehrten Aufzug. Und ich las die folgenden Worte, hervorgegangen aus dem Mund der ewigen Weisheit: ›Wenn einer ganz klein ist, dann komme er zu mir‹ (*Spr* 9,4). (…) Der Aufzug, der mich bis zum Himmel hinaufheben soll, Jesus, deine Arme sind es. Dazu brauche ich nicht größer zu werden. Im Gegenteil! Ich muß klein bleiben, ja es immer mehr werden.«[14]

III. Theresia lehrt befreiend klar, wie Liebe und Gerechtigkeit in Gott zusammenfallen. Fünf Monate vor ihrem Tod schrieb sie in einem Brief ihre Gedanken über Gottes Gerechtigkeit nieder: »Ich weiß, daß man ganz rein sein muß, um vor dem Gott, der der Inbegriff der Heiligkeit ist, zu erscheinen. Aber ich weiß auch, daß der Herr unendlich gerecht ist. Diese Gerechtigkeit, die so viele abschreckt, ist der Grund meiner Freude und meines Vertrauens. Gerecht sein bedeutet nicht nur, den Schuldigen gegenüber Strenge walten zu lassen, es bedeutet darüber hinaus, die aufrichtigen Absichten anerkennen und die Tugend belohnen.

Ich erhoffe mir von Gottes Gerechtigkeit genauso viel wie von seiner Barmherzigkeit. Weil er gerecht ist, ist er *mitfühlend und von großer Milde, langsam im Strafen und überreich an Erbarmen; denn er kennt unsere Gebrechlichkeit; er weiß, daß wir nur Staub sind. Wie ein Vater seine Kinder zärtlich liebt, so hat der Herr Mitleid mit uns!* (*Ps* 103,8.14.13)«[15]

Am Ende dieses Briefes schreibt sie: »Mein Weg ist ganz Vertrauen und Liebe. Ich verstehe die Menschen nicht, die vor einem so mitempfindenden Freund Angst haben.« Es ist paradox, daß die letzten Jahre ihres Lebens äußerlich wie innerlich hart und mühsam waren. Vom Ostersonntag 1896 bis zu ihrem Tod am 1. Oktober 1897 hatte sie innere Prüfungen und Anfechtungen gegen Glaube und Hoffnung zu bestehen. Zum physischen Leiden der Tuberkulose kam die »Gottverlassenheit« des schrecklichen Zweifels, ob schließlich nicht alles »Illusion« sei. »In den so fröhlichen Tagen der Osterzeit ließ Jesus (...) zu, daß meine Seele von der dichtesten Finsternis heimgesucht wurde und daß der mir so vertraute Gedanke an den Himmel nur noch ein Gegenstand des Kampfes und der Qual war ... Diese Prüfung sollte nicht nur einige Tage, einige Wochen dauern; sie sollte erst zu der von Gott bestimmten Stunde aufhören ... Diese Stunde ist noch nicht gekommen. (...) Man muß durch diesen dunklen Tunnel hindurchgegangen sein, um seine Dunkelheit zu erfassen.«[16] Zu einer Schwester sagt sie: »Wenn Sie wüßten, welch scheußliche Gedanken mich quälen. Beten Sie viel für mich, damit ich nicht auf den Dämon höre, der mich von so vielen Lügen überzeugen will. Die Denkweise der schlimmsten Materialisten drängt sich mir auf (...). Ich will nach meinem Tod Gutes tun; doch ich werde es nicht können! Es wird wie bei Mutter Geneviève sein: man machte sich bei ihr darauf gefaßt, sie Wunder wirken zu sehen, aber vollkommene Stille breitete sich über ihrem Grab aus (...).

Kurz, ich opfere diese großen Leiden auf, um für die armen Ungläubigen das Licht des Glaubens zu erlangen, für alle diejenigen, die sich von den Ansichten der Kirche entfernen.«[17] Inmitten dieser Not von Glaube und Hoffnung bleibt die Liebe als der tiefste Beweggrund ihres Lebens, denn »unser Herr ist am Kreuz in Todesqualen gestorben. Und doch war es der größte Liebestod (...). Aus Liebe sterben bedeutet nicht, daß man in Verzückung stirbt.«[18]

»Die kleine Theresia« ... Jeder sieht in ihr die Heilige all jener, die auf dem scheinbar leichten Weg kindlicher Einfalt Gott zueilen. Aber sie ist auch die Heilige aller, die die Last physischen Leidens und die Not innerer Finsternis erfahren. »Theresia von Lisieux: Schicksalsgefährtin aller, die von einer schweren Krankheit heimgesucht worden sind; Schicksalsgefährtin aller, die keinen Glauben haben, die ohne Hoffnung leben und das Leben sinnlos finden, sich hineingehalten fühlen in die Nacht des Nichts.«[19] Wir haben versucht, mit den Worten der Heiligen zu beten. Schließen wir unsere Betrachtung mit dem letzten von ihr auf die Rückseite eines Bildchens »Unserer Lieben Frau vom Siege« hingekritzelten Ruf, drei Wochen vor ihrem Tod: »O Maria, wäre ich die Königin des Himmels und du Theresia, so wollte ich Theresia sein, damit du die Königin des Himmels bist! 8. September 1897.«[20]

[1] Johannes Paul II., Apost. Schreiben *Divini amoris scientia* zur Proklamation der hl. Theresia vom Kinde Jesu und vom Heiligen Antlitz zur Kirchenlehrerin, 19.10.1997, 1. – [2] Wir entnehmen die Zitate dem Werk von R. Stertenbrink, *Allein die Liebe – Ein Lebensbrevier aus tausend Texten der Theresia von Lisieux*, Freiburg, 1980. – [3] Johannes Paul II., Apost. Schreiben *Divini amoris scientia*, 6 u. 8. – [4] *Premier manuscript autobiographique* (1895), 10 r/v (Stertenbrink 133). – [5] *Second manuscript autobiographique* (Sept. 1896), 3v/4r (Stertenbrink 134). – [6] *1 Kor* 12-13. – [7] *Second manuscript autobiographique*, 3v/4r (Stertenbrink 134). – [8] *Mt* 18,1-5. – [9] *Mk* 10,13-16. – [10] Thérèse de Liseux, *Conseils et souvenirs*, gesammelt von Sr. Geneviève de la Sainte Face, Paris 1973, 43 f. (Stertenbrink 53). – [11] *Les Derniers Entretiens*, die *Letzten Gespräche* der Heiligen mit ihren Schwestern, Paris 1971, 308/6.8.8 (Stertenbrink 52-53). – [12] ebd., 25 r. – [13] *Brief 143* v. 18.7.1893 (Stertenbrink 160). – [14] *Troisième manuscrit autobiographique*, Juni-Juli 1897, 2v/3r (Stertenbrink 58). – [15] *Brief 226* v. 9.5.1987 (Stertenbrink 33). – [16] *Troisième manuscrit autobiographique*, 5r/v (Stertenbrink 292). – [17] *Les Derniers Entretiens* , 525f/10.8.7 (Stertenbrink 294). – [18] ebd., 236f/4.7.2. (Stertenbrink 301). – [19] R. Stertenbrink, *Allein die Liebe – Ein Lebensbrevier aus tausend Texten der Theresia von Lisieux*, S.285. – [20] *Procès de l'ordinaire* (1910-1911), Teresianum, Rom (Stertenbrink 185).

2. OKTOBER

DIE SCHUTZENGEL

Die Engel in der Schöpfung.
Der Herr sendet seine Engel.
Umgang mit dem Schutzengel.

I. *Herr, unser Herrscher, wie gewaltig ist dein Name auf der ganzen Erde; über den Himmel breitest du deine Hoheit aus.*[1] Der Zauber von Sonne und Mond und allen Gestirnen über uns läßt uns den *Schöpfer des Himmels und der Erde*[2] lobpreisen. Natürlich wissen wir, daß auch diese Himmelskörper – *das Werk deiner Finger, Mond und Sterne, die du befestigt*[3] – ein Stück *Erde* sind. Die andere, tiefere, heilsmächtige Bedeutung von Himmel geht uns auf, wenn wir vom gewohnten Schema *oben* und *unten* einmal absehen. Dann bezeichnet *Himmel* »den eigentlichen ›Ort‹ Gottes (...), die endzeitliche Herrlichkeit (und schließlich) den Ort der geistigen Geschöpfe – der Engel –, die Gott umgeben«[4]. Denn Gott »schuf in seiner allmächtigen Kraft vom Anfang der Zeit an aus nichts zugleich beide Schöpfungen, die geistige und die körperliche, nämlich die der Engel und die der Welt: und danach die menschliche, die gewissermaßen zugleich aus Geist und Körper besteht.«[5]

Die Engel sind »geistige, körperlose

Wesen«[6], deren Existenz ein Geheimnis ist, auf das der menschliche Geist nicht kommen könnte ohne die Offenbarung. Doch erscheint ihr Dasein der menschlichen Vernunft angemessen. Denn nun enthüllt sich ihr die Schöpfung als ein Stufenbau, der vom bloß Stofflichen über das stofflich-geistige Sein zum unsichtbaren, rein geistigen Sein emporsteigt. Da öffnet sich der Blick auf eine neue Dimension des Kosmos: »Der Mensch im Zeitalter des naturwissenschaftlichen Positivismus vermag gerade noch in Staunen zu geraten über die quantitative Ausdehnung des Kosmos, die nach Milliarden von Lichtjahren gemessen wird. Die Engelwelt dagegen gibt Zeugnis von einer qualitativen Expansion des Kosmos, welcher als geschaffener doch an das Göttliche grenzt.«[7]

Die *Engel im Himmel sehen stets das Angesicht meines Vaters*[8]. Wie unergründlich ist doch dieses Wort des Herrn! Gottes Angesicht sehen! Die eigentliche Seinsweise der Engel – reine beseligende Schau, ganz Anbetung und Liebe! – entzieht sich unseren Vorstellungen. Näher, faßbarer erscheinen sie uns, wenn wir sie als Engel, *angeloi* – Boten, Gesandte – betrachten. Denn das sind sie auch: *dienende Geister, ausgesandt, um denen zu helfen, die das Heil erben sollen*[9].

Die Engel nehmen an der Heilsgeschichte der Menschen Anteil nach dem Plan der göttlichen Vorsehung. »Sie sind da, seit der Welterschaffung und im Laufe der ganzen Heilsgeschichte; sie künden von ferne oder von nahe das Heil an und dienen dem göttlichen Plan, es zu verwirklichen.«[10] *Er befiehlt seinen Engeln, dich zu behüten auf all deinen Wegen. Sie tragen dich auf ihren Händen, damit dein Fuß nicht an einen Stein stößt.*[11] Ein mächtiges Versprechen! »Die Engel sind da, und zwar an deiner Seite; sie sind nicht nur mit dir, sondern auch für dich da. Sie sind zugegen, um dich zu beschützen; sie sind zugegen, um dir zu nützen (...). Seien wir solchen Hütern fromm ergeben und dankbar. Lieben und ehren wir sie!«[12]

Wie läßt sich dieses machtvolle Bild deuten, ohne es kitschig zu verniedlichen? Wie läßt sich das Wirken der Engel erklären und die lächerliche Vorstellung von einer Aufsichtsperson ausräumen? Stellen wir uns die Frage als Betende, nicht als Neugierige. Der heilige Thomas von Aquin[13], dessen spekulativer Tiefgang in schlichter Frömmigkeit und innigem Gebet wurzelt, gibt uns einen Fingerzeig. Man hat ihn so gedeutet: »Wie die Engel in der objektiven Heilsgeschichte nicht Vollbringer der Heilstaten selber sind, sondern deren Zeugen, Interpreten und Begleiter, so vermögen sie auch im individuellen Heilsgeschehen nicht eigentlich als Spender und Vermittler der auf dem Heilsweg erforderlichen natürlichen und übernatürlichen Kräfte zu wirken, aber sie vermögen diese Kräfte anzuregen, die ihnen entgegenstehenden Störfaktoren zurückzudrängen und im Dienst der göttlichen Vorsehung den Weg zum endgültigen Heil des Menschen zu ebnen. (...) So vermag die Tätigkeit des Engels den menschlichen Verstand zu stärken und zur Erleichterung des Glaubens beizutragen, er vermag aber den menschlichen Willen nicht von innen her zu bewegen, was allein ein Vermögen Gottes ist. Darum kommt den Engeln auf die menschliche Person letztlich nur ein moralischer Einfluß zu, nicht aber ein physischer.«[14]

II. Der Umgang mit den heiligen Engeln ist keine Schwärmerei für schlichte Gemüter, sondern Ausdruck gelebten Glaubens. Im »Katechismus der katholischen Kirche« heißt es: »Von der Kindheit an bis zum Tod umgeben die Engel mit ihrer Hut und Fürbitte das Leben der Menschen. ›Einem jeden der Gläubigen steht ein Engel als Beschützer und Hirte zur Seite, um ihn zum Leben zu führen.‹«[15] Heilige Gestalten des Glaubens haben die Engel ganz selbstverständlich in ihren Alltag einbezogen. Papst Johannes XXIII. erzählte in einer Ansprache, daß er beim Betrachten der vielen Menschen, die sich zum Empfang des Papstsegens auf dem Petersplatz versammeln, an die unsichtbar anwesenden Schutzengel der Teilnehmer dachte.[16] Vom heiligen Franz von Sales wird überliefert, er habe vor Beginn seiner Predigt die Blicke über die Anwesenden schweifen lassen, um die Schutzengel seiner Zuhörer zu begrüßen und anzurufen. Vom seligen Josemaría Escrivá – der Herr ließ ihn am Fest der heiligen Schutzengel das Opus Dei *sehen* – weiß man, daß er als erstes den Schutzengel seines Gastes oder Gesprächspartners zu begrüßen pflegte.

Es sind Beispiele lebendigen Glaubens. Verweilen wir etwas länger bei einer Episode aus den Anfängen des Christentums[17], deren Beteiligter sie mit dem Wort zusammenfaßt: *Nun weiß ich wahrhaftig, daß der Herr seinen Engel gesandt und mich der Hand des Herodes entrissen hat.* Der König Herodes hatte Petrus ins Gefängnis werfen lassen – mit zwei Ketten gefesselt, zwischen zwei Soldaten und mit Wachposten vor der Tür. *Plötzlich trat ein Engel des Herrn ein, und ein helles Licht strahlte in den Raum. Er stieß Petrus in die Seite, weckte ihn und sagte: Schnell, steh auf! Da fielen die Ketten von seinen Händen. Gürte dich, und zieh deine Sandalen an. Wirf deinen Mantel um, und folge mir!* Der Apostel wähnt zu träumen. Er »geht im fahlen Licht des von fern heraufdämmernden Morgens durch die menschenleeren Gassen zum Haus der Maria, der Mutter des Markus. Dort sind zahlreiche

Glaubensschwestern und -brüder im Gebet für ihr Oberhaupt versammelt. Petrus pocht an das Außentor. Eine Magd kommt, um zu öffnen. Ihr Name, Rhode, ist der Nachwelt aufbewahrt worden, und zu Recht. Denn ihr verdanken wir nicht nur eine köstliche, sondern auch eine tiefsinnige Szene. Petrus wird gesagt haben: ›Ich bin's.‹ Das treue Wesen, das unzählige Male den Kephas im Haus erlebt hat, ist natürlich fassungslos vor Überraschung, und man sollte denken, daß die Rhode nun das Tor aufreißt und den so ganz und gar Unerwarteten freudig begrüßt – aber nein, ›sie erkannte‹, schreibt Lukas, ›die Stimme des Petrus, doch vor Freude machte sie das Tor nicht auf, sondern sie lief hinein und berichtete: Petrus steht vor dem Tor.‹ Sie bekommt die Antwort: Du redest Unsinn! Sie erwidert: Doch, doch! Er ist es! Die anderen: Es ist sein Engel! Lukas ist ein gewissenhafter und nüchterner Berichterstatter der Wirklichkeit und des wirklichen Verhaltens normaler Menschen in ihr. Er erfindet nichts. Den gläubigen Juden war die Existenz und das tätige Eingreifen von Engeln im Auftrag Gottes geläufig. Auch die im Elternhaus des Markus versammelten Judenchristen halten es durchaus für möglich, daß, falls Rhode nicht Opfer einer Sinnestäuschung geworden sein sollte, der Engel des Petrus vor dem Tor steht, um eine Botschaft zu bringen, sind doch Engel eben ganz wesentlich Gottesboten. Mit anderen Worten: Sie vermuten das Näherliegende vor dem Fernerliegenden, und der engelgleiche Bote am Tor ist ihnen das Wahrscheinliche, wahrscheinlicher als der auf wunderbare Weise durch den Engel Gottes gerettete Petrus selbst.«[18]

Am Ende dieses Gebetsabschnittes beherzigen wir den knappen Spruch, den uns der heilige Bernhard von Clairvaux aus eigener Erfahrung überliefert: »In jedem Winkel erweise deinem Engel Ehrerbietung.«[19]

III. Christus, *der Erstgeborene der ganzen Schöpfung*[20], ist das Haupt und der Mittelpunkt der Engelwelt. Die heiligen Engel sind *seine Engel*, »weil sie *durch ihn* und *auf ihn hin* erschaffen sind: (...) Sie sind erst recht deshalb sein, weil er sie zu Boten seines Heilsplanes gemacht hat.«[21] Der Umgang mit ihnen entspricht diesem Heilsplan. Die Bitte um ihre Hilfe kann in unserem Leben all dem Gestalt geben, was unsere Unbeholfenheit nicht zu gestalten vermag. Wir können sie bitten, daß sie unser Gebet beflügeln, uns auf sinnvolle und schon halbvergessene Vorsätze aufmerksam machen, in der abendlichen Gewissenserforschung Klarheit schenken, beim Gebet die störende Phantasie zu zähmen helfen, uns bei einer schwierigen oder anstrengenden Arbeit beistehen ... Wir können den Schutzengel eines Freundes bitten, unser Gespräch zu befruchten. Im Geiste des Kindseins wird es uns auch nichts ausmachen, den heiligen Schutzengel bei manchen prosaischen Angelegenheiten – gar nicht so wichtig, und doch irgendwie schwierig – um Hilfe zu bitten: etwa bei einem Einstellungstermin, den wir wahrnehmen müssen, oder um ein wichtiges Schriftstück wiederzufinden, wo Unmut berechtigt wäre, Ruhe zu bewahren …

Sind wir als Erwachsene weniger schutzbedürftig als zur Zeit unserer kindlichen Spiele? Gerade jetzt, da wir es nicht mehr so leicht haben, vor Gott Kinder zu sein, müßten wir uns die Gebete von damals erneut vergegenwärtigen: »Heiliger Schutzengel mein, laß mich dir empfohlen sein; in allen Nöten steh mir bei und halte mich von Sünden frei. An diesem Tag (in dieser Nacht), ich bitte dich, beschütze und bewahre mich. Amen.«

Suchen wir die Freundschaft mit dem Schutzengel. Sie ist nicht so erfahrbar wie der Umgang mit einem Freund, aber wirksamer, denn die Fähigkeit des Engels, uns zu verstehen, ist unvergleichlich größer als die des besten Freundes, weil der Engel uns tiefer kennt: »Schon auf dieser Erde hat das christliche Leben im Glauben an der glückseligen Gemeinschaft der in Gott vereinten Engel und Menschen teil.«[22] Als Mutter Teresa einmal feststellte, daß vielen Novizinnen ihrer

Gemeinschaft aus wohlhabenden Ländern ein inniger Umgang mit den Engeln unbekannt war, schickte sie ihnen keine theologische Abhandlung über die Engel, sondern bat sie schlicht, die Engel zu verehren.

Der Schutzengel beginnt auf Erden, was sich erst im Himmel vollendet: »Im persönlichen Gericht nach deinem Tode wird er all die kleinen Aufmerksamkeiten bezeugen, die du im Verlauf deines Lebens dem Herrn aus Liebe erwiesen hast. Mehr noch: Wenn du wegen der furchtbaren Anklage des Feindes befürchtest, verloren zu gehen, dann wird dein Engel all jene tiefen Regungen deines Herzens – die du vielleicht schon vergessen hattest – und all die Zeichen der Liebe bezeugen, die du Gott dem Vater, Gott dem Sohn, Gott dem Heiligen Geist gewidmet hattest.«[23] Nach einer alten Legende wird der heilige Engel, der zeitlebens hinter uns als Begleiter und Beschützer gestanden hat, uns im Himmel entgegengehen und in die endgültige Heimat einführen. Eine schöne Erzählung, die im Sterbegebet der Kirche unmittelbar nach dem Verscheiden Gestalt annimmt: »Kommt herzu, ihr Heiligen Gottes, eilt ihm entgegen, ihr Engel des Herrn. Nehmt auf seine Seele und führt sie hin vor das Antlitz des Allerhöchsten. Christus nehme dich auf, der dich berufen hat, und in das Himmelreich sollen Engel dich geleiten.«[24]

Beschließen wir diese Zeit des Gebetes mit der Bitte der Kirche im Abendgebet der Komplet: *Herr und Gott, kehre ein in dieses Haus und halte alle Nachstellungen des Feindes von ihm fern. Deine heiligen Engel mögen darin wohnen und uns im Frieden bewahren. Und dein Segen sei über uns allezeit.*[25]

[1] *Ps* 8,2. – [2] *Apostolisches Glaubensbekenntnis.* – [3] Ps 8,4. – [4] *Katechismus der Katholischen Kirche*, 326. – [5] *4. Laterankonzil*, (DH 800). – [6] *Katechismus der Katholischen Kirche*, 328. – [7] J. Scheffczyk, *Katholische Dogmatik*, Bd. III, Aachen 1997, S.326. – [8] *Mt* 18,10. – [9] *Hebr* 1,14. – [10] *Katechismus der Katholischen Kirche*, 332. – [11] *Ps* 91(90),11-12. – [12] Bernhard von Clairvaux, *Predigt 12 über den Psalm Qui habitat.* – [13] vgl. Thomas von Aquin, *Summa theologica*, I, q.110. – [14] J. Scheffczyk, *Katholische Dogmatik*, Bd. III, S.335. – [15] *Katechismus der Katholischen Kirche*, 3396. – [16] vgl. Johannes XXIII., *Ansprache*, 12.12.1962. – [17] *Apg* 12,7-17. – [18] P. Berglar, *Petrus – Vom Fischer zum Stellvertreter*, Köln 1999, S.286. – [19] Bernhard von Clairvaux, *Predigt 12 über den Psalm Qui habitat.* –[20] *Kol* 1,15. – [21] *Katechismus der Katholischen Kirche*, 331. – [22] ebd., 336. – [23] J. Escrivá, *Die Spur des Sämanns*, Nr.693. – [24] *Die Feier der Krankensakramente*, Nr. 151. – [25] *Komplet am Sonntag nach der zweiten Vesper.*

FRANZ VON ASSISI

Gott und Mensch – Krippe und Kreuz.
Armut, Loslösung.
Laudato si, mi Signore ...

I. »Wie eine Sonne ging er in der Welt auf«[1], der heilige Franz von Assisi. Nicht nur Christen, auch Agnostiker und Naturschwärmer suchen bei ihm Licht und Wärme. Wer sich mit ihm beschäftigt, kann tatsächlich »diesen großen und höchst staunenswerten Mann als eine Gestalt der Profangeschichte und als ein Muster sozialer Tugenden behandeln. Er kann diesen göttlichen Demagogen als das beschreiben, was er wahrscheinlich war, der Welt einziger wirklich aufrichtiger Demokrat. Er kann sagen (was sehr wenig heißt), daß der heilige Franziskus seiner Zeit voraus war. Er kann sagen (was durchaus wahr ist), daß der heilige Franziskus alles vorwegnahm, was unsere moderne Gesinnung an äußerster Liberalität und an Mitgefühl in sich birgt: die Liebe zur Natur, die Liebe zu den Tieren, den Sinn für soziale Einstellung, den Blick für die geistigen Gefahren des Wohlstandes und selbst des Besitzes.«[2] Er kann ihn als einen menschenfreundlichen Helden darstellen, als einen, der »den Versuch machte, die Kreuzzüge durch Unterredung mit den Sarazenen zu beenden, oder der Fürbitte beim Kaiser für die Vögel einlegte«. Bleibt man aber auf dieser Ebene reiner Menschlichkeit stehen, ist der Versuch, »ohne Gott die Geschichte eines Heiligen zu erzählen, wie wenn jemand das Leben Nansens schreiben sollte, ohne den Nordpol erwähnen zu dürfen«[3].

Franz wurde 1182 als Sohn eines reichen Tuchhändlers geboren. Es war die glanzvolle Zeit Innozenz' III., des mächtigsten Papstes der Geschichte, die unruhige Zeit frommer, auf Abwege geratener Rufer nach einer armen Kirche, die Zeit der Katharer und Albigenser mit ihren heidnischen Atavismen. Als Franz sich nach einer inneren Krise in der verfallenen Kirche von San Damiano zum Beten zurückzog, vernahm er dort die Stimme: »Franziskus, siehst du nicht, daß mein Haus in Trümmern liegt? Gehe hin und richte es mir wieder auf.«

Auf der Suche nach Mitteln, um die verfallene Kirche wiederaufzurichten, verkaufte er sein Pferd und veräußerte einige Tuchballen vom Geschäft seines Vaters. Dieser ließ ihn ins Gefängnis werfen und brachte ihn vor das bischöfliche Gericht. Der Bischof »richtete einige Bemerkungen an ihn, voll von jenem trefflichen gesunden Menschenverstande, den die katholische Kirche jederzeit als Grundlage für alles hitzige Gebaren ihrer Heiligen festhält. Er sagte zu Franziskus, daß er ohne Frage das Geld seinem Vater zurückerstatten müsse, daß kein Segen entstehen könne aus einem guten Werke, welches mit unrechten Mitteln vollbracht wurde.« Franz antwortete: »›Nicht nur das Geld, sondern alles, was sein genannt werden kann, werde ich meinem Vater zurückerstatten, selbst die Kleider, die er mir gegeben hat.‹ Und er riß alle seine Kleider ab bis auf ein einziges; und sie sahen, daß es ein härenes Hemd war.«[4]

Franz von Assisi war ein Radikaler, aber kein düsterer Rebell. Vielleicht wäre er es geworden – wie manche anderen zeitgenössischen Eiferer, die in die Irre gingen –, hätte er sich nicht ganz mit Christi Demut identifiziert. Thomas von Celano, der zwei Jahre nach Franz' Tod die erste Biographie des Heiligen schrieb, schildert farbig die fromme Art des Heiligen und legt zugleich deren Kern frei[5]: »Sein höchstes Streben und sein sehnlichster Wunsch war es, das heilige Evangelium in allem zu beobachten. (...) Besonders die Demut in der Menschwerdung und die Liebe im Leiden Christi nahmen den Geist des Heiligen so in Anspruch, daß er an anderes kaum mehr denken wollte.«

Drei Jahre vor seinem Tode versammelte er seine Brüder und die Einwohner von Greccio, einem kleinen Ort in Umbrien, mitten in der Nacht im Wald. Alle trugen Fackeln und Kerzen. »Nun wird eine Krippe aufgestellt und Stroh herbeigetragen, Ochs und Esel werden herangeführt. (...) In Scharen strömen die Leute herbei und werden beim neuen Geheimnis von neuer Freude erfüllt! (...) Der Heilige Gottes steht vor der Krippe. Er seufzt und seufzt, tief in Andacht versunken. Schließlich wird über der Krippe das heilige Opfer gefeiert. Der Heilige Gottes legt die Levitenkleider an (denn er ist Diakon) und mit klangvoller Stimme singt er das Evangelium.« Dann spricht er zum Volk.

Aber der Gipfel in der Christusbeziehung des Heiligen war nicht dieses liebliche Geschehen im Wald von Greccio, sondern das geheimnisvolle Ereignis am Alvernaberg zwei Jahre vor seinem Tod, im September 1224. Der Gekreuzigte erscheint ihm in der Gestalt eines Seraph und brennt ihm mit sengenden Strahlen seine Wundmale ein.

II. Die Geste des heiligen Franz vor dem Bischofsgericht war ein Bruch nicht nur mit seinem Vater, sondern auch mit der Gesellschaft seiner Zeit. Auch heute gilt es, »sichtbar zu machen, daß die Armut eine Aufforderung des Herrn an alle Christen ist und daher ein konkreter Ruf, der das Leben der Menschen prägen muß«[6]. Ein Christ, der in der Welt lebt, weiß, daß Armut nicht einfach Entsagung heißt. Denn er »muß in seinem

Leben zwei Forderungen miteinander in Einklang bringen, die sich auf den ersten Blick zu widersprechen scheinen: Einmal eine *wirkliche Armut*, die in handfesten Dingen spürbar und greifbar gelebt wird, die ein Bekenntnis des Glaubens an Gott ist und ein Zeichen dafür, daß das Herz sich nicht mit den Geschöpfen zufriedengibt, sondern es den Schöpfer sucht, um sich mit seiner Liebe zu füllen und diese Liebe dann an die Mitmenschen weiterzugeben. Und andererseits die Forderung, *sich nicht von seinen Mitmenschen abzusondern*, vielmehr an ihrem Leben, ihrer Freude und ihrer Arbeit teilzunehmen. (...) Die Synthese zwischen diesen beiden Anforderungen zu finden ist zum guten Teil eine persönliche Aufgabe. Es ist eine Frage des inneren Lebens, das heißt der Fähigkeit, in jedem Augenblick und in jeder Situation auf das hinzuhorchen, was Gott von uns will«[7] – mit kritischem Sinn gegenüber den Verlockungen der Werbung und eines maßlosen Konsums. »Der Mensch kann nicht auf sich selber verzichten noch auf den Platz, der ihm in der sichtbaren Welt zukommt; er darf nicht Sklave der Dinge, Sklave der Wirtschaftssysteme, Sklave der Produktion, Sklave der eigenen Produkte werden.«[8]

Wie viele neue Produkte, wie viele Erfindungen werden jeden Tag entwickelt! Sinnvolles wie Überflüssiges. Wenn man innerlich wachsam bleibt, ist ein souveräner

Umgang mit den irdischen Gütern möglich: »Nicht das Verlangen nach einem besseren Leben ist schlecht, sondern falsch ist ein Lebensstil, der vorgibt, dann besser zu sein, wenn er auf das Haben und nicht auf das Sein ausgerichtet ist. Man will mehr haben, nicht um mehr zu sein, sondern um das Leben in Selbstgefälligkeit zu konsumieren.«[9] Überläßt man sich solchen Neigungen, werden Konsumgewohnheiten und Lebensweisen mächtig, die im Widerspruch zur Menschenwürde und zur mitmenschlichen Solidarität stehen.

»Wirkliche Armut besteht zum großen Teil im Opfer, in der Fähigkeit, auf einen Überfluß zu verzichten, der sich weniger an theoretischen Maßstäben mißt als an der inneren Stimme, die uns aufmerken läßt, wenn wir uns in Egoismus und übertriebener Bequemlichkeit einzunisten suchen. Ein recht verstandener Komfort hat demgegenüber nichts mit Luxus und Unmäßigkeit zu tun; er ist ein Mittel, der eigenen Familie und anderen Menschen das Leben angenehmer zu machen, damit sie Gott besser dienen können.

Die Armut besteht in einer wahren Loslösung von den irdischen Dingen und in der Fähigkeit, mögliche Unannehmlichkeiten und den Mangel an materiellen Mitteln freudig auf sich zu nehmen. (...) Ein jeder muß sich in seinem Leben darum bemühen, der eigenen Berufung treu zu sein. Das beste Vorbild der

Armut sind für mich seit jeher der Vater und die Mutter einer bedürftigen, kinderreichen Familie gewesen, die ganz für ihre Kinder leben, in mühevoller Ausdauer, oft ohne ein Wort über ihre Schwierigkeiten zu verlieren, die Last der ganzen Familie tragen und doch ihren Kindern ein frohes Zuhause schaffen, in dem alle lernen sich zu lieben, zu dienen und zu arbeiten.«[10]

III. Der heilige Franz »nannte die Natur nicht ›Mutter Natur‹ – dagegen nannte er jeden einzelnen Esel ›Bruder‹ oder jeden einzelnen Spatz ›Schwester‹«[11]. Thomas von Celano schreibt: »Wer könnte seine überfließende Freude schildern, die er empfand, wenn er in den Geschöpfen die Weisheit, Macht und Güte Gottes betrachtete! In der Tat, eine wunderbare, unaussprechliche Wonne beseelte ihn, mochte er nun die Sonne bewundern oder den Mond und die Sterne staunend betrachten. (...) Hättest du erst seine Freude gesehen, die ihm die prächtige Zier der Blumen bereitete! (...) Alle geschaffenen Wesen nannte er seine ›Geschwister‹. Auf eine besondere, von anderen unerspürte Weise drang er in ihr innerstes Geheimnis ein: ein Mensch, der durchgedrungen war zur herrlichen ›Freiheit der Kinder Gottes‹.«[12]

Halten wir hier inne. Sich selbst als Geschöpf erfahren, als Bild und Gleichnis

Gottes ... Wie viele Gründe zur Dankbarkeit, wenn wir die Natur als Gabe und Geschenk sehen – nicht bloß als Gegebenheit! Es stimmt, daß es im normalen Alltag nicht so leicht ist wie zur Zeit des heiligen Franz, eine grüne Wiese zu bewundern oder in der Großstadt den gestirnten Himmel zu betrachten ... Und doch sollte es uns als Gläubigen leichtfallen, die Welt als Gabe des Schöpfers zu sehen. Sind wir für diese Gabe dankbar? Auch ein Ungläubiger kann in der Begegnung mit der Natur die Gegenwart eines Schöpfers ahnen. Aber danken kann nur, wer kein »Macher« ist, sondern weiß, daß er empfängt, weil es eine schenkende Güte gibt. Christen können viel tiefere Begründungen für den Naturschutz finden als jene kurzatmigen Argumente, die nicht selten pantheistisch angehaucht sind.

Die verschiedenen Aspekte der spirituellen Botschaft des heiligen Franz, die wir betrachtet haben – seine Christusliebe, seine Armut und innere Freiheit, seine Liebe zur Natur – sind Teil einer einzigen Botschaft, die er an uns richtet: Preisung des Schöpfers und Erlösers.

Alles bei ihm mündet in einen großen Lobgesang ein – *Laudes creaturarum*. Er dichtete den *Cantico di frate Sole* »zum Lob und zur Ehre Gottes, als er krank bei San Damiano lag«, wie es in der ältest erhaltenen Abschrift heißt. Es war im Herbst 1225. Franz war fast blind, geplagt von vielen Krankheiten, die er ›seine Schwestern‹ nannte. Da sang er den »Sonnengesang«, ein Lied mitten im Leid und eine Antwort auf die erfahrene Güte Gottes.

»Gelobt seist du, Herr, / mit allen Wesen, die du geschaffen, / der edlen Herrin vor allem, Schwester Sonne, / die uns den Tag heraufführt und Licht / mit ihren Strahlen, die Schöne, spendet / gar prächtig in mächtigem Glanze: / Dein Gleichnis ist sie, Erhabener.« Die ganze Schöpfung stimmt ein in das Gotteslob: »Bruder Mond und die Sterne«, »Bruder Wind und Luft und Wolke und Wetter«, »Schwester Quelle« und »Bruder Feuer«, »die Mutter Erde, die gütig und stark uns trägt / und mancherlei Frucht uns bietet / mit bunten Blumen und Kräutern.« Und schließlich: Lob und Dank für die Menschen, aber nicht wegen ihrer Kraft und Schönheit: »Gelobt seist du, Herr, durch die, / die vergeben um deiner Liebe willen / und Pein und Trübsal geduldig tragen. / Selig, die's überwinden im Frieden: / Du, Höchster, wirst sie belohnen.«

Als der Tod nahte, dichtete der Heilige die letzte Strophe nach, die wir uns am Ende dieser Zeit des Gebetes zu eigen machen wollen: »Gelobt seist du, Herr, / durch unsern Bruder, den leiblichen Tod; / ihm kann kein lebender Mensch entrinnen. / Wehe denen, die sterben in schweren Sünden! / Selig, die er in deinem heiligsten Willen findet! / Denn sie versehrt nicht der zweite Tod. / Lobet und preiset den Herrn! / Danket und dient ihm / in großer Demut!«

[1] Dante, *Göttliche Komödie*, Paradies XI,5,54. – [2] G.K. Chesterton, *Der heilige Franziskus von Assisi*, Freiburg 1959, S.9. – [3] ebd., S.10. – [4] ebd., S.50-51. – [5] Thomas von Celano, *Leben und Wundertaten des hl. Franz von Assisi*, München 1925, S.89. – [6] J. Escrivá, *Gespräche*, Köln 1981, 110. – [7] ebd., 110. – [8] Johannes Paul II., Enz. *Redemptor hominis*, 16. – [9] Johannes Paul II., Enz. *Centesimus annus*, 36. – [10] J. Escrivá, *Gespräche*, 111. – [11] G.K. Chesterton, *Der heilige Franziskus von Assisi*, S.79. – [12] Thomas von Celano, *Leben und Wundertaten des hl. Franz von Assisi*, S.84.

UNSERE LIEBE FRAU VOM ROSENKRANZ

Stationen unserer Erlösung.
Ein Gebet wie Musik.
... und ein Rosengärtlein.

I. Kann man sich ein Europa vorstellen, das von seinen christlichen Wurzeln abgeschnitten ist? Uralte Bistumsstädte – Rom, Mailand, Köln, Trier ... –, die nur noch eine im Namen festgehaltene Erinnerung wären? Es hat Situationen gegeben, da um ein Haar unsere europäischen Städte in Ödland zurückverwandelt worden wären, ähnlich wie zur Zeit des heiligen Augustinus die blühenden nordafrikanischen Gemeinden. (Heute existieren sie nur noch als Fiktion im Namen längst untergegangener Bischofssitze, den jeweils Titularbischöfe tragen.) Der heutige Gedenktag Unserer Lieben Frau vom Rosenkranz erinnert an einen solchen schicksalhaften Augenblick, da die Christenheit der Gefahr einer alles fortreißenden Springflut ausgesetzt war.

Papst Pius V. hatte die christlichen Staaten zum gemeinsamen Handeln gegen das Vordringen der Türken aufgerufen und zugleich die Christenheit zum Gebet des Rosenkranzes aufgefordert. Die christliche Allianz siegte in der Seeschlacht von Lepanto am 7. Oktober 1571. Zum Dank setzte der Papst das »Rosenkranzfest« ein. Im neuen liturgischen Kalender heißt es »Gedenktag Unserer Lieben Frau vom Rosenkranz«, damit deutlich wird, daß man nicht ein frommes Requisit, sondern Maria selbst verehrt. Die lauretanische Litanei wurde damals durch die Anrufung *Auxilium christianorum*, *Hilfe der Christen*, ergänzt. Das abgründige Wort des Anfangs hatte sich wieder einmal bewahrheitet: *Ipsa conteret …*[1] – Maria zertritt der Schlange den Kopf und zerbricht die Macht jeder widerchristlichen Gewalt.

Der Rosenkranz faßt die Kernwahrheiten unseres Glaubens zusammen, macht uns mit dem Evangelium vertraut und »ist – mit der Betrachtung der Geheimnisse, der Wiederholung des Vaterunser und Gegrüßet-seistdu-Maria, dem Lob der Allerheiligsten Dreifaltigkeit und der ständigen Anrufung der Mutter Gottes – ein andauernder Akt des Glaubens, der Hoffnung und der Liebe, der Anbetung und der Sühne«[2]. Ob wir das Geheimnis der Menschwerdung im freudenreichen, den Kreuzestod im schmerzensreichen oder die Auferstehung und Himmelfahrt im glorreichen Rosenkranz betrachten – immer sind wir mit der Mutter nahe bei ihrem Sohn: freudig, betrübt oder jubelnd. Das Geschehen von damals ersteht neu im Geiste, mystisch vertieft: »Wir werden das Leben von

Jesus, Maria und Josef leben. Jeden Tag werden wir ihnen aufs neue zu Diensten sein. Wir werden ihren Gesprächen zuhören, den Messias heranwachsen sehen, die dreißig Jahre seines verborgenen Lebens bewundern ... Wir werden bei seinem Leiden und seinem Tod zugegen sein ... und die Herrlichkeit seiner Auferstehung bestaunen ... Mit einem Wort: Von Liebe fortgerissen (es gibt keine andere Liebe als *die Liebe*), werden wir jeden einzelnen Augenblick des Lebens Jesu Christi betrachten.«[3]

Papst Paul VI. vergleicht den Rosenkranz mit einem Reis, »das aus dem Wurzelstock der christlichen Liturgie herausgewachsen und das deswegen Marienpsalter genannt worden ist, weil mit seiner Hilfe die einfachen Gläubigen sich dem Lobpreis und der Fürbitte der Gesamtkirche anschließen können. (...) Und wenn auch beide Gebetsformen Ordnungen angehören, die ihrer Natur nach verschieden sind, so verweilen doch die liturgische Feier wie das kontemplative Verweilen bei den gleichen Heilstaten, deren Urheber Christus ist. Die Liturgie bewirkt, daß unter dem Schleier heiliger Zeichen die Mysterien unserer Erlösung gegenwärtig und wirksam werden, der Rosenkranz hingegen ruft dieselben durch fromme Erwägung dem Beter in Erinnerung und zieht daraus Richtlinien für das tägliche Leben.«[4]

II. Unser heutiger Rosenkranz knüpft an alte Traditionen an, »die durch andächtiges Wiederholen der Heilsworte (manchmal nur des Namens ›Jesus‹) die Heilswirklichkeit auch ins Gedächtnis und in das ›Herz‹ als Wesensmitte des Menschen eindringen lassen wollten«[5]. Anfang des 15. Jahrhunderts entstand sein wesentliches Merkmal, als man das Sprechen des *Ave* mit der Betrachtung des Lebens Jesu verband. Es war Adolf von Essen, Prior der Trierer Kartause, der einem mutlos gewordenen Novizen – er hieß Dominikus von Preußen – den Rat gab, er möge, wenn er beim Chorgebet nicht folgen könne, »wie die einfachen Leute es tun, die Mutter Gottes mit dem *Ave Maria* immer wieder und immer wieder grüßen. Die volkstümlichen 50 *Ave* würden Christus und seiner lieben Mutter besonders gefallen, wenn er das Leben Jesu dabei an sich vorüberziehen lasse, um zu erkennen, wie er persönlich Jesus ähnlicher werde.«[6] Der junge Novize, der unter einem – wie er meinte – fruchtlosen Beten litt, schrieb sich kurze Merksätze auf, um das Miteinander von Beten und Betrachten zu erleichtern. Später kam es – zum erstenmal in der 1475 gegründeten Kölner Rosenkranz-Bruderschaft – zu der Gliederung in die sogenannten »Gesätze« von jeweils zehn *Ave*.

Im Rosenkranz beten wir die Urgebete des Glaubens: Das Vaterunser, das mit Worten

Jesu den Zugang zum Vater eröffnet; das *Ave*, das Gruß, Lobpreis und Bitte verbindet, »jetzt und in der Stunde unseres Todes«; und das »Ehre sei dem Vater«, das auf das Ziel jedes Lebens, auf die Vollendung im dreifaltigen Gott hinweist. Ein bloßer Zuhörer mag sich an der starren Struktur und der monotonen Wiederholung stören. Ein Beter wird die immer gleichen Worte jedesmal ein wenig anders nuancieren, wie die verschiedenen Worte einer immer wiederkehrenden Melodie. Er kann – wie beim Singen – dieses oder jenes Wort eigens betonen: *Mutter Gottes …! Bitte für uns Sünder …! Jetzt …!* Während die Finger an der Perlenkette vorübergleiten, klingen die Worte jeweils anders und neu. Einmal schafft die Wiederholung ein sich weitendes Echo, das immer tiefer ins Innere einsinkt, ein anderes Mal hilft sie bei einer Szene aus dem Leben Jesu verweilen, als möchte man sie mit den Augen Mariens sehen. Andere Male vergegenwärtigt man sich während des Sprechens der Worte ein bestimmtes persönliches Anliegen: Gebet für den Freund oder die Freundin, Bitte für Menschen in Not, Dank für eine Wohltat …

Man hat den Rosenkranz ein »marianisches Christusgebet«[7] genannt. Er »läßt uns Maria in ihrer Verbundenheit mit Christus und seiner Heilssendung sehen. Zugleich ist es ein Gebet an Maria, unsere beste Fürsprecherin bei ihrem Sohn. Schließlich ist der Rosenkranz ein Gebet, das wir in besonderer Weise mit Maria sprechen, so wie die Apostel im Abendmahlssaal gemeinsam mit ihr beteten, als sie sich auf die Herabkunft des Heiligen Geistes vorbereiteten.«[8]

Die freudenreichen Geheimnisse lehren uns die Freude der Gottesnähe in einem Alltag, der sonst eher trüb und gehaltlos wäre; die schmerzensreichen Geheimnisse lassen uns mit Liebe und Hingabe Leid und Leiden annehmen, die glorreichen stärken die Hoffnung auf die Vollendung. Einerseits führt uns die Verehrung Mariens den universalen Ratschluß Gottes mit der ganzen Menschheit vor Augen, andererseits drängt sie uns zur persönlichen, individuellen Nachahmung ihres Lebens, zur treuen Erfüllung unserer konkreten Aufgaben im Alltag, zur freudigen Annahme des göttlichen Willens heute. Betend erfahren wir, daß Maria der Person und dem Werk des Erlösers »eine neue menschliche Resonanz verleiht und den strahlenden Glanz seiner Erscheinung mit dem Licht demütiger Menschlichkeit umkleidet«[9].

Der Rosenkranz in seiner heutigen Form, die das wiederholte Marienlob und die Kontemplation von Christi Heilstaten verbindet, erscheint bereits vom historischen Ursprung her als Gebet schlichter Menschen und als Stütze für Menschen in Not. Er ist zweifellos »unter die besten und wirksamsten Formen gemeinschaftlichen Betens zu rechnen, zu denen man eine christliche Familie einladen kann«[10]. Ist dies unter heutigen Lebensbedingungen noch möglich? Auch dort, wo die Bereitschaft vorhanden ist, gibt es oft praktische Schwierigkeiten. Aber warum nicht hin und wieder ein Geheimnis betend betrachten? Zum Beispiel heute, am Gedenktag Unserer Lieben Frau vom Rosenkranz oder an einem großen Marienfest oder im Mai oder unterwegs zu einem Wallfahrtsort.

III. Das Zweite Vatikanische Konzil mahnt uns, die Verehrung der seligen Jungfrau Maria »großmütig zu fördern, die Gebräuche und Übungen der Andacht zu ihr, die im Laufe der Jahrhunderte vom Lehramt empfohlen wurden, hochzuschätzen«[11]. Die Christusmeditation des Rosenkranzes ist ein sehr persönliches Gebet und zugleich ein ganz in den Heilsplan Gottes für alle Menschen eingefügtes Gebet. In ihm »geht der Gläubige nicht etwa in einer Welt subjektiver Religiosität auf, sondern er wird in einer spezifischen Weise der Nachfolge Christi den Weg des Heiles entlanggeführt, dies aber unter Vermittlung der Mutter des Herrn«[12]. Der Rosenkranz lehrt uns »die wahre christliche Meditation: die liebende Vertiefung in die Geheimnisse Gottes, in seine fleischgewordene

Liebe, die nur im Mitlieben aufgehen kann. Indem wir uns von Maria in solches Mitlieben hineinziehen lassen, wirken wir an der Veränderung der Welt auf Gottes Reich hin, das die vollendete Herrschaft seiner Liebe ist.«[13]

Man kann den Rosenkranz überall beten: in der Kirche oder auf der Straße, im Auto oder auf dem Fahrrad, allein, in der Familie oder mit einem Freund, im Wartezimmer oder schlangestehend vor einem Schalter. Mancher theoretische Vorbehalt schwindet, sobald man versucht, schlicht das Beten zu probieren. Denn es gibt Einwände, die in verborgener Eitelkeit oder im unerkannten Stolz wurzeln: Entweder bete ich ihn makellos oder gar nicht. Natürlich sollen wir Zerstreuungen nicht auf die leichte Schulter nehmen. Aber gibt Gott sich nicht auch mit der Armseligkeit unserer Zerstreuungen zufrieden? Die Erfahrung eines trotz guten Willens unvollkommen verrichteten Betens drängt allmählich den Ehrgeiz zurück, mit einer vollkommenen *Leistung* – frei von Zerstreuungen und in absoluter Konzentration – aufzuwarten. Und schließlich setzt sich die bescheidene Einsicht durch, daß wir Gott zusammen mit peinlichen Schwächen auch den guten Willen und ein wenig Zeit darbringen können. Auch eine Zeit unfreiwilliger Zerstreuungen können wir Gott schenken. Deshalb hatte Papst Johannes XXIII. den »schlechtgebeteten Rosenkranz«

gelegentlich mit der Bemerkung verteidigt: »Noch schlechter ist der Rosenkranz, den man nicht betet.«

Manch guter Vorsatz scheitert an praktischen Hindernissen. So ist es beispielsweise wichtig, einen passenden Zeitpunkt für das Rosenkranzgebet zu finden. Eine Beobachtung des seligen Josemaría Escrivá weist darauf hin: »Du verschiebst den Rosenkranz so lange auf ›später‹, bis du ihn schließlich ganz unterläßt – denn es ist schon Zeit zum Schlafengehen. – Solltest du wirklich keine Zeit finden, dann bete ihn unauffällig auf der Straße. Das kann dir außerdem dazu verhelfen, die Gegenwart Gottes lebendig zu halten.«[14]

Der Rosenkranz schafft einen eigenartigen »Zeit-Raum«, wie eine Insel im Alltagsbetrieb, ähnlich wohltuend wie die Hintergrundmusik bei einem Gespräch mit Freunden. Wahrscheinlich ist es kein Zufall, daß beim Versuch, das Warum des Rosenkranzes zu begründen und Einwände zu entkräften, sich Vergleiche mit der Musik anbieten; denn auch diese gehört zu den Realitäten des Lebens, deren Geheimnis sich sowohl der rein rationalen als auch der zweckhaften Betrachtung entzieht. Es ist lohnend zu bedenken, daß der Prior der Trierer Kartause den Rosenkranz mit einem Wort – *Rosarium*, Rosengarten – bezeichnete, das man damals nur für die Liebeslieder einer vom Adel geprägten Kultur verwendete.

Schließen wir diese Zeit des Gebetes mit dem Vorsatz, den Rosenkranz zu entdecken als »eine mächtige Waffe (...), uns in unserem inneren Kampf siegreich sein zu lassen und allen Menschen zu helfen«[15].

[1] vgl. *Gen* 3,15. – [2] J. Escrivá, *Der Rosenkranz*, An den Leser. – [3] ebd. – [4] Paul VI., Apost. Schreiben *Marialis cultus*, 2.2.1974, 48. – [5] L. Scheffczyk, *Maria in der Verehrung der Kirche*, Wien 1981, S.30. – [6] K.J. Klinkhammer, *Die Entstehung des Rosenkranzes und seine ursprüngliche Geistigkeit*, in: *500 Jahre Rosenkranz*, Köln 1975, S.38. – [7] L. Scheffczyk, *Maria in der Verehrung der Kirche*, S.32. – [8] Johannes Paul II., *Ansprache*, 28.10.1981. – [9] L. Scheffczyk, *Maria in der Verehrung der Kirche*, S.32. – [10] Paul VI., Apost. Schreiben *Marialis cultus*, 54. – [11] II. Vat. Konz., Konst. *Lumen gentium*, 67. – [12] L. Scheffczyk, *Maria in der Verehrung der Kirche*, S.31. – [13] *Maria, die Mutter des Herrn*. Hirtenwort der deutschen Bischöfe, 30.4.1979, 3. – [14] J. Escrivá, *Die Spur des Sämanns*, Nr.478. – [15] J. Escrivá, *Der Rosenkranz*, Vorwort.

THERESIA VON AVILA

Lebenserfahrung der ersten Kirchenlehrerin.
Demut, Gebet.
Christus in seinem Menschsein, Mitte des Gebetes.

I. Die heilige Theresia von Avila (1515-1582), »die erste Kirchenlehrerin der Weltkirche, hat sich zum lebendigen Wort über Gott gemacht, hat zur Freundschaft mit Christus eingeladen, hat neue Wege des Glaubens und des Dienstes an der heiligen Mutter Kirche geöffnet. (…) Sie hat die Ordensmänner und -frauen ermahnt, ›sich in den Dienst der Liebe zu stellen‹ (*Leben* 11,1). Sie hat die Erfahrung der Laien mit ihrer Lehre vom Gebet und von der Nächstenliebe erleuchtet, dem universellen Weg der Heiligkeit; denn das Gebet, wie das christliche Leben, besteht nicht ›im vielen Denken, sondern im vielen Lieben‹, und ›alle Seelen sind fähig, Gott zu lieben‹ (vgl. *Seelenburg* IV,1,7 und *Gründungen* 5,2).«[1]

Mit zwanzig Jahren war sie mitten in der Nacht von Zuhause geflohen und gegen den Willen ihres Vaters in den Karmel von Avila eingetreten. Dort gab sie sich in der ihr eigenen Unbedingtheit den Pflichten ihres neuen

Standes hin, »um den Himmel im Sturm zu erzwingen, und durch ein Übermaß an körperlichen Bußübungen ging sie sogar noch weit über alles hinaus, was die Ordensregel ihr auferlegte. Lange aber konnte sie solch ein hartes, entsagendes Leben nicht aushalten, da sie gleichzeitig die Welt mit all ihren Annehmlichkeiten leidenschaftlich liebte. Wieder wurde sie schwer krank. Danach ließ sie von ihren strengen Gewohnheiten ab, war aber enttäuscht von sich selbst, ernüchtert über die Möglichkeit eines schnellen Aufstiegs zu Gott. Resigniert und innerlich gelähmt, gelangte sie in eine später von ihr heftig beklagte Mittelmäßigkeit. Um das Gewissen zu übertönen, begann sie nun, sich ›von einem Zeitvertrieb in den anderen, von einer Eitelkeit in die andere und von einer Gelegenheit in die andere zu werfen‹.«[2]

Die heilige Theresia warnt uns vor einem Irrweg, den sie »die furchtbarste Täuschung« nennt. Sie mied das innerliche Gebet: »Ich hielt es für besser, mit dem großen Haufen zu gehen und bloß noch die schuldigen mündlichen Gebete zu verrichten, als im innerlichen Gebet vertrauten Umgang mit Gott zu pflegen. (...) Auf diesem ungestümen Meere trieb ich mich fast zwanzig Jahre herum, beständig fallend und mich wieder erhebend, leider aber nur, um danach aufs neue zu fallen. Ich führte ein so unvollkommenes

Leben, daß ich die läßlichen Sünden fast gar nicht beachtete. Die Todsünden fürchtete ich zwar noch, doch nicht so, wie es hätte sein sollen, weil ich ihre Gefahren nicht mied. Ich kann sagen, daß diese Lebensweise eine der peinlichsten ist, die man sich meines Erachtens denken kann. Ich fand keinen Genuß in Gott und hatte auch keine Freude an der Welt. Gab ich mich weltlichen Vergnügungen hin, so peinigte mich die Erinnerung an das, was ich Gott schuldig wäre; beschäftigte ich mich mit Gott, so ließen mir die weltlichen Neigungen keine Ruhe. Das ist ein so harter Kampf, daß ich nicht weiß, wie ich ihn einen Monat, geschweige denn so viele Jahre aushalten konnte.«[3] Lauheit, Langeweile, Abgestumpftheit ... Wer kennt diese Empfindungen nicht? »Meine Seele war bereits müde, und gern wäre sie zur Ruhe gekommen, aber ihre bösen Gewohnheiten ließen es nicht zu.«[4]

Da trat der Herr mit Macht in ihr Leben ein[5]: »Als ich eines Tages in die Kapelle ging, da geschah es, daß mein Blick auf ein Bild fiel (...). Es stellte Christus mit vielen Wunden bedeckt dar und war so andachterweckend, daß ich bei dessen Betrachtung ganz darüber bestürzt wurde, den Heiland so zugerichtet zu erblicken; denn es war hier lebendig zum Ausdruck gebracht, was er für uns gelitten. Bei dem Gedanken an die Undankbarkeit, womit ich ihm diese Wunden vergolten, war mein Schmerz so groß, daß mir das Herz zu brechen schien. Ich warf mich vor ihm nieder, und mit vielen Tränen bat ich ihn, er möge mich doch endlich einmal stärken, damit ich ihn nicht mehr beleidige. (...) Er hat mir wirklich, wie ich sicher glaube, geholfen, denn von da an wurde es nach und nach besser mit mir.« Sie ging öfter zur Kommunion und fühlte sich wie Maria von Magdala: »Weil ich da gewiß wußte, daß der Herr in mir gegenwärtig sei, warf ich mich ihm zu Füßen in der Hoffnung, er werde meine Tränen nicht verschmähen. Was ich ihm aber in solchen Augenblicken sagte, wußte ich nicht; denn allzu groß war die Gnade, daß er mir um seinetwillen zu weinen gestattete.«

II. Die heilige Theresia schreibt ihre Werke auf Geheiß ihrer geistlichen Leiter und Oberen, nicht selten mit innerem Widerstreben. Sie erhofft sich einen Gewinn daraus, »daß ich mich im Gehorsam abmühe und meine Kopfschmerzen vermehre, wenn auch sonst niemand einen Nutzen von meiner Arbeit hat«[6]. Dennoch befürchtet sie, ihr könne es ergehen »wie gewissen Vögeln, die man sprechen lehrt und die immer dasselbe wiederholen, weil sie nicht mehr können, als man sie lehrte oder was sie gehört haben«. Es tröstet sie zu bedenken, dem Herrn gefalle »die Einfalt eines demütigen kleinen Hirten besser als die wohlgeordnete Theologie von minder Demütigen«[7], und sie bemüht sich, in Gehorsam und Demut ihren Auftrag zu erfüllen.

Immer wieder bekräftigt sie, wie wichtig die Demut sei. »Ich dachte einmal über den Grund nach, warum unser Herr ein so großer Liebhaber der Demut ist. Da kam mir, wie ich glaube, plötzlich und wie von selbst der Gedanke: Gott ist die höchste Wahrheit, und die Demut ist ein Wandeln in der Wahrheit. Denn es ist ganz gewiß wahr, daß wir von uns selbst nichts Gutes, sondern nur Armseligkeit und das Nichtssein haben. Wer dies nicht erkennt, der wandelt in der Lüge; je mehr wir aber dies erkennen, um so mehr entsprechen wir der höchsten Wahrheit, weil wir dann in der Wahrheit wandeln.«[8]

Außerdem ist die Demut der Ausgangspunkt des Betens. Die Heilige erklärt dies in ihrer heiteren, unbekümmerten Art mit einem Vergleich aus dem Schachspiel, nicht ohne sich vorher entschuldigt zu haben – »da seht ihr, was für eine Mutter euch Gott gegeben hat, daß sie sich auf diese Eitelkeit versteht«: »Wer im Schachspiel die Figuren nicht in Übereinstimmung zu bringen weiß, der spielt schlecht. Und wer nicht Schach zu bieten vermag, der vermag auch nicht mattzusetzen. (...) Wie schnell, wenn wir uns darin üben, werden wir unseren göttlichen König mattsetzen, der uns alsdann nicht entgehen kann und auch nicht entgehen will. Die Königin kann ihn in diesem Spiel am meisten bedrängen, und alle anderen Figuren helfen ihr dabei. Es gibt keine Königin, die ihn so sicher bezwingt wie die Demut.«[9] Die Demut läßt uns auch dort ausharren, wo es mühsam wird. Es sei ja »töricht, zu glauben, der Herr gebe den Leuten seine Freundschaft ohne Mühe, als Geschenk«[10]. Deshalb wundert sie sich über die Gleichgültigkeit vieler: »Was ist das nur, Christen? Versteht ihr euch selber? So gering ich bin – laut möchte ich die Stimme erheben im Wortgefecht mit jenen, die ein innerliches Beten für überflüssig erklären.«[11]

Wir alle kennen den Kampf um das Gebet: nicht nur gegen die unvermeidlichen Zerstreuungen, sondern gegen die Neigung, es sich zu leicht zu machen, oder es bloß pflichtgemäß zu verrichten. Auch Theresia kennt diesen Kampf. Vielleicht helfen uns ihre Worte, um beharrlich zu sein: »Ich beschäftigte mich einige Jahre hindurch mehr mit dem Verlangen nach dem Ende der Gebetsstunde, die ich für mich zu halten mir vorgenommen hatte, und mit Horchen auf den Schlag der Uhr als mit anderen guten Gedanken. Ja, ich kann mir keine so schwere Buße denken, die man mir hätte auflegen können und die ich oftmals nicht lieber auf mich genommen hätte, als mich zum Gebet zu sammeln.«[12]

III. Theresia lehrt uns, das Menschsein unseres Herrn in die Mitte unseres Betens zu stellen: »Da ich mit dem Verstand nicht nachsinnen konnte, bemühte ich mich, mir Christus als in mir lebend vorzustellen; es gelang mir, wie mir scheint, um so besser, je einsamer ich ihn fand. Mir schien, wenn er allein und betrübt sei wie jemand, der sich in Not befindet, müsse er mich zu sich lassen. Solche einfältigen Gedanken hatte ich viele. Besonders gut gelang es mir, beim Gebet im Ölgarten. Dort leistete ich ihm Gesellschaft.«[13]

Eine Anmerkung der Heiligen mag uns anregen: Sie ist ein wenig verwundert, wenn sie rückblickend merkt, wie das Sichvergegenwärtigen des Menschseins Christi schon ganz früh da war. »Während vieler Jahre, auch bevor ich Nonne wurde, dachte ich immer am Abend, bevor ich einschlief, beim Abendgebet ein wenig an diese Szene Jesu im Ölgarten (...); meine Seele hat daraus großen Nutzen geschöpft; denn ich begann, das betrachtende Gebet zu üben, ohne zu wissen, was es war; und es wurde mir zu fester Gewohnheit, die ich ebensowenig unterlassen konnte, wie vor dem Einschlafen das Kreuzzeichen zu machen.«[14]

Aus der Intensität der Nähe zu Christus erwächst ihr apostolischer Drang, viele Menschen zu den Reichtümern des Betens hinzuführen: »Seelen, die ihr nicht zu vielen unterscheidenden Erwägungen fähig seid, die ihr eure Gedanken nicht lange auf Gott richten könnt ohne abzuschweifen, gewöhnt euch, gewöhnt euch! Seht, ich weiß, daß ihr es vermögt. Habe ich doch viele Jahre in dieser wahrhaft großen Mühsal hingebracht, die Gedanken nicht auf eine Sache sammeln zu können. Jedoch ich weiß, daß der Herr uns nicht unserer Hilflosigkeit überläßt, daß er uns begleitet, wenn wir ihm in Demut nahen. Und wenn es nicht in einem Jahr gelingt, dann in einem weiteren, diese gewohnte Vergegenwärtigung des wahren Meisters an unserer Seite. Ich bitte euch nicht, daß ihr über ihn nachsinnt, daß ihr große, feinsinnige Erwägungen über ihn anstellt; ich will nur, daß ihr ihn anschaut.«[15] Wie aktuell ist dieser Aufruf in unserer Zeit! Theresia »wandte sich gegen die Bücher, die die Kontemplation als ein bequemes Versenken in die Göttlichkeit darstellten oder ein ›An-nichts-denken‹ (vgl. *Seelenburg*, VI,3,6), und sie sah darin eine Gefahr, sich in sich selbst zurückzuziehen, sich von Jesus, von dem ›alle Güter gekommen sind‹ (vgl. *Leben*, 22,4), zu entfernen. Von daher ihr Ruf: ›Aber sich ganz von Christus abzuwenden (...), das kann ich nicht ertragen‹ (*Leben*, 22,1). Dieser Ruf gilt auch noch in unseren Tagen für einige Gebetspraktiken, die sich nicht auf das Evangelium beziehen und dazu neigen, von Christus abzusehen zugunsten einer geistigen Leere, die im Christentum keinen Sinn hat. Jede Gebetsweise ist gültig, wenn sie sich von Christus inspirieren läßt und zu Christus, dem Weg, der Wahrheit und dem Leben, führt (vgl. *Joh* 14,6).«[16]

Bitten wir am Gedenktag der heiligen Theresia um Wachsen in unserer Liebe zum Herrn, um Fortschritt im geistlichen Leben.

[1] Johannes Paul II., *Ansprache in Avila*, 1.11.1982. – [2] J. Burggraf, *Theresia von Avila – Humanität und Glaubensleben*, Paderborn 1996, S.40. – [3] *Leben*, 7,1 und 8,2. – [4] *Leben*, 9,1. – [5] *Leben*, 9,1-2. – [6] *Seelenburg*, Einleitung. – [7] *Weg der Vollkommenheit*, 37,4. – [8] *Seelenburg*, 6,10,7. – [9] *Weg der Vollkommenheit*, 24,1-2. – [10] ebd., 18,2. – [11] ebd., 37,2. – [12] ebd., 35,2. – [13] *Leben*, 9,4. – [14] ebd. – [15] *Weg der Vollkommenheit*, 42,2-3. – [16] Johannes Paul II., *Ansprache in Avila*, 1.11.1982.

18. OKTOBER

LUKAS, EVANGELIST

Was sich unter uns ereignet und erfüllt hat.
Evangelist des Erbarmens Jesu.
Am Anfang der Kirche.

I. *Schon viele haben es unternommen, einen Bericht über all das abzufassen, was sich unter uns ereignet und erfüllt hat. Dabei hielten sie sich an die Überlieferung derer, die von Anfang an Augenzeugen und Diener des Wortes waren. Nun habe auch ich mich entschlossen, allem von Grund auf sorgfältig nachzugehen, um es für dich, hochverehrter Theophilus, der Reihe nach aufzuschreiben*. Diese Worte sind uns wohlvertraut. Es sind heilige Worte, *Evangelium*, *frohe Botschaft*, »unter dem Anhauch des Heiligen Geistes aufgezeichnet«[1]. Und es sind zugleich Worte eines Chronisten, der – anders als Matthäus oder Johannes – sich nicht auf eigene Erfahrungen stützen kann, dafür aber um so gewissenhafter recherchiert. Lukas ist wahrscheinlich erst in den vierziger Jahren in seiner Heimatstadt Antiochia Christ geworden. Er hat den Herrn also nicht persönlich gekannt, aber er hält sich an jene, die nicht nur *Augenzeugen* sind, die *von Anfang an* bei ihm waren, sondern auch *Diener des Wortes*

– beauftragt also, das Zeugnis weiterzugeben.

Theophilus soll wissen, daß es nicht um eine abstrakte Ideologie oder um einen Moralkodex geht, sondern um etwas, das sich wirklich *unter uns ereignet und erfüllt hat*: Es geht um ein *Ereignis*, um den Auftritt einer Person, des menschgewordenen Sohnes Gottes, der in einem bestimmten Augenblick der Geschichte greifbar, berührbar, hörbar wird.

Die Sorge des Lukas um den Ereignischarakter des Glaubens ist stets angebracht. Die Kirche sieht die Evangelien als »das Hauptzeugnis für Leben und Lehre des fleischgewordenen Wortes, unseres Erlösers«[2], und sie hat am historischen Charakter und »am apostolischen Ursprung der vier Evangelien (...) immer und überall festgehalten und hält daran fest; denn was die Apostel nach Christi Gebot gepredigt haben, das haben später unter dem Anhauch des Heiligen Geistes sie selbst und apostolische Männer uns als Fundament des Glaubens schriftlich überliefert: das viergestaltige Evangelium nach Matthäus, Markus, Lukas und Johannes«[3].

Gerade unsere Zeit braucht Klarheit über die Realität des Christlichen. Denn nicht selten »breiten sich um Christus, auch bei den Christen, Schatten der Unwissenheit aus oder, was noch schlimmer ist, Schatten des Mißverstehens, wenn nicht gar des Unglaubens. Es besteht immer Gefahr, sich auf das ›Evangelium Jesu‹ zu berufen, ohne dessen Größe und Radikalität zu erkennen und ohne das zu leben, was man mit Worten bekennt. Wie viele gibt es, die das Evangelium auf ihr eigenes Maß herabmindern und sich einen bequemeren Jesus zurechtmachen; die seine göttliche Transzendenz leugnen oder aber sein wirkliches, geschichtliches Menschsein; wie viele auch, die die Vollständigkeit seiner Botschaft manipulieren, vor allem nicht sein Kreuzesopfer, das sein Leben und seine Lehre beherrscht, berücksichtigen, noch die Kirche, die er als sein ›Sakrament‹ in der Geschichte eingesetzt hat.«[4]

Ein allgemeines Wissen über Christus genügt nicht. Wir müssen die Evangelien lesen, betrachten, durchbeten. Dann erfahren wir, daß die *Lehre* Christi sein Leben ist. »Die Momente seines Schweigens, seine Wunder, seine Taten, sein Beten, seine Liebe zum Menschen, seine Vorliebe für die Armen und Kleinen, die Annahme des letzten Opfers für die Erlösung der Welt am Kreuz und seine Auferstehung: dies alles macht sein Wort wirklich und wahr und vollendet seine Offenbarung (...). All diese Überlegungen (...) sollen in uns die Begeisterung für Christus kräftigen, für den Meister, der den Menschen offenbart, wer Gott ist, und auch, wer der Mensch ist; für den Meister, der rettet, heiligt und führt, der lebt, spricht, aufrüttelt und erschüttert, zurechtweist, richtet und verzeiht, der täglich den Weg durch die Geschichte mit uns geht; für den Meister, der kommt und kommen wird in Herrlichkeit.«[5]

II. Kein Evangelist zeichnet die Milde und das Erbarmen Christi gegenüber den Sündern und den Armen so anschaulich wie Lukas. Er betont die Zuwendung Jesu zu den Geringen und Armen, während die Stolzen und die reichen Genießer hart behandelt werden.[6] Er bringt als einziger die Gleichnisse vom verlorenen Sohn, von der verlorenen Drachme, vom barmherzigen Samariter, vom Pharisäer und vom Zöllner.[7] Sie verdeutlichen, daß Jesus, der Heiland, *gekommen* ist, *um zu suchen und zu retten, was verloren war.*[8] Nur Lukas erwähnt die Begegnung mit Zachäus, die Verheißung an den reumütigen Schächer, die Bitte um Vergebung für jene, die ihn kreuzigen, die Begegnung mit den Jüngern von Emmaus.[9]

Die Art, wie Lukas die Züge zarter Menschlichkeit in Jesus zeichnet, löst das Geheimnis nicht auf, macht es indes anziehender. Etwa wenn wir Heiligabend vor der Krippe das Weihnachtsevangelium vernehmen.[10] Nur Lukas berichtet von den Hirten, die *Nachtwache bei ihrer Herde hielten* und nach Betlehem gingen, *um das Ereignis zu sehen, das uns der Herr verkünden ließ*. Was ist dieses Ereignis? *Ihr werdet ein Kind finden, das, in Windeln gewickelt, in einer Krippe liegt.* Als möchte der Evangelist diesen Augenblick innigster Anteilnahme auskosten, hatte er schon vorher auf die Mutter gezeigt: *Sie wickelte ihn in Windeln und legte ihn in eine Krippe.*

Die feine Art der Darstellung erleichtert das betende Eintauchen in die Ereignisse des Evangeliums. »Wenn man einen Menschen liebt, möchte man alles, selbst die kleinsten Details über ihn wissen, um sich mit ihm identifizieren zu können. Darum müssen wir die Lebensgeschichte Jesu betrachten, von der Geburt in einer Krippe bis zu seinem Tod und seiner Auferstehung (...). Wir müssen sein Leben gut kennen, es ganz im Kopf und im Herzen tragen, damit wir es in jedem Augenblick ohne Hilfe eines Buches mit geschlossenen Augen vor unserem inneren Blick wie einen Film vorbeiziehen lassen können. Die Worte und Taten des Herrn werden uns auf diese Weise in den verschiedenen Situationen unseres Lebens begleiten.

So werden wir sein Leben mitleben. Denn es geht nicht nur darum, an Jesus zu denken, uns diese oder jene Szene zu vergegenwärtigen. Wir müssen uns vielmehr in sie hineinversetzen, und als Teilnehmer des Geschehens werden wir dann Christus so nahe folgen wie Maria, seine Mutter, wie die ersten Zwölf, wie die frommen Frauen und die

Menge, die ihn umdrängte. Wenn wir so handeln und Christus keine Hindernisse in den Weg legen, werden uns seine Worte bis ins Innerste durchdringen und umwandeln.«[11]

Und da ist die Atmosphäre der Freude in seinem Evangelium. Natürlich ist sie keine Besonderheit des Lukas, denn jeder der vier Evangelisten vermittelt ja die *frohe Botschaft*. Aber Lukas ganz besonders: die jubelnde Freude des *Magnificat* und des *Benedictus*, das *große himmlische Heer, das Gott lobte*, das Dankgebet des Simeon und der Hanna im Tempel ... bis hin zum letzten Satz des Evangeliums: *Während er sie segnete, verließ er sie und wurde zum Himmel emporgehoben; sie aber fielen vor ihm nieder. Dann kehrten sie in großer Freude nach Jerusalem zurück.*[12]

III. Der Evangelist Lukas ist auch der Verfasser der *Apostelgeschichte*. Nicht nur der *liebe Theophilus* ist Bindeglied zwischen beiden Werken, auch das Bemühen um Verläßlichkeit. *Im ersten Buch, lieber Theophilus, habe ich über alles berichtet, was Jesus getan und gelehrt hat, bis zu dem Tag, an dem er (in den Himmel) aufgenommen wurde. Vorher hat er durch den Heiligen Geist den Aposteln, die er sich erwählt hatte, Anweisungen gegeben. Ihnen hat er nach seinem Leiden durch viele Beweise gezeigt, daß er lebt; vierzig Tage hindurch ist er ihnen erschienen und hat vom Reich Gottes gesprochen.*

Wir treten nun in eine neue Zeit ein, die Zeit der ganz frühen Kirche. *Ihr werdet meine Zeugen sein (...) bis an die Grenzen der Erde.* »Das machtvolle Kommen des Heiligen Geistes am Pfingsttage war kein isoliertes Geschehen. Es gibt kaum eine Seite der *Apostelgeschichte*, auf der nicht von ihm und seinem Wirken gesprochen wird, welches Leben und Wandel der urchristlichen Gemeinde leitet und beseelt.«[13] Lukas berichtet über die ersten Schritte dieser Kirche. Irgendwann in dieser Anfangszeit wird er gläubig geworden sein. Wir wissen, daß er – ein Heidenchrist – aus jener Stadt Antiochia stammte, wo zuerst der Name »Christen« gebraucht wurde. Lukas wurde dann Begleiter des Apostels Paulus, der ihn im Brief an die Kolosser erwähnt – *auch der Arzt Lukas, unser lieber Freund, und Demas grüßen euch*[14] – und der während seiner letzten römischen Gefangenschaft schreibt: *Nur Lukas ist noch bei mir.*[15]

Bei der aufmerksamen Lektüre der *Apostelgeschichte* fallen die drei *Wir-Stellen* auf, in denen der Verfasser nicht in dritter Person erzählt, sondern als Beteiligter erscheint.[16] In der ersten dieser *Wir*-Stellen geht es um den Sprung nach Europa von Kleinasien aus: *So brachen wir von Troas auf und fuhren auf dem kürzesten Weg nach Samothrake und am folgenden Tag nach Neapolis. Von dort gingen wir nach Philippi, in eine Stadt im ersten Bezirk von*

Mazedonien. Die letzte *Wir-Stelle* stellt uns Lukas in Rom in Begleitung des gefangenen Paulus vor. *Nach unserer Ankunft in Rom erhielt Paulus die Erlaubnis, für sich allein zu wohnen (...). Er verkündete das Reich Gottes und trug ungehindert und mit allem Freimut die Lehre über Jesus Christus, den Herrn, vor.*

Nach einer im 6. Jahrhundert auftauchenden Legende soll Lukas auch Maler gewesen sein und das Bild der Gottesmutter mehrfach gemalt haben. Eine »wahre« Legende, denn Lukas hat – nicht auf einem Gemälde, aber in seinem Evangelium – die feinen Züge Mariens für uns festgehalten. Bitten wir ihn an seinem Gedenktag, er möge uns durch sein Evangelium den Weg durch Maria zu Jesus zeigen.

[1] *Katechismus der Katholischen Kirche*, 105. – [2] II. Vat. Konz., Konst. *Dei Verbum*, 18. – [3] ebd. – [4] Johannes Paul II., *Ansprache*, 7.1.1987. – [5] Johannes Paul II., Apost. Schreiben *Catechesi tradendae*, 16.10.1979, 9. – [6] vgl. *Lk* 1,51-53; 6,20-26; 12,13-21; 14,7-11; 16,15.19-31; 18,9-14. – [7] vgl. *Lk* 15,1-32; 10,30-37; 18,9-14. – [8] *Lk* 19,10. – [9] vgl. *Lk* 19,1-10; 23,34.42-43; 24,13-35. – [10] *Lk* 2,1-20. – [11] J. Escrivá, *Christus begegnen*, 107. – [12] *Lk* 24,51-52. – [13] J. Escrivá, *Christus begegnen*, 127. – [14] *Kol* 4,14. – [15] *2 Tim* 4,11. – [16] vgl. *Apg* 16,10-17; 20,5-21,18; 27,1-28,16.

28. OKTOBER

SIMON UND JUDAS, APOSTEL

Die Wahl der Zwölf.
Jede Berufung ist Geschenk und Geheimnis.
Treue.

I. *In jenen Tagen ging Jesus auf einen Berg, um zu beten. Und er verbrachte die ganze Nacht im Gebet zu Gott. Als es Tag wurde, rief er seine Jünger zu sich und wählte aus ihnen zwölf aus; sie nannte er auch Apostel.* Das Evangelium[1] am Fest der heiligen Apostel Simon und Judas Thaddäus berichtet vom entscheidenden Ereignis in ihrem Leben, als Jesus sie zum Apostelamt ruft. Es ist eindrucksvoll zu hören: Jesus *verbrachte die ganze Nacht im Gebet zu Gott*. Er wird dem Vater den Namen eines jeden vorgetragen haben – aller Zwölf, auch den des Verräters. Was für ein Geheimnis!

Von einigen kennen wir die genauen Umstände ihrer ersten Begegnung – von Andreas, Johannes, Simon, Philippus, Nathanael ... Andere sind einfach da, und wir wissen nicht, wie sie zu Jesus fanden. Von Simon wissen wir nur, daß er die hebräischen Beinamen *Kananäus*[2] und *Zelotes* trug, die auf seine Zugehörigkeit zur radikalen Zelotenpartei hinweisen. Judas wird aus naheliegenden

Gründen mit einem verdeutlichenden Beinamen genannt: *Sohn des Jakobus* oder einfach *Thaddäus*[3].

Wahrscheinlich haben wir gelegentlich das alttestamentliche Wort auf uns bezogen: *Vocavi te nomine tuo! Ich habe dich beim Namen gerufen!*[4] Jetzt, im feierlichen Augenblick der Berufung der Zwölf, mag der Herr dies buchstäblich getan und jeden einzeln *beim Namen* gerufen haben: *Du, Simon ... Du, Judas Thaddäus* ... Aber die Auserwählung der Zwölf war nicht nur ein individueller Ruf; sie hat gleichzeitig eine institutionelle Dimension: *Er nannte sie Apostel*. Markus[5] gebraucht dieses Wort nicht, aber der griechische Ausdruck *er setzte ein* ist »ein Verb, das im griechischen Text der *Septuaginta* auch für das Werk der Schöpfung verwendet wird; für dieses benützt der jüdische Originaltext das Wort ›bara‹, für das es im Griechischen kein genau entsprechendes gibt; ›bara‹ bedeutet das, was nur Gott selbst ›tut‹, indem er aus dem Nichts erschafft«[6]. Der griechische Ausdruck spricht also »von einer entscheidenden Handlung Christi, die eine neue Wirklichkeit geschaffen hat. Die Funktionen, die Aufgaben, die die Zwölf erhalten, sind eine Folge dessen, was sie kraft der Einsetzung durch Christus (er setzte ein = er tat) geworden sind.«[7]

Mit dieser Tat errichtet der Herr die Grundstruktur seiner Kirche. Die Zwölfzahl der Erwählten ist nicht zufällig oder willkürlich, sie entspricht der Zwölfzahl der Stämme Israels. »Ebenso wie die Patriarchen, Jakobs Söhne, für das ganze Volk die ehrwürdigen Ahnherren waren, auf die jeder Stamm stolz war – der gemeinsame Ursprung war die Grundlage des Zusammenhalts der Stämme –, so sollten die Zwölf die Väter des neuen Israels sein, das Jesus schaffen wollte.«[8] Aber die Nachkommenschaft des neuen Volkes Gottes wird nicht – wie im alten Israel – eine des Fleisches sein; sie wird die Grenzen der natürlichen Volkszugehörigkeit sprengen und sich allen Völkern öffnen.

Die Zwölf »repräsentieren dieses neue endzeitliche Gottesvolk. Und sie *versinnbilden* es nicht bloß durch ihre Zwölfzahl, sie *sind* es auch, insofern sie seine ersten Glieder sind. Ihre Auswahl erfolgt demnach nicht bloß im Hinblick auf ihre spätere Aussendung als Glaubensboten, sie ist auch und ist vor allem der erste Schritt zur Kirchengründung.«[9] Die Auserwählung der Zwölf steht am Anfang der Kette von Nachfolgern im Apostelamt, durch welche die Bischöfe unserer Zeit mit Christus verbunden bleiben.

II. *Er rief seine Jünger zu sich und wählte aus ihnen zwölf aus* … Simon Kananäus, Judas Thaddäus und zehn weitere wurden zu Aposteln. Warum gerade sie? Warum nicht andere? Die Antwort liegt im freien, geheimnisvollen Ratschluß Gottes verborgen. Jesus vollendet diesen Ratschluß. Nicht nur die Zwölf haben mit ihrem besonderen Status einen Ruf erfahren. Die anderen blieben Jünger in der Nachfolge, auch sie sind dem Herrn nahe, wenn auch nicht in der besonderen Gestalt des Amtes; denn jede Berufung zur Nachfolge ist eine Auserwählung, »ein von Ewigkeit her zugedachtes und erteiltes Geschenk Gottes an den Menschen. Gott will für diesen konkreten Menschen einen bestimmten Weg des Warum und Wozu seines Lebens im Geflecht der geschichtlichen Ereignisse und Erfahrungen, die im Licht der Gnade gerade als Zeichen erkannt werden.«[10]

Lassen wir unsere Betrachtung in ein betendes Nachdenken über unsere eigene Berufung einmünden. Berufung ist weder eine Anerkennung für persönliche Vorzüge noch Lohn für Leistungen – sie ist immer »Geschenk und Geheimnis«[11]: *Mit einem heiligen Ruf hat er uns gerufen, nicht aufgrund unserer Werke, sondern aus eigenem Entschluß und aus Gnade, die uns schon vor ewigen Zeiten in Christus Jesus geschenkt wurde.*[12] Warum gerade *ich*? Man kann sich diese Frage stellen, dankbar für alle Reichtümer, die uns ohne unser Verdienst zugeflossen sind. Man könnte auch – Gott bewahre! – die Frage mit einem ärgerlichen Unterton stellen: Warum läßt man mich nicht in Ruhe? Man ignoriert dann, daß die Berufung des Menschen zur Gemeinschaft mit Gott der tiefste Grund für die menschliche Würde ist. »Zum Dialog mit Gott wird der Mensch schon von seinem Ursprung her eingeladen; er existiert nämlich nur, weil er, von Gott aus Liebe geschaffen, immer aus Liebe erhalten wird; und er lebt nicht voll gemäß der Wahrheit, wenn er diese Liebe nicht frei anerkennt und sich seinem Schöpfer anheimgibt.«[13]

Gott ruft immer wieder Menschen in seinen Dienst, deren persönliche Qualitäten in keinem Verhältnis stehen zu dem, was sie – mit seiner Hilfe – dann ausführen sollen. Vielleicht haben wir es selbst irgendwann einmal auch so empfunden. Wir entdecken den Ruf, die Sendung, die Aufgabe – und vor diesem Hintergrund türmen sich die eigenen Sünden, Schwächen, Armseligkeiten bedrükkend auf. Dies darf uns weder verwundern noch entmutigen. Es stimmt, daß der mit der Berufung erhaltene Auftrag unsere Fähigkeiten übersteigt – und es stimmt auch nicht. Denn bei einer solchen Sicht vergißt man, daß Gott dem Berufenen mit dem Ruf auch die nötige Kraft zur Nachfolge gibt und sie immer wieder erneuert. Was können wir also tun? Uns offen halten und den Anfang der Geschichte der Kirche bedenken: Jesus schenkt jenen Zwölf, die er ruft, alle nötigen Gnaden.

Was erwartet Gott also von uns? Nur den guten Willen, die Bereitschaft, sich auf ihn einzulassen: »Wenn es auch eine Gnade ist, ihm anzugehören, so ist es doch eine Gnade, die er niemandem versagt, der bereit ist, sie anzunehmen.«[14]

Die Gnade der Berufung begann in uns mit der Taufe zu wirken. »Gleich wie auch immer die persönliche Geschichte eines Menschen verläuft oder verlaufen sein mag, Berufung und Antwort ereignen sich sakramental in der Taufe. Von da ab wurzeln sie als reale Wirklichkeit im Herzen des Menschen und entfalten sich in den verschiedensten Umständen des Lebens.«[15]

Simon, Judas Thaddäus und die anderen zehn waren schon einige Monate bei Jesus, als er sie rief. An jenem Tag begann ein neuer Abschnitt in ihrem Leben an der Seite des Herrn. Es war eine engere Bindung, die Bekräftigung, daß sie für immer bei ihm bleiben wollten. Auch wenn sie nicht wußten, wie es weitergehen würde, eines wußten sie: sie wollten ihm treu bleiben.

III. Von Judas Thaddäus wissen wir nur, daß er während des Letzten Abendmahles Jesus fragte: *Herr, warum willst du dich nur uns offenbaren und nicht der Welt?*[16] Jesus antwortet, als möchte er sagen, seine Offenbarung sei keine bloße Information, sie erreiche nur jene, die offen sind für die Liebe zu ihm: *Wenn jemand mich liebt, wird er an meinem Wort festhalten; mein Vater wird ihn lieben, und wir werden zu ihm kommen und bei ihm wohnen.* Später ergänzt der Herr: *Bleibt in mir, dann bleibe ich in euch.*[17] Damit gibt er eine Art Definition der Heiligkeit: Ihn lieben, in ihm bleiben, Umgang mit ihm in den Sakramenten und im Gebet pflegen und als Gesandte Zeugnis von ihm geben.

Paulus nennt die ersten Christen *die berufenen Heiligen*[18]. Er konkretisiert mit diesen Worten die Lehre, daß »alle Christgläubigen jeglichen Standes oder Ranges zur Fülle des christlichen Lebens und zur vollkommenen Liebe berufen sind. Durch diese Heiligkeit wird auch in der irdischen Gesellschaft eine menschlichere Weise zu leben gefördert.«[19] Die Entdeckung der persönlichen Berufung zur Heiligkeit ist die entscheidende Einsicht im Leben eines Menschen. Von der treuen Antwort hängt die Qualität des eigenen Lebens ab. Wenn es so viele Christen gibt, die ziellos, ohne Tiefgang und mit engem Herzen leben, dann, weil ihnen das Bewußtsein der Berufung fehlt.

Das, was mit der Taufe beginnt, erhält nach und nach faßbare Gestalt, bis es eines Tages feste Konturen angenommen hat: als konkrete Lebenssituation, als Beruf, im Kreise der Freunde, als Neigungen und Begabungen

... Aber natürlich ist das Werk noch nicht vollendet. Es beginnt dann die Zeit der bewußten Treue, denn Gott schenkt immer die notwendigen Gnaden, um beharrlich zu bleiben. Es beginnt dann auch der Kampf gegen die Versuchung, das einmal gegebene Ja zurückzunehmen. Ermüdung im asketischen Kampf, scheinbare »Erfolglosigkeit«, laues Gebetsleben können die Gründe dafür sein. Aber es beginnt auch die Zeit der inneren Klarheit, des Dankes, weil wir in neuem Licht den Sinn unseres Lebens deutlich erfassen. Die Treue verwirklicht sich also Tag für Tag, meistens in den kleinen Pflichten und Aufgaben.

Sich heiligen ... Gott nimmt uns so, wie wir sind, er nimmt unsere Erbärmlichkeiten an, er vergibt uns die Sünden, er schenkt uns immer wieder seine Gnade. Aber er will keine Kompromisse, keine Zugeständnisse und kein Taktieren, sondern ein ernsthaftes Bemühen, ihn zu lieben. Ein konsequent christliches Leben erfordert den Heroismus der Tugenden besonders dann, wenn sich der gängige Lebensstil vom christlichen Ideal mehr und mehr entfernt.

Es genügt nicht, berufen worden zu sein. Indem wir *festhalten, was wir erreicht haben*[20], bejahen und erneuern wir die Berufung immer wieder. Und wenn sie beschwerlich wird, gilt es, an die Verheißung zu denken, die

Judas Thaddäus mit seiner Frage auslöste: *Mein Vater wird ihn lieben ... Wir werden zu ihm kommen und bei ihm wohnen. Wir ...* Der Vater, der Sohn und der Heilige Geist.

[1] *Lk* 6,12-19. – [2] *Mt* 10,4; *Mk* 3,18. – [3] ebd. – [4] *Jes* 43,1. – [5] *Mk* 3,13-19. – [6] Johannes Paul II., *Katechese*, 22.6.1988. – [7] ebd. – [8] M.J. Lagrange, *Das Evangelium von Jesus Christus*, Heidelberg 1949, S.152. – [9] *Regensburger Neues Testament*, Bd. 2, Regensburg 1958, S.76. – [10] P. Rodriguez, *Die Welt als sittliche Aufgabe*, in: *Die Person im Anspruch sittlicher Normen*, St. Augustin 1981, S.94. – [11] vgl. Johannes Paul II., *Geschenk und Geheimnis – Zum 50. Jahr meiner Priesterweihe*, Graz 1997. – [12] *2 Tim* 1,9. – [13] II. Vat. Konz., Konst. *Gaudium et spes*, 19. – [14] Franz von Sales, *Über die Gottesliebe*, III,4. – [15] P. Rodriguez, *Die Welt als sittliche Aufgabe*, S.95. – [16] *Joh* 14,22. – [17] *Joh* 15,4. – [18] *Röm* 1,7. – [19] II. Vat. Konz., Konst. *Lumen gentium*, 40. – [20] *Phil* 3,16.

ALLERHEILIGEN

Die heilige Stadt, unsere Heimat.
Hoffnung und Sehnsucht.
Ein unsichtbares Geflecht.

I. *Freut euch alle im Herrn am Fest aller Heiligen ...*[1] Ein Ruf, der Himmel und Erde verbindet. Denn er verkündet, daß die Freude dieses Festes im Himmel geteilt wird: *Mit uns freuen sich die Engel und loben Gottes Sohn.*

Die Wurzeln des heutigen Festes finden sich im Gedächtnis aller Märtyrer, das man im Orient schon im 4. Jahrhundert beging. Der entscheidende Schritt war dann Anfang des 6. Jahrhunderts die Weihe des römischen Pantheon, zur Kaiserzeit Kultstätte für die dreitausend im Reich anerkannten Gottheiten, als Kirche *Sancta Maria ad Martyres*. »Zu diesem Weihetag ließ der Papst auf 28 Wagen Gebeine der Märtyrer aus den Katakomben in die Kirche bringen.«[2]

Wie viele Gedanken stürmen heute auf uns ein! Wir schauen auf unsere Brüder und Schwestern in der Vollendung. »Der erste Wunsch, den das Andenken an die Heiligen in uns hervorruft oder, besser noch, in uns hineinruft, ist der: teilzunehmen an ihrer ersehnten Gemeinschaft; zu verdienen, ihre Mitbürger und Zeltgenossen zu sein (...) – mit einem Worte: in die Gemeinschaft der Heiligen aufgenommen zu werden und uns mit ihnen zu freuen.«[3]

Wir vergegenwärtigen uns auch die vielen eng mit uns Verbundenen. Und der Blick weitet sich und schließt die vielen Unbekannten in unser Gebet ein, deren Not wir mittragen wollen: Kranke, Einsame, Verlassene, Zweifelnde, vom Leben Überforderte, Kirchenferne, Glaubensfeinde ... Und auch der morgige Gedenktag dämmert schon herauf: das Gebet für unsere Verstorbenen.

Betrachten wir die Präfation der heutigen Messe, jenen Text, »in dem sich das Mysterium des Heiles, das zur Feier ansteht, in voller hoheitlicher Würde ausdrückt. Sie öffnet das Tor für die Epiphanie Gottes, die nun kommt in Brot und Wein. Sie öffnet die Augen, daß wir ihn, den wir nicht sehen, doch gegenwärtig glauben.«[4] *Heute schauen wir deine heilige Stadt, unsere Heimat, das himmlische Jerusalem. Dort loben dich auf ewig die verherrlichten Glieder der Kirche, unsere Brüder und Schwestern, die schon zur Vollendung gelangt sind. Dorthin pilgern auch wir im Glauben, ermutigt durch ihre Fürsprache und ihr Beispiel, und gehen freudig dem Ziel der Verheißung entgegen.*[5]

Die Präfation mündet immer ein in das *Sanctus*: *Heilig, heilig, heilig, Gott, Herr aller*

Mächte und Gewalten … Heute läßt die Lesung[6] unseren Ruf wie ein Echo des himmlischen Lobgesangs erscheinen, das *alle Engel* zusammen mit den geheimnisvollen *Ältesten* und den vier *Lebewesen* vor dem Thron Gottes anstimmen: *Amen, Lob und Herrlichkeit, Weisheit und Dank, Ehre und Macht und Stärke unserem Gott in alle Ewigkeit. Amen.* Wir betrachten die glanzvolle Versammlung der Erlösten in der *heiligen Stadt*: *Eine große Schar aus allen Nationen und Stämmen, Völkern und Sprachen; niemand konnte sie zählen. Sie standen in weißen Gewändern vor dem Thron und vor dem Lamm.* Wir hören sie rufen: *Die Rettung kommt von unserem Gott, der auf dem Thron sitzt, und von dem Lamm.*

Das Blut des Lammes hat jeden Winkel der Erde erreicht und dieser *großen Schar* Gnade und Heil erwirkt. In dieser heiligen Stadt leben alle, die auf Erden treu gewesen sind.

Die Bilder sollen unsere Sehnsucht nach dem Himmel schüren. *Wir haben hier keine bleibende Stadt, sondern wir suchen die zukünftige.*[7] Die Hoffnung beflügelt das Herz und nährt das Sehnen nach der vollendeten Form menschlicher Existenz: *Wir werden ihn sehen, wie er ist.*[8]

II. Wozu Heiligenverehrung? Stellen wir uns diese Frage nicht im Gestus des Aufgeklärten, sondern als Betende, die im Lichte des Glaubens die Antwort schon kennen. So wie Bernhard von Clairvaux in einer seiner Predigten[9]: »Wozu nützt dem Heiligen unser Lob? Wozu unsere Festfeier? Wozu brauchen sie Erdenruhm, wo doch nach der untrüglichen Verheißung des Sohnes der Vater sie ehrt? Sie sind ja voller Seligkeit! Was sollen ihnen noch unsere Lobsprüche helfen?« Es stimmt, sagt der Heilige weiter, »die Heiligen bedürfen unserer Ehren nicht und unsere Andachten bringen ihnen keinen Nutzen. Wenn wir aber dennoch ihr Andenken ehren, so ist dies offenbar zum Vorteil für uns, nicht für sie. (...) Ich für meinen Teil fühle durch dieses Gedenken eine heftige Sehnsucht in mir auflodern.«

Folgen wir in unserem Gebet dieser Spur: Sehnsucht. Die zweite Lesung[10] schürt sie: *Jetzt sind wir Kinder Gottes*, schon jetzt sind wir *heilig*, durch Taufe und Firmung *geheiligt.* Aber die Gotteskindschaft ist noch nicht vollendet, das Heiligsein noch nicht gesichert. Wir leben zwischen Gegenwart und Zukunft: *Was wir sein werden, ist noch nicht offenbar geworden. Wir wissen, daß wir ihm ähnlich sein werden, wenn er offenbar wird; denn wir werden ihn sehen, wie er ist.* Die Worte des Herrn im Evangelium[11] bekräftigen diese Spannung zwischen dem *Jetzt* und der Verheißung. Immer wieder heißt es: *Selig ...*

denn sie werden … Und am Ende: *Freut euch und jubelt: Euer Lohn im Himmel wird groß sein.*

Die Heiligen bezeugen, daß die allgemeine Berufung zur Heiligkeit »nicht lediglich eine moralische Ermahnung, sondern *eine unausweichliche Forderung ist, die sich aus dem Geheimnis der Kirche ergibt*: Die Kirche ist der erwählte Weinstock, dessen Reben aus dem heiligen und heiligenden Lebensstrom Christi leben; sie ist der mystische Leib, dessen Glieder am Heiligkeitsleben des Hauptes selbst, das Christus ist, teilnehmen; sie ist die geliebte Braut des Herrn Jesus, der sich selbst dahingegeben hat, um sie zu heiligen.«[12]

Ein süffisantes Aufklärertum möchte uns die Hoffnung auf den himmlischen Lohn als etwas Unanständiges ausreden. Denken wir an die Hoffnung der Märtyrer. Ignatius von Antiochien sehnt sich auf dem Weg zum Martyrium nach Gott »wie der Steuermann nach dem Winde, wie der vom Sturm Bedrängte nach dem Hafen«[13]. Hoffnung ist der gnadenhafte Drang: *Sucht sein Antlitz allezeit! Dein Angesicht, Herr, will ich suchen.*[14] »Nicht mit den Schritten der Füße wird Gott gesucht, sondern mit Schritten der Sehnsucht. Und das glückliche Finden vertreibt die Sehnsucht nicht, sondern steigert sie.«[15] Franz von Sales schreibt: »Darum hat der Herr, der will, daß wir so inbrünstig nach ihm verlangen, uns tausendfach die Verheißung gegeben, daß wir das ersehnte Gut leicht erlangen können, wenn wir nur die Mittel gebrauchen, die er uns zur Erreichung dieses Zieles bereitgestellt hat.«[16]

In der zweiten Lesung hören wir: *Jeder, der dies von ihm erhofft, heiligt sich, so wie Er heilig ist.* Dies haben die Heiligen getan. Der Heilige »ist das vollkommenste Zeugnis der Würde, die dem Jünger Christi verliehen worden ist«[17]. Und »der erste Wunsch, den das Andenken an die Heiligen in uns hervorruft oder, besser noch, in uns hineinruft, ist der: teilzunehmen an ihrer ersehnten Gemeinschaft; zu verdienen, ihre Mitbürger und Zeltgenossen zu sein (...) – mit einem Worte: in die Gemeinschaft der Heiligen aufgenommen zu werden und uns mit ihnen zu freuen«[18].

Wir können uns die himmlische Herrlichkeit nicht vorstellen. Wir können uns aber der poetischen Vermutung eines Schriftstellers anschließen, daß wir »Organe gewinnen werden, die wir nicht kennen, obwohl sie in uns angelegt sind, wie etwa die Lungen im Kind, das die Mutter im Schoße trägt. Die körperlichen Augen werden gleich unserer Nabelschnur verdorren; wir werden mit einer neuen Sehkraft ausgestattet sein. Und wie wir hier die Farben im Aufgeteilten sehen, so dort mit höherem Genuß ihr Wesen im ungeteilten Licht.«[19]

III. Das Fest Allerheiligen erinnert an

eine tiefere Realität: *Wir, die vielen, sind ein Leib in Christus, als einzelne aber sind wir Glieder, die zueinander gehören.*[20]

Verbundenheit mit Christus und von daher Verbundenheit untereinander – das ist die Gemeinschaft der Heiligen, das ist Kirche. »Die Kirche versteht sich als ein lebender Organismus, dessen lebenspendendes Haupt Christus ist und dessen Glieder in gegenseitiger Abhängigkeit stehen: verschieden in ihren Funktionen, gleich in ihrem Gliedsein. Kein einzelner steht isoliert da. Jeder ist Kirche, aber niemals er allein und für sich allein. Jeder lebt aus der Kirche und trägt zum Leben der Kirche bei, aber indem er zuerst empfängt. Leben durchströmt alle und teilt sich auf unscheinbare Weise mit. Jedes Glied in diesem Leib empfängt das Leben von Christus.«[21]

Die Gemeinschaft der Heiligen übersteigt Raum und Zeit. Ein Christ, der verlassen in einer entlegenen Gegend stirbt, ist nicht allein: die ganze Kirche ist bei ihm. Eine alte Frau, die in schlichtem Glauben ihre Gebrechen Gott aufopfert, trägt zur Verwirklichung des Heilsplanes Gottes bei.

Ein unsichtbares Geflecht aus Beten und Leiden, aus Tun und Erdulden trägt uns. In diesem Augenblick betet jemand für mich, in diesem Augenblick bete ich für jemanden, in diesem Augenblick verleiht mir das Leiden eines Unbekannten Kraft. Der geringste

Schmerz eines Gliedes trifft den ganzen Leib und ebenso wirkt der ganze Leib mit an der Heilung einer Wunde. Wir beten füreinander, für die Anliegen der ganzen Kirche, für das apostolische Wirken in Missionsländern oder bei uns, für Brüder und Schwestern in Not, für Menschen, die sich dem Glauben entfremdet haben oder Christus noch nicht kennen. Wir sind alle aufgerufen zur Solidarität untereinander. Jeder Christgläubige, der sich der Gnade öffnet und sie mit guten Werken fruchtbar werden läßt, macht sich den gemeinsamen Reichtum zu eigen und bereichert die ganze Kirche. »Diese ist die ›Gemeinschaft der Heiligen‹, die wir im Credo bezeugen: das Wohl aller wird zum Wohl eines jeden, und das Wohl eines jeden wird zum Wohl aller.«[22]

Wenn wir einmal vor Gottes Gericht stehen und auf unser Leben zurückblicken, werden wir dankbar erkennen, wer uns in der Not gehalten, wer uns Gott näher gebracht hat. Dann werden wir auch, wenn wir dem Herrn treu bleiben, freudig erfahren, wie Gebete und Opfer für uns nahestehende Menschen, die wir für umsonst hielten, doch wirksam geworden sind.

Augustinus – der seine Bekehrung dem Gebet und den Tränen seiner Mutter zuschreibt – sieht Saulus neben dem sterbenden Stephanus stehen, der für seine Henker betet, und schreibt: »Wenn Stephanus nicht zu Gott gebetet hätte, hätte die Kirche keinen Paulus.«[23] Und der Mailänder Bischof Ambrosius, der ihn taufte, sagt: »Wenn du für alle betest, dann wird dir auch das Gebet aller nutzen, denn du bist Teil des Ganzen. Auf diese Weise wirst du eine große Wohltat erfahren, denn das Gebet jedes Gliedes des Volkes bereichert sich mit dem Gebet der anderen.«[24]

Der Gedanke an den wirksamen Austausch geistlicher Güter kann uns anspornen. Jemand braucht – wissend oder nicht – unser Gebet. Jemand verläßt sich auf unsere Treue. Jemand macht uns reich durch sein Opfer. Deshalb kann uns manchmal im Gebet die Überlegung ermuntern: »Je mehr meine Treue wächst, desto mehr trage ich dazu bei, daß auch andere in der Treue wachsen. Wie wohltuend ist es zu spüren, daß wir uns gegenseitig stützen!«[25]

[1] *Eröffnungsvers.* – [2] A. Adam, *Das Kirchenjahr mitfeiern*, Freiburg 1995, S.188. – [3] Bernhard von Clairvaux, *Predigt 5 zum Fest Allerheiligen.* – [4] Th. Schnitzler, *Was die Messe bedeutet*, Freiburg 1976, S.136. – [5] *Präfation an Allerheiligen.* – [6] *Offb* 7,2-4.9-14. – [7] *Hebr* 13,14. – [8] *1 Joh* 3,2. – [9] Bernhard von Clairvaux, *Predigt 5 zum Fest Allerheiligen.* – [10] *1 Joh* 3,1-3. – [11] *Mt* 5,1-12a. – [12] Johannes Paul II., Apost. Schreiben *Christifideles laici*, 30.12.1988, 16. – [13] Ignatius von Antiochien, *Brief an Polykarp*, 2. – [14] *Ps* 105,4. – [15] Bernhard von Clairvaux, *Predigten zum Hohenlied*, 84,1. – [16] Franz von Sales, *Über die Gottesliebe*, II, 16. – [17] Johannes Paul II., Apost. Schreiben *Christifideles laici*, 16. – [18] Bernhard von Clairvaux, *Predigt 5 zum Fest Allerheiligen.* – [19] Ernst Jünger, *Strahlungen II* (Eintragung v. 21.3.43). – [20] *Röm* 12,5. – [21] J. Arquer, *Was ist die*

Kirche?, in: *Plädoyer für die Kirche*, Aachen 1992, S.41. – [22] Johannes Paul II., Apost.Schreiben *Christifideles laici*, 28. – [23] Augustinus, *Predigt*, 315. – [24] Ambrosius, *Über Kain und Abel*, 1. – [25] J. Escrivá, *Die Spur des Sämanns*, Nr.948.

ALLERSEELEN

Betendes Gedenken.
Solidarisches Beten: Der Ablaß.
Letzte vollmenschliche Leistung.

I. Allerseelen ... Der Brauch, nach Allerheiligen den Gedenktag aller Verstorbenen zu begehen, entstand um das Jahr 1000 in der burgundischen Reformabtei Cluny und bürgerte sich dann in der Gesamtkirche ein. Liturgisch ist es kein Fest. Dennoch heißt es in einer dem Meßformular des Tages vorausgeschickten Rubrik: »Auch wenn der 2. November auf einen Sonntag fällt, wird das Gedächtnis Allerseelen an diesem Tag begangen.« Warum tritt sogar der Sonntag, der wöchentliche Gedenktag der Auferstehung, vor Allerseelen zurück? Vielleicht weil dieser Tag den Glauben an die Auferstehung noch stärker bezeugt als die liturgische Sonntagsfeier? Das betende Gedenken an die Verstorbenen ist tatsächlich eine andere Art, den Auferstandenen zu bezeugen. Ohne Glauben an eine Auferstehung wäre das Gebet für die Verstorbenen sinnlos. *Wenn Christus nicht auferweckt worden ist, dann ist euer Glaube nutzlos, und ihr seid immer noch in euren Sünden; und auch die in Christus Entschlafenen sind dann ver-*

loren.[1] Der Eröffnungsvers der heutigen Liturgie faßt diese Gedanken zusammen: *Wie Jesus gestorben und auferstanden ist, so wird Gott auch die in Jesus Entschlafenen mit ihm vereinen. Denn wie in Adam alle sterben, so werden in Christus alle lebendig gemacht.*[2]

In allen Religionen und Kulturkreisen gibt es ein Urempfinden dafür, daß mit dem Tod der Mensch nicht ins Nichts zurückfällt. Unser Glaube gibt dieser Ahnung, die sich in vielfachen Formen von Ahnen- und Totenkulten äußert, Gewißheit und Gestalt. Fassen wir es in den Worten des Herrn zusammen: *Ich bin die Auferstehung und das Leben. Ich bin der Weg und die Wahrheit und das Leben. Im Haus meines Vaters gibt es viele Wohnungen. Ich gehe, um einen Platz für euch vorzubereiten.*[3] Jedesmal zentriert sich die Aussage um das geheimnisvolle, unergründliche *Ich* Jesu. Aus diesem *Ich* strömt das übernatürliche Leben in den Organismus des mystischen Leibes Christi. Darin liegt die Hoffnung für jeden einzelnen und für alle Verstorbenen begründet. »Aus der tiefen Anerkennung dieser Gemeinschaft des mystischen Leibes Jesu Christi hat die pilgernde Kirche seit den Anfängen der christlichen Religion das Gedächtnis der Verstorbenen mit großer Ehrfurcht gepflegt und hat auch Fürbitten für sie dargebracht.«[4]

In einer der für heute vorgesehenen Lesungen[5] hören wir eine Begebenheit aus dem zweiten Buch der Makkabäer. Beim Überführen der Gefallenen nach einer siegreichen Schlacht entdeckte man, daß alle Toten unter ihren Kleidern Amulette fremder Gottheiten trugen. Da *veranstaltete Judas, der Makkabäer, eine Sammlung, an der sich alle beteiligten, und schickte etwa zweitausend Silberdrachmen nach Jerusalem, damit man dort ein Sündopfer darbringe. Damit handelte er sehr schön und edel; denn er dachte an die Auferstehung. Hätte er nicht erwartet, daß die Gefallenen auferstehen werden, wäre es nämlich überflüssig und sinnlos gewesen, für die Toten zu beten.* Dies sei *ein heiliger und frommer Gedanke.*

Die Kirche ermutigt uns, besonders heute für die verstorbenen Brüder und Schwestern zu beten, die sich noch im Zustand der Läuterung – im Fegefeuer – befinden. Judas der Makkabäer wurde gelobt, weil er *die Toten entsühnen ließ, damit sie von der Sünde befreit werden.* Im Neuen Bund ereignet sich *Entsühnung* durch »das Gedächtnis des Pascha Christi, die sakramentale Vergegenwärtigung und Darbringung seines einzigen Opfers«[6]. Wenn die Kirche Eucharistie feiert, wird das Opfer, das Christus am Kreuz ein für allemal dargebracht hat, gegenwärtig wirksam: »Sooft das Kreuzesopfer, in dem ›Christus, unser Osterlamm geopfert wurde‹, auf dem Altar gefeiert wird, vollzieht sich das Werk unserer Erlösung.«[7]

II. Wir besuchen an diesen Tagen die Gräber unserer Toten. Die fallenden Blätter suggerieren einen Einklang mit dem Rhythmus der Natur, sind ein im Licht des Glaubens eher vordergründiges Symbol, denn auch die Samen fallen – ein Bild des Lebens: *Wenn das Weizenkorn nicht in die Erde fällt und stirbt, bleibt es allein; wenn es aber stirbt, bringt es reiche Frucht.*[8]

Was wäre der Friedhofsbesuch ohne den Glauben an die Auferstehung? Lediglich ein edler, melancholischer Versuch, die Gewesenen zu ehren. Auch im Licht des Glaubens ist der Besuch am Grab eine Ehrung der Verstorbenen und ein Ausdruck des Dankes für alles, was sie uns zu Lebzeiten gegeben haben. Aber der Dank mündet in ein Gebet für sie; sie sind keine »Gewesenen«, denn sie leben vor Gott.

Was wäre der Friedhofsbesuch ohne das Gebet für unsere Verstorbenen? »Die volkstümliche Rede von den ›armen Seelen‹ ist insofern berechtigt, als deren Armut darin besteht, daß sie sich nicht aktiv, sondern nur passiv läutern und heiligen können. Im Grunde handelt es sich jedoch nicht um ›arme Seelen‹, sondern um Seelen, die den ganzen Reichtum der Barmherzigkeit Gottes erfahren und die uns in der Verwirklichung der Hoffnung und in der Nähe zu Gott einen wesentlichen Schritt voraus sind. Ihr Schmerz besteht im

Angesicht Gottes eben darin, daß sie noch nicht lauter genug sind, um sich von Gottes Liebe ganz erfüllen und beseligen lassen zu können. Es handelt sich also um den reinigenden Schmerz der Liebe. In dieser Liebe sind alle Glieder des einen Leibes Jesu Christi solidarisch verbunden. Deshalb können sie betend und büßend füreinander einstehen.«[9]

Eine besondere Form des solidarischen Betens ist der Ablaß.[10] Mißbräuche im Verlauf der Geschichte und Mißverständnisse auch in unserer Zeit machen die Distanz und Zurückhaltung vieler Christen dem Ablaß gegenüber verständlich, aber auch Oberflächlichkeit und mangelnde Bildung begünstigen Vorurteile.[11]

Der Ablaß gründet in der Realität, daß das Leben eines Christen »durch ein geheimnisvolles Band mit dem Leben aller anderen Christen in der übernatürlichen Einheit des mystischen Leibes verbunden ist. So kommt es zwischen den Gläubigen zu einem wunderbaren Austausch geistlicher Güter, kraft dessen die Heiligkeit des einen den anderen zugute kommt, und zwar mehr als die Sünde des einen den anderen schaden kann. (...) Es ist die Wirklichkeit der ›Stellvertreterschaft‹, auf die sich das ganze Geheimnis Christi gründet. Seine überreiche Liebe rettet uns alle. Trotzdem gehört es zur Größe der Liebe Christi, daß sie uns nicht im Zustand passiver Empfänger beläßt, sondern in sein heilbringendes

Wirken und insbesondere in sein Leiden einbezieht. (...) Alles kommt von Christus, aber da wir sein Eigentum sind, wird auch das, was uns gehört, zu seinem Eigentum und gewinnt eine heilbringende Kraft. Das ist gemeint, wenn man vom ›Schatz der Kirche‹ spricht, der aus den guten Werken der Heiligen besteht. Für die Erlangung des Ablasses beten heißt, in diese geistliche Gemeinschaft eintreten und sich damit ganz den anderen öffnen.«[12]

III. Wie viele Einsichten tun sich auf, wenn man an einer Totenbahre steht! Zuerst ist man verwundert wegen der Fremdheit jenes Körpers, der uns als Leib eines geliebten Menschen so nahe gewesen und nun zu einer ehrwürdigen Reliquie geworden ist. Da erscheint der Leib als wesenhaft zum menschlichen Ich gehörig. Vielleicht begreift man auch das Gebot der Kirche besser, mit dem eigenen oder dem fremden Leib nicht so umzugehen, als wäre er eine Sache.

In früheren Zeiten sprach man vom »Gevatter Tod« und verband damit die Vorstellung eines dienstwilligen Weggenossen – nach dem Lexikon bezeichnet »Gevatter« den Paten oder auch den Freund oder Nachbarn. In unserer Zeit ist der Tod eher ein Störenfried, dem man lieber den Rücken kehrt.

Was ist, im Licht des Glaubens, der

Tod? Kein Jemand, der mir entgegenginge, wie in Bildern und Legenden, sondern ein Ereignis, *mein* Sterben, meine letzte personale Tat, eine sonderbare letzte *Leistung*, die nicht aus *Leisten* besteht, sondern reines Ertragen, Erdulden und Loslassen ist. *Kostbar ist in den Augen des Herrn das Sterben seiner Frommen.*[13] Was für ein falsches Mitleid, wenn Angehörige eines Sterbenden ihm sein Befinden verschweigen! Aus einem »Mitleid«, das eigentlich nur »Selbstmitleid« ist, nehmen sie ihm die Chance, sein Leben in einer letzten, vollmenschlichen Tat der Hingabe an den Schöpfer und des Loslassens zu krönen – »das Zeitliche zu segnen«, wie es in einer tiefgründigen Redewendung heißt.

Der Tod öffnet uns das Tor zur Seligkeit, die Gott dem Menschen bereitet hat, er führt uns ein in das wahre, das ewige Leben. Deshalb heißt es in der heutigen Präfation: *vita mutatur, non tollitur – das Leben wird uns gewandelt, nicht genommen*[14]. Am Ende eines kurzen Erdenwandels steht für den Christen die Ankunft in der endgültigen Heimat. »Das Wissen um die Sterblichkeit kann uns daran erinnern, daß uns zur Verwirklichung unseres Lebens nur eine beschränkte Frist zur Verfügung steht.«[15] Der Tod lehrt uns, das Irdische zu relativieren. Nicht mit dem melancholischen *carpe diem* des Heiden, sondern wie Paulus es sagt: *Redimentes tempus …*[16]: die Zeit nutzen und fruchtbar machen. Das Nichtwissen der Stunde unserer endgültigen Begegnung mit Gott ist »ein Antrieb, unsere Liebe zu vertiefen, unsere Talente voll einzusetzen, keine Zeit zu verlieren, mit größerer Inständigkeit zu bitten und mit größerer, glühenderer Sehnsucht die ›selige Hoffnung‹ zu nähren«[17].

Der Tod ist Ausklang des Irdischen, aber Fülle zugleich: »Der Tod ist das Letzte des Menschenlebens; im Lebendigen ist aber ›das Letzte‹ wesentlich. Unser Dasein bildet eine Vorgangsgestalt, in welcher das Ende zum Ganzen gehört. Dieses Ende ist nicht von der Art wie die letzten Tropfen, die aus einem Gefäß gegossen werden und deren Besonderes nur darin besteht, daß nach ihnen nichts mehr kommt, sondern es bestimmt alles Vorausgehende. (...) Die letzten Töne einer Melodie bringen diese erst ganz gegenwärtig; der Ausgang eines Dramas hebt die Persönlichkeit des Helden erst ins volle Licht: so führt der Tod das Leben des Menschen zur Voll-Endung – im Guten oder im Schlimmen.«[18]

Der Tod erinnert uns an die Vergänglichkeit, an das Vergehen. »Die große Schule des Lebens und Sterbens führt uns an manches offene Grab, sie läßt uns an manchem Sterbebett stehen, bevor wir selbst es sind, um die – so gebe es Gott – andere betend stehen werden.« Wir sind »auf dem Weg an die große

Schwelle, die wir uns oft einseitig als Abgrund und Nacht ausmalen. Der Blick über die Schwelle ist von unserer Seite aus getrübt; aber jenen, die uns vorangegangen sind, mag es Gott viel öfter, als man meint, gewähren, in seiner Liebe unser Leben zu begleiten und zu umsorgen.«[19] Wir beten jeden Tag für diese lieben Verstorbenen, die uns nahegestanden haben. Heute, am Tag Allerseelen, reicht der Blick weiter als sonst. *Heilige Maria, Mutter Gottes, bitte für uns Sünder, jetzt und in der Stunde unseres Todes!* Und bitte für alle Verstorbenen, für die kein Mensch betet!

[1] *1 Kor* 15,17-18. – [2] vgl. *1 Thess* 4,14; *1 Kor* 15,22. – [3] *Joh* 11,25; 14,6; 14,2. – [4] II. Vat. Konz., Konst. *Lumen gentium*, 50. – [5] *2 Makk* 12,43-45. – [6] *Katechismus der Katholischen Kirche*, 1362. – [7] II. Vat. Konz., Konst. *Lumen gentium*, 3. – [8] *Joh* 12,24. – [9] *Katholischer Erwachsenen-Katechismus*, Bonn 1985, S.425. – [10] Der Allerseelenablaß kann vom Allerheiligenmittag an gewonnen werden: 1. a) einmal an Allerheiligen oder Allerseelen durch Kirchenbesuch (Gebet des Herrn und Glaubensbekenntnis); b) je einmal täglich bis 8. November durch Friedhofsbesuch (Gebet für die Verstorbenen). 2. Empfang des Bußsakramentes und der heiligen Eucharistie; Gebet nach der Meinung des Heiligen Vaters. Die unter 2. genannten Bedingungen können auch mehrere Tage vor oder nach der Ausführung des Ablaßwerkes erfüllt werden; doch soll der Empfang der heiligen Eucharistie und das Gebet nach Meinung des Heiligen Vaters sinnvollerweise an demselben Tag geschehen, an dem das Ablaßwerk (das ist der Kirchen- bzw. Friedfhofsbesuch mit den unter 1. genannten Gebeten) geschieht. – [11] vgl. *Katechismus der Katholischen Kirche*, 1471-1479. – [12] Johannes Paul II., Verkündigungsbulle *Incarnationis mysterium*, 29.11.1998, 10. – [13] *Ps* 116,15. – [14] *Präfation von den Verstorbenen I.* – [15] *Katechismus der Katholischen*

Kirche, 1007. – [16] vgl. *Eph* 5,15-16. – [17] Johannes Paul II., *Predigt*, 23.2.1985. – [18] R. Guardini, *Die letzten Dinge*, Mainz 1989, S.12. – [19] Johannes Paul II., *Ansprache an die älteren Menschen im Liebfrauendom zu München*, 19.11.1980.

RUPERT MAYER

Treu zur Christus und seiner Wahrheit.
Fürsprecher und Vorbild.
Gespür für die sozialen Nöte.

I. *Seht, ich sende euch wie Schafe mitten unter die Wölfe (...). Nehmt euch aber vor den Menschen in acht!*[1] Wie abgründig-geheimnisvoll sind diese Worte des Herrn! Er sendet die Seinen zu den Menschen und zugleich warnt er sie vor ihnen: *Sie werden euch vor die Gerichte bringen (...). Ihr werdet um meinetwillen vor Statthalter und Könige geführt* ... Der selige Rupert Mayer hat die Feindseligkeit erfahren, die sich oft im Laufe der Geschichte gegen solche erhebt, die Christus treu sein wollen. Uns ist er vor allem wegen seines Zeugnisses während der nationalsozialistischen Herrschaft vertraut; aber er hat schon viel früher Widerspruch erfahren. Im Jahre 1900, ein Jahr nach seiner Priesterweihe, trat er in die Gesellschaft Jesu ein. Die Jesuiten waren damals – wie Rupert Mayer sich später einmal ausdrückt – »Geächtete, Verbannte und Heimatlose«, denn man hatte sie während des »Kulturkampfes« als »Reichsfeinde« des Landes verwiesen. Die Hetze gegen den Orden schreckte ihn nicht ab, vermutlich bestärkte sie ihn sogar in seinem Willen, sich der Gesellschaft anzuschließen.

Während des ersten Weltkrieges war Rupert Mayer Feldgeistlicher. Er verlor als Folge einer schweren Verwundung ein Bein. Später wurde München zum Zentrum seiner Tätigkeit. Er kümmerte sich um die Armen, Obdachlosen und Bedürftigen, besuchte Kranke, predigte, harrte als Beichtvater trotz Schmerzen infolge seiner Verwundung stundenlang im Beichtstuhl aus. Vor allem wirkte er seit 1921 als Präses der »Marianischen Bürgerkongregation«. In jener notvollen Zeit sozialer und politischer Gärung wurde er »der Apostel Münchens«, ein »fünfzehnter Nothelfer«.

Wenn man euch vor Gericht stellt, macht euch keine Sorgen, heißt es weiter im heutigen Evangelium. Pater Rupert Mayer wußte, daß seit 1933 seine Predigten von der Polizei überwacht wurden. Er nahm keine Rücksicht darauf und verkündete die Wahrheit ungeschminkt, getreu seinem Grundsatz: »Christus, der Mittelpunkt unseres Lebens. Zwischenlösungen gibt es nicht.« Bereitwillig nahm er Gefängnis und Konzentrationslager auf sich, weil er darin eine Folge seiner Liebe zur Wahrheit in Christus sah: »Ich bin mit diesem Los keineswegs unzufrieden: ich empfinde es nicht als Schande, sondern als Krönung meines Lebens«, schrieb er auf den Fragebogen, den er im Gefängnis auszufüllen hatte. Als er 1937 verhaftet wurde, weil er sich nicht an das verhängte Redeverbot gehalten hatte, gab er folgende schriftliche Erklärung:

»Ich erkläre, daß ich im Falle meiner Freilassung trotz des gegen mich verhängten Redeverbotes nach wie vor, sowohl in den Kirchen Münchens als auch im übrigen Bayern, aus grundsätzlichen Erwägungen heraus, predigen werde.

Ich erkläre insbesondere, daß ich auch in Zukunft von der Kanzel herab in der bisherigen Form die Kirche gegen etwaige Angriffe mit aller Entschiedenheit und Offenheit und Schärfe, aber ohne persönlichen Angriff verteidigen werde.

Ich werde auch weiterhin in der von mir bisher geübten Art und Weise predigen, selbst dann, wenn die staatlichen Behörden, die Polizei und die Gerichte, meine Kanzelreden als strafbare Handlungen und als Kanzelmißbrauch bewerten sollten.«[2]

Aus der Gestapo-Haft vor der Einlieferung ins Konzentrationslager Sachsenhausen berichtet er: »Als die Gefängnistür eingeschnappt war und ich allein in dem Raum war, in dem ich schon so viele Stunden zugebracht hatte, kamen mir die Tränen in die Augen, und zwar waren es Tränen der Freude, daß ich gewürdigt wurde, um meines Berufes willen eingesperrt zu werden und einer ganz ungewissen Zukunft entgegenzusehen.« Papst Johannes Paul II. bemerkte dazu: »Das ist nicht die Stimme eines lediglich tapferen Menschen, sondern eines Christen, der stolz darauf ist, am Kreuz Christi teilzuhaben.«[3]

II. Jeder Heilige ist Gottes lebendige und gelebte Botschaft an uns, auf unterschiedliche Weise realisiert, je nach seiner persönlichen Eigenart und der historischen Zeit, in der er gelebt hat. Die Kirche stellt uns die Heiligen und Seligen vor Augen als unsere Fürsprecher, aber auch, damit wir von ihnen lernen. Welche Botschaft hat die Kirche uns durch die Seligsprechung von Pater Rupert Mayer nahebringen wollen? Papst Johannes Paul II. deutete eine Antwort an, als er eines seiner Lieblingsgebete erwähnte: »Herr, wie du willst, soll mir geschehn, und wie du willst, so will ich gehn, hilf, deinen Willen nur verstehn«. Dann sagte der Papst: »Suchen wir wie er in Gott die Mitte und Quelle unseres Lebens. Auf Gott baute er in unerschütterlichem, kindlichem Vertrauen. (...) Gott, der Herr, war die Quelle, aus der er in langen Stunden des Gebetes, in der heiligen Messe und in der täglichen treuen Pflichterfüllung die Kraft schöpfte für sein erstaunliches Lebenswerk.«

Es wird eine Zeit kommen, in der man die gesunde Lehre nicht erträgt.[4] Das Leben des seligen Rupert Mayer lehrt uns auch mutiges Einstehen für die Wahrheit. Wer heute Zeugnis gibt, muß in der Regel nicht physische Gewalt befürchten, wohl aber psychische Einschüchterung: ironisches Lächeln , höhnische Bemerkungen, vielleicht sogar Diskriminierung am Arbeitsplatz, materielle Nachteile oder gesellschaftliche Zurücksetzung. Rupert Mayer hat sich ohne Rücksicht auf nachteilige Folgen mit den öffentlichen *Lügen* auseinandergesetzt, die damals viele verwirrten. In einer Stellungnahme vor Beginn seines Prozesses am 22. Juli 1937 verwies er auf seine Verantwortung: »Wenn ich zu erkennen gäbe, daß ich liebäugelte mit einer deutschen Kirche: dann wäre ich der Held des Tages (...), dann würde mir die Zukunft offen stehen, dann würde ich geehrt sein, angesehen sein (...). Und weil ich nun grundkatholisch eingestellt bin, mit Leib und Seele dafür eintrete, und weil ich suchte, gegen diesen furchtbaren Kampf um das Lebensrecht der katholischen Kirche Stellung zu nehmen, den Leuten die Augen aufzumachen (...), um den Leuten das zu zeigen, daß alle Kräfte zusammengenommen werden müssen, um die Existenz der katholischen Kirche in Deutschland zu sichern: darum bin ich jetzt vor dem Richter.«[5]

Auch heute erliegen viele den gängigen Zeittrends und lassen sich von selbsternannten Propheten verführen. »Noch schlimmer sieht es aus, wenn sich Theologen und besonders Moraltheologen mit den Medien zusammentun, die natürlich allem, was sie Gegensätzliches zur *gesunden Lehre* zu sagen oder zu schreiben haben, große Resonanz entgegenbringen. In der Tat, wenn die wahre Lehre unpopulär ist, ist es nicht erlaubt, eine leicht zu erreichende Popularität zu suchen.«[6]

Schließlich und vor allem ist der selige Rupert Mayer für uns alle »ein Vorbild und Anruf, ein heiliges Leben zu führen. Heiligkeit ist nicht eine Sache für einige auserwählte Seelen, zur Heiligkeit sind wir alle berufen, alle ohne Ausnahme. Und er selber sagt uns auch, was zu einem heiligen Leben gehört: ›Keine außergewöhnliche Arbeit, keine außergewöhnlichen religiösen Erlebnisse, keine Erscheinungen. Nur: Heroische Tugend.‹ Das heißt: Tag für Tag treu und unbeirrt Gottes Willen tun und aus seiner Gegenwart leben; jeder ganz persönlich und auch in der Familie.«[7]

III. In der Lesung des Gedenktages[8] hören wir Worte aus dem Epheserbrief. *Werdet stark durch die Kraft und Macht des Herrn! Zieht die Rüstung Gottes an (...). Denn wir haben nicht gegen Menschen aus Fleisch und Blut zu kämpfen, sondern (...) gegen die Beherrscher dieser finsteren Welt, gegen die bösen Geister.* Immer sind diese Worte des Apostels gültig, aber es gibt Zeiten,

»in denen die Existenz des Bösen unter den Menschen in der Welt in einer besonderen Weise in Erscheinung tritt. Dann wird noch offenkundiger, daß die Mächte der Finsternis, die in den Menschen und durch die Menschen wirken, größer sind als der Mensch. Sie übersteigen ihn, sie kommen von außen über ihn.«[9] Der selige Rupert Mayer hat solche Zeiten erlebt. Wie hat er sie bestanden? Mit schlichter Geradheit und tiefer Frömmigkeit. Als Angeklagter reagierte er im Prozeß[10] auf die Anregung, in Zukunft nicht so »aufreizend« von der Kanzel zu predigen: »Mir kommt das viel ehrlicher vor, als wenn ich durch alle möglichen Phrasen mich durchwinde, um dann das Gleiche zu sagen. Hier wissen die Leute: So ist es, und es ist auch so! (...) Mir ist das Grobe lieber!« Und dann fügte er hinzu: »Der Herrgott hat das erste Anrecht auf uns. Wir sind vollständig Eigentum von ihm. Mit Leib und Seele gehören wir ihm an. Deswegen darf ich nie etwas tun, auch wenn es der Staat verlangt, was gegen Gottes Wille ist.« In der Freiheit wie im Gefängnis war ihm das Wort des Apostels Richtschnur, das wir in der heutigen Lesung hören: *Betet jederzeit im Geist; seid wachsam, harrt aus (...). Legt die Rüstung Gottes an*. Aus dem Gefängnis schreibt er: »Das eine Gute haben die Verhältnisse jedenfalls mit sich gebracht, daß ich dem lieben Gott in den letzten stillen Wochen innerlich um ein gutes Stück näher gekommen zu sein glaube und daß ich in demselben Ausmaß von *allen* irdischen Dingen seelisch abgerückt bin. Ich kann Gott dem Herrn dafür nicht dankbar genug sein. Und so mache ich mir um meine Zukunft *nicht* die *geringste* Sorge. Ich lege alles großherzig in Gottes Hand.«[11]

Der selige Rupert Mayer hatte ein feines Gespür für die sozialen Nöte seiner Zeit und für die gesellschaftliche Realität. Er lehrt uns, daß Heiligung des eigenen Lebens einschließt, »sich für das öffentliche Leben mitverantwortlich zu fühlen und es aus dem Geiste Christi mitzugestalten. Keinem Christen darf es gleichgültig sein, wie es in der Welt zugeht.«[12] Nach dem ersten Weltkrieg war München ein Zentrum sich befehdender gegensätzlicher weltanschaulicher und politischer Richtungen. Rupert Mayer besuchte oft Versammlungen kirchenfeindlicher politischer Gruppierungen. Er spürte, daß es dort viele gutwillige, orientierungslose Menschen gab, denen er vielleicht mit einem Wort helfen könnte.

Pater Mayer hatte beobachtet, daß viele Ausflügler sonntags ganz früh mit dem Zug den Münchner Hauptbahnhof verließen. Was tun? »Wir werden den Leuten die Kirche überallhin nachtragen müssen.« Er führte Verhandlungen mit den verantwortlichen kirchlichen und zivilen Stellen, holte sich eine zuverlässige Gruppe von Mitarbeitern aus dem Kreis seiner Bürgerkongregation, gewann genügend Priester, die sich zur Verfügung stellten, warb dafür in den Pfarreien und in den Zeitungen und zum Fest Mariä Himmelfahrt 1925 konnte er »heilige Messen mit Ansprache und Volksgesang für Reisende und Ausflügler« ankündigen, die ab 3.20 Uhr bis 6.35 Uhr gehalten wurden. Erst 1937 wurden sie, nach seiner Verurteilung, verboten.

Der selige Rupert Mayer hat als Präses der Marianischen Männerkongregation vierundzwanzig Jahre lang die marianische Grundhaltung verbreitet, den Alltag auf Gott hin zu leben. Beschließen wir mit diesem Wort von ihm unsere Meditation: Maria, sagt er, »war eine Christusträgerin, und das sind auch wir bei jeder heiligen Kommunion. Ich würde wünschen, daß wir an manchen Tagen besonders diesen Gedanken in unserem Herzen pflegen: Ich will den Tag auch heute so zubringen, wie ihn die Gottesmutter zugebracht hat: in inniger Lebensgemeinschaft mit Christus. Es genügt nicht, daß Christus erschienen ist auf Erden und daß er wieder erscheinen wird am Jüngsten Tag. Notwendig ist, daß er von unseren eigenen Herzen Besitz ergreift.«[13]

[1] *Mt* 10,16ff. – [2] W. Sandfuchs, *Pater Rupert Mayer*, Würzburg 1981, S.143. – [3] Johannes Paul II., *Homilie bei der Seligsprechung in München*, 3.5.1987. – [4] *2 Tim* 4,3. – [5] W. Sand-

fuchs, *Pater Rupert Mayer*, S.162. – [6] Johannes Paul II., *Die Schwelle der Hoffnung überschreiten*, Hamburg 1994, S.199. – [7] Johannes Paul II., *Homilie bei der Seligsprechung in München*. – [8] *Eph* 6,10f. – [9] Johannes Paul II., *Homilie bei der Seligsprechung in München*. – [10] vgl. W. Sandfuchs, *Pater Rupert Mayer*, S.164. – [11] ebd., S.207. – [12] Johannes Paul II., *Homilie bei der Seligsprechung in München*. – [13] ebd.

4. NOVEMBER

KARL BORROMÄUS

Im Jahrhundert der Heiligen.
Der gute Hirt: kein Fürst, kein Herrscher, sondern Diener aller.
Vorbild für eine nachkonziliare Zeit.

I. »Das Leben der Kirche unseres Herrn hat Auf- und Niedergänge erlebt. In einer dieser Zeiten hat die Vorsehung dem heiligen Karl Borromäus die hohe Aufgabe vorbehalten, in außergewöhnlicher Weise bei der Wiederherstellung der kirchlichen Ordnung mitzuhelfen. Durch seine Mitarbeit bei der Durchführung der Tridentinischen Reform und durch das Beispiel, das er in Mailand und in vielen Bistümern Italiens gab, erwarb er sich den ehrenvollen Namen eines Lehrers der Bischöfe, so wie er Ratgeber der Päpste und ein herrliches Beispiel bischöflicher Heiligkeit war.«[1] Mit diesen Worten von Papst Johannes XXIII. in der Ansprache nach seiner Wahl wollen wir unsere Zeit des Gebetes am Gedenktag des heiligen Karl Borromäus beginnen. Sein Leben währte nur sechsundvierzig Jahre, von 1538 bis 1584. Das 16. Jahrhundert war eine stürmische, dramatische Zeit: die Spaltung der Christenheit, die Bedrohung durch die Türken, das Aufblühen von Kunst und Wissenschaft, das neue Lebensgefühl des Humanismus … Die Päpste dieser Zeit widmeten sich mehr der Kunst und Architektur als der Sorge um die Kirche. Ihr Lebenswandel war verweltlicht, ihre Entscheidungen nicht selten durch finanzielle Verstrickung und Nepotismus fragwürdig. Doch: *Ecclesia fluctuare potest, demergi nequaquam*, schrieb der Onkel von Karl Borromäus, Papst Pius IV., an den Dogen von Venedig.[2] Man hat das 16. Jahrhundert »das Jahrhundert der Heiligen« genannt: Ignatius und Franz Xaver, Theresia von Avila und Johannes vom Kreuz, Aloysius, Petrus Canisius, Bischof John Fisher und der Lordkanzler Thomas More, Philipp Neri und Karl Borromäus …

In einer Predigtanweisung, die der heilige Karl hinterlassen hat, empfiehlt er: »Der Prediger wird häufig den Gläubigen darlegen, was die Kirche Gottes gerade an dem betreffenden Tag betet. (…) Er wird nicht versäumen, die Lebensbeschreibung des Tagesheiligen heranzuziehen.«[3] Folgen wir seinem Rat. Nach der Unsitte der Zeit erhielt er schon mit sieben Jahren die Tonsur, die ihn in den Klerikerstand versetzte. Mit zwölf Jahren wurde er Abt, bepfründet, aber ohne Amtsverpflichtungen. Im Gegensatz zu den Gepflogenheiten verzichtete er auf die Pfründenbezüge zugunsten der Armen. Er studierte Rechtswissenschaft in Pavia und wurde zum

Doktor beider Rechte promoviert. Kurz darauf wurde sein Onkel zum Papst gewählt. Er nannte sich Pius IV. und holte im Jahre 1560 den begabten Neffen nach Rom, machte ihn zum Kardinal und zum Administrator der Diözese Mailand mit Sitz in Rom. Karl war damals weder Priester noch Bischof. Er wurde engster Mitarbeiter des Papstes in der Funktion eines Kardinalstaatssekretärs und leitete die gesamte auswärtige Staats- und Kirchenpolitik.

Als sein älterer Bruder Federico plötzlich und ohne männliche Nachkommen starb, erwartete man, Karl würde jetzt neues Familienoberhaupt, den Klerikerstand aufgeben und heiraten, um den Bestand der illustren Familie der Borromei zu sichern. Aber Karl wurde im Juli 1563 zum Priester, fünf Monate später zum Bischof geweiht. Es war der Festtag des heiligen Ambrosius, dessen Nachfolger auf dem Mailänder Sitz er bald darauf wurde.

Wie können wir diese historischen Begebenheiten in unserem Gebet fruchtbar werden lassen? Beten wir für unseren Bischof. Wir tun es in jeder heiligen Messe. Schließen wir ihn auch jetzt in unser Gebet ein: »... daß er uns entflammt durch seinen Eifer, uns Vorbild ist durch seinen Wandel, uns trägt durch seine Liebe, uns stärkt durch seine Geduld, uns erhält in der Freude des Heiligen Geistes, uns segnet durch seine Gebete, uns gute Weisung gibt durch seine Lehre und uns einigt zu deinem heiligen Volk und zum lauteren Gottesdienst im Geist und in der Wahrheit.«[4]

II. Das Tagesevangelium[5] am Fest des heiligen Bischofs weist uns auf die Gestalt des guten Hirten hin: *Ich bin der gute Hirt.* Die Bischöfe sind »aufgrund göttlicher Einsetzung an die Stelle der Apostel als Hirten der Kirche getreten«[6]. Der Herr nennt ein erstes Merkmal des guten Hirten: *Ich kenne die Meinen und die Meinen kennen mich.* Als das Trienter Konzil zu Ende ging und die nachkonziliare Zeit begann, drängte Karl den Papst, von seinen Aufgaben in Rom entlassen zu werden, um in Mailand selbst die Konzilsbeschlüsse durchzuführen, zumal das Konzil besonders die Residenzpflicht des Bischofs betont hatte. Er mußte vorher noch einige wichtige Aufträge des Papstes erledigen: den Römischen Katechismus, die Herausgabe des Missale und des Breviers in Angriff nehmen. Dann durfte er endlich in seine Diözese einziehen. Es war ein denkwürdiger Tag für Mailand, denn seit acht Jahrzehnten hatte hier kein Bischof mehr persönlich residiert.

Auch in seiner Diözese bringt Karl – entgegen vielen betrüblichen Gepflogenheiten seiner Zeit – das Bild des Bischofs als des guten Hirten zum Leuchten. In einer Predigt sagte er: »Der Herr Jesus Christus hat uns, die wir Hirten der Seelen sind, die Sorge aufgetragen, daß wir mit Sorgfalt und mit Eifer die uns anvertrauten Seelen aus den Tälern zur Höhe führen, von den irdischen Dingen zu den himmlischen, von den menschlichen zu den göttlichen, von den vergänglichen zu den ewigen.«[7] Er begann mit der Reform der Diözese nach den Richtlinien des Konzils, aber er sah darin nicht ein strukturelles Problem, sondern eine Erneuerung, die in den Herzen beginnen mußte. Er hat durch sein persönliches Beispiel und durch sein Engagement diese Aufgabe vorangebracht, manchmal nachsichtig, geduldig, abwartend, andere Male energisch, unnachgiebig, streng. »In seinen Visitationen ritt er bis hoch in die Alpengaue hinauf. Außerdem gründete er das Priesterseminar, mehrere Knabenseminare, ein Spätberufenenseminar – seiner Zeit vorauseilend –, ein Seminar für junge Adelige, ein Universitätskolleg in Pavia und die berühmte Brera – das Jesuitenschulkolleg in Mailand, dazu noch zahlreiche Katechismusschulen.«[8]

Der gute Hirt ist kein Fürst, er *gibt sein Leben hin für die Schafe.* Neben den inneren Zuständen der Kirche bewegte ihn die soziale Sorge. Er schöpfte seine persönlichen Mittel ganz aus – er stammte ja aus einer sehr vermögenden Familie –, gründete nicht nur Altersheime und Armenspitäler, sondern auch Leihhäuser zur Bekämpfung des Wuchers und

Einrichtungen zur unentgeltlichen Rechtshilfe für Mittellose. Auf eine sichtbare, eindrucksvolle Art zeigte sich seine Bereitschaft, *das Leben für die Schafe hinzugeben*, als 1576 die Pest Mailand heimsuchte. Sie wurde »die Pest des heiligen Karl« genannt, denn während die Adligen auf ihre Landgüter flohen und auch der spanische Statthalter die Stadt verließ, wurde Karl zum Organisator des Kampfes gegen die Seuche. Ein Augenzeuge berichtet: »Der Kardinal geht sehr oft ins Lazarett und tröstet die Kranken, ermuntert die Angestellten, besichtigt den Friedhof, in dem die an der Pest Gestorbenen bestattet werden, begibt sich in die Baracken, in die verschlossenen Häuser, spricht mit allen, tröstet alle. Für alle sorgt er, so gut er kann, auch in leiblicher Hinsicht mit dem, was er bei sich zu Haus findet. Er hat jetzt selbst nichts mehr zum Leben und ist ganz arm geworden.«[9]

III. Karl Borromäus ist »ein herausragendes Vorbild absoluter apostolischer Hingabe in schwieriger Zeit, wie es jene der zweiten Hälfte des 16. Jahrhunderts war, in der man sich auf das Entstehen einer neuen kulturellen und auch kirchlichen Ordnung der Gesellschaft vorbereitete. Die Zeit, in der wir heute leben, ist, wenn auch unter anderen Aspekten, nicht weniger schwierig als jene damals, und es bedarf immer noch des Mutes und der Voraussicht für ein frisches und wirkungsvolles Zeugnis des Evangeliums.«[10] In einem Schreiben an einen Gesandten am Tage der Schlußsitzung nennt er das soeben abgeschlossene Konzil von Trient »die größte Wohltat, die man der Welt erweisen konnte, ein für den Namen des Papstes ruhmvolles, für die ganze Christenheit segensreiches und notwendiges Unternehmen, das die Kirche Gottes aus so schwerer Not in gefahrvoller Zeit erlöste.«[11] Liegen hier nicht manche Anregungen für uns, die wir auch in einer nachkonziliaren Zeit leben? Karl begann mit der Ausführung der Trienter Beschlüsse im eigenen Haushalt und bei sich selbst. Die Zeitgenossen staunten, weil er nicht mehr als *Kirchenfürst* leben wollte und viele Diener entließ, jedoch nicht ohne ihnen vorher eine neue Stellung besorgt zu haben. Das Konzil hatte ja beschlossen, daß der bischöfliche Haushalt einfach sein sollte. Ein venezianischer Gesandter schreibt an seine Regierung: »Er gibt jedermann ein so herrliches Beispiel, daß man mit Grund sagen kann, er für seine Person allein stifte mehr Gutes am römischen Hof als alle Dekrete des Trienter Konzils zusammen.«[12] Andere jedoch sprechen kritisch von »Theatinereien« und sehen darin asketische Übertreibungen nach der Art des damals gegründeten Theatinerordens. Einer von diesen Kritikern bezeugt zugleich, »daß man nach Rom nicht mehr komme, um sein Glück zu machen, sondern um zu beten, und daß die Umwandlung der Stadt auf Borromäus' Einfluß zurückzuführen sei«[13].

Karl sah, daß die geistliche Erneuerung des Volkes nur mit einem disziplinierten und gebildeten Klerus durchzuführen war. Deshalb war die Reform des Klerus eines seiner Hauptanliegen. Er räumte auf mit der Vorstellung, unter Priestern allein durch Pfründen die Existenz zu sichern. Er forderte theologische Prüfungen, gründete Seminare, gewann fromme und tüchtige Ordenspriester als Mitarbeiter für die Reform, festigte die Disziplin und sorgte vor allem für die Spiritualität der Priester.

Beschließen wir unsere Meditation mit Worten, die der heilige an seine Priester auf seiner letzten Synode richtete: »Ich gestehe: Wir alle sind schwach. Aber Gott, der Herr, hat uns Mittel gegeben, die uns leicht helfen können, wenn wir nur wollen. (...) Soll ich dich lehren, wie du von Kraft zu Kraft fortschreiten und, wenn du schon im Chor aufmerksam warst, wie du das nächste Mal noch aufmerksamer sein kannst und dein Dienst Gott noch wohlgefälliger werden kann? Höre, was ich sage! Wenn in dir schon ein kleines Feuer der Gottesliebe brennt, zeig es nicht gleich und setze es nicht dem Wind aus; halte den Ofen geschlossen, daß er nicht abkühlt und seine Glut verliert; fliehe – natürlich, wenn du kannst – die Zerstreuungen; bleibe gesammelt bei Gott und meide unnütze Gespräche. (...) Es gibt das innere Gebet, das allen unseren Handlungen vorausgeht, sie begleitet und ihnen folgt. (...) Spendest du die Sakramente, lieber Bruder, so bedenke, was du tust. Feierst du die Messe, so bedenke, was du darbringst. Singst du im Chor, bedenke, mit wem du sprichst und was du sagst. Leitest du Seelen, so bedenke, mit wessen Blut sie reingewaschen sind. (...) Bist du Seelsorger? Vernachlässige darüber nicht die Sorge für dich selbst, und sei andern gegenüber nicht so freigebig, daß für dich selbst nichts übrig bleibt. Du mußt zwar an die Seelen denken, deren Vorsteher du bist, aber nicht so, daß du dich selbst vergißt.«[14]

[1] Johannes XXIII., zitiert nach: H. Bach, *Karl Borromäus*, Köln 1984, Geleitwort. – [2] vgl. L.v. Pastor, *Geschichte der Päpste*, Bd. VII, Freiburg 1928, Motto zum Band VII. – [3] vgl. H. Bach, *Karl Borromäus*, S.100. – [4] *Gotteslob* 27,3. – [5] *Joh* 10,11-16. – [6] II. Vat. Konz., Konst. *Lumen gentium*, 20. – [7] vgl. H. Bach, *Karl Borromäus*, S.111. – [8] Th. Schnitzler, *Die Heiligen im Jahr des Herrn*, Freiburg 1978, S.384. – [9] G. Kranz, *Politische Heilige und katholische Reformatoren*, Augsburg 1958, S.286. – [10] Johannes Paul II., *Ansprache*, 3.11.1981. – [11] vgl. L.v. Pastor, *Geschichte der Päpste*, S.341. – [12] ebd., S.342. – [13] ebd., S.343. – [14] *Lektionar zum Stundenbuch*, 4. November.

WEIHETAG DER LATERANBASILIKA

Mater et caput omnium ecclesiarum.
Zeichen und Symbole.
Würde des Kultes.

I. Das heutige *Tagesfest* ist der Jahrestag einer Kirchweihe. Tatsächlich bilden die Kirchweihfeste den Ursprung unserer weltlichen *Kirmes*-Feiern. »Wenn ein Gotteshaus seine Kirchweihmesse am Gedächtnistag der Weihe durch den Bischof beging, dann hieß das: Kirchmeß, abgekürzt ›Kir-mes‹. Mit der Kirmes war ein großer Markt verbunden. Da konnten einsame Landbewohner alles kaufen und finden, was sie für Haus und Hof und Leben nötig hatten. (...) Die Messen, wo immer, sind letztlich aus einem Kirchmeßmarkt hervorgegangen. Sie kennen natürlich die fromme Ahnenreihe nicht mehr.«[1]

Die Kirche, deren Weihefest wir heute feiern, ist die Lateranbasilika in Rom. Kaiser Konstantin ließ sie auf einem Grundstück bauen, auf dem die Kaserne der berittenen Leibgarde gestanden hatte. Sie wurde 324 dem Erlöser geweiht, später kamen die heiligen Johannes der Täufer und Johannes der Evangelist als Patrone hinzu. Der Palast neben der Basilika war vom 4. Jahrhundert bis zum Exil von Avignon (14. Jahrhundert) die Residenz der Päpste.

Der Brauch, das Jahrgedächtnis einer Kirchweihe zu feiern, wurzelt im Alten Testament. Im Jahre 165 v. Chr. zogen Judas Makkabäus und seine Brüder mit dem ganzen Heer nach Jerusalem hinauf, nachdem sie ihre Feinde geschlagen hatten, um den von den Heiden entweihten Tempel des Herrn zu reinigen und neu zu weihen.[2] Man beschloß, *Jahr für Jahr zur selben Zeit mit festlichem Jubel* den Weihetag zu begehen. Die Kirche hat diesen Brauch des Jahrgedächtnisses aufgenommen; aber nicht das Gotteshaus steht im Mittelpunkt der Feier, sondern Christus.

Das Tagesgebet ist voller Anspielungen auf die Symbolik des Kirchenbaus: *Erhabener Gott, du erbaust dir aus lebendigen und erlesenen Steinen ein ewiges Haus. Mache die Kirche reich an Früchten des Geistes, den du ihr geschenkt hast, und laß alle Gläubigen in der Gnade wachsen, bis das Volk, das dir gehört, im himmlischen Jerusalem vollendet wird.*[3] Das Bauwerk verweist auf *die heilige Stadt, das neue Jerusalem*, wo es keinen Tempel gibt, *denn der Herr* (...) *ist ihr Tempel, er und das Lamm*[4]. Es verweist ebenso auf das neue Volk Gottes in der Kirche, die Christus als einen Bau stiftet: *Du bist Petrus, und auf diesen Felsen werde ich meine Kirche bauen.*[5]

In der Lesung[6] vertieft der Apostel Paulus das Symbol vom Gebäude: *Ihr seid Gottes Bau*, sagt er zuerst; dann: *Wißt ihr nicht, daß ihr Gottes Tempel seid und der Geist Gottes in euch wohnt?* Schließlich vergleicht er sich mit einem *guten Baumeister*, der den Grund gelegt hat: *Einen anderen Grund kann niemand legen als den, der gelegt ist: Jesus Christus.*

Cäsarius, Bischof von Arles im 6. Jahrhundert, sagt in einer Predigt: »Durch die Güte Gottes dürfen wir heute den Weihetag dieses Gotteshauses mit Freude und Jubel begehen. Der wirkliche und lebendige Tempel jedoch müssen wir selber sein. Dennoch feiern die christlichen Völker mit Recht das Fest der Mutterkirche, weil sie wissen, daß sie durch diese Kirche im Geist wiedergeboren wurden.«[7] Die *Mater et caput omnium ecclesiarum urbis et orbis* (*Mutter und Haupt aller Kirchen der Hauptstadt und des Erdkreises*), wie es in der Inschrift auf der Fassade heißt, läßt – wohl eindringlicher als anderswo – das Mysterium der Gemeinschaft der Heiligen gleichsam berührbar werden. Wir reihen uns ein in den Zug von Menschen, die hier gebetet haben seit den Anfängen der Kirche bis heute – und in Zukunft, auf dem Weg ins *neue Jerusalem*: »Eine große Stadt ersteht, die vom Himmel niedergeht in die Erdenzeit. Mond und Sonne braucht sie nicht; Jesus Christus ist ihr Licht, ihre Herrlichkeit. Laß uns durch dein Tor herein und in dir geboren sein, daß uns Gott erkennt. Laß herein, die draußen sind; Gott heißt jeden Sohn und Kind, der dich Mutter nennt.«[8]

II. »Die Kirchen sollen feierlich konsekriert werden.«[9] Warum? Die Konsekration einer Kirche ist »etwas völlig anderes als, sagen wir, eine Schiffs-›Taufe‹ beim Stapellauf oder die ›Einweihung‹ einer Brücke, eines Autobahnabschnittes, einer Kegelbahn. Solche Einweihungen bedeuten ja nichts weiter als: Freigabe für den Gebrauch; sie tun also zur Sache selbst nichts dazu. Eben dies macht den Unterschied im Vergleich zur *consecratio.* (…) Durch die Konsekration wird aus dem Bauwerk etwas, das es vorher nicht schon war; es wird daraus eine Kirche, ein Heiligtum, eine *aedes sacra.*«[10] Das Bauwerk wird »aus dem Bereich des durchschnittlichen, normalerweise durch Arbeit, Lebenserwerb, Existenzsicherung, durch Nutzung und Gebrauch, überhaupt durch die tätige Realisierung von Zwekken charakterisierten Lebens herausgenommen«[11].

Es gibt außerhalb des Christlichen eine sich aufgeklärt gebende pantheistische Religiösität, die den Kirchenbau für überflüssig hält, da »die Natur« Gottes Tempel sei. Seit der Menschwerdung – heißt es – sei alles gleichermaßen heilig oder alles gleichermaßen profan. Aber ist es nicht so, daß die göttliche Berührung durch die Menschwerdung den dunklen Ahnungen, die sich im unbestimmten »Numinosen« ausdrücken, Richtung gibt? Daß die Natur und alle Dinge gleichsam durchsichtig werden – nicht pantheistisch, sondern auf ihren Schöpfergott hin, der durch die Menschwerdung *berührbar* wird? Selbst die Steinquader eines Kirchengebäudes! Sakralität wird um so lebensnotwendiger, »je mehr der Absolutheitsanspruch des bloß Nutzenden die gesamte Existenz mit Beschlag zu belegen droht. Desto mehr bedarf der Mensch, um eines wahrhaft menschlichen Lebens willen, dieser Chance, aus dem akustischen und optischen Getöse (kaufe dies, trinke das, iß jenes, wähle den, amüsiere dich hier, demonstriere für oder gegen), aus diesem pausenlosen Angeschrienwerden immer wieder hinaustreten zu können in einen Raum, in welchem Schweigen herrscht und also wirkliches Hören möglich wird und das Vernehmen der Realität, auf welcher unser Dasein ruht und aus der es sich immerfort nährt und erneuert.«[12]

Die Weihe einer Kirche ist voller Zeichen und Symbole. Dies gehört ja zur sakramentalen Struktur des Christlichen; fragen wir uns jetzt, während dieser Zeit des Gebetes, wie wir damit umgehen. Denn manchmal vergessen wir, daß der Mensch – Leib und Geist, Geste und Gedanke – das äußere Zeichen braucht. Die Zeichenhaftigkeit der Kirchweihe verdichtet sich beim Altar. Er ist »tatsächlich wichtiger als der Kirchenraum; es gibt keinen Kirchweih-Ritus, dessen Mitte nicht notwendig die feierliche Konsekration des Altares wäre«[13]. Als »Mittelpunkt der Danksagung, die in der Eucharistiefeier zur Vollendung kommt«[14], vereint der Altar in sich eine doppelte Symbolik: Er ist »einerseits Tisch des kultischen Mahles und andrerseits zugleich Opferstein (...), unter welchem Namen – *lapis iste* – er im offiziellen Ritus der Altarweihe wie auch in der großen Theologie ungezählte Male mit den biblischen Opferaltären der Abel, Abraham, Isaak, Jakob, Moses ausdrücklich verknüpft wird, und natürlich überdies und vor allem mit dem Felsen Christus, dem Opfer schlechthin, und dem Altar des Kreuzes.«[15]

Die Lateranbasilika, und nicht der Petersdom, ist »die Kathedrale des Papstes«. Das heutige Fest regt an zum Gebet für ihn und für seine Anliegen, ebenso wie für unseren Bischof und seine Anliegen. »Die Gläubigen mögen ihre Bischofskirche und die eigene Kirche besonders schätzen und in ihnen ein Zeichen jener geistigen Kirche sehen, die sie durch ihren christlichen Glauben aufbauen und ausbreiten sollen.«[16]

III. *Der Eifer für dein Haus verzehrt*

mich.[17] Wie entschlossen widersetzt sich Jesus dem Mißbrauch des Tempels! Um wieviel mehr sollen wir um die Würde des christlichen Gotteshauses bemüht sein! In ihm feiern wir das eucharistische Opfer und beten Christus an, im Tabernakel wirklich gegenwärtig. Die Kirche wacht über die liturgischen Bestimmungen im gottesdienstlichen Raum und über die würdige Behandlung der Kultgegenstände. Auch hier lassen sich wie bei der Kirchweihe die Wurzeln dieser Sorge bis ins Alte Testament verfolgen. In den Vorschriften des Herrn an Moses am Berge Sinai wird bis in die Einzelheiten das Aussehen der Bundeslade, des Leuchters, der Zeltdecke, der Vorhänge, des Altares, der Opfergefäße und der Priestergewänder festgelegt.[18] Dies drückt die Herrschaft Gottes über sein Volk aus und bewahrt es außerdem vor der Versuchung, die Riten der heidnischen Nachbarvölker nachzuahmen.

Der Kern der Liturgie ist eindeutig: »Als Werk Christi und des hierarchisch gegliederten Volkes Gottes ist die Feier der heiligen Messe für die Welt- und Ortskirche wie auch für jeden einzelnen Gläubigen Mitte des ganzen christlichen Lebens.«[19] Sogar die Bestimmungen über den Bau des Altares wollen dies hervorheben: »Nach altem kirchlichem Brauch und wegen ihrer symbolischen Bedeutung soll die Tischplatte eines feststehenden Altars aus Naturstein sein«[20], und der Tisch ist

»mit wenigstens einem Tuch zu bedecken«[21]. Ebenso die Vorschrift, »die Eucharistie soll nur in einem einzigen, festen und sicheren Tabernakel aufbewahrt werden«[22].

In allem äußert sich die Liebe zu Christus und der Glaube an seine wirkliche Gegenwart. Der selige Josemaría Escrivá rät, man solle die Umgangsformen der Frömmigkeit erlernen und liebevoll pflegen: »Diese ›frommen‹ Leute tun einem leid, die es nicht verstehen, der Messe richtig beizuwohnen, auch wenn sie sie jeden Tag besuchen. Und auch jene, die sich nicht bekreuzigen können und statt dessen ein paar seltsame, hastige Handbewegungen machen. Und jene, die das Knie nicht vor dem Allerheiligsten beugen können – ihre lächerlichen Kniebeugen wirken wie Spott. Und jene, die das Haupt nicht vor einem Madonnenbild verneigen.«[23]

Der Kirchturm, die Glocken, der ganze Bau – alles ist Zeichen. Ebenso sollen unsere Gesten sein – echte Zeichen innerer Ehrfurcht! Wie machen wir das Kreuzzeichen mit dem Weihwasser, das uns an die Taufe erinnert? Wie beugen wir das Knie vor dem Allerheiligsten? Papst Johannes Paul II. erzählt von seinem Vater: »Die einfache Tatsache, ihn niederknien zu sehen, war von entscheidendem Einfluß in meinen jungen Jahren.«[24] Das heutige Fest erinnert uns an die Großartigkeit der Liturgie in der Lateranbasilika; aber die Eucharistiefeier in ihr ist genauso wertvoll wie die heilige Messe in einer armen Diasporakirche. Ehrfürchtig staunende Touristen spüren den besonderen Charakter des Raumes, gläubige Touristen kennen den verborgenen Grund. Es gibt Fremdenführer, die ahnungslosen Besuchern über die wissenswerten Informationen hinaus auch die moderne Frage nach dem »Wozu« des eindrucksvollen Bauwerkes beantworten – mit einem Hinweis auf die manchmal unansehnliche Seitenkapelle, wo das ewige Licht brennt. *Adoro te devote, latens Deitas ...*

[1] Th. Schnitzler, *Was die Messe bedeutet*, Freiburg 1976, S.16. – [2] *1 Makk* 4,36-37.52-59. – [3] *Tagesgebet* beim Jahrgedächtnis einer Kirchweihe. – [4] *Offb* 21,22. – [5] *Mt* 16,18. – [6] *1 Kor* 3.9c-11.16-17. – [7] Cäsarius von Arles, *Predigt*, 229. – [8] *Gotteslob*, 642. – [9] *Römisches Meßbuch*, Allgemeine Einführung, Nr.255. – [10] J.Pieper, *Über die Schwierigkeit, heute zu glauben*, München 1974, S.117. – [11] ebd. – [12] ebd., S.131. – [13] ebd., S.122. – [14] *Römisches Meßbuch*, Allgemeine Einführung, Nr.259. – [15] J. Pieper, *Über die Schwierigkeit, heute zu glauben*, S.123. – [16] *Römisches Meßbuch*, Allgemeine Einführung, Nr.255. – [17] *Ps* 69,10; vgl. *Joh* 2,15, *Lk* 19,46. – [18] vgl. *Ex* 25-28. – [19] *Römisches Meßbuch*, Allgemeine Einführung, Nr.1. – [20] ebd., Nr.263. – [21] ebd., Nr.268. – [22] ebd., Nr.277. – [23] J. Escrivá, *Der Weg*, Nr.541. – [24] A. Frossard, *Fürchtet euch nicht!*, München 1982, S.13.

MARTIN VON TOURS

Ein europäischer Heiliger.
Offene Augen und offene Hände.
Zwei lehrreiche Situationen.

I. Sankt Martin ... Ein wahrhaft europäischer Heiliger zu einer Zeit, da es unser Europa noch nicht gab. Wir kennen sein Leben dank der Schilderung eines Zeitgenossen[1] verhältnismäßig gut. Um 316 in Ungarn geboren, im italienischen Pavia erzogen, seit dem fünfzehnten Lebensjahr in der römischen Gardereiterei als Berufssoldat wie sein Vater, ein Militärtribun, überall im römischen Reich unterwegs und zu Hause, im französischen Amiens, an dessen Stadttor er dem Bettler begegnete, wie auch im heutigen Deutschland, wo er in Worms 356 die Militärlaufbahn aufgab. Er reiste wieder an die Donau, diesmal um seine Eltern für den Glauben an Christus zu gewinnen. Die Mutter wurde Christin. Dann ist er eine Zeitlang Einsiedler bei Genua. Und schließlich findet er im fränkischen Reich seine Heimat: in Poitiers schließt er sich dem heiligen Hilarius an, dem wichtigsten abendländischen Vorkämpfer des christlichen Glaubens gegen den Arianismus, in Ligugé gründet er das erste Kloster Galliens, in Tours wird er 371 gegen seinen Willen von Klerus und Volk zum Bischof gewählt.

Ein Ereignis aus der Zeit, da er noch nicht getauft war – er empfing die Taufe mit achtzehn Jahren – ist zum Symbol für ihn geworden. Manches an der Darstellung des Sulpicius Severus[2] regt zum persönlichen Gebet an: »Da begegnete ihm im Winter, der ungewöhnlich rauh war, so daß viele der eisigen Kälte erlagen, am Stadttor von Amiens ein notdürftig bekleideter Armer. Der flehte die Vorübergehenden um Erbarmen an. Aber alle gingen an dem Unglücklichen vorbei. Da erkannte der Mann voll des Geistes Gottes, daß jener für ihn vorbehalten sei, weil die anderen kein Erbarmen übten. Doch was tun? (...) Er zog das Schwert, schnitt den Mantel mitten durch und gab die eine Hälfte dem Armen, die andere legte er sich selbst wieder um.« Wir hätten gerne einiges über die Reaktion dieses Bettlers erfahren, aber der Biograph geht darüber hinweg. Wohl aber merkt er sich die Reaktion der Umstehenden: »Da fingen manche der Umstehenden an zu lachen, weil er im halben Mantel ihnen verunstaltet vorkam. Viele aber, die mehr Einsicht besaßen, seufzten tief, daß sie es ihm nicht gleich getan und den Armen nicht bekleidet hatten, zumal sie bei ihrem Reichtum keine Blöße befürchten mußten.« In der Nacht erschaute der junge Soldat – war es eine Vision?

ein Traum? – den mit dem abgeschnittenen Mantelstück bekleideten Christus, der zu den ihn begleitenden Engeln sprach: »Martin, obwohl noch nicht getauft, hat mich mit diesem Mantel bekleidet.«

Es ist das Evangelium von heute[3]: *Der Menschensohn in seiner Herrlichkeit und alle Engel mit ihm* ... Gottes Bild bleibt trotz aller Verdunkelung durch die Sünde in jedem Menschen gegenwärtig[4]. Wie viele kennen Christus nicht, aber suchen Gott »aus ehrlichem Herzen« und sind bestrebt, »seinen im Anruf des Gewissens erkannten Willen unter dem Einfluß der Gnade in der Tat zu erfüllen«[5]. Die Kirche spricht von den vielen, »die ohne Schuld noch nicht zur ausdrücklichen Anerkennung Gottes gekommen sind, jedoch, nicht ohne die göttliche Gnade, ein rechtes Leben zu führen sich bemühen. Was sich nämlich an Gutem und Wahrem bei ihnen findet, wird von der Kirche als Vorbereitung für die Frohbotschaft und als Gabe dessen geschätzt, der jeden Menschen erleuchtet, damit er schließlich das Leben habe.«[6]

Der heilige Martin wurde zum Schutzheiligen des fränkischen Königshauses. »Der Mantel des Heiligen (lateinisch *cappa* oder *capella*), den man in die Schlacht mitnahm und im Pariser Königspalast aufbewahrte, gab dem Königsoratorium den Namen ›Sainte-Chapelle‹. Dieser Name wurde schließlich jedem kleineren Heiligtum gegeben.«[7]

II. Die Tat des heiligen Martin geht auch uns heute noch unter die Haut. Aber wir brauchen offene Augen und offene Hände. Heute – anders wahrscheinlich als in früheren Jahrhunderten – werden uns so viele fremde Nöte durch die Medien vermittelt. Wir dürfen uns nicht daran gewöhnen, all dies bloß zu registrieren. Es stimmt, wir können nicht auf jede fremde Not erschüttert reagieren. Dennoch: Wie leicht stumpft man ab! Wie leicht gewöhnt man sich an folgenlose Betroffenheit! Ist es nicht ärgerlich, unbeabsichtigt zum Voyeur zu werden? Prüfen wir uns, ob wir auch hier als Christen in der Nachfolge Jesu in jedem Leidenden ihn, den Herrn, erkennen.

Bedenken wir, daß »der größte Teil der Welt noch unter solcher Not leidet, daß Christus selbst in den Armen mit lauter Stimme seine Jünger zur Liebe aufruft«[8]. Was können wir tun? Wie der heilige Martin: teilen – eine Mahlzeit, ein wenig Zeit, ein wenig Anteilnahme. »Die Werke der Barmherzigkeit sind Liebestaten, durch die wir unserem Nächsten in seinen leiblichen und geistigen Bedürfnissen zuhilfe kommen. Belehren, raten, trösten, ermutigen, sowie vergeben und geduldig ertragen sind geistliche Werke der Barmherzigkeit. Leibliche Werke der Barmherzigkeit sind vor allem: die Hungrigen speisen, Obdachlose beherbergen, Nackte bekleiden, Kranke und Gefangene besuchen und Tote begraben. Unter diesen Werken ist das Almosenspenden an Arme eines der Hauptzeugnisse der Bruderliebe; es ist auch eine Gott wohlgefällige Tat der Gerechtigkeit.«[9] Der Mystiker Meister Eckhart deutet elegant eine praktische Konsequenz an: »Wäre der Mensch in solcher Verzückung wie Sankt Paulus, und wüßte ich (in solcher Verfassung) von einem siechen Menschen, der von dir eines Süppleins bedürfte, ich hielte es für sehr viel besser, du ließest aus Liebe von dieser Verzückung ab und dientest dem Bedürftigen mit desto größerer Liebe.«[10]

Die Sünden der Menschen »führen in der Gesellschaft zu Situationen und Institutionen, die zur Güte Gottes im Gegensatz stehen«[11]. Wie viele ungerechte Verhältnisse in unserer Gesellschaft zeugen davon! Sehr viele Menschen müssen – aus eigener oder fremder Schuld – ein Randdasein führen; allein gelassen, mittellos, ohne Arbeit, ohne Zuhause, gedemütigt, weil ihnen die unerläßlichen Voraussetzungen zu einem menschenwürdigen Leben fehlen. Manches davon ist Folge »sündiger Strukturen« als »Ausdruck und Wirkung persönlicher Sünden. Sie verleiten ihre Opfer dazu, ebenfalls Böses zu begehen. In einem analogen Sinn stellen sie ein ›soziale

Sünde‹ dar.«[12] Die Kirche ist in Lehre und Praxis davon überzeugt, »daß sie selbst, ihre Amtsträger und jedes ihrer Glieder durch ihre Berufung dazu angehalten sind, das Elend der Leidenden, ob nah oder fern, nicht nur aus dem ›Überfluß‹, sondern auch aus dem ›Notwendigen‹ zu lindern«[13].

Was ihr für einen dieser geringsten nicht getan habt, das habt ihr auch mir nicht getan. Wir müssen uns diese traurige Möglichkeit vor Augen halten. Man kann egoistisch versagen, ähnlich wie der reiche Mann[14], der *sich in Purpur und feines Leinen kleidete und Tag für Tag herrlich und in Freuden lebte.* »Der Reiche wurde verdammt, weil er den anderen mißachtete. Weil er es verabsäumte, von Lazarus Notiz zu nehmen, dem Mann, der vor seiner Tür saß und gerne gegessen hätte, was vom Tisch des Reichen herunterfiel.«[15]

III. Martin von Tours ist nicht nur der jugendliche, vornehme Reiter. »In ihm leuchtet die Einheit des Römischen Reiches und Europas auf, die Kraft des Mönchtums und des Bischofsamtes, die Liebenswürdigkeit der Volksfrömmigkeit und des Brauchtums.«[16] Er ist vor allem Bischof, Mönch und Gründer der ältesten Klöster des Abendlandes, er bemüht sich um die räumliche Ausbreitung des Glaubens als Missionar unter der Landbevölkerung und um dessen Festigung im Kampf gegen die

Irrlehren. Damals lebte die Landbevölkerung »noch völlig in der ererbten Welt ihres keltischen, nur wenig romanisierten Brauchtums der Flurprozessionen, des Baum- und Quellenkultes mit den schlichten Heiligtümern, die sie zunächst noch entschieden verteidigt, als der Bischof der Christen mit Wort und Tat die Ohnmacht ihrer Götter erweisen will. Nach der oft gewaltsamen Zerstörung ihrer Kultstätten bekennt sich jeweils ein größerer Teil der Bevölkerung zum mächtigeren Christengott, und Martin errichtet dann in ihrem *vicus* eine Kapelle oder eine kleine Mönchsniederlassung an der Stelle eines bisherigen Flurtempelchens, bestellt auch Kleriker für die weitere Betreuung der Neubekehrten und ruft so die ersten Zellen christlichen Gottesdienstes auf dem Lande ins Leben.«[17]

Betrachten wir am Ende unserer Zeit des Gebetes über den heiligen Martin zwei lehrreiche Situationen, die seinen Glaubenseifer und seine Menschlichkeit veranschaulichen. Im Jahre 386 begab er sich nach Trier, um beim derzeitigen Westherrscher Maximus zu intervenieren, damit die Anhänger des Häretikers Priszillian – entgegen dem Drängen der Bischöfe am kaiserlichen Hof – nicht zum Tode verurteilt würden.[18] Um dies zu erreichen, willigte er sogar in die eucharistische Gemeinschaft mit den unwürdigen Hofbischöfen ein, die er anfänglich verweigert hatte. Ohne Erfolg. »Während der Heimreise seufzte er voll Betrübnis darüber, daß er, wenn auch nur kurze Zeit, sich in eine so verderbliche Gemeinschaft eingelassen habe. Es war nicht weit von dem Orte, der Andethanna heißt; hier führte der Weg durch endlose Waldeinsamkeiten. Martinus setzte sich nieder, seine Begleiter waren etwas vorausgegangen; er dachte über die Ursache des betrübenden Vorkommnisses nach; bald warfen ihm seine Gedanken Schuld vor, bald sprachen sie ihn frei. Plötzlich stand ein Engel vor ihm und sprach: ›Martinus, mit Recht verurteilen dich Gewissensbisse; allein es gab für dich keinen anderen Ausweg. Fasse wieder Mut, werde wieder fest, sonst kommt nicht deine Ehre, sondern dein Seelenheil in Gefahr.‹«[19]

Martin starb achtzigjährig während einer Friedensmission in Candes, unweit von Tours.[20] »Die Kleriker dieser Kirche waren unter sich zerstritten, und er wünschte den Frieden wiederherzustellen. Obwohl er wußte, daß seine Tage zu Ende gingen, weigerte er sich nicht, in Anbetracht eines so wichtigen Anlasses die Reise zu unternehmen. Er hielt es für einen guten Abschluß seines Tugendlebens, der Kirche den wiederhergestellten Frieden zu hinterlassen.« Nachdem ihm das gelungen war, wollte er heimkehren, aber er merkte, daß ihn die Kräfte verließen: »Er rief die Brüder zusammen und eröffnete ihnen, er werde nun sterben.« Auch wenn der Biograph die Szene wahrscheinlich etwas stilisiert hat, ist es eindrucksvoll, die Klage der zerstrittenen Kleriker zu vernehmen: »›Reißende Wölfe werden in deine Herde einbrechen. Wer soll uns vor ihren Bissen retten, wenn der Hirt geschlagen ist? Wir wissen, daß du nach Christus verlangst. Aber dein Lohn ist dir doch sicher, und er wird durch einen Aufschub nicht geringer. Hab Mitleid mit uns, die du verläßt!‹ Ihre Tränen bewegten Martin so sehr, daß sein Herz im Herrn von Erbarmen überfloß, und es heißt, er habe geweint. Er wandte sich an den Herrn, und seine Antwort an die Weinenden war: ›Herr, wenn ich deinem Volk noch nötig bin, verweigere ich nicht Arbeit und Mühsal. Dein Wille geschehe!‹« Er fürchtete sich nicht zu sterben und weigerte sich nicht zu leben. Dies möge auch uns der Herr gewähren, auf die Fürsprache des heiligen Martin.

[1] Sulpicius Severus (363-420) schrieb eine *Vita* des Heiligen, drei *Briefe* über ihn und die *Dialogi*. – [2] Sulpius Severus, *Vita*, 3. – [3] *Mt* 25,31-40. – [4] vgl. *Katechismus der Katholischen Kirche*, 1702. – [5] vgl. II. Vat. Konz., Konst. *Lumen gentium*, 16. – [6] ebd., 16. – [7] Th. Schnitzler, *Die Heiligen im Jahr des Herrn*, Freiburg 1978, S.396. – [8] II. Vat. Konz., Konst. *Gaudium et spes*, 88. – [9] *Katechismus der Katholischen Kirche*, 2447. – [10] Meister Eckhart, *Die Gottesgeburt im Seelengrund*, Freiburg 1990, S.51. – [11] *Katechismus der Katholischen Kirche*, 1869. – [12] ebd. – [13] Johannes Paul II., Enz. *Solicitudo rei socialis*, 31. – [14] *Lk* 16,19ff. – [15] Johannes Paul II., *Predigt im New Yorker Yankee-Stadion*, 2.10.1979. – [16] Th. Schnitzler, *Die Heiligen im*

Jahr des Herrn, S.394. – [17] H. Jedin (Hrsg.), *Handbuch der Kirchengeschichte*, Bd. II/1, S.216. – [18] vgl. Sulpicius Severus, *Dialogi*, III,11-13. – [19] H. Heinen, *Frühchristliches Trier*, Trier 1996, S.215. – [20] vgl. Sulpicius Severus, *Brief über den Tod des hl. Martin*.

ALBERT DER GROSSE

Jordan von Sachsen, ein Menschenfänger.
Forschendes Gotteslob.
Einklang von Glauben und Wissen.

I. Die Zeitgenossen nannten ihn »Albert der Deutsche« oder auch »Albert von Köln«. Auch Dante nennt ihn so.[1] Der um 1193 in Lauingen an der Donau geborene Albert wurde bald nach seinem Eintritt in den Dominikanerorden dem Kölner Konvent zugewiesen. Trotz vieler Reisen und Aufenthalte in anderen Städten, blieb Köln *seine* Stadt. Dreimal war er Friedensschlichter in den Streitigkeiten zwischen dem Erzbischof und der Bürgerschaft. In Köln starb er am 15. November 1280.

Entscheidend in seinem Leben war die Begegnung mit dem aus der Paderborner Gegend stammenden Jordan von Sachsen, dem ersten Nachfolger des heiligen Dominikus in der Leitung des Ordens. Es lenkt nicht vom Beten ab, wenn wir ein wenig bei diesem hinreißenden Prediger verweilen, der später seliggesprochen wurde. In einer zeitgenössischen Schrift heißt es über ihn: »Am liebsten hielt er sich in denjenigen Städten auf, wo Universitäten waren. (...) Die Klöster der

Predigerbrüder in diesen Städten glichen dann geradezu einem Bienenhaus; so viele kamen dann, um das Ordenskleid zu nehmen; so viele wurden dann in die fernen Ordensprovinzen hinausgesandt. Wenn Jordan ankam, ließ er sofort eine Menge Ordenshabite anfertigen, da er auf Gott fest vertraute, daß er ihm wieder eine große Zahl neuer Brüder zuführen werde.«[2] Einmal fragte ihn jemand, wie es komme, daß die Studenten der Philosophie in großer Zahl in den Orden einträten, die Studenten der Theologie und des kanonischen Rechts aber nur zögernd. Da antwortete er: »Der Bauer trinkt sich an gutem Wein viel leichter einen Rausch an als die Bürger und Adeligen, da er gewöhnlich nur Wasser trinkt und an Wein nicht gewöhnt ist. So trinken die Studenten der Philosophie die ganze Woche hindurch das Wasser des Aristoteles und der anderen Philosophen. Wenn sie daher am Sonntag oder an einem Feiertag in der Predigt das Wort Gottes hören, werden sie leicht trunken von dem Wein des Heiligen Geistes und geben sich gefangen und schenken nicht nur Hab und Gut, sondern sich selber dem lieben Gott. Die Theologen aber hören derartiges häufig, und deshalb geht es ihnen wie einem Küster auf dem Lande, der so oft an dem Altar vorbeigeht, daß er schließlich die Ehrfurcht verliert und dem Altar oft den Rücken zukehrt, während Fremde sich ehrfürchtig vor dem Altar verneigen.«

Jordan von Sachsen ging der Ruf eines gefährlichen Menschenfängers voraus. Einmal warnte ein Professor die Studenten: »Geht nicht zu seiner Predigt und meidet seine Unterhaltung. Denn er legt seine Rede stets darauf aus, Menschen zu fangen.« Der so sprach, konnte seine Neugierde nicht bändigen, ging selber hin – und wurde für den Orden gewonnen. Albert war Student in Padua und ging hin und wieder zur heiligen Messe in die Kirche der Dominikaner. Er begann, sich für den neuen Orden zu interessieren. Alberts Onkel, der auch in Padua war, nötigte ihm das Versprechen ab, innerhalb einer bestimmten Zeit das Kloster der Dominikaner nicht zu betreten. Albert hielt sich daran, aber nach Ablauf der Frist kam er wieder öfters zu den Brüdern; er zögerte, in den Orden einzutreten, weil er sich nicht sicher war, ob er die Treue durchhalten würde. Dieser Gedanke verfolgte ihn bis in die Träume hinein. Eines Nachts sah er sich in den Orden eintreten und kurze Zeit danach ihn wieder verlassen. Nach diesem Traum hielt er die Angelegenheit für erledigt. Aber am selben Tag hörte er Jordan von Sachsen predigen: »Es gibt Leute, die sich vornehmen, die Welt zu verlassen und in einen Orden einzutreten. Der Teufel aber stellt ihnen im Traum vor, wie sie in einen

Orden eintreten und ihn später wieder verlassen, Reitsport treiben, in kostbaren Kleidern einhergehen und sich mit Freunden vergnügen. Und all das, um ihnen Furcht vor dem Eintritt einzuflößen und ihnen die Überzeugung einzureden, sie würden im Orden nicht ausharren.« Albert war erschüttert, suchte Meister Jordan auf, erzählte ihm von seinen Plänen und seinem Traum. Der Ordensmeister antwortete ihm: »Ich verspreche dir, mein Sohn, wenn du in unseren Orden eintrittst, wirst du ihn niemals verlassen«, wirst du treu sein bis zu deinem Tod. Im Sommer des Jahres 1229 hat Albert aus der Hand Jordans von Sachsen das Ordenskleid erhalten und wurde kurz darauf nach Köln gesandt. Wenige Jahre danach ist Jordan auf einer Visitationsreise nach Palästina bei einem Schiffbruch ums Leben gekommen.

Jahrhunderte später betrachten wir den apostolischen Schwung dieses Menschenfängers. Kardinal Joseph Höffner nahm der Episode die Zeitbedingtheit, als er sie in seiner Predigt bei der Altarweihe in einem Bildungszentrum des Opus Dei erwähnte und sie auf die damals gegen dieses Werk umlaufenden Vorwürfe bezog: »Nicht selten stoßen Berufung und Sendung auf den Widerspruch der Welt. Das war früher so und wir erleben es heute.«[3]

II. »Die Nachwelt hat ihm als einzigem Gelehrten den Beinamen ›der Große‹ gegeben.«[4] Sein Schüler Ulrich von Straßburg nannte ihn *nostri temporis stupor et miraculum* – »ein staunenerregendes Wunder unserer Zeit«[5]. Worüber staunten die Menschen seiner Zeit? Die unbefangene Art seines Umgangs mit der Natur war derart neu, daß manche in Albert sogar einen Magier oder Schwarzkünstler sahen. Er erforscht die Natur, beschreibt Tiere, analysiert Metalle, baut Apparate, macht als erster Experimente. Aber das Experimentieren trübt nicht den ehrfürchtigen Blick für die Natur. Er sieht sie als Gabe des Schöpfers an uns, seine Geschöpfe. Deshalb dürfen und sollen wir sie ergründen, erforschen – und sie dankbar bestaunen. »Nie fand Albertus all die Pflanzen und Tiere, den Sonnenaufgang, die Nebelbildung und die Gesteinsarten nur merkwürdig, sonderbar und interessant, sah er doch in allem die Hand Gottes. Er kannte noch, um es in der Schulsprache auszudrücken, eine *theologia naturalis*. Nach ihm sind alle Dinge von Gott und führen zu Gott. Alles bekommt seinen Sinn durch seine Beziehung zu Gott. Der Heilige Geist zündet das Licht der Natur an. Wo Natur und Offenbarung auseinanderfallen, stirbt im Menschen das göttliche Leben ab. Das ganze All ist Gottes Werk, der Allmächtige ist der Schöpfer und Ordner aller

Dinge. Deswegen war die Natur für Albertus nicht ein Mechanismus, sondern ein Organismus.«[6]

Was lernen wir heute von Albert dem Großen? Die Sehweisen des Glaubens und der Naturwissenschaft sind wohl verschieden, aber sie stehen weder im Widerspruch gegeneinander noch beziehungslos nebeneinander, etwa eine gottfremde Naturwissenschaft und eine naturfeindliche Theologie. Das kirchliche Lehramt »hat ausdrücklich die Unterschiedlichkeit der Erkenntnisordnungen von Glaube und Vernunft ausgesprochen, es hat die Autonomie und Freiheit der Wissenschaften anerkannt und ist für die Freiheit der Forschung eingetreten. Wir fürchten nicht, ja, wir halten es für ausgeschlossen, daß eine Wissenschaft, die sich auf Vernunftgründe stützt und methodisch gesichert fortschreitet, zu Erkenntnissen gelangt, die in Konflikt mit der Glaubenswahrheit kommen. Dies kann nur dort der Fall sein, wo die Unterschiedlichkeit der Erkenntnisordnungen übersehen oder verleugnet wird.«[7]

Unsere Erinnerung an den heiligen Albert, sagte Papst Johannes Paul II. im Kölner Dom, »soll nicht nur ein Akt schuldiger Pietät sein. Wichtiger ist es, den wesentlichen Sinn seines Lebenswerkes gegenwärtig werden zu lassen«. Die Ergebnisse seiner Experimente sind natürlich von der Forschung längst überholt, aber die Gabe, das forschende Auge mit dem staunenden Blick zu vereinbaren, ist heute besonders nötig. Ist die Natur heute in den Augen – in den Händen – vieler nicht bloßes Rohmaterial für unsere Begierlichkeiten?

III. Gott hat dem heiligen Albert »die Gabe geschenkt, das Wissen seiner Zeit und den Glauben in Einklang zu bringen«[8]. Manche seiner Zeitgenossen nahmen eine »doppelte Wahrheit« an, die Wahrheit der Wissenschaft und die Wahrheit des Glaubens: Wissenschaftlich gesehen sei die Welt ewig; in der Sicht des Glaubens jedoch sei sie erschaffen. Was tat Albert? Mit erstaunlichem Scharfblick erkannte er die Reichtümer, die in der aristotelischen Philosophie lagen. Er begann jenes Werk, das sein Schüler Thomas von Aquin später weiterführte und vollendete: die aristotelische Geisteswelt von den Deutungen jüdischer und arabischer Kommentatoren sowie von heidnischen Elementen zu läutern und sie zur philosophischen Grundlage der christlichen Gedankenwelt zu machen.

Die Überzeugung, daß es zwischen Vernunft und Glauben keinen grundsätzlichen Konflikt geben kann, gab dem heiligen Albert eine selbstbewußte Art, wenn er sich dem Wissen der damaligen Zeit zuwendet. Heute ist es wichtig, »daß die Christen die Eigenständigkeit ihres Glaubens und ihrer Urteilskraft gegenüber der herrschenden, ja sich aufdrängenden Kultur wiederentdecken, (...) das wahre Antlitz des christlichen Glaubens zurückgewinnen und wieder bekannt machen; dies ist ja nicht lediglich eine Summe von Aussagen, die mit dem Verstand entgegengenommen und bestätigt werden müssen. Es ist vielmehr eine gelebte Kenntnis von Christus, ein lebendiges Gedächtnis seiner Gebote, eine Wahrheit, die gelebt werden muß.«[9] Ein Christ, der es ernst meint, kann nicht ohne gesicherte Antworten auskommen. Bloße Meinungen über den Glauben tragen nicht. Wir alle brauchen eine Katechese, die »Jugendliche und Erwachsene in unseren Gemeinschaften lehrt, in ihrem Glauben klar und konsequent zu bleiben, unbefangen ihre christliche und katholische Identität zu bekräftigen, den Unsichtbaren zu sehen (vgl. *Hebr* 11,27) und dem absoluten Gott derart verbunden zu sein, daß sie seine Zeugen werden in einer materialistischen Zivilisation, die ihn leugnet.«[10] Im »Katechismus der Katholischen Kirche« haben wir »eine organische und synthetische Darstellung des wesentlichen und grundlegenden Inhalts der katholischen Lehre ebenso über den Glauben wie über die Sitten«[11].

Auch in unserer Zeit werden wir Christen durch philosophische Systeme herausgefordert; aber eine noch größere Gefahr liegt in der banalen Art, wie man – nicht philosophisch wie damals, sondern im praktischen Leben – einer »doppelten Wahrheit« huldigt und christliche Grundeinstellungen mit fragwürdigen Verhaltensweisen zu koppeln sucht und in einen alles nivellierenden Indifferentismus abgleitet.

Wie sieht diese »doppelte Wahrheit« aus? Man möchte sie eher eine Art Doppelleben nennen: »auf der einen Seite das Innenleben, der Umgang mit Gott, und auf der anderen Seite, säuberlich getrennt davon, das familiäre, berufliche und soziale Leben, ein Leben voll irdischer Kleinigkeiten. Nein! Es darf kein Doppelleben geben. Wenn wir Christen sein wollen, können wir diese Art von Bewußtseinsspaltung nicht mitmachen; denn es gibt nur ein einziges Leben, und dieses einzige Leben muß an Leib und Seele geheiligt und von Gott erfüllt werden, dem unsichtbaren Gott, dem wir in ganz sichtbaren und materiellen Dingen begegnen.«[12] Gott ruft uns dazu, »ihm gerade *in* den materiellen, weltlichen Aufgaben des menschlichen Lebens und *aus ihnen heraus* zu dienen. Im Labor, im Operationssaal eines Krankenhauses, in der Kaserne, auf dem Lehrstuhl einer Universität, in der Fabrik, in der Werkstatt, auf dem Acker, im Haushalt, in diesem ganzen, unendlichen Feld der menschlichen Arbeit wartet Gott Tag für Tag auf uns. Seid davon überzeugt: Jede noch so alltägliche Situation birgt etwas Heiliges, etwas Göttliches in sich, und euch ist es aufgegeben, das zu entdecken.«[13]

Der heilige Bischof und Kirchenlehrer Albert möge für uns eintreten, damit wir es verstehen, »das menschliche Wissen der ewigen Wahrheit zuzuordnen«. Er erbitte für uns »in der geistigen Verwirrung unserer Tage (...) die Weite seines Geistes«, damit »uns auch der Fortschritt der Wissenschaften hilft, Gott tiefer zu erkennen und ihm näherzukommen.«[14]

[1] Dante, *Göttliche Komödie*, X, 93. – [2] vgl. H. Ch. Scheeben, *Albertus Magnus*, Bonn 1932, S.32ff. – [3] J. Kard. Höffner, *Predigt bei der Altarweihe im Bildungszentrum Maarhof*, Köln, 19.9.1984. – [4] Johannes Paul II., *Ansprache im Kölner Dom*, 15.11.1980. – [5] J. Kard. Höffner, *Predigt am Grab des hl. Albert*, 15.11.1979. – [6] W. Nigg, *Heilige und Dichter*, Olten 1982, S.92. – [7] Johannes Paul II., *Ansprache im Kölner Dom*. – [8] *Tagesgebet*. – [9] Johannes Paul II., Enz. *Veritatis splendor*, 88. – [10] ebd. – [11] *Katechismus der Katholischen Kirche*, Einleitung. – [12] J. Escrivá, *Gespräche*, Köln 1992, 114. – [13] ebd. – [14] Johannes Paul II., *Gebet am Grab des hl. Albert in Köln*, 15.11.1980.

ELISABETH VON THÜRINGEN

Bild der Gnade.
Eine Liebende.
Geben und Empfangen.

I. Elisabeth von Thüringen, 1207 als ungarische Königstochter geboren, wird wie kaum eine andere Heilige als Beschützerin der Armen und Sinnbild der Nächstenliebe verehrt. Wie können wir sie uns vorstellen? Als das vierjährige Kind auf der Wartburg, das mit seinem Verlobten Ludwig, dem elfjährigen Sohn des Landgrafen von Thüringen, spielt? Als die Herrscherin an der Seite ihres Ehemannes, den sie nach nur sechs Jahren Ehe verlieren wird? Als die zwanzigjährige Witwe, die die letzten vier Jahre ihres kurzen Lebens das Schicksal der Bettler, Kranken und Elenden teilt? Sie verließ ihr Zuhause – halb verstoßen, halb freiwillig – und brachte die Abfindung, die sie für die ihr weggenommenen Witwengüter erhielt, in das Hospital ein, das sie in Marburg gegründet hatte. Dort starb sie am 17. November 1231, mit vierundzwanzig. Vier Jahre danach wurde sie heiliggesprochen. In einer zeitgenössischen Chronik heißt es, mehr als eine Million Menschen seien anwesend gewesen, unter ihnen Kaiser Friedrich II.

Wir rufen sie gern als Fürsprecherin an. Dies gehört ja sozusagen zum *Amt* der Heiligen, und sie ist wahrscheinlich die volkstümlichste unter allen deutschen Heiligen. Aber Heilige sind außerdem Vorbilder. Kann sie das für uns sein? Etwas Fremdes – halb anziehend, halb abweisend – liegt in ihrer Radikalität …

Vielleicht gelingt es uns, Gestalt und Schicksal der heiligen Elisabeth näherzukommen, wenn wir nicht gleich nach dem »Nutzwert« ihrer Lebensweise fragen, sondern versuchen, ihre Handlungen als Zeichen zu verstehen – prophetische Zeichen. Dann ahnt man eine Realität, die unterzugehen droht, die Kampfansage an Zustände, die unerträglich sind, die Relativierung gesellschaftlicher Gesetzmäßigkeiten und Rangunterschiede, Appelle an die Menschen damals – und an uns heute. Wofür steht dann Elisabeth? Für eine Art, Menschen zu begegnen und Dinge einzuschätzen, die wir *gnadenhaft* nennen können – hochherzig, uneigennützig, nobel nicht nach den Maßstäben des Geschlechtes, sondern nach dem Adel der Kinder Gottes.

Elisabeth »gehört zu den Mächtigen. Sie stammt von den Mächtigen. Die Arpadentochter entsproß einem Haus, das ein wahres Schulbeispiel ist für die verantwortungslose Willkür der Starken gegen das Volk, gegen die eigene Sippe, gegen die Kirche. Nicht minder die Sippe, in die sie hineinverheiratet wird.

Auch der alte Landgraf Hermann machte, was er wollte – gegen Kaiser, Fürsten und Kirchenbann. Es ist Elisabeths früheste und beherrschende Erfahrung, daß es Starke und Schwache gibt und daß die einen mit den andern machen, was sie wollen. Sie kennt die Freiheit der Macht, ihren weiten Spielraum; sie macht sie zum Ort der Gnade. Sie wandelt diese zweischneidige, diese gefährliche Freiheit zum Werkzeug des Erbarmens.«[1] Es gab im Volk viel Elend. Es gab unter den Mächtigen viel Ungerechtigkeit. »Elisabeth ist ihrer Zeit als ein Bild der Gnade erschienen, und als ein Bild der Gnade leuchtet sie in unsre, so ganz anders geartete Zeit. Denn damals wie heute war diese Botschaft notwendig: denn die Gnade ist ein Fremdling in der Zeit und wir sind stets in Gefahr, sie zu vergessen.«[2] Bitten wir die heilige Elisabeth um die adlige Vornehmheit, die uns zu Zeugen der Liebe und Zuwendung Gottes werden läßt.

II. Eines der wenigen Worte, die von der heiligen Elisabeth überliefert sind, lautet: »Ich habe euch immer gesagt, daß wir die Menschen fröhlich machen müssen.« Ihr gelang dies durch die Liebe, die sie allen schenkte: ihrem Mann und ihren Kindern, den Reichen und den Armen, ja auch jenen, die ihr übel wollten. Wir lernen von ihr, nicht wertend auf den Nächsten zu zeigen, sondern auf

Christus zu schauen – und von ihm her auf jeden: Verwandte wie Unbekannte, Freunde und solche, die uns für Feinde halten.

Die Hierarchie der Nächstenliebe kennt Abstufungen, aber keinen Ausschluß. Das Wort aus der Bergpredigt, das wir im heutigen Evangelium[3] hören, deutet dies an: *Liebet eure Feinde, tut denen Gutes, die euch hassen. Segnet die, die euch verfluchen; betet für die, die euch mißhandeln.* »Hier steht nicht ein edler Mensch und fordert uns auf, eine höhere Stufe der Sittlichkeit zu erklimmen, sondern Christus redet vom Leben des Kindes Gottes.«[4] Er fordert uns auf, »in jedem Menschen das Bild Gottes zu ehren, darum bemüht, daß auch der andere dieses Bild betrachtet und sich dadurch Christus zuwenden kann«[5]. Diese Liebe reicht unvergleichlich tiefer als das natürliche Empfinden für Menschenwürde und sittliches Handeln. Wir lieben die Mitmenschen nicht nur, »weil Gott sie liebt oder weil er will, daß wir sie lieben, sondern weil er uns seinen Geist gegeben und seine eigene Liebe zu ihnen in unsere Herzen gelegt hat«[6].

In der Tageslesung hören wir: *Daran haben wir die Liebe erkannt, daß er sein Leben für uns hingegeben hat. So müssen auch wir für die Brüder das Leben hingeben.*[7] Von da her lassen sich die anderen Stellen aus dem heutigen Evangelium verstehen: *Wenn ihr nur die liebt, die euch lieben, welchen Dank erwartet ihr dafür?*

(...) Wenn ihr nur denen Gutes tut, die euch Gutes tun, welchen Dank erwartet ihr dafür? (...) Wenn ihr nur denen etwas leiht, von denen ihr es zurückzubekommen hofft, welchen Dank erwartet ihr dafür? Je tiefer ich die Hingabe des Herrn an mich erfasse, um so weniger prüfe ich, ob die anderen meine Liebe *verdienen*.

In den Alltagssituationen geht es meistens nicht um solche Extreme – *den Feind lieben* –, sondern weniger dramatisch zu: »Bei manchen Menschen fällt es uns leicht, zu lieben, bei anderen ist es schwieriger; sie sind uns nicht sympathisch, sie haben uns verletzt und etwas zuleide getan; nur wenn ich Gott ehrlich liebe, wird es mir gelingen, sie zu lieben, weil sie Kinder Gottes sind und er mich darum bittet. Jesus hat uns auch deutlich gemacht, wie wir den Nächsten lieben sollen: Nicht nur mit Gefühlen, sondern mit unseren Taten.«[8]

Der Herr spricht im heutigen Evangelium nicht nur von der schwierigen, mühsamen, »einseitigen« Liebe zum Feind oder zu jenen, die undankbar oder grob sind. Er deutet auch an, daß es eine wunderbare Gegenseitigkeit des Gebens und Empfangens gibt: *Gebt, dann wird euch gegeben werden. In reichem, vollem, gehäuftem, überfließendem Maß wird man euch beschenken.* Dies gilt im Austausch zwischen Himmel und Erde, Gott und Geschöpf, aber auch für den zwischenmenschlichen Umgang. Elisabeth erlebt es besonders in der Zeit ihrer kurzen Ehe. Sie war vierjährig als Unterpfand eines politischen Bündnisses verlobt worden. Aus der Heirat aus Staatsräson erwuchs »die selbstverständliche Form einer großen Liebe, die Leib und Seele glühen machte«[9]. Zeitgenössische Chronisten berichten erstaunlich ausgiebig über viele sympathische, herzliche Details im Umgang von Elisabeth und Ludwig. Elisabeth ist nicht nur die Mutter der Armen und Notleidenden, sondern auch die leidenschaftlich liebende Ehefrau, die ermüdende Ritte an der Seite ihres Mannes nicht scheut und immer, wenn Ludwig sich auf eine längere Fahrt begibt, Trauerkleider anlegt. Und Ludwig, politisch ehrgeizig und wenig zimperlich, war ihr ein treuer und fürsorglicher Gatte.

III. Elisabeth *erkannte und verehrte* in den Armen Christus.[10] Dies ist der Geist, den die Kirche in der Nachfolge Christi lebt und weitergibt. In der Synagoge von Nazaret nennt Jesus als Teil seiner Sendung, daß *ich den Armen eine gute Nachricht bringe.*[11] Zu den Jüngern des Täufers, die wissen wollten, ob er der erwartete Messias sei, sagt er: *Den Armen wird das Evangelium verkündet.*[12] Die Kirche lebt von Anfang an in dieser Atmosphäre: *Wenn ein Bruder oder eine Schwester ohne Kleidung ist und ohne das tägliche Brot und einer von euch zu ihnen sagt: Geht in Frieden, wärmt und sättigt euch!, ihr gebt ihnen aber nicht, was sie zum Leben brauchen – was nützt das? So ist auch der Glaube für sich allein tot, wenn er nicht Werke vorzuweisen hat.*[13]

Es gibt einen geheimnisvollen Zusammenhang zwischen Geben und Empfangen. Durch die Werke der Barmherzigkeit werden wir, die wir in allem Empfänger von Gottes Erbarmen sind, selbst zu Spendern des Erbarmens: *Selig die Barmherzigen, denn sie werden Erbarmen finden.*[14] Aber »die erbarmende Liebe ist in den zwischenmenschlichen Beziehungen nie ein einseitiger Akt oder Prozeß. Selbst dort, wo allem Anschein nach nur ein Teil gibt und hingibt und der andere nur empfängt und nimmt (...), wird tatsächlich auch der Geber immer zum Beschenkten.«[15]

Wenn wir die heilige Elisabeth als Patronin der Caritas verehren, bringen wir zum Ausdruck, daß die christliche Nächstenliebe auch dort, wo sie organisiert ist, immer der persönlichen Zuwendung bedarf. »Wie sehr auch die Zustände in der Welt auf und ab gehen, nie wird die Welt so sein, daß sie nicht des Blickes der Liebe bedürfte, daß sie nicht die spontane Gebärde der Liebe nötig hätte, die von keinem Gesetz geregelt ist – nie wird die Welt so sein, daß sie der Caritas, der Liebe, entraten könnte, die über alle Organisation hinaus sich des Menschen annimmt.«[16]

Noch eine weitere aktuelle, praktische Lehre läßt sich ziehen. Es genügte der heiligen Elisabeth nicht, in die Armenbetreuung ihr ganzes Herz hineinzulegen und von ihrem Überfluß abzugeben. Sie spürte die ungerechten Zustände in der Gesellschaft und versuchte, gegen sie anzugehen. Auch da ist sie uns Vorbild und gar nicht so fremd. Die Worte von Johannes Paul II. im Blick auf das Jahr 2000 drängen sich auf: »Man muß sagen, daß in einer Welt wie der unseren, die von so vielen Konflikten und unerträglichen sozialen und wirtschaftlichen Ungleichheiten gezeichnet ist, der Einsatz für Gerechtigkeit und Frieden ein tauglicher Gesichtspunkt der Vorbereitung und Feier des Jubeljahres ist.« Die Christen, sagt der Papst, müssen sich »zur Stimme aller Armen der Welt machen«[17].

Die Worte des Papstes im Ohr, beschließen wir unsere Zeit des Gebetes mit einer Episode aus dem höfischen Leben der heiligen Landgräfin. Der Sitte der Zeit entsprechend, bestritt der Landgraf seine Lebenshaltung und seine militärischen Unternehmungen zu einem guten Teil aus den Abgaben seiner Untertanen. Die Erhebung dieser Abgaben wurde Pächtern und Vögten überlassen, die oft ein mehrfaches eintrieben, um sich selbst zu bereichern. Für die kleinen Leute waren die Steuern oft drückend hart. Elisabeth war über diese ungerechten Abgaben empört, aber ihr Mann glaubte sich außerstande, an diesen Verhältnissen etwas zu ändern. Das Elend des Volkes, durch Mißernten noch vergrößert, stand in schreiendem Gegensatz zum üppigen Leben des Hofes. Elisabeths Protest bestand darin, »daß sie, an der Seite ihres Gatten sitzend, sich beim Mahle von allem enthielt, was von Steuern und von der Eintreibung der Steuerbeamten herrührte. Sie aß nichts, wovon sie nicht wußte, daß es von den Einkünften und rechtmäßigen Gütern ihres Gatten herkam (...). So geschah es oft, daß sie unter den verschiedenen Gängen an der Tafel ihres Gatten von Hunger und Durst geplagt wurde. Der Gatte aber benachrichtigte sie insgeheim, aus welchen Gütern die Speisen stammten, die aufgetragen wurden (...). Diese seltsame und ungewohnte Lebensweise zog ihr selbst und auch dem Gatten, der sie erlaubte, vielen offen ausgesprochenen Tadel zu, den sie mit großer Geduld ertrugen. Sie selbst aber enthielt sich nicht nur von allen in unerlaubter Weise zusammengerafften Gütern, sondern sorgte auch, wo immer sie konnte, daß jene entschädigt wurden, die unter Gewaltstreichen gelitten hatten.«[18]

Mit den Worten des Tagesgebetes wenden wir uns an Gott, den *Vater der Armen*: *Auf ihre Fürsprache gib auch uns den Geist deiner Liebe und leite uns an zu helfen, wo Menschen in Not und Bedrängnis sind.*[19]

[1] I.F. Görres, *Elisabeth von Thüringen, Bild der Gnade.* Sonderdruck der Zeitschrift *Caritas*, 60. Jhg. (1959), Heft 1/2. – [2] ebd. – [3] *Lk* 6,27-38. – [4] R. Guardini, *Der Herr*, Würzburg 1951, S.82. – [5] J. Escrivá, *Freunde Gottes*, 230. – [6] R. Cantalamessa, *Das Leben in Christus*, Graz 1990, S.229. – [7] *1 Joh* 3,14-18. – [8] Johannes Paul II., *Ansprache*, 22.5.1991. – [9] G. Kranz, *Politische Heilige*, Bd.2, Augsburg 1959, S.192. – [10] vgl. *Tagesgebet*. – [11] *Lk* 4,18. – [12] *Lk* 7,22. – [13] *Jak* 2,15-17. – [14] *Mt* 5,7. – [15] Johannes Paul II., Enz. *Dives in misericordia*, 14. – [16] J. Kard. Ratzinger, *Christlicher Glaube und Europa*, München 1981, S.71. – [17] Johannes Paul II., Apost. Schreiben *Tertio millenio adveniente*, 10.11.1994, 51. – [18] vgl. G. Kranz, *Politische Heilige*, S.198. – [19] *Tagesgebet.*

UNSERE LIEBE FRAU IN JERUSALEM

Ahnungen hinter der Legende.
Das Heilige Land.
Die Tochter Zion.

I. Eine legendäre Erzählung steht hinter dem heutigen Gedenktag, der im alten Schott »Fest Mariä Opferung« genannt wurde und im römischen Missale *In Praesentatione Beatae Mariae Virginis* heißt. In den ersten christlichen Jahrhunderten führte fromme Neugier dazu, die biographischen Lücken in den kanonischen Evangelien auszufüllen. So entstanden die sogenannten Apokryphen. Das »Protoevangelium des Jakobus«, wahrscheinlich um 150 entstanden, nennt erstmalig Joachim und Anna als Eltern Marias und berichtet, Anna habe gelobt, das Kind, das sie nach langer Zeit der Kinderlosigkeit empfangen hatte, Gott zu weihen. Im Alter von drei Jahren sei Maria von ihren Eltern in den Tempel gebracht und dort unter die »Tempeljungfrauen« aufgenommen worden. Die Kunst hat mit liebenswerten Bildern den Augenblick dargestellt, da das Kind die Stufen der großen Treppe zum Gotteshaus emporsteigt – allein und ohne sich umzudrehen, zuweilen mit einer Kerze in der Hand. Unten bleiben die Eltern zurück, oben empfängt sie der Hohepriester. Manchmal hat der Maler in einem Nebenraum die Tempeljungfrauen dargestellt, die an einem vielfarbigen Vorhang für den Tempel weben. Maria – so die Legende weiter – habe den Auftrag gehabt, die purpurfarbene Wolle zu weben.

Lassen wir uns nicht dadurch stören, daß es in Jerusalem keine Tempeljungfrauen gab, und suchen wir jenseits der Legende Anregungen. Wir ahnen, daß die Legende hier eine Realität berührt: die absolute Gottzugewandtheit Marias. Denn einige Marienfeiertage »weisen neben ihrem apokryphen Inhalt allgemein gültige Gedanken auf und führen eine ehrwürdige Tradition weiter, die vor allem der Ostkirche teuer ist«[1]. Tatsächlich war dieses Fest im 8. Jahrhundert im ganzen byzantinischen Reich verbreitet und setzte sich allmählich auch im Abendland durch. Wegen des legendären Charakters verweigerte Papst Pius V. die Aufnahme in den liturgischen Kalender, später wurde es jedoch als »Mariä Opferung« aufgenommen. Der deutsche Regionalkalender führte die Bezeichnung *Gedenktag Unserer Lieben Frau in Jerusalem* ein, um an die Stelle des legendären Gehalts dieses Marientages eine historische Begebenheit treten zu lassen. Man fand nämlich heraus, daß an diesem Tag schon im 5. Jahrhundert das

Weihefest der Marienkirche an der Jerusalemer Tempelmauer auf dem Gelände der El-Aksa-Moschee begangen wurde.

Maria wird erst in dem Augenblick, da sie in die Geschichte des Heils eintritt, für uns sichtbar – ja, hörbar. Wir dürfen uns aber vorstellen, wie intensiv ihr inneres Leben und ihre Gottverbundenheit gewesen sein müssen. Wie mächtig muß sich die Begnadung, die vom ersten Augenblick an über dem Kind Maria waltete – *gratia plena* – schon, da es noch nichts von der Berufung zur Gottesmutterschaft wußte, ausgewirkt haben! Alles, was der Herr später über die Kinder sagt – wie tief muß dies für Maria gegolten haben!

Wir dürfen annehmen, daß Maria, die nicht unter der Macht der Sünde stand und ganz auf Gott hin ausgerichtet war, sich schon als Kind so fühlte, wie die Kunstdarstellungen sie zeigen: ganz im Hause des Herrn wohnend. Nein, das Kind wurde nicht zum Tempel gebracht, damit es dort wohne, es hat nicht am Vorhang des Tempels die purpurne Farbe gewoben. Maria war selbst Tempel Gottes und hat den blutigen Martertod des Messias mitgetragen. Maria verstellt nicht den Weg zu Jesus. »Sie ist vielmehr nach der herkömmlichen bildlichen Darstellung im Osten und Westen ›Wegweiserin‹ (Hodegetria) und ›Wegzeichen‹ Christi.«[2]

II. *Unsere Liebe Frau in Jerusalem* ... Die Kirche mit diesem Namen ist in den Wirren der Zeit untergegangen. Aber der Name selbst macht uns die Heimat Jesu, Marias und Josefs gegenwärtig: das Heilige Land. In der Lesung hören wir die Stelle, da dieser Name erstmals in der Heiligen Schrift erwähnt wird: *Der Herr wird Juda in Besitz nehmen; es wird sein Anteil im Heiligen Land sein.* Warum ist dieses Land heilig? Es ist das Land, »in dem der Sohn Gottes durch die Annahme unserer fleischlichen Gestalt von einer Jungfrau namens Maria als Mensch geboren wurde; (...) ein Land, das mit Recht ›heilig‹ heißt, hat es doch Jesus zur Welt kommen und sterben sehen. Jenes Land, in dem sich die erste christliche Gemeinde gebildet hat, ist der Ort, wo sich die Offenbarungen Gottes an die Menschheit ereignet haben. Es ist das Gelobte Land, das die Geschichte des jüdischen Volkes geprägt hat und das auch von den Anhängern des Islam verehrt wird.«[3]

Die Mitte dieses Heiligen Landes ist Jerusalem, die heilige Stadt, Pilgerziel aller frommen Israeliten. Dort, in der Stadt auf dem Berge Sion, *den er liebt*, stand der Tempel, Gottes *hoch aufragendes Heiligtum, so fest wie die Erde, die er für immer gegründet hat*[4]. Einige Psalmen lassen uns ein wenig die Sehnsucht der frommen Israeliten nach dem Gebet im Tempel spüren: *Wie liebenswert ist deine Woh-*

nung, Herr der Heerscharen! Meine Seele verzehrt sich in Sehnsucht nach dem Tempel des Herrn. Mein Herz und mein Leib jauchzen ihm zu, ihm, dem lebendigen Gott (...). Denn ein einziger Tag in den Vorhöfen deines Heiligtums ist besser als tausend andere. Lieber an der Schwelle stehen im Haus meines Gottes als wohnen in den Zelten der Frevler.[5]

Im Tempel von Jerusalem waren die Priester des Alten Bundes *für die Menschen eingesetzt zum Dienst vor Gott, um Gaben und Opfer für die Sünden darzubringen*[6]. Alles, was dieses Priestertum im voraus bezeichnete, findet in Jesus seine Vollendung. Der Tempel von Jerusalem war Urbild Christi, Zeichen der Gegenwart Gottes inmitten seines Volkes. Jesus selbst weist darauf hin während des ersten in Jerusalem verbrachten Osterfestes, nachdem er die Händler und Geldwechsler aus dem Tempel vertrieben hatte: *Reißt diesen Tempel nieder, in drei Tagen werde ich ihn wieder aufrichten.* Die Zuhörer bezogen dieses Wort auf den herodianischen Tempel: *Sechsundvierzig Jahre wurde an diesem Tempel gebaut, und du willst ihn in drei Tagen wieder aufrichten?* Johannes fügt hinzu, Jesus *meinte den Tempel seines Leibes. Als er von den Toten auferstanden war, erinnerten sich seine Jünger, daß er dies gesagt hatte, und sie glaubten der Schrift und dem Wort, das Jesus gesprochen hatte.*[7]

Durch die Menschwerdung haben wir

den *Tempel seines Leibes* unter uns. Er hat *sein Zelt unter uns aufgeschlagen.* Er öffnet uns den Weg, damit *die wahren Beter den Vater anbeten im Geist und in der Wahrheit*[8]. Nun ist der Tempel von Jerusalem seiner Funktion entkleidet, und *wir haben die Zuversicht, durch das Blut Jesu in das Heiligtum einzutreten. Er hat uns den neuen und lebendigen Weg erschlossen durch den Vorhang hindurch, das heißt durch sein Fleisch.*[9] Sein Fleisch und sein Blut, ihn selbst, empfangen wir in der Eucharistie, beten wir an in den Tabernakeln unserer Kirchen. Der Ruf des Psalmisten erfüllt sich: *Herr, ich liebe den Ort, wo dein Tempel steht, die Stätte, wo deine Herrlichkeit wohnt.*[10]

III. *Juble und freue dich, Tochter Zion; denn siehe, ich komme und wohne in deiner Mitte.*[11] In einer Zeit voller Unwägbarkeiten, da der Tempel nach dem Exil wiederaufgebaut wird, verkündet der Prophet die freudige Botschaft, daß der Herr die heilige Stadt nach Jahren der Verlassenheit wieder aufleben lassen wird, ja mehr noch: *an jenem Tag werden sich viele Völker dem Herrn anschließen.*

An wen richtet sich der Prophet? Es ist bemerkenswert, daß im alttestamentlichen Wortgebrauch nirgendwo eine bestimmte Tochter *Zions* angesprochen wird, sondern – kollektiv – die *Tochter Zion*. Wer ist sie? Das Wort *Zion* »meint zunächst den kleinen Berg mit der Burg der Jebusiter, bis David sie eroberte und sie zur Stadt Davids, zur Stadt seiner Dynastie machte. Später, nach der Erbauung des Tempels durch Salomon, assoziierte Zion noch den Aspekt ›Tempel‹. In einem weiteren Entwicklungsstadium besagt Zion die ganze Hauptstadt Jerusalem als Zentrum des Reiches in der Vereinigung von Thron und Tempel. Schließlich wurde Zion zum Symbol für das ganze Volk, vor allem für Juda. (…) Die Tochter Zion ist identisch mit der Tochter Jerusalem und mit dem Volk Israel, dem messianischen Volk.«[12] Die Kirche liest und deutet das Alte Testament »im Licht der weiteren und vollen Offenbarung«. Diese Texte »bieten Schritt für Schritt deutlicher die Gestalt der Frau dar, der Mutter des Erlösers (…). Mit ihr als der erhabenen Tochter Sion ist schließlich nach langer Erwartung der Verheißung die Zeit erfüllt und die neue Heilsökonomie begonnen, als der Sohn Gottes die Menschennatur aus ihr annahm, um durch die Mysterien seines Fleisches den Menschen von der Sünde zu befreien.«[13]

In Maria ist die Gestalt der *Tochter Zion* voll entwickelt. »Mit Recht grüßt sie der Engel als die ›Tochter Zion‹ mit ›Freue dich!‹. Als sie den ewigen Sohn in sich trägt, läßt sie im Heiligen Geist die Danksagung des ganzen Gottesvolkes und somit der Kirche in ihrem

Lobgesang zum Vater emporsteigen.«[14] Der Engel nannte sie auch *voll der Gnade.* »Die Gnade, die sie ganz erfüllt, ist die Gegenwart dessen, der die Quelle aller Gnaden ist. Maria, in der der Herr selbst Wohnung nimmt, ist in Person die Tochter Zion, die Bundeslade und der Ort, wo die Herrlichkeit des Herrn thront. Sie ist ›die Wohnung Gottes unter den Menschen‹ (*Offb* 21,3).«[15]

Wir betrachten die Mutter des Herrn als eine fromme jüdische Frau, ganz in ihrem Volk verwurzelt, gewissenhaft das Gesetz beobachtend[16], mit den Worten der Schrift wohlvertraut. Wie lehrreich ist das Magnificat! »Maria hat in dem Augenblick, da sie das Magnificat sprach, nicht eigentlich gedichtet. Dieses Lied ist wie ein Teppich, dessen Fäden genommen sind aus den Worten des Alten Testaments, dessen ganze heilige Geschichte hier zu einem einzigen Lobpreis des gnädigen und treuen Gottes verwoben ist.«[17]

Juble und freue dich, Tochter Zion! Marias Leben ist gänzlich auf die erfüllte Verheißung ausgerichtet. Sie ist zur Mutter des Messias geworden, *Wohnstatt des Herrn* und *Tempel des Heiligen Geistes*[18]. Wir betrachten sie in der heiligen Stadt Jerusalem, wo sich die Geschichte ihres Sohnes vollendet: sein Tod am Kreuz, seine Auferstehung, seine Himmelfahrt. Dort beginnt auch die Geschichte der Kirche. Die *Tochter Zion* steht in der Mitte der

Gemeinde, die auf das Kommen des Geistes harrt. Mit einem Blick auf das heute von Unruhen geplagte Heilige Land greifen wir die Worte des Psalmisten auf: *Erbittet für Jerusalem Frieden! Wer dich liebt, sei in dir geborgen. Friede wohne in deinen Mauern, in deinen Häusern Geborgenheit.*[19]

[1] Paul VI., Apost. Schreiben *Marialis cultus*, 2.2.1974, 8. – [2] *Katechismus der Katholischen Kirche*, 2674. – [3] Johannes Paul II., Verkündigungsbulle *Incarnationis mysterium*, 29.11.1998, 2. – [4] *Ps* 78,68-69. – [5] *Ps* 84,2-3.11. – [6] *Hebr* 5,1. – [7] *Joh* 2,19-22. – [8] *Joh* 4,23. – [9] *Hebr* 10,19. – [10] *Ps* 26,8. – [11] *Sach* 2,14-17. – [12] Scheffczyk/Ziegenaus, *Katholische Dogmatik*, Bd. V, Aachen 1998, S.187-189. – [13] II. Vat. Konz., Konst. *Lumen gentium*, 55. – [14] *Katechismus der Katholischen Kirche*, 722. – [15] ebd., 2676. – [16] vgl. *Lk* 2,22.27.39. – [17] J. Kard. Ratzinger, *Dogma und Verkündigung*, München 1973, S.413. – [18] Vesper, *Antiphon zum Magnificat*. – [19] *Ps* 122,6-7.

30. NOVEMBER

ANDREAS, APOSTEL

Eine erste Einladung.
Apostel von Aposteln.
Fortwirken des ersten Rufes.

I. Aus den Angaben des Evangeliums wissen wir, daß Andreas aus Betsaida stammte, in Kafarnaum wohnte und Fischer war. Er steht ganz am Anfang des öffentlichen Wirkens Jesu. Wir ahnen aus seiner Nähe zum Täufer Johannes, daß er eine starke Hoffnung auf das baldige Kommen des verheißenen Messias hegte. Er mag sich gefragt haben, was er zur Erfüllung dieser Sehnsucht beitragen könnte. Andreas wurde ein Jünger des Täufers, ging weiter seiner Arbeit als Fischer nach, fand aber hin und wieder Zeit, um bei Johannes zu sein. Vielleicht war er anwesend, als die Abgesandten vom Tempel zum Täufer kamen und ihn fragten: *Wer bist du?*[1] Andreas muß mit wachen Sinnen jene Auseinandersetzung verfolgt haben, als Johannes nicht nur sagte, er sei nicht der Messias, sondern auch: *Mitten unter euch steht der, den ihr nicht kennt und der nach mir kommt.* Wie faszinierend diese Aussicht für jemanden, der in der messianischen Erwartung lebt! In der Nähe eines Propheten zu sein, der nicht eine ferne Hoffnung ankündigt, sondern will, daß man die Augen öffnet und die Ohren spitzt ... Und dann *am Tag darauf* – so heißt es im Evangelium weiter – hatte Johannes mit einem rätselhaften Wort auf einen gewissen Jesus von Nazaret – für Andreas ein noch Unbekannter – hingewiesen: *Seht, das Lamm Gottes, das die Sünde der Welt hinwegnimmt.* Vielleicht hat Andreas auch von diesem Zeugnis des Täufers erfahren, und es hat seine Unruhe gesteigert.

Bald – *am Tag darauf*, heißt es wieder – wird er selbst ins Geschehen hineingezogen. Da *stand Johannes wieder dort, und zwei seiner Jünger standen bei ihm. Als Jesus vorüberging, richtete Johannes seinen Blick auf ihn und sagte: Seht, das Lamm Gottes!* Zum zweitenmal dieses Wort, jetzt aber konkret gerichtet an die zwei Jünger bei ihm. Wie treu erfüllt der Täufer seine Berufung, Wegbereiter zu sein! Johannes läßt in jenen, die zu ihm kommen, die Hoffnung auf den Messias wachsen. Er bindet die Menschen nicht an sich, sondern fordert sie auf, zu Jesus zu gehen, nicht schroff, sondern mit einem Hinweis voller Ahnungen. Die beiden Jünger verstehen den Wink ihres Lehrers. Sie *hörten, was er sagte, und folgten Jesus.* Als möchte der Evangelist uns Stoff für das betrachtende Gebet liefern, schildert er das Folgende Geste für Geste: Wie sie den Wink des Täufers durchschauen und Jesus folgen, wie Jesus sich umdreht, wie er sie anspricht, wie sie ein Gespräch mit ihm beginnen. Es ist nicht schwer, sich in die Szene hineinzudenken! Jesus *wandte sich um, und als er sah, daß sie ihm folgten, fragte er sie: Was wollt ihr? Sie sagten zu ihm: Rabbi – das heißt übersetzt: Meister, wo wohnst du? Er antwortete: Kommt und seht!*

Der Wortwechsel ist knapp und voller Anregungen für den, der die Szene betend betrachtet. Schließlich: *Da gingen sie mit und sahen, wo er wohnte, und blieben jenen Tag bei ihm; es war um die zehnte Stunde.*

Der Evangelist verdeutlicht: *Andreas, der Bruder des Simon Petrus, war einer der beiden, die das Wort des Johannes gehört hatten und Jesus gefolgt waren.* Wer der andere dieser beiden war, wissen wir: derselbe, der darüber berichtet, der Evangelist Johannes. Betrachten wir die Szene mit seinen Augen. Mehr als sechzig Jahre sind seit jener Begegnung vergangen. Er weiß noch, »daß es vier Uhr nachmittags war, als sie Jesus heimbegleiteten. Wohl hat er ihn schon gekannt, wie man eben jemanden kennt, der einem hier oder da begegnet ist und von dem der Meister, Johannes der Täufer, eindringlich sprach und Zeugnis gab. Aber die existentielle Begegnung geschah erst in dieser Nachmittagsstunde, als Andreas und Johannes bei dem Herrn eintraten. Einer der folgenschwersten und gesegnetsten ›Besuche‹ in der Geschichte des Christentums.«[2]

Kommt und seht! Heute gilt die liebenswürdige Aufforderung des Herrn uns. Eine erste Einladung, eine erste Annäherung ... Vielleicht entdecken wir dann, daß wir uns »vor Jesus nicht mit einer rein menschlichen Sympathie – mag sie auch so legitim und edel sein – begnügen dürfen, und daß es nicht genügt, ihn als eine eindrucksvolle Gestalt anzusehen, die ein historisches, theologisches oder soziales Interesse weckt und die Künstler inspiriert«[3].

II. *Andreas traf zuerst seinen Bruder Simon und sagte zu ihm: Wir haben den Messias gefunden. Messias heißt übersetzt: der Gesalbte (Christus). Er führte ihn zu Jesus.* Wir ahnen die Erregtheit des Andreas nach dem kurzen Aufenthalt bei Jesus. Betend fällt es nicht schwer, das knappe Geschehen als Gleichnis für eigene Erfahrungen zu sehen.

Andreas war der erste im Umkreis Jesu, der sich apostolisch betätigte, ohne zu wissen, daß er zum »Apostel«, »Gesandten« berufen worden war. Er gab einfach seine Erfahrung weiter. Es drängte ihn, jene *frohe Botschaft* – er wußte damals noch nicht, daß Jesus sie so nennen würde – weiterzugeben. Johannes Chrysostomos kommentiert[4]: »Andreas weilte bei Christus und lernte vieles. Doch behielt er den Schatz nicht bei sich selbst, sondern eilte zu seinem Bruder, um ihn daran teilnehmen zu lassen.« Als bemängele der Kirchenvater die rasche Art, wie sich alles abspielt, ergänzt er: »Wahrscheinlich hat ihm sein Bruder alles genau und ausführlich berichtet; aber die Evangelisten kürzen gern und sagen vieles in gestraffter Zusammenfassung.«

Neben dieser ersten Begegnung und seiner endgültigen Berufung, die wir später noch betrachten werden, tritt der Apostel Andreas im Evangelium noch dreimal auf. Vor der wunderbaren Speisung am See von Tiberias macht er auf den kleinen Jungen aufmerksam, der fünf Gerstenbrote und zwei Fische hat: *Doch was ist das für so viele!*[5] Wir betrachten ihn ein andermal neben Jesus, *als er auf dem Ölberg saß, dem Tempel gegenüber*. Er und die drei anderen Vertrauten – Petrus, Jakobus und Johannes – sind mit Jesus allein. Sie stellen ihm die heikle Frage nach dem Ende des Tempels: *Wann wird das geschehen?*[6] Schließlich sehen wir ihn in einer wegen des Ungewohnten besonders anregenden Situation im Anschluß an den Einzug des Herrn in Jerusalem und wenige Tage vor seiner Passion. Unter *den Pilgern, die beim Fest Gott anbeten wollten*, waren auch *einige Griechen* anwesend. Wahrscheinlich ist es kein Zufall, daß im Gespräch mit diesen Griechen die zwei Jünger mit griechischem Namen hinzugezogen werden: Philippus, der *Pferdefreund*, und Andreas, der *Mannhafte, Tapfere*. Die Frage der Fremden regt zum Beten an, wenn man sich daran gewöhnt hat, die Worte aus dem Evangelium als existentielle Anregung zu betrachten: *Herr, wir möchten Jesus sehen.* Es heißt dann: *Andreas und Philippus gingen und sagten es Jesus.* Der Evangelist sagt nichts mehr über diese Fremden, sondern nur über die Reaktion Jesu. Andreas und Philippus sind Zeugen seiner feierlichen Worte: *Die Stunde ist gekommen, daß der Menschensohn verherrlicht wird. (...) Wenn das Weizenkorn nicht in die Erde fällt und stirbt, bleibt es allein; wenn es aber stirbt, bringt es reiche Frucht.* Und heute? »Zu wie vielen Menschen muß noch der Glaube hingebracht werden! Wie viele Menschen muß man neu gewinnen für den Glauben, den sie verloren haben – manchmal eine viel schwierigere Sache als die erste Bekehrung zum Glauben!«[7]

Was lehrt uns der Apostel Andreas? Fassen wir alles in einem Wort zusammen: Vertrautheit mit Jesus, das Gespräch mit ihm suchen, das innere Gebet pflegen. Und wie? »Man betet nicht, wenn man Zeit hat, sondern man nimmt sich die Zeit, um für den Herrn da zu sein.«[8]

III. Andreas wird sich – wie Johannes – die allererste der vielen Begegnungen mit dem Meister tief eingeprägt haben: *Es war um die zehnte Stunde* ... Der Augenblick einer großen Entscheidung, die ohne Gottes Gnade nicht möglich gewesen wäre, soll uns stets gegenwärtig sein. Eine verehrungswürdige Ordensfrau schreibt nach vielen Jahren der Hingabe: »Gott ist ein treuer Gott, er hat den Stachel aus meiner Seele nicht wieder herausgezogen, sondern bei jeder Gelegenheit daran gezupft, wie ein Angler an seiner Angelschnur, so daß ich mir nie mehr einbilden konnte, seinen Ruf nicht verspürt zu haben.«[9]

Schlagen wir jetzt, im Gebet, eine Brücke von jenem Geschehen damals am Morgen des Glaubens zu unseren eigenen Erfahrungen: »Eines Tages – ich will hier nicht verallgemeinern: öffne du selbst dem Herrn dein Herz und erzähle ihm deine eigene Geschichte – war es vielleicht ein Freund, ein gewöhnlicher Christ wie du, der dir eine tiefere Sicht erschloß, neu und doch zugleich alt wie das Evangelium. Er zeigte dir die Möglichkeit, dich ernsthaft um die Nachfolge Christi zu bemühen und Apostel von Aposteln zu sein. Vielleicht war es von diesem Augenblick an mit deiner Ruhe vorbei, und du erlangtest sie erst wieder, in Frieden verwandelt, als du freiwillig Gott mit einem Ja geantwortet hattest: weil du – und das ist ein sehr übernatürlicher Grund – es eben so wolltest. Und dann kam die Freude, jene starke und beständige Freude, die nur dann schwindet, wenn du dich von ihm abwendest.«[10]

Er führte ihn zu Jesus … Andreas hatte

vom Täufer gelernt. Wie dieser ist er Wegweiser zum Messias. »Er wollte das Weitere Jesus anheimgeben. Von ihm mochte er dann alles lernen.«[11] Andreas zeigt seinem Bruder den Weg, den er selbst zu gehen begonnen hat, und überläßt alles andere Jesus.

Der Hinweis des Täufers führte zu einer ersten Begegnung, sie war noch nicht die Nachfolge für immer: sie blieben nur *jenen Tag bei ihm.* Im Evangelium des heutigen Festtages geht es um den endgültigen Ruf. *Als Jesus am See von Galiläa entlangging, sah er zwei Brüder, Simon, genannt Petrus, und seinen Bruder Andreas; sie warfen gerade ihr Netz in den See, denn sie waren Fischer. Da sagte er zu ihnen: Kommt her, folgt mir nach! Ich werde euch zu Menschenfischern machen. Sofort ließen sie ihre Netze liegen und folgten ihm.*

Die Berufung ist immer Geschenk. Sie nimmt ihren Ausgang von der Taufe, die die meisten von uns als kleine Kinder empfingen. Mit ihr erhalten wir die Gnade und den Ruf. Aber dann gibt es Ereignisse, die sich tiefer als andere einprägen, weil sie eine Aufforderung enthalten, eine Entscheidung verlangen – es war die Situation des Fischers Andreas. Er folgte dem Herrn *sofort.* Rückblickend wird er später viele verborgene Zusammenhänge erkannt haben, besonders in der Zeit, die er nahe beim Täufer Johannes verbrachte. Von seiner endgültigen Berufung durch Jesus her wird er auch erkannt haben, weshalb er dem Hinweis des Täufers folgte, als Jesus vorüberging, und einen Tag bei Jesus blieb. Wie vieles aus unserer Vergangenheit erhellt sich, wenn wir es im Licht der Berufung sehen. »Die Berufung zündet ein Licht an, das uns den Sinn unseres Lebens erkennen läßt. Im klaren Licht des Glaubens sehen wir das Warum unseres irdischen Daseins. Unser Leben – das vergangene, das gegenwärtige und das zukünftige – erscheint dann in einer neuen Dimension, mit einer nicht geahnten Tiefe. Alles, was in unserem Leben geschieht, gewinnt so seinen wahren Bezugspunkt: Wir begreifen, wohin uns der Herr führen will, und wir fühlen uns mitgerissen von der uns anvertrauten Aufgabe.«[12]

Der Tradition zufolge soll der heilige Andreas das Evangelium im Norden Kleinasiens, in den Donauländern und in Griechenland verkündet und im griechischen Patras den Kreuzestod erlitten haben. Sein Haupt, seit 1462 in der Peterskirche in Rom aufbewahrt, wurde 1964 feierlich von den versammelten Konzilsvätern verehrt und im Auftrag Papst Pauls VI. nach Patras zurückgebracht. Die Patriarchalkirche von Konstantinopel beruft sich auf Andreas, den Bruder des Petrus. »Wir haben nahezu alles gemeinsam; und wir haben vor allem die aufrichtige Sehnsucht nach Einheit gemeinsam.«[13]

[1] vgl. *Joh* 1,19-28. – [2] P. Berglar, *Petrus – Vom Fischer zum Stellvertreter*, Köln 1999, S.46. – [3] Johannes Paul II., *Ansprache*, 7.1.1987. – [4] Johannes Chrysostomos, *Homilie*, 19. – [5] *Joh* 6,9. – [6] *Mk* 13,3-4. – [7] Johannes Paul II., *Homilie*, 6.1.1979. – [8] *Katechismus der Katholischen Kirche*, 2710 u. 2711. – [9] Isa Vermehren, in: *Caritas NRhW* 1/89, S. 42. – [10] J. Escrivá, *Christus begegnen*, 1. – [11] Johannes Chrysostomos, *Homilie*, 19. – [12] J. Escrivá, *Christus begegnen*, 45. – [13] Johannes Paul II., Apost. Schreiben *Orientale lumen*, 25.5.1995, 3.

FRANZ XAVER

Briefe aus der Ferne.
Warum Mission?
Moderne Areopage.

I. *Geht hinaus in die ganze Welt und verkündet das Evangelium allen Geschöpfen!*[1] Francisco de Yasu y Javier, 1506 auf Schloß Javier in Navarra geboren, erschloß der Christenheit neue Welten. An seinem fünfunddreißigsten Geburtstag, dem 7. April 1541, schiffte er sich nach Indien ein und erreichte nach dreizehn Monaten Goa. Er wirkte später unter den armen Perlenfischern an der Malabarküste Indiens, in Malakka und auf den Molukken. 1549 reiste er mit zwei Mitbrüdern und drei in Goa getauften Japanern nach Japan, kehrte 1551 nach Goa zurück und bereitete dann die Reise nach China vor. Und doch war der »Apostel der neuen Völker und himmlischer Patron aller Missionare und Missionarinnen und aller Missionen«[2] ursprünglich nicht für die Arbeit in der Mission vorgesehen. Als der portugiesische König den Papst und dieser Ignatius um Missionare für Indien bat, bestimmte er zwei Jesuiten für diese Aufgabe. Aber einer von ihnen wurde krank; der portugiesische Gesandte war nicht bereit, auf dessen Genesung zu warten und wollte bald nach Lissabon heimkehren, es mußte also nach Ersatz für ihn gesucht werden. War es nun *Zufall*, daß Franz Xaver zu einem der großen Missionsapostel wurde?

Franz Xaver berichtete regelmäßig nach Rom und Goa über seine Missionsarbeit[3]. Die Briefe an Ignatius – er schrieb sie kniend – wurden ab 1545 gedruckt und in allen Jesuitenniederlassungen gelesen. Sein Wort soll uns, mehr als Erwägungen darüber, in dieser Meditation begleiten.

Spannend berichtet er über einen drei Tage und Nächte wütenden Sturm auf der Überfahrt von Malakka nach Indien.[4] »Als der Sturm seinen Höhepunkt erreichte, befahl ich Gott meine Seele; und dann nahm ich meine Zuflucht zu allen Gliedern unserer gesegneten Gesellschaft Jesu und erwählte sie und alle, die ihr zugetan sind, zu meinen Beschützern. In diesem Gefolge befahl ich mich und all das Meine in die heiligen Gebete der Braut Jesu Christi, unserer heiligen Mutter, der Kirche. (...) Niemals, meine Brüder, wird es mir gelingen, Ihnen zu sagen, wie groß die Tröstungen sind, die ich durch die Fürbitte aller Glieder der Gesellschaft – sowohl derer auf Erden als derer im Himmel – empfange! Gott, unser Herr, ließ mich in meiner Seele oft verstehen, aus wie großen Gefahren an Seele und Leib er mich errettet hat, allein durch die Gebete und ununterbrochenen Opfer all jener, die unter den Fahnen der gesegneten Gesellschaft Jesu kämpfen, sowohl der auf Erden noch streitenden, als der schon im Himmel glorreich triumphierenden! (...) Wenn ich anfange, von der Gesellschaft Jesu zu sprechen, so kann ich mich von so liebenswertem Zwiegespräch nicht mehr trennen, ich kann nicht aufhören, zu reden und zu schreiben. Aber die bevorstehende Abfahrt der Schiffe zwingt mich dennoch dazu.« Als sei er durch diese letzte Bemerkung in den realen Alltag zurückgeholt worden, fügt er noch ein paar Zeilen hinzu, die uns die extremen Verhältnisse der damaligen Zeit vor Augen führen: »Und wenn Sie sich von dieser räumlichen Trennung einen rechten Begriff machen wollen, so müssen Sie bedenken, daß Sie auf eine Order, die Sie von Rom nach den Molukken oder nach Japan senden, erst nach drei Jahren und neun Monaten Antwort erhalten können. Ich will Ihnen die Entfernungen einzeln angeben: ein Brief von Rom nach Indien braucht acht Monate; acht weitere Monate muß die Flotte auf günstiges Wetter zur Überfahrt nach den Molukken warten; diese Flotte braucht im günstigsten Fall für Hin- und Rückfahrt einundzwanzig Monate; nach weiteren acht Monaten erreichen die Briefe, wenn Wind und Wetter günstig sind, Rom; bei stürmischem Wetter aber dauert die Überfahrt oft über ein Jahr.«

Der Gedenktag des heiligen Franz Xaver legt es nahe, die Qualität unseres eigenen apostolischen Engagements zu prüfen. Vielleicht vernachlässigen wir die Hilfe für die Missionen, als genügte es schon, im eigenen nahen Umfeld als gute Christen zu leben. Bedenken wir, daß die Zahl jener, die Christus noch nicht kennen und nicht zur Kirche gehören, ständig im Wachsen ist?

II. »Ist die Mission unter den Nicht-Christen noch aktuell? Wird sie vielleicht durch den Dialog unter den Religionen ersetzt? Ist die Forderung im Bereich des Menschlichen nicht eines ihrer Ziele, das genügt? Schließt nicht die Achtung vor dem Gewissen und vor der Freiheit jeden Bekehrungsversuch aus? Kann man nicht in jeder Religion gerettet werden? Warum also Mission?«[5]

Was hätte der heilige Franz Xaver solch skeptisch Fragenden wohl geantwortet? In einem langen Brief, den er von Japan nach Goa schickt, begründet er seine Sendung und geht auf die Widerstände vor Ort ein: »Was wir ersehnen in all diesen Ländern, ist, die Völker zur Kenntnis ihres Schöpfers und Erlösers zu führen und ihnen zu zeigen das Heil: Jesus Christus, unseren Herrn! Im Vertrauen auf ihn hoffen wir, daß er uns seine Gnade und Hilfe verleihen werde, dieses Werk zu erfüllen. Die weltliche Bevölkerung wird uns, wie mir scheint, aus eigenem Antrieb nicht entgegenwirken oder uns verfolgen, dies wird erst die Folge unausgesetzter Anstiftereien von Seiten der Bonzen werden. Wir bemühen uns, nicht in Zwistigkeiten mit ihnen zu geraten, aber wir dürfen nicht so sehr auf sie Rücksicht nehmen, daß wir aus Furcht vor ihnen aufhören wollten, zur Ehre Gottes und zum Heil der Seelen die Wahrheit zu verkünden. Auch die Bonzen können uns nicht mehr schaden, als Gott ihnen gestattet.«[6] Es wäre reizvoll, wenn auch in einer Zeit des Gebetes deplaziert, zu untersuchen, wo die heutigen *Bonzen* zu finden sind.

Heute begegnet uns nicht Verwunderung, sondern oftmals ein ideologisch geprägtes Unverständnis, das in der Verkündigung des Evangeliums eine Beeinträchtigung der Freiheit sieht. Papst Paul VI. faßt diese Einwände zusammen[7]: »Eine Wahrheit auferlegen, und sei es die des Evangeliums, einen Weg aufdrängen, sei es der zum Heile, ist nichts anderes als eine Vergewaltigung der religiösen Freiheit. Im übrigen, so fügt man hinzu, wozu überhaupt das Evangelium verkünden, wo doch die Menschen durch die Rechtschaffenheit des Herzens zum Heil gelangen können. Außerdem weiß man doch, daß die Welt und die Geschichte erfüllt sind von *semina Verbi*: wäre es da nicht eine Illusion zu behaupten, das Evangelium dorthin zu bringen, wo es schon immer in diesen Samenkörnern anwesend ist, die der Herr selbst dort gesät hat?« Der Papst erläutert die Oberflächlichkeit solcher »Alibis« – wie er sie nennt –, die in den Konzilsdokumenten keine Stütze finden, und fragt: »Ist es denn ein Vergehen gegen die Freiheit des anderen, voller Freude eine Frohbotschaft zu verkünden, die man selbst durch die Barmherzigkeit Gottes vernommen hat? Und warum sollten bloß die Lüge und der Irrtum, die Entwürdigung des Menschen und die Pornographie das Recht haben, dargelegt (...) und geradezu aufgedrängt zu werden?« Die Verkündigung der Botschaft Christi und seines Reiches sei nicht nur ein Recht, sondern auch eine Pflicht des Glaubensboten. Paul VI. gibt diesem Gedanken eine überraschende Wende, wenn er anregt: »Es wäre sicher nicht ohne Nutzen, wenn jeder Christ und jeder Verkündiger folgenden Gedankengang im Gebet vertiefte: Die Menschen können durch die Barmherzigkeit Gottes auf anderen Wegen gerettet werden, auch wenn wir ihnen das Evangelium nicht verkünden; wie aber können wir uns retten, wenn wir aus Nachlässigkeit, Angst, Scham – was der heilige Paulus *sich des Evangeliums schämen* nennt (*Röm* 1,16) – oder infolge falscher Ideen es unterlassen, dieses zu verkünden? Denn das heißt, Gottes Anruf zu verraten, der durch die Stimme der Diener des Evangeliums den Samen wachsen lassen will; es hängt von uns ab, ob dieser zu einem Baum heranwachsen und reiche Frucht bringen kann.«

III. Die Nachrichten vom eben entdeckten japanischen Inselreich weckten in Franz Xaver das Verlangen, Japan zu missionieren: »Alle von Japan zurückkehrenden Kaufleute stimmen in der Meinung überein, daß ich in jenem Land in besonderer Weise der Ehre Gottes, unseres Herrn, dienen könne, weit besser als bei den Naturvölkern Indiens, denn die Japaner sind ein hochstehendes Volk. In meiner Seele beginne ich zu verstehen, daß wohl im Laufe der nächsten zwei Jahre ich selbst oder ein anderer Priester unserer Gesellschaft nach Japan aufbrechen wird, wenn auch die Überfahrt noch so gefährlich ist!«[8] Anderthalb Jahre später war er selber dort.

Verweilen wir etwas länger bei dem Brief, den er drei Monate nach seiner Ankunft in Japan an die Mitbrüder in Goa schreibt.[9] Mit apostolischem Weitblick erkennt er, wie wichtig die Arbeit an den Universitäten und unter den Gebildeten ist. Außer der Universität in der Hauptstadt Miyako (heute Kyoto) gebe es in Japan noch »fünf berühmte Hochschulen, alle in geringer Entfernung von der Hauptstadt gelegen. Jede dieser Hochschulen wird, wie man uns sagt, von ungefähr dreitausendfünfhundert Studenten besucht.« Mit Berichten über die apostolischen Zukunftschancen motiviert Xaver seine Mitbrüder zum Gebet: »Wenn wir erprobt haben, welche Voraussetzungen in diesem Lande für das Missionswerk wirklich gegeben sind, werden wir nicht versäumen, an die berühmtesten Universitäten der Christenheit zu schreiben; wir werden dies tun, um unserer Gewissenspflicht zu genügen, die Gewissen der anderen aber wachzurütteln: denn die christlichen Universitäten wären wohl imstande, mit ihren durch Tugend und Wissenschaft ausgerüsteten Kräften dem so großen Übel des Unglaubens Heilung zu bringen, indem sie die Heiden zur Kenntnis ihres Schöpfers, Erlösers und Heiligers führen. Wir werden darum an sie schreiben, in aller Ehrfurcht, als an unsere Väter und Lehrer, hoffend, daß sie uns als Söhne betrachten; und wir werden ihnen von der Frucht sprechen, die durch ihre Arbeit und ihren Eifer gewirkt werden kann, damit sie, die nicht hierher kommen können, jene fördern, die sich um der Ehre Gottes und des Heiles der Seelen willen bereiten werden, weit größeren Trostes und innerer Freude teilhaft zu werden, als sie vielleicht in der Heimat genießen würden.«

Franz Xaver hatte am eigenen Leib in Paris erfahren, wie wichtig die akademische

Welt ist. Er sucht nun in der Welt jener fremden Gesellschaft Fuß zu fassen, die er für Christus gewinnen will. Auch Paulus begab sich gleich nach seiner Ankunft in Athen auf den Areopag, den Treffpunkt der Gebildeten, und versuchte, in einer für jene Umgebung verständlichen Sprache das Evangelium zu verkünden.[10] Gerade heute ist es »dringend notwendig, daß die Christen die Eigenständigkeit ihres Glaubens und ihrer Urteilskraft gegenüber der herrschenden, ja sich aufdrängenden Kultur wiederentdecken, (...) das wahre Antlitz des christlichen Glaubens zurückgewinnen und wieder bekannt machen; dies ist ja nicht lediglich eine Summe von Aussagen, die mit dem Verstand entgegengenommen und bestätigt werden müssen. Er ist vielmehr eine gelebte Kenntnis von Christus, ein lebendiges Gedächtnis seiner Gebote, eine Wahrheit, die gelebt werden muß.«[11] Fragen wir uns im Gebet: Wo finden wir heute die modernen Areopage? Wo müssen wir Christen präsent sein? Wie Franz Xaver damals denken wir an die Universitäten, an die Knotenpunkte der Kultur, der Forschung, der Kunst, der Wirtschaft, des Sports ... an die internationalen Organisationen, an die Kommunikationsmittel ...

Schließen wir unser Gebet mit einem letzten Blick auf den heiligen Franz. Der Fährmann, der ihn nach China bringen soll, wird nicht kommen. »Dem bösen Feind ist es ein Dorn im Auge, daß die Mitglieder der Gesellschaft Jesu in China eindringen. Denn ich wüßte nicht, wo anfangen und aufhören, wollte ich Ihnen mitteilen, welchen Widerständen ich überall begegne und welche Schwierigkeiten man mir täglich aufs neue macht. Aber wenn diese Tatsache sicher ist, so auch die andere: daß ich mit der Gnade, mit dem Beistand und der Hilfe Gottes die Ränke des Satans durchkreuzen werde.«[12] Kurz nach diesem Brief wurde er krank. »Es gibt in der neueren Kirchengeschichte kaum eine traurigere Szene als das Sterben des heiligen Franz Xaver am 3. Dezember 1552 auf der Insel Sanzian bei Kanton (China). Er ist von allen verlassen. Nur ein junger chinesischer Diener ist bei ihm. Schwere Krankheit hat ihn überfallen. Er steht vor den Toren Chinas, das er für die Frohbotschaft gewinnen möchte. Keine Tür öffnet sich. Kein Sakrament, kein Trost der Kirche ist für ihn da. Nur eine Kerze weiß der Junge ihm als Sterbelicht zu besorgen.«[13] Dieser berichtet später, Xaver habe im Fieberdelirium in einer ihm fremden Sprache gesprochen. Man nimmt an, daß es baskisch war: die Sprache seines Ursprungs. Nur lateinische Worte und Gebete, die immer wiederkehrten, konnte der Diener verstehen: *O Sanctissima Trinitas! Jesu, Fili Dei, miserere mei! Monstra te esse matrem!*

[1] *Mk* 16,15. – [2] Johannes Paul II., *Ansprache in Javier*, 6.11.1982. – [3] Briefe (mit Datumsangabe und gelegentlichen Kürzungen) zitiert nach: *Die Briefe des Francisco de Xavier 1542-1552*, Leipzig 1941. – [4] Brief *An die Väter der Gesellschaft Jesu in Europa*, Cochin, 20. Januar 1548. – [5] Johannes Paul II., Enz. *Redemptoris missio*, 4. – [6] Brief *An die Väter der Gesellschaft Jesu zu Goa*, Kagoshima, 5. November 1549. – [7] Paul VI., *Evangelii nuntiandi*, 8.12.1975, 80. – [8] Brief *An die Väter der Gesellschaft Jesu in Europa*, Conchin 20. Januar 1548. – [9] Brief *An die Väter der Gesellschaft Jesu zu Goa*, Kagoshima, 5. November 1549. – [10] vgl. *Apg* 17,22-31. – [11] Johannes Paul II., Enz. *Veritatis splendor*, 88. – [12] Brief *An P. Francisco Perez in Malakka und Gaspar Barzeaus zu Goa*, Sanzian, 13. November 1552. – [13] Th. Schnitzler, *Die Heiligen im Jahr des Herrn*, Freiburg 1978, S.15.

4. DEZEMBER

ADOLPH KOLPING

Gesellenvater.
Die Soziallehre der Kirche.
Die Würde der Arbeit.

I. *Ihr seid das Salz der Erde ... Ihr seid das Licht der Welt ...* Tatsächlich hat der selige Adolph Kolping »im letzten Jahrhundert viele Lichter des Evangeliums auf die damals sehr schwierige Frage der sozialen Gerechtigkeit in die wechselseitige Beziehung von Arbeit und Kapital geworfen«[1]. Der Sohn eines leseunkundigen Schäfers, 1813 in Kerpen bei Köln geboren, ging mit dreizehn Jahren bei einem Schuhmachermeister in die Lehre und arbeitete zehn Jahre lang in diesem Beruf. In einer autobiographischen Notiz über seine Jugend läßt er uns einiges spüren vom Milieu, das ihn damals umgab, und von der inneren Unruhe, die ihn umtrieb: »Elend war ich, wenn ich mich an meine Umgebung anschloß (...). Das Bewußtsein meiner unglücklichen Lage wurde noch schmerzlicher, als ich durch die Leserei, deren ich mich nie entwöhnen konnte, ganz andere Begriffe über den Menschen, seine Bestimmung, über die Würde einer höheren Bildung erlangte. (...) Unter dieser Volkshefe konnte ich nicht sitzen bleiben, nicht mein ganzes Leben unter den obwaltenden Umständen verkümmern lassen.«

Adolph Kolping wurde 1845 in der Kölner Minoritenkirche – wo er 1865 begraben wurde – zum Priester geweiht. Er lernte als Kaplan in Wuppertal-Elberfeld den »Gesellenverein« kennen, den der Lehrer Johann Gregor Breuer gegründet hatte. Von diesem Werk angeregt, gründete er 1849 – schon als Kaplan in Köln – den »Kölner Gesellenverein«, der zum Modell aller späteren Gründungen wurde. Damals »wirkte auch Karl Marx in Köln. Er rief zu Umsturz und Klassenkampf auf, Adolph Kolping wollte die Gesellschaft durch christliches Verhalten der Menschen wandeln.«[2]

Kolping erkannte den wirtschaftlichen, sozialen und weltanschaulichen Umbruch seiner Zeit, vor allem die Not der Handwerker. »Um die Mitte des 19. Jahrhunderts bestimmte das Handwerk noch weithin das Wirtschaftsleben. Es gab bedeutend mehr Gesellen als Arbeiter (...). Zuvor waren die Gesellen integriert in eine intakte soziale Struktur. Sie gehörten zum Haushalt des Meisters, fanden darin zugleich Arbeit und menschlichen Halt. Die ›Wanderschaft‹ gehörte zum sozial akzeptierten Bild. Durch den Zusammenbruch der traditionellen Wirtschaftsstrukturen verarmte das Handwerk; die Handwerksgesellen wurden zu lästigen Kostgängern, ihre Wanderschaft galt plötzlich als ›Landplage‹. In den Städten lagen sie zu Tausenden auf der Straße, wurden zur verdächtigen Randgruppe. Weil sie keine Aufnahme mehr in den Haushalten der Meister fanden, blieben sie auf Herbergen angewiesen, in denen der Alkoholismus grassierte.«[3]

Kolping war kein Theoretiker. Er wußte nur: »Jeder einzelne Christ verändert die Welt, wenn er christlich lebt«, und er wußte ebenso, »daß der einzelne, auf sich allein gestellt, nur wenig zur Besserung der Verhältnisse beitragen konnte. Deshalb baute er zielstrebig die katholischen Gesellenvereine auf.«[4] Glaubensstark und mit viel Realismus, »brauchte er nicht die ganze Welt zu verändern, sondern nur das kleine Stück ›Welt‹, das ihm gegeben war. Damit hat er die Welt nachhaltig verändert.«[5] Sein Grundgedanke war die großartige Intuition, daß die jungen Männer, um aus der Verwahrlosung oder aus der Gefahr, darin zu verfallen, herauszukommen, Familie, Selbsthilfe und Solidarität erfahren müssen: »Der Verein soll für die Mitglieder ein Familienhaus sein, indem sie gewissermaßen ihre Familie, gleichgesinnte und gleichberechtigte Freunde wiederfinden und mit ihnen in inniger freundschaftlicher Weise zusammenleben.«

Adolph Kolping ging es nicht allein um die jungen Handwerker. Er betonte: »Es wird darauf ankommen, das Christentum dem Geiste und der Praxis nach ins wirkliche gesellschaftliche Leben hineinzutragen.«[6]

II. Adolph Kolping hat seiner Schrift über den Gesellenverein das Motto vorangestellt: »Tätige Liebe heilt alle Wunden, bloße Worte mehren nur den Schmerz.« Die heutige Lesung erinnert uns mit kräftigen Worten an diesen Grundsatz, den die Kirche von Anfang an lebt und lehrt: *Was nützt es, wenn einer sagt, er habe Glauben, aber es fehlen die Werke? (...) Wenn ein Bruder oder eine Schwester ohne Kleidung ist und ohne das tägliche Brot und einer von euch zu ihnen sagt: Geht in Frieden, wärmt und sättigt euch!, ihr gebt ihnen aber nicht, was sie zum Leben brauchen – was nützt das?*[7]

Diese Worte aus der Heiligen Schrift gehören zum Kern der Lehre, die sich dann im 19. Jahrhundert, veranlaßt durch die Konfrontation des Evangeliums mit der modernen Industriegesellschaft, als Soziallehre der Kirche entwickelte. Aber was wäre eine Lehre ohne glaubwürdige Zeugen? Adolph Kolping ist ein solcher Zeuge: »Das Christentum«, schreibt er, »besteht nicht in schönen Worten und leeren Redensarten, es muß tätig, hingebend, aufopfernd geübt werden, so daß es sich auch im Äußeren ausprägt und auf die Umgebung mit übergeht.« Er lehrt uns, die gesellschaftlichen Probleme realistisch anzupacken: »Von dem Wahn bin ich nicht angesteckt, als wenn man durch irgendeine menschliche Einrichtung, und wäre sie die gescheiteste der Welt, alle Menschen glücklich machen oder auch nur bekehren könnte, bekehrt doch selbst das göttliche Christentum die Menschen nicht alle, einfach deshalb, weil es der Freiheit des Menschen nicht zu nahetreten will.«

Es ist Aufgabe der Christen, Verantwortung in der Gesellschaft zu übernehmen – jeder nach seinen Möglichkeiten – und dafür zu sorgen, daß die sozialen, ökonomischen und politischen Strukturen menschenwürdig sind. Bloße Korrektheit der äußeren Arbeitsbedingungen genügt nicht, weil jeder Mensch eine Behandlung als Person verdient und technische Maßnahmen, die eine höhere Produktivität im Blick haben, nicht gegen die Personenwürde verstoßen dürfen. »Die Gerechtigkeit verlangt Berücksichtigung nicht nur bei der Verteilung des Reichtums, sondern auch bei der Struktur von Unternehmen, in denen produktive Arbeit geleistet wird. Der Menschennatur wohnt tatsächlich die Forderung inne, daß sie, die Menschen, in der Entfaltung ihrer produktiven Tätigkeit die Möglichkeit finden, selbst Verantwortung zu tragen und ihr eigenes Sein zu vervollkommnen. Wenn deshalb die Strukturen, der Betrieb, die

Atmosphäre eines Wirtschaftssystems derart sind, daß sie die Menschenwürde derer gefährden, die dort ihre eigene Tätigkeit entfalten, oder daß sie in ihnen den Sinn für die Verantwortung systematisch abstumpfen oder daß sie ein Hindernis sind für jede Äußerung ihrer persönlichen Initiative, ist ein so geartetes Wirtschaftssystem ungerecht, auch für den Fall, daß der in ihm produzierte Reichtum hohe Quoten erreicht und nach Gerechtigkeit und Billigkeit verteilt wird.«[8] Der letzte Grund des wirtschaftlichen Fortschritts liegt »weder in der vermehrten Produktion als solcher noch in Erzielung von Gewinn oder Ausübung von Macht, sondern im Dienst am Menschen, und zwar am ganzen Menschen im Hinblick auf seine materiellen Bedürfnisse, aber ebenso auch auf das, was er für sein geistiges, sittliches, spirituelles und religiöses Leben benötigt«[9].

III. Viele Aussagen Adolph Kolpings sind wie Samenkörner, die später mächtig aufsprießen. Sein Kampf um Anerkennung der Würde der handwerklichen Arbeit stützt sich auf die Überzeugung, daß jede rechtschaffene Arbeit ein »Mitwirken mit Gott an der Vervollkommnung der sichtbaren Schöpfung«[10] ist. Die Aussage der Schrift, daß Gott den Menschen *in den Garten von Eden setzte, damit er ihn bebaue und hüte*[11], läßt – wenn auch in archaischer Ausdrucksweise – die grundlegenden Wahrheiten über den Menschen bereits bei seiner Erschaffung erkennen. »Der Mensch ist unter anderem deshalb Abbild Gottes, weil er von seinem Schöpfer den Auftrag empfangen hat, sich die Erde zu unterwerfen und sie zu beherrschen. Indem er diesen Auftrag erfüllt, spiegelt der Mensch und jeder Mensch das Wirken des Weltenschöpfers selber wider.«[12]

Seit dem Sündenfall gleicht die Erde eher einem verwüsteten Garten[13]: *Dornen und Disteln* ... Die Arbeit erscheint nicht mehr von selbst als »Zeichen der Vertrautheit mit Gott«[14], ja, sie wird leicht zur Quelle von Ungerechtigkeit, Entfremdung, Elend und Leid. Sie ist zu einem *bonum arduum*, einem »mühsamen Gut«[15] geworden – *im Schweiße deines Angesichts* ... –, aber sie bleibt ein Gut, das die Würde des Menschen zum Ausdruck bringt. »Die Arbeit ist ein Gut für den Menschen – für sein Menschsein –, weil er durch die Arbeit nicht nur die Natur umwandelt und seinen Bedürfnissen anpaßt, sondern auch sich selbst als Mensch verwirklicht, ja gewissermaßen ›mehr Mensch wird‹.«[16] Denn die Arbeit ist »eines der Kennzeichen, die den Menschen von den anderen Geschöpfen unterscheiden, deren mit der Erhaltung des Lebens verbundene Tätigkeit man nicht als Arbeit bezeichnen kann; nur der Mensch ist zur Arbeit befähigt, nur er verrichtet sie, wobei er gleichzeitig seine irdische Existenz mit ihr ausfüllt. Die Arbeit trägt somit ein besonderes Merkmal des Menschen und der Menschheit, das Merkmal der Person, die in einer Gemeinschaft von Personen wirkt.«[17]

Der selige Adolph Kolping hat durch sein soziales Werk die Würde der Arbeiter gestärkt. Er hätte mit Freude die erst in unserem Jahrhundert deutlich gewordene spirituelle Einsicht aufgegriffen, daß die Arbeit des Menschen Teil seiner gottgewollten Berufung ist: »Nach Gottes Bild und Gleichnis inmitten des sichtbaren Universums geschaffen und dorthingestellt, damit er die Erde sich untertan mache, ist der Mensch daher seit dem Anfang zur Arbeit berufen.«[18] Gott, der Vater und Schöpfer, ruft ihn zur Heiligkeit und zur Gemeinschaft mit sich in seiner konkreten Lebenssituation. Und in Christus, dem Erlöser, erscheint die Würde der Arbeit, die der selige Adolph Kolping so entschieden verteidigt hat, in einer neuen Dimension. Denn der Herr war die meiste Zeit seines irdischen Lebens – wie Vater Kolping und seine Gesellen – Handwerker in der Werkstatt eines Zimmermanns. »Indem der Mensch in Vereinigung mit Jesus, dem Handwerker von Nazaret und dem Gekreuzigten von Golgota, die Mühen der Arbeit auf sich nimmt, arbeitet er gewissermaßen mit dem Sohn Gottes an dessen

Erlösungswerk mit. Er erweist sich als Jünger Christi, indem er bei der Tätigkeit, die er auszuführen hat, Tag für Tag sein Kreuz auf sich nimmt. Die Arbeit kann ein Mittel der Heiligung sein und die irdische Wirklichkeit mit dem Geist Christi durchdringen.«[19]

Gerade das Leben des Herrn als Handwerker läßt deutlich werden, »daß die erste Grundlage für den Wert der Arbeit der Mensch selbst ist, ihr Subjekt«. Deshalb ist »in erster Linie die Arbeit für den Menschen da und nicht der Mensch für die Arbeit«. Der Maßstab für jede Arbeit ist – noch vor der Leistung – »die Würde ihres Subjekts, also der Person, des Menschen, der sie verrichtet. (...) Die Würde der Arbeit wurzelt zutiefst nicht in ihrer objektiven, sondern in ihrer subjektiven Dimension.«[20] Indem die Kirche dies bekräftigt und lehrt, widersetzt sie sich einer einseitig materialistischen Zivilisation, die den Menschen »als bloßes Werkzeug behandelt, während er – um seiner selbst willen, unabhängig von der Arbeit, die er tut – als deren verursachendes Subjekt, als deren wahrer Gestalter und Schöpfer behandelt werden sollte«[21]. Im Licht des Glaubens ist weder die Arbeit bloß die »Ware«, die der Arbeitnehmer, vor allem der Industriearbeiter, dem Arbeitgeber und Besitzer des Kapitals verkauft, noch ist der Arbeitnehmer bloße »Arbeitskraft«.

Der Kampf des seligen Adolph Kolping um die Würde des Menschen und der Arbeit wird immer aktuell sein. Eine Arbeit in Würde ist ein besonderer Zug in der Ähnlichkeit des Menschen mit Gott, dem Schöpfer und Vater. Der selige Adolph Kolping »stand mit beiden Beinen fest verwurzelt auf der Erde und orientierte sich am Himmel. Er war, wie die Heilige Schrift sagt, in der Welt, aber nicht von der Welt. Er betete seine Arbeit und arbeitete dann sein Gebet.«

[1] Johannes Paul II., *Predigt bei der Seligsprechung*, 27.10.1991. – [2] Johannes Paul II., *Ansprache in Köln*, 15.11.1980. – [3] *In Rom dabei. Die Seligsprechung*, Kehl 1991. Die Texte vom seligen Adolph Kolping ohne Quellenangaben sind diesem Bildband entnommen. – [4] Johannes Paul II., *Ansprache in Köln*. – [5] J. Kard. Meisner, *Predigt in St. Peter*, 29.10.1991. – [6] Johannes Paul II., *Predigt bei der Seligsprechung*. – [7] *Jak* 2,14-17. – [8] Johannes XXIII., Enz. *Mater et Magistra*, 82-83. – [9] II. Vat. Konz., Konst. *Gaudium et spes*, 64. – [10] *Katechismus der Katholischen Kirche*, 378. – [11] *Gen* 2,15. – [12] Johannes Paul II., Enz. *Laborem exercens*, 4. – [13] vgl. *Gen* 3,18-19. – [14] *Katechismus der Katholischen Kirche*, 378. – [15] Thomas von Aquin, *Summa theologica*, I-II q.40, a.1 c; I-II, q.34, a.2, ad 1. – [16] Johannes Paul II., Enz. *Laborem Exercens*, 9. – [17] ebd. – [18] ebd., Einführung. – [19] *Katechismus der Katholischen Kirche*, 2427. – [20] Johannes Paul II., Enz. *Laborem exercens*, 6. – [21] ebd., 7.

NIKOLAUS

Ein Heiliger, der Ost und West verbindet.
Bitte um ein großmütiges Herz.
Spiegel des göttlichen Erbarmens.

I. Wir wissen über den heiligen Nikolaus kaum mehr, als daß er im 4. Jahrhundert Bischof von Myra im äußersten Süden der heutigen Türkei war[1]. Unter der diokletianischen Christenverfolgung wird er gelitten und unter Konstantin den Frieden erlebt haben. Wahrscheinlich hat er auch am Konzil von Nizäa im Jahre 325 teilgenommen. Schon eine *Vita* aus dem 9. Jahrhundert nennt das Fest am 6. Dezember eine »würdige Vorbereitung auf Weihnachten«[2]. Der Advent erleichterte die Charakterisierung des Nothelfers auch als Gabenbringer. Über ihn läßt sich Wichtigeres sagen als dieser von Ahnungslosen bisweilen verkitschte Brauch. Er ist der am häufigsten dargestellte Heilige der Ostkirche und jener, »in dem die unverkennbare Art christlicher Genialität, die der Heilige Geist den Brüdern des Ostens zum Aufbau der Kirche verliehen hat, einen großartigen Ausdruck gefunden hat«[3].

Die Ausbreitung seiner Verehrung im Westen ist vor allem durch Kaiserin Theophanu, Gemahlin Ottos II. und Mutter Ottos III., gefördert worden. Diese außergewöhnliche Frau hatte als zwölfjähriges Mädchen den Kaiserhof der damals größten, reichsten und schönsten Stadt der christlichen Welt verlassen, um – wie ein mittelalterlicher Chronist sagt – die byzantinische »subtilitas«, die »Feinheit« einer Welt voller Ikonen und Seidenstoffe, für die »Saxonica rusticitas«, die »Sächsische Bäurigkeit« eines Reiches ohne Zentralgewalt, ohne Hauptstadt und – für eine junge Frau nicht unwichtig – ohne Hofzeremoniell zu tauschen. Theophanu, die zeitlebens für die Einheimischen die »imperatrix graeca«, die »griechische Kaiserin«, blieb, wird in der Verehrung des heiligen Nikolaus Trost und Erinnerung an die geliebte Heimat gefunden haben. Denn die Unterschiede und das Sich-Auseinanderleben von Ost und West, die 1054 zur tragischen Spaltung führten, waren in jener noch ungeteilten Christenheit schon spürbar.

Neben Theophanu – sie starb dreißigjährig 991 und wurde in der von ihr vollendeten Kirche Sankt Pantaleon in Köln begraben – war für die Ausbreitung der Nikolausverehrung im Westen das Jahr 1087 entscheidend, als man die Gebeine des Heiligen von Myra, das seit 1071 islamisch besetzt war, nach Bari entführte. Die italienische Hafenstadt wurde zu einer der berühmtesten mittelalterlichen

Pilgerstätten nach Santiago, Rom und Jerusalem; vor allem die Jerusalempilger, die von Bari aus die Überfahrt ins Heilige Land antraten, trugen zur Verbreitung seiner Verehrung bei.

Heute verstehen wir die östlichen Heiligen als Erinnerung daran, »daß Europa sozusagen das Ergebnis zweier Strömungen christlicher Tradition ist, die in Rom und Konstantinopel ihre bedeutendste Ausstrahlung gefunden haben. Am Grab des Heiligen von Myra und Bari entspringen und verbinden sich diese Ströme christlicher Überlieferung, von denen aus sich die geistlichen Wege Europas verzweigen.« Deshalb »weckt der Bischof von Myra, der heute als heiliger Nikolaus von Bari bekannt ist, in uns die Sehnsucht nach der Einheit; das kann freilich nicht das Heimweh nach einer Vergangenheit sein, deren Erinnerung im Laufe der Zeit unerbittlich verblaßt: sondern die Erwartung einer Zukunft, die uns verheißen ist und für uns die Aufgabe und Arbeit der Gegenwart bildet.«[4]

Der heilige Nikolaus erinnert uns als Zeuge der östlichen Tradition auch daran, »daß die altehrwürdige Überlieferung der Orientalischen Kirchen einen wesentlichen Bestandteil des Erbgutes der Kirche Christi darstellt.« Deshalb müssen »die Söhne und Töchter der katholischen Kirche lateinischer Tradition unbedingt diesen Schatz in seiner ganzen Fülle kennenlernen können und so gemeinsam mit dem Papst den leidenschaftlichen Wunsch verspüren, daß der Kirche und der Welt das vollständige Erscheinungsbild der Katholizität zurückgegeben werde, wie sie nicht nur in einer einzigen Überlieferung und schon gar nicht im Gegeneinander der Gemeinschaften Ausdruck findet; und daß es auch uns allen vergönnt sein möge, jenes von Gott geoffenbarte und ungeteilte Erbgut der Gesamtkirche voll auszukosten, das im Leben der Kirchen des Ostens wie in jenem des Westens bewahrt wird und weiterwächst.«[5]

II. Die Legenden, die sich um Sankt Nikolaus und sein Leben ranken, spiegeln in der Gestalt dieses Bischofs das Erbarmen Gottes wider, von dem *jede gute Gabe kommt*[6]. Nikolaus erscheint da, wo er gebraucht wird; er greift ein, wenn Unrecht geschieht; er hilft und rettet. Auch Legenden taugen zum Gebet, wenn wir sie zu deuten verstehen.

Die Nikolauslegenden schildern Wohltaten des Heiligen – wenn man von der abstrusen Angabe absieht, er habe als Säugling mittwochs und freitags die Mutterbrust nur einmal genommen. Nikolaus wird als Bischof dargestellt, mit Mitra und Stab; er trägt oft das Evangelienbuch und darauf drei goldene Kugeln oder drei Brote. Häufig stehen zu seinen Füßen drei Knaben, die aus einem Bottich steigen.[7] Die drei goldenen Kugeln verweisen auf die Geschichte des verarmten Bürgers, der aus Not seine drei Töchter an ein Bordell verdingen will; der Heilige wirft heimlich in drei Nächten je einen Barren Gold durchs Fenster, so daß sich jede Tochter die für eine Heirat nötige Mitgift zulegen kann. Die drei Brote verweisen auf ein Kornwunder. Zur Zeit einer Hungersnot in Myra lagen im Hafen Schiffe vor Anker, die Getreide nach Konstantinopel brachten. Nikolaus erbat vom Kapitän, einen Teil der Fracht dort zu entladen, und sicherte ihm zu, daß bei der Ablieferung nichts fehlen würde.

Der heilige Nikolaus ist »ein milder, aber von unermüdlicher Tatkraft erfüllter Mann; ein großartiges Bild Christi war dieser Bischof, der den wahren Glauben verteidigt, die Gerechtigkeit geliebt, die Armen und die Witwen geschützt hat«[8]. Er hilft großzügig, unauffällig, unaufgefordert. Er erinnert uns an die grundlegende christliche Pflicht der Wohltätigkeit. Wie leben wir sie? Sehen wir die Not des Nächsten? Der Reiche aus dem Gleichnis »wurde verdammt, weil er den anderen mißachtete. Weil er es verabsäumte, von Lazarus Notiz zu nehmen, dem Mann, der vor seiner Tür saß und gerne gegessen hätte, was vom Tisch des Reichen herunterfiel.«[9]

Für die Urchristen war die Wohltätigkeit ein selbstverständliches Zeichen, daß sie zusammengehörten. Wie sorgfältig bereitet Paulus die Kollekte *für die Armen unter den Heiligen in Jerusalem*[10] vor. Die Korinther sollen sich *an das halten, was ich für die Gemeinden Galatiens angeordnet habe: Jeder soll immer am ersten Tag der Woche etwas zurücklegen und so zusammensparen, was er kann.*[11] Um ihre Großzügigkeit anzuregen, erzählt er *von der Gnade, die Gott den Gemeinden Mazedoniens erwiesen hat. Während sie durch große Not geprüft wurden, verwandelte sich ihre übergroße Freude und tiefe Armut in den Reichtum ihres selbstlosen Gebens. Ich bezeuge, daß sie nach Kräften und sogar über ihre Kräfte spendeten, ganz von sich aus, indem sie sich geradezu aufdrängten und uns um die Gunst baten, zur Hilfeleistung für die Heiligen beitragen zu dürfen.*[12]

Der Gedenktag des heiligen Nikolaus erinnert uns an die Tradition der urchristlichen Wohltätigkeit. Es »gehört zur ältesten Lehre und Praxis der Kirche die Überzeugung, daß sie selbst, ihre Amtsträger und jedes ihrer Glieder durch ihre Berufung dazu angehalten sind, das Elend der Leidenden, ob nah oder fern, nicht nur aus dem ›Überfluß‹, sondern auch aus dem ›Notwendigen‹ zu lindern.« Sich auf die Kirchenväter Johannes Chrysostomos und Ambrosius berufend, sagt der Papst: »Angesichts von Notfällen kann man nicht einen Überfluß an Kirchenschmuck und kostbare Geräte für die Liturgie vorziehen; im Gegenteil, es könnte verpflichtend sein, solche Güter zu veräußern, um den Bedürftigen dafür Speise und Trank, Kleidung und Wohnung zu geben.«[13]

Gott läßt sich an Großzügigkeit nicht übertreffen. Er belohnt den, der es versteht, seine Gaben – Zeit, Zuwendung oder materielle Güter – weiterzugeben: *Wer kärglich sät, wird auch kärglich ernten; wer reichlich sät, wird reichlich ernten.*[14] Wer gibt, *wie er es sich in seinem Herzen vorgenommen hat, nicht verdrossen und nicht unter Zwang*[15], erfährt seine Freigebigkeit als Wohltat für sich selbst. Mitte des dritten Jahrhunderts nennt der Kirchenvater Cyprian von Karthago die Wohltätigkeit »ein Bollwerk der Hoffnung, einen Schutz des Glaubens, ein Heilmittel gegen die Sünde; (...) ein Gottesdienst, mit dessen Hilfe der Christ die geistliche Gnade erlangt, mit dem er Christus als huldvollen Richter gewinnt und Gott zu seinem Schuldner macht.«[16]

III. Werfen wir noch einen Blick auf die Nikolauslegenden. Wir werden an die Art unseres Herrn erinnert, der *umherzog, Gutes tat und alle heilte*[17]. Auch Nikolaus geht den Leidenden und Betrübten entgegen. Jeder Notleidende ist Abbild des Herrn, der sprach: *Kommt her, die ihr von meinem Vater gesegnet seid, (...) ich war krank, und ihr habt mich besucht.*[18] Erbarmen ist – nach einem Wort des heiligen Augustinus – »der Glanz der Seele«[19].

Wer einen Kranken besucht, verrichtet nicht bloß eine Geste der Höflichkeit, er trägt auch dessen Leiden mit – schon durch die Zeit, die er ihm widmet. Manchmal werden wir nur einen kleinen materiellen Dienst leisten können oder eine belanglose Unterhaltung führen. Manchmal wird es möglich sein, gemeinsam zu beten oder eine Anregung zu geben. Andere Male werden wir erkennen, daß ein stilles Dabeisein die glaubwürdigste Form der Anteilnahme ist. Immer handelt es sich um Hilfen, die wir in Christi Namen leisten und deshalb mit dem Willen, daß durch uns die Liebe Christi hindurchschimmert. Es kann gut sein, Freunde und Bekannte für einen Besuch im Krankenhaus oder in einem Altersheim zu gewinnen. Denn Gesunde können oft nicht empfinden, wieviel Gutes die Anteilnahme am Leiden anderer bewirken kann.

Das Leiden ist immer eine Herausforderung an die Menschlichkeit. Es trägt auch dazu bei, »im Menschen die Liebe zu wecken, eben jene uneigennützige Hingabe des eigenen ›Ich‹ zugunsten der anderen, der leidenden Menschen. Die Welt des menschlichen Leidens fordert sozusagen unaufhörlich eine andere Welt: die Welt der menschlichen Liebe; und jene uneigennützige Liebe, die in seinem Herzen und in seinem Handeln erwacht, verdankt der Mensch in gewissem

Sinne dem Leiden.«[20] Wie unmenschlich wäre eine Welt, in der Leiden nur registriert oder beobachtet würde!

Gegenüber dem bloßen Zuschauen oder Wegschauen fordert der heilige Johannes Chrysostomos seine Zuhörer in einer Predigt auf: »Heile du ihn und fordere keine Rechenschaft über die Nachlässigkeit anderer. Fändest du einmal eine Goldmünze, dann wäre dein erster Gedanke nicht: Wieso hat sie nicht ein anderer gefunden? Nein, du würdest sie sofort nehmen. Wisse aber: Wenn du deinem verwundeten Bruder begegnest, dann hast du etwas gefunden, das mehr wert ist als ein Schatz: dich um ihn kümmern zu dürfen.«[21] Wir dürfen uns nicht darauf verlassen, daß in unserem wohlgeordneten Staat die Hilfe des einzelnen nicht mehr nötig ist. In den großen Altersheimen und Krankenhäusern verbirgt sich sehr viel Not, die nur durch persönliche Zuwendung gelindert werden kann. Vor allem: die Not des Alleinseins, des Sich-überflüssig-Fühlens, des Nicht-gebraucht-Werdens kann nur durch persönliche Zuwendung im Geiste Christi gelindert werden. Es scheint, daß die Zahl der Leidenden in unserer Gesellschaft immer größer wird. Sie brauchen unsere Anteilnahme, und wir brauchen Gottes Erbarmen. Dienst am Leidenden ist Dienst an Christus in der Gestalt der Glieder seines mystischen Leibes. »Kind.

Kranker. Seid ihr nicht versucht, diese Worte ganz in großen Buchstaben zu schreiben? – Für einen in Ihn verliebten Menschen sind die Kinder und die Kranken wirklich Er.«[22]

Ein letzter Blick auf die Legende. Es heißt, Nikolaus habe mehrfach Seeleuten in Not geholfen, den rettenden Hafen zu erreichen. Schließen wir uns dem Gebet aus einem alten liturgischen Hymnus an, in dem der »sichere Hafen« ins Geistliche übertragen wird: *O beate Nicolae, nos ad portum coeli trahe – heiliger Nikolaus, geleite uns in den himmlischen Hafen.*

[1] vgl. S. Metken, *Sankt Nikolaus in Kunst und Volksbrauch*, Duisburg 1966. – [2] vgl. *Theologische Realenzyklopädie*, Bd. XXIV, Berlin 1994, Stichwort: *Nikolaus von Myra*. – [3] Johannes Paul II., *Predigt in Bari*, 26.2.1984. – [4] ebd. – [5] Johannes Paul II., Apost. Schreiben *Orientale Lumen*, 2.5.1995, 1. – [6] *Jak* 1,17. – [7] Gehen wir am Rande unserer Meditation auf diese rätselhafte Charakterisierung des Heiligen ein, da sie zu den verbreitetsten gehört. Die Legende entstand im ausgehenden 11. Jahrhundert in Frankreich. »Drei junge Kleriker kamen eines Abends auf ihrer Wanderschaft an die Tür eines Fleischers, den sie um Obhut baten. Sie wurden freundlich aufgenommen und bewirtet, aber um Mitternacht erschlug sie der Metzger. Später pökelte er sie in Salzfässer ein. Jahre danach nahm Sankt Nikolaus den gleichen Weg. Auch er bat den Metzger um Herberge und Abendbrot. Als ihm von dem Salzfleisch angeboten wurde, sah er sogleich, was er vor sich hatte. Er segnete die Fässer, die Knaben erwachten, als hätten sie nur geträumt, und der betreffende Fleischer bekehrte sich mit seiner Frau.« (S. Metken, *Sankt Nikolaus in Kunst und Volksbrauch*, S.33) Vielleicht steht am Ursprung dieser späten, weitverbreiteten Legende die älteste, im 6. Jahrhundert entstandene Legende

von drei unschuldig zum Tode verurteilten Feldherren, denen Nikolaus zu Hilfe kommt. Aus den Klerikern wurden Kinder, aus dem Turm ein Pökelfaß. – [8] Johannes Paul II., *Predigt in Bari.* – [9] Johannes Paul II., *Predigt im New Yorker Yankee-Stadion*, 2.10.1979. – [10] *Röm* 15,26-27. – [11] *1 Kor* 16,1-2. – [12] *2 Kor* 8,2-4. – [13] Johannes Paul II., Enz. *Solicitudo rei socialis*, 31. – [14] *2 Kor* 9,6. – [15] *2 Kor* 9,7. – [16] Cyprian von Karthago, *Über gute Werke und Almosen*, 26. – [17] *Apg* 10,38. – [18] *Mt* 25,34.36. – [19] Augustinus, *Gottesstaat*, 9,5. – [20] Johannes Paul II., Apost. Schreiben *Salvifici doloris*, 29. – [21] Johannes Chrysostomos, *Gegen die Juden*, 8. – [22] J. Escrivá, *Der Weg*, 419.

HOCHFEST DER OHNE ERBSÜNDE EMPFANGENEN JUNGFRAU UND GOTTESMUTTER MARIA

Die Erste der Erlösten.
Was heißt Gnade?
Eva, Maria, die Kirche.

I. Die neue liturgische Fest-Bezeichnung soll den mißverständlichen Ausdruck *Unbefleckte Empfängnis Mariens* verdeutlichen. Das Geheimnis, dem das heutige Fest gewidmet ist, »lenkt den Blick des Betrachters von den äußeren Ereignissen und Merkmalen des Marienlebens auf einen verborgenen inneren Vorgang, von dem Maria schon im ersten Augenblick ihres Daseins betroffen war: die Befreiung von der Erbsünde im Augenblick ihrer eigenen Empfängnis im Mutterschoß.«[1]

Die gedankliche Durchdringung dieser Realität vollzog sich langsam im Glaubensbewußtsein der Kirche. Das theologische Denken ist nach und nach in den Sinn des Engelsgrußes, in die Begnadung Mariens und das Geheimnis ihrer Gottesmutterschaft tiefer eingedrungen und hat in diesen Ereignissen eine makellose Reinheit Mariens gleichsam geahnt. Aber schwerwiegende Einwände standen dagegen: Wie nämlich läßt sich eine vollständige Sündenfreiheit Mariens mit der allgemeinen Erlösungsbedürftigkeit der Menschen vereinbaren? Oder war Maria nicht erlösungsbedürftig? Deshalb ist es nicht überraschend, daß auch innige Marienverehrer wie Bernhard von Clairvaux (1153) eine Erbsündenbefreiung Mariens erst zu einem späteren Zeitpunkt annehmen[2].

Allmählich kristallisierte sich die Lösung des Problems heraus: Auch Maria war ein erlösungsbedürftiges Geschöpf, aber sie wurde im voraus erlöst und nicht – wie wir – von der Erbsünde »befreit«, sondern vor ihr »bewahrt.« In der feierlichen Dogmatisierung heißt es, daß Maria »im ersten Augenblick ihrer Empfängnis aufgrund einer besonderen Gnade und Auszeichnung von seiten des allmächtigen Gottes in Hinblick auf die Verdienste Jesu Christi, des Erlösers des menschlichen Geschlechtes, vor jeder Makel der Erbsünde bewahrt geblieben ist«[3]. Sie erscheint so »als die Erste der Erlösten und als ihr Vorbild, weil sie, von der Knechtschaft des Bösen ganz befreit und als Gegenstand besonderer göttlicher Erwählung, in ihrem Leben den Weg des von Christus geretteten Volkes vorwegnimmt. Maria beugt sich über uns als fürsorgliche und vorausschauende Mutter; für alle ist sie wie ein ›Spiegel‹, eine lebende Ikone, in der sich die Großtaten Gottes in tiefster und reinster Weise widerspiegeln.«[4]

Heute feiern wir den Anfang aller Geschenke Gottes an Maria. Freuen wir uns mit ihr. Die Liturgie legt ihr Worte, die der Prophet in einer fernen Zeit sprach, in den Mund: *Von Herzen will ich mich freuen über den Herrn. Meine Seele soll jubeln über meinen Gott. Er kleidet mich in Gewänder des Heils, er hüllt mich in den Mantel der Rettung und schmückt mich köstlich wie eine Braut.*[5] Der heilige Anselm von Canterbury, der im 11. Jahrhundert mit entscheidenden Einsichten zur theologischen Klärung des Geheimnisses beitrug, läßt die ganze Natur jubeln: »Himmel und Sterne, Erde und Flüsse, Tag und Nacht, alles, was bestimmt ist, dem Menschen untertan zu sein und ihm Nutzen zu bringen, sie alle beglückwünschen sich, Herrin, daß sie durch dich zu der verlorenen Schönheit von einst wiedererweckt und mit einer neuen, unsagbaren Gnade beschenkt sind. (...) O Frau, voll und übervoll der Gnade, von deiner überströmenden Fülle ist die ganze Schöpfung benetzt und prangt in frischem Grün. Du Gesegnete, in höchstem Maß gesegnete Jungfrau! Der Segen über dir ist Segen für die ganze Natur. Gesegnet ist die Schöpfung vom Schöpfer und gepriesen durch seine Schöpfung.«[6]

II. *Ave, gratia plena ... Sei gegrüßt, du Begnadete ... Voll der Gnade ...* So wie das weiße Licht alle Farben in sich enthält, faßt diese Anrede alle geschaffene Schönheit zusammen. Aber nur große Seelen ahnen, was es bedeuten kann, das Ich ganz auf Gott auszurichten und Eigennutz, Geltungsdrang, Eitelkeit und Ichsucht zurückzustellen. Wozu ist ein Mensch in der Lage, der »den Heilswillen Gottes mit ganzem Herzen und von Sünde ungehindert«[7] umfängt?

Maria überlegte, »was alle jene außergewöhnlichen Worte zu bedeuten haben, insbesondere der Ausdruck ›du Gnadenvolle‹ (*kecharitoméne*)«[8]. Was heißt überhaupt Gnade? Spontan würden wir wohl sagen: Geschenk, Gabe. Eine Gnade wird mir unverdient, unerwartet zuteil; nicht zufällig – wie in der Glückslotterie etwa –, sondern aus Güte, Zuneigung, und auch einseitig: also ohne Erwartung einer Gegenleistung.

Außerdem hat *Gnade* in den romanischen Sprachen eine weitere, sympathische Bedeutung: Grazie, Anmut, Schönheit, Charme ... Eigenschaften, die vom Menschen ausgehen. Der Apostel Paulus scheint den Zusammenklang anzudeuten, wenn er Haben und Empfangen gegenüberstellt: *Was hast du, das du nicht empfangen hättest? Wenn du es aber empfangen hast, warum rühmst du dich, als hättest du es nicht empfangen?*[9] Was also ist Gnade?

Sie ist Gabe und Geschenk, sie schafft Anmut und Schönheit ... Begriffe sind da schwerfällig, Bilder eindringlicher. Hören wir die Sprache des Mystikers: »Es ist eine Kraft in der Seele, die berührt weder Zeit noch Fleisch. Sie fließt heraus aus dem Geist, sie bleibt im Geist und ist durch und durch geisterfüllt. In dieser Kraft grünt und blüht Gott in all der Freude und Ehre, wie er in sich selber ist. Da ist nun so herzliche Freude und so unbegreiflich große Freude, daß niemand sie angemessen beschreiben kann. (...) In dieser Kraft ist Gott glimmend und brennend ohne Unterlaß: mit all seinem Reichtum, mit all seiner Süßigkeit und mit all seiner Wonne. Wahrlich, in dieser Kraft lebt eine so große Freude und eine so große, maßlose Wonne, daß niemand sie hinreichend beschreiben oder gar offenlegen kann.«[10]

Die zweite Lesung[11] nennt die Gnade aller Gnaden, das Hauptgeschenk Gottes an Maria und an uns: Er hat uns mit allem Segen seines Geistes gesegnet und uns erwählt vor der Erschaffung der Welt, damit wir heilig und untadelig leben vor ihm. Diese Gabe Gottes wirkt in uns »wie ein Keim der Heiligkeit oder wie eine Quelle, die in der Seele des Menschen aufsprudelt.«[12] Der Keim kann austrocknen, die Quelle kann versiegen, wenn wir nicht kämpfen um die Nähe zu Gott und wider die Sünde. Dies erfordert – wie oft haben wir dies schon betrachtet! – ein feinfühliges Gewissen, das sich durch die tägliche Gewissenserforschung, die Beichte, das aufrichtige geistliche Gespräch bildet. Augustinus schreibt drastisch: »Wessen Seele einen gesunden Geruchssinn hat, wird den widerlichen Gestank der Sünde wahrzunehmen wissen.«[13]

Was heißt aber, daß Maria die *Begnadete*, die *Gnadenvolle* ist? Das Wort *kecharitoméne* »meint nicht nur eine Eigenschaft Marias oder eine Qualität, an der sie in intensiverer Weise als die anderen Menschen teilhatte. Das ist wie ein Name oder ein Titel gebraucht. Er besagt, daß der Träger dieses Namens nicht nur die Fülle der Gnade besitzt, sondern daß die Gnade geradezu seinen Charakter und sein Wesen bestimmt und ausmacht.«[14] Die Gnade gehört geradezu zum Charakter ihrer Person. Sie ist die *Begnadete* schlechthin. »Bei Maria fallen Schöpfung und Begnadung in eins, während die Begnadung bei allen anderen Menschen (nach dem Einbruch der Menschheitssünde) dem Geschöpf hinzugegeben wird. Weil aber die Menschwerdung des Sohnes seit Ewigkeit vorausbestimmt war, erfolgte auch die Bestimmung Marias zur vollkommen Begnadeten im Hinblick auf Christus von Ewigkeit her.«[15]

All diese Gedanken werden in der Dogmatisierungsbulle zusammengefaßt: »Der unaussprechliche Gott (...) hat von Anfang an und vor den Zeiten seinem Einziggeborenen Sohn eine Mutter erwählt und bestimmt, aus der er, Fleisch geworden, in der seligen Fülle der Zeiten geboren werden sollte, und ihr eine solch große Liebe vor allen Geschöpfen erwiesen, daß er sich in jener einen mit geneigtestem Wohlwollen gefiel. Deswegen überhäufte er sie noch weit vor allen Engelgeistern und allen Heiligen mit der aus dem Schatz der Göttlichkeit genommenen Fülle aller himmlischen Gnadengaben so wunderbar, daß sie, von gar allem Makel der Sünde immer frei und ganz schön und vollkommen, eine solche Fülle an Unschuld und Heiligkeit zu erkennen gab, wie man sie sich unter Gott in keiner Weise größer vorstellen kann und wie sie außer Gott niemand in Gedanken erfassen kann.«[16] In der Tat versagen da Nachdenken und Erfahrung. Aber dem Beter gelingt es, Maria nahe zu kommen. Ja, wirklich: *Ave, freue dich, du Begnadete, der Herr ist mit dir, du hast bei Gott Gnade gefunden*, du Vollerlöste!

III. Die Mondsichel zu ihren Füßen, der Sternenkranz um das Haupt, vom Sonnenglanz umgeben, stehend über der Erdkugel, um die sich die teuflische Schlange windet ... Zwei Bilder fließen in dieser klassischen Darstellung der *Immaculata* ineinander: Die *Frau* aus dem letzten Buch der Heiligen Schrift[17] und die *Frau*, deren Erscheinen im ersten Buch der Bibel angekündigt wird: *Feindschaft setze ich zwischen dich und die Frau, zwischen deinen Nachwuchs und ihren Nachwuchs. Er trifft dich am Kopf, und du triffst ihn an der Ferse.*[18] Die Kirche deutet die Bücher des Alten Testamentes als ein allmähliches Voranschreiten der Heilsgeschichte auf die Ankunft des Messias hin. Die dunklen Worte aus dem Buch Genesis, die wir in der ersten Lesung hören, enthalten eine erste Ahnung, daß Gott den Menschen nicht der Macht der Sünde und des Todes überläßt; deshalb wird diese Stelle *Protoevangelium* genannt. Zugleich bieten »diese ersten Dokumente, so wie sie in der Kirche gelesen und im Licht der weiteren und vollen Offenbarung verstanden werden, (...) Schritt für Schritt deutlicher die Gestalt der Frau dar, der Mutter des Erlösers. Sie ist in diesem Licht schon prophetisch in der Verheißung vom Sieg über die Schlange, die den in die Sünde gefallenen Stammeltern gegeben wurde, schattenhaft angedeutet.«[19]

Jenseits schwieriger exegetischer Fragen erscheint es dem Beter klar, daß jener *Nachwuchs*, der die Schlange am Kopf trifft und *an der Ferse* verwundet wird, der Erlöser der Menschheit, Jesus Christus, ist. Und die *Frau*, aus welcher der *Nachwuchs* hervorgeht, ist die Mutter des Erlösers, »die erhabenste Frucht der Erlösung«[20]. Wir verehren sie als die *Immaculata*, die *Unbefleckte*, wie sie in der westlichen Tradition genannt wird, oder als die *Panhagia*, die *Ganzheilige*, wie die Ostkirche sie nennt.

Eine weitere fruchtbare Anregung, die uns schon im 2. Jahrhundert begegnet, geht von der paulinischen Gegenüberstellung von Adam und Christus[21] aus. Wie Christus der *neue Adam* ist, ist Maria die *neue Eva* und in einem tieferen Sinne die *Mutter aller Lebendigen*[22]. Betrachten wir die Erwägungen, die der heilige Märtyrer Justin im 2. Jahrhundert niederschrieb: »Wir wissen, daß er durch die Jungfrau Mensch geworden ist, damit auf dem gleichen Wege, auf dem die durch die Schlange verursachte Sünde ihren Anfang nahm, die Sünde auch aufgehoben werde; denn Eva, welche eine unverdorbene Jungfrau war, gebar, nachdem sie das Wort der Schlange empfangen hatte, Sünde und Tod. Die Jungfrau Maria dagegen war voll Glaube und Freude, als der Engel Gabriel ihr die frohe Botschaft brachte, der Geist des Herrn werde über sie kommen und die Kraft des Höchsten werde sie überschatten, weshalb auch das Heilige, das aus ihr geboren werde, Sohn Gottes sei.«[23]

Irenäus von Lyon vertieft einige Jahrzehnte später (er starb im Jahre 202) diese Gedanken. Er schreibt: »Und wie durch den Ungehorsam einer Jungfrau der Mensch zu Fall gebracht wurde, stürzte und starb, so empfing der Mensch durch eine Jungfrau, welche auf

Gottes Wort hörte, wieder mit Leben beseelt, das Leben. (…) Denn es war notwendig und billig, daß bei der Wiederherstellung Adams in Christus das Sterbliche vom Unsterblichen verschlungen werde und in ihm aufgenommen werde, und die Eva von Maria, auf daß die Jungfrau Fürsprecherin der Jungfrau werde und den jungfräulichen Ungehorsam entkräfte und aufhebe durch den jungfräulichen Gehorsam.«[24]

Mutter aller Lebendigen … Das ist Eva, das ist Maria. »Eva, Maria, Kirche: diese drei Größen schaut die antike Theologie immer sozusagen wie in einem transparenten Bild ineinander. (…) Aus Eva, die jungfräulicher Erde entstammte, die aus Adams Seite entsprang, war dem Menschengeschlecht zusammen mit der leiblichen Geburt auch göttliches Leben als Erbgabe zugedacht. Aus Maria der Jungfrau wurde der neue Mensch geboren, der in der Kraft seiner Gottnatur das Adamsgeschlecht zu neuer Einheit zusammenfaßt. Aus der Kirche werden die Kinder dieses göttlichen Geschlechts geboren, und so fügt sich das Ende zurück zum Anfang: die Kirche ist Eva, Mutter der Lebendigen, da sie hervorgeht aus der Seite des im heilbringenden Tod entschlafenen Adam, der Christus ist. Dem Mutterschoß der Kirche entstammen die Völker des göttlichen Lebens, die in Christus zusammengefügt sind zu einem einzigen Leib:

darum ist die Kirche Maria gleich, die das Haupt jungfräulich geboren hat.«[25]

Mater immaculata, Mater Ecclesiae, refugium peccatorum, ora pro nobis!

[1] L. Scheffczyk, *Maria im Glauben der Kirche*, Wien 1980, S.30. – [2] vgl. zu dieser Frage: A. Ziegenaus, *Maria in der Heilsgeschichte. Mariologie*, S.287 ff., in: Scheffczyk/Ziegenaus, *Katholische Dogmatik*, Bd. V, Aachen 1998. – [3] Pius IX., Bulle *Ineffabilis Deus*, 8.12.1854, DH 2803. – [4] Johannes Paul II., *Ansprache zum Angelus*, 8.12.1990. – [5] *Jes* 61,10. – [6] Anselm von Canterbury, *Oratio* 52. – [7] II. Vat. Konz., Konst. *Lumen gentium*, 56. – [8] Johannes Paul II., Enz. *Redemptoris Mater*, 8. – [9] *1 Kor* 4,7. – [10] Meister Eckhart, *Die Gottesgeburt im Seelengrund*, Freiburg 1990, S.115. – [11] *Eph* 1,3-6.11-12. – [12] Johannes Paul II., Enz. *Redemptoris Mater*, 8. – [13] Augustinus, *Erklärung der Psalmen*, 37. – [14] L. Scheffczyk, *Maria im Glauben der Kirche*, S.38. – [15] ebd. – [16] Pius IX., Bulle *Ineffabilis Deus*, DH 2800. – [17] vgl. *Offb* 12,1-6. – [18] *Gen* 3,15. – [19] II. Vat. Konz., Konst. *Lumen gentium*, 55. – [20] II. Vat. Konz., Konst. *Sacrosantum Concilium*, 103. – [21] vgl. *Röm* 15,12-21. – [22] vgl. *Gen* 3,20. – [23] Justin, *Dialog mit dem Juden Tryphon*. – [24] Irenäus von Lyon, *Erweis der apostolischen Verkündigung*, 33. – [25] H. Rahner, *Mater Ecclesia*, Einsiedeln 1944, S.14.

SILVESTER I.

An einer Zeitenwende.
Kreis und Linie.
Ausklang in Gemeinschaft mit den Heiligen.

I. *Christus, gestern und heute, Anfang und Ende, Alpha und Omega. Sein ist die Zeit und die Ewigkeit. Sein ist die Macht und die Herrlichkeit in alle Ewigkeit.*[1] Die Worte des Priesters beim Einritzen der Jahreszahl in die Osterkerze zu Beginn der Ostervigil erhalten heute, am Ende des alten Jahres und an der Schwelle zum neuen, ihre volle Bedeutung. Wir zählen ja die Jahre – nach vorwärts und nach rückwärts – von jenem historischen Zeitpunkt ausgehend, den Paulus die Fülle der Zeit nennt: *Als aber die Zeit erfüllt war, sandte Gott seinen Sohn, geboren von einer Frau.*[2] »Die christliche Zeitrechnung zählt also nicht, wie sonst üblich, von einem Anfang, sondern von einer Mitte her und von da nach vorwärts und rückwärts. Das bestimmende Ereignis steht inmitten der Geschichte. Mit Recht sprechen wir von einer ›Wende der Zeit‹. Der Geburtstag des betlehemitischen Kindes teilt die Zeit in ein Vorher und ein Nachher; die Zeitrechnung läuft nach beiden

Seiten, in die Vergangenheit zurück und in die Zukunft hinein.«[3]

Der letzte Tag des Jahres steht liturgisch im Zeichen des Papstes Silvester I., weil er am letzten Tag des Jahres 335 beerdigt wurde. Von Silvester selbst wissen wir kaum etwas. Es ist aber passend, ihn gleichsam als Patron der Wende vom alten zum neuen Jahr zu verehren, denn er hat eine wirkliche Wende, einen epochalen Umschwung erlebt. Als er 314 das Amt übernahm, waren erst zwei Jahre vergangen, seitdem Konstantin den Sieg über seinen Rivalen Maxentius errungen hatte, und erst ein Jahr seit der Verkündigung des Toleranzediktes von Mailand.

Die Freiheit des Kultes und der Verkündigung war nun zunächst einmal gesichert, die katechetische Unterweisung gefestigt, die apostolische Ausbreitung in die heidnische Gesellschaft hinein in vollem Gang. Kaiser Konstantin läßt die großen Basiliken errichten: Um 320 beginnen die Arbeiten an einem Hang des Vatikanhügels – in einer ungünstigen Lage, die große Erdbewegungen und die Zuschüttung eines Friedhofs erfordern, an eben dem Ort, wo sich das Petrusgrab befindet. Die Lateran-Basilika wurde auf einem kaiserlichen Grundstück errichtet und 324 eingeweiht. In Jerusalem entstand die Grabeskirche, in Betlehem die Geburtskirche über der Geburtsgrotte.

Silvester lernte als erster Papst in der Geschichte der Kirche die spezifischen Bedrohungen einer Situation des äußeren Friedens und Wohlbefindens kennen. Der Übertritt zum Christentum bot jetzt soziale und berufliche Vorteile, das Katechumenat gewann besonderes Interesse. Es galt, die Christen zu festigen: *Umgürtet euch und macht euch bereit! Seid nüchtern und setzt eure Hoffnung ganz auf die Gnade (...). Wie er, der euch berufen hat, heilig ist, so soll auch euer ganzes Leben heilig werden.*[4] Es galt auch, den Gefahren entgegenzutreten, die sich aus dem Leben inmitten einer weithin immer noch heidnisch geprägten Gesellschaft ergaben. Wie nun die profane Kultur christlich durchdringen, ohne daß heidnisches Denken und Verhalten sich bei den Christen einschleichen? *Gebt den irdischen Begierden nicht nach (...). Führt unter den Heiden ein rechtschaffenes Leben (...). Handelt als Freie, aber nicht als solche, die die Freiheit als Deckmantel für das Böse nehmen, sondern wie Knechte Gottes.*[5] Schließlich gab es die neue Aufgabe, den Glauben gegen die Irrlehren theologisch zu begründen. Der aggressive Donatismus will die Gültigkeit der Sakramente von der Heiligkeit des Spenders abhängig machen. Während des Pontifikats von Papst Silvester fand im Jahre 325 das Konzil von Nizäa statt, das die arianische Irrlehre verurteilte, wonach Jesus Christus nicht Gott, sondern ein mit göttlichen Kräften ausgestattetes Geschöpf sei.

Dies ist die Situation, in der Papst Silvester I., der 34. Nachfolger des Apostels Petrus, einundzwanzig Jahre die Kirche geleitet hat. Wir verehren ihn als Heiligen, wir ahnen sein Bestreben, in der neuen Lage der Kirche *Fels* zu sein. Es fällt nicht schwer, manches von dem, was wir über seine Zeit betrachtet haben, auf unsere Zeit zu übertragen. Silvester, der heilige Papst einer Zeitenwende, ist gleichsam der Patron unserer wiederkehrenden Jahreswenden geworden. Er und die Gläubigen seiner Zeit ernteten die Früchte der Treue vieler Märtyrer, die der Versuchung widerstanden hatten, dem anderen *Kyrios*, dem Kaiser, zu huldigen.

II. *Ehe die Berge geboren wurden, die Erde entstand und das Weltall, bist du, o Gott, von Ewigkeit zu Ewigkeit. (...) Tausend Jahre sind für dich wie der Tag, der gestern vergangen ist, wie eine Wache in der Nacht.*[6] Die Zeit unseres Lebens wird vom Erdenlauf um die Sonne durchmessen: bilden wir aus den astronomischen Kreisen eine Lebenslinie, wird diese Jahr um Jahr länger: es ist die Dauer und Geschichte unseres Lebens. Jedes Jahr gehen wir an dem Tag vorbei, an dem diese Linie einmal enden wird. Ein denkwürdiges Datum, unser *dies natalis*, unsere Geburt für den Himmel.

Die vom Sonnenjahr bestimmte Zeit ist vom liturgischen Jahr durchdrungen. Die Linie der Geschichte Gottes auf Erden bildet den liturgischen Kreislauf des Kirchenjahres, in dem sich das Christusgeheimnis entfaltet: vom ersten Adventssonntag bis zum Hochfest von Christus, dem König und Herrn des Kosmos und der Geschichte. Wir entziehen uns damit dem rein Naturhaften, dem Kreisen der Gestirne. Nicht diese, sondern Gott ist in Christus unsere Mitte. »Die Zeit hat sich in Wirklichkeit dadurch erfüllt, daß Gott sich mit der Inkarnation in der Geschichte des Menschen niedergelassen hat. Die Ewigkeit ist in die Zeit eingetreten: Was für eine größere ›Erfüllung‹ als diese könnte es geben?«[7] Gott hat in unsere Niederungen herabsteigen wollen, alles umfangen wollen: Leiden, Arbeit, Alltag, Tod – kurz unsere Zeit. »Im Christentum kommt der Zeit eine fundamentale Bedeutung zu. Innerhalb ihrer Dimension wird die Welt erschaffen, in ihrem Umfeld entfaltet sich die Heilsgeschichte, die ihren Höhepunkt in der ›Fülle der Zeit‹ der Menschwerdung und ihr Ziel in der glorreichen Wiederkunft des Gottessohnes am Ende der Zeiten hat.«[8]

Gott schenkt uns die Zeit als Gegenwart, als ein *heute* – er wird sie uns weiter schenken, Stück für Stück, solange er will … Die Vergangenheit bleibt in gewissem Sinne gegenwärtig – als Erinnerung an Fehler, die wir vor Gott bereuen, an Wohltaten, die uns zum Dank bewegen, an Verhalten, das uns reicher an Erfahrung macht. Die Zukunft steht vor uns als Ansporn für unsere Hoffnung und für unser Gottvertrauen. Aber unser Leben ist Gegenwart – Augenblick für Augenblick. Nur sie können wir heiligen. Fragen wir uns deshalb heute, am Ende eines Jahres, wie es um unser Tun Tag für Tag steht – und auch um unser Gebet. Das Gespür für das *hodie et nunc – heute, jetzt* – soll unsere Aufmerksamkeit auf die Aufgaben des Augenblicks richten. Dann gibt es weniger Raum für unnötige Sorgen oder Zukunftsängste. Die nötigen Sorgen sehen wir im Licht der Hoffnung, des Vertrauens auf Gottes Vorsehung. Die anderen – oft nur eingebildet – erkennen wir als Versuchungen, die dadurch noch verstärkt werden, daß wir uns, wenn wir an sie denken, überfordert und wie von Gott verlassen fühlen. Dies ist nicht verwunderlich, denn die Gnade Gottes kommt uns zu Hilfe im jeweiligen Hier und Jetzt, nicht in Situationen, die noch gar nicht existieren, sondern lediglich Produkt unserer Phantasie sind. Kommt Zeit, kommt Rat, sagt der Volksmund.

Unsere Tage zu zählen, lehre uns! Dann gewinnen wir ein weises Herz.[9] Heute, am letzten Tag des Jahres, bitten wir den Herrn um Vergebung für all die Zeit, in der es eine mangelnde Synchronisierung gegeben hat zwischen dem, was er von uns erwartete, und dem, was wir getan haben. Wir bitten ihn um Weisheit, damit wir in Zukunft besser erkennen, was er von uns will; um die Gabe, die uns noch verbleibende Zeit gut zu nutzen, indem wir das Richtige, das Gottgewollte tun. In der Theologie spricht man vom *kairós*, vom richtigen Augenblick. *Alles hat seine Stunde (...) eine Zeit zum Gebären und eine Zeit zum Sterben, eine Zeit zum Pflanzen und eine Zeit zum Abernten der Pflanzen, eine Zeit zum Niederreißen und eine Zeit zum Bauen, eine Zeit zum Weinen und eine Zeit zum Lachen (...) eine Zeit zum Schweigen und eine Zeit zum Reden.*[10]

III. Die Kirche hat in den Kreislauf des Jahres, der die Mysterien des Lebens Christi feiert, »auch die Gedächtnistage der Märtyrer und der anderen Heiligen eingefügt, die, durch Gottes vielfältige Gnade zur Vollkommenheit geführt, das ewige Heil bereits erlangt haben, Gott im Himmel das vollkommene Lob singen und Fürsprache für uns einlegen.«[11]

Wir haben in den zwei Bänden *Herren- und Heiligenfeste* einige dieser Gedächtnistage zum Leitmotiv unseres Betens gemacht. Welche Vielfalt unter den Heiligen! Jeder von ihnen und sie alle »künden die Wunder Christi in seinen Knechten und bieten den

Gläubigen zur Nachahmung willkommene Beispiele«[12].

Jeder Heilige lehrt uns – jeder auf seine Art –, auf Gott hin zu leben und die Realität aus der Perspektive des Glaubens zu sehen – sie ist nicht eine unter vielen, sondern die Perspektive Gottes. Jeder liefert uns eine Lektion christlichen Selbstbewußtseins: die Demut des Geschöpfes, die Würde des Gotteskindes, die Hoffnung vollkommener Selbstverwirklichung in der unvorstellbaren Fülle des Lebens, der Liebe, der Schönheit, die wir *Himmel* nennen ... Ihr Beispiel hilft uns, von so banalen Götzen wie der angestrengten Sorge, nur ja »zeitgemäß« zu sein, frei zu werden. Jemand hat es einmal so ausgedrückt: Der große Geist macht aus der Zeit ruhigen Besitz, der mittelmäßige Geist bloße Chronologie, der Kleingeist einen ideologischen Götzen.

Viele Heilige sind Bahnbrecher und Wegbereiter gewesen und deswegen von ihrer Zeit nur kopfschüttelnd wahrgenommen worden. Die Bettelmönche Thomas und Bonaventura galten dem Weltklerus an der Pariser Universität des 13. Jahrhunderts als anstößige Neuerer, zur gleichen Zeit Franz von Assisi seinen umbrischen Mitbürgern als ein verrückter Romantiker. Dem englischen Hof galt Thomas Morus im 16. Jahrhundert als starrsinnig und unangepaßt, und Theresia von Avila wurde wegen ihres Bestrebens, die Ordensregel des Karmels zu den Ursprüngen zurückzuführen, für ein rückständiges, »unstetes Weib« gehalten. Josemaría Escrivá machte in unserer Zeit die Erfahrung, die Don Bosco hundert Jahre früher machen mußte; er berichtet in seinen Aufzeichnungen, die einen hätten sein Werk für revolutionär, andere für ketzerisch, wieder andere für schlicht verrückt gehalten. Meistens hat es Jahrzehnte bedurft, bis man erkannt hat, daß die Unzeitgemäßheit der Heiligen ein prophetisches Zeugnis war. Sie gaben ihrer Zeit, was sie brauchte, nicht was sie erwartete.

Was braucht unsere Zeit? »Herolde des Evangeliums (...), die Experten im Umgang mit den Menschen sind, die das Herz des heutigen Menschen gründlich kennen, seine Freuden und Hoffnungen, Ängste und Sorgen teilen und zugleich beschauliche Freunde Gottes sein wollen. Dazu bedarf es neuer Heiliger.«[13] Denn »es gibt Weltkrisen, weil es an Heiligen fehlt. – Gott wünscht eine Handvoll ›seiner‹ Leute in jeder menschlichen Tätigkeit. Dann – ›pax Christi in regno Christi‹, der Friede Christi im Reich Christi.«[14]

Die Heiligen lehren uns, nicht aus dem Humpen des Zeitgeistes zu trinken, sondern aus der Quelle, die Paulus *die Fülle der Zeit* nennt. Lernen wir, unser *Silvester* vom *Heute Gottes* her zu feiern. Wecken wir in und um uns das Gespür dafür, »daß die Heiligkeit keine Sache für Privilegierte ist, sondern daß alle Wege der Erde, alle Stände, alle Berufe, alle rechtschaffenen menschlichen Aufgaben Wege Gottes sein können«[15].

Die Heiligen haben uns gelehrt, alles im Lichte Gottes zu sehen. Die *Regina Sanctorum omnium – Königin aller Heiligen* – möge uns einen sicheren Weg bereiten – *iter para tutum!* Sie möge uns auf dem Weg unserer christlichen Berufung – Berufung zur authentischen Heiligkeit – Treue schenken: *Iter serva tutum!* Beten wir mit dem Psalmisten und mit allen, die im Laufe der Jahrhunderte so zu Gott gerufen haben:

Ja, Herr, *zeig deinen Knechten deine Taten*, deine Werke,

und ihren Kindern deine erhabene Macht!

Dein Glanz und deine Güte, Herr, unser Gott, komme über uns.

Laß das Werk unserer Hände gedeihen, festige es, gib ihm Bestand,

ja, laß gedeihen das Werk unserer Hände![16]

[1] Römisches Messbuch, *Feier der Osternacht*. – [2] *Gal* 4,4. – [3] H. Maier, *Die christliche Zeitrechnung*, Freiburg 1991, S.12. – [4] *1 Petr* 1,13-15. – [5] *1 Petr* 2,11-12.16. – [6] *Ps* 90,2.4. – [7] Johannes Paul II., Apost. Schreiben *Tertio millenio adveniente*, 10.11.1994, 9. – [8] ebd., 10. – [9] *Ps* 90,12. – [10] *Koh* 3,1-11. – [11] II. Vat. Konz., Konst. *Sacrosantum Concilium*, 104. – [12] ebd., 111. – [13] Johannes Paul II., *Ansprache*, 11.10.1985. – [14] J. Escrivá, *Der Weg*, Nr.301. – [15] J. Escrivá, *Gespräche*, 26. – [16] *Ps* 90,16-17.

INHALT

22. Juli
Maria von Magdala 5

25. Juli
Jakobus, Apostel 14

26. Juli
Joachim und Anna 24

29. Juli
Marta 34

31. Juli
Ignatius von Loyola 44

4. August
Johannes Maria Vianney, Pfarrer von Ars . . . 54

5. August
Weihe der Basilika Santa Maria Maggiore
in Rom 65

6. August
Verklärung des Herrn 75

9. August
Edith Stein 85

14. August
Maximilian Kolbe 96

15. August
Mariä Aufnahme in den Himmel 105

20. August
Bernhard von Clairvaux 116

21. August
Pius X. 126

22. August
Maria Königin 136

24. August
Bartholomäus, Apostel 146

27. August
Monika 155

28. August
Augustinus 164

29. August
Enthauptung Johannes' des Täufers 174

8. September
Mariä Geburt 184

12. September
Mariä Namen 193

14. September
Kreuzerhöhung 202

15. September
Gedächtnis der Schmerzen Mariens 212

17. September
Hildegard von Bingen 222

21. September
Matthäus, Apostel und Evangelist 233

25. September
Niklaus von Flüe 242

29. September
Michael, Gabriel, Rafael, Erzengel 252

1. Oktober
Theresia vom Kinde Jesus 262

2. Oktober
Die Schutzengel 273

4. Oktober
Franz von Assisi 283

7. Oktober
Unsere Liebe Frau vom Rosenkranz 293

15. Oktober
Theresia von Avila 303

18. Oktober
Lukas, Evangelist 312

28. Oktober
Simon und Judas, Apostel 320

1. November
Allerheiligen 329

2. November
Allerseelen 339

3. November
Rupert Mayer 349

4. November
Karl Borromäus 359

9. November
Weihetag der Lateranbasilika 368

11. November
Martin von Tours 377

15. November
Albert der Große 387

19. November
Elisabeth von Thüringen 397

21. November
Unsere Liebe Frau in Jerusalem 407

Letzter Sonntag im Jahreskreis
Christkönig
siehe Band 9, Seite 310 ff.

30. November
Andreas, Apostel 416

3. Dezember
Franz Xaver 426

4. Dezember
Adolph Kolping 437

6. Dezember
Nikolaus 447

8. Dezember
Hochfest der ohne Erbsünde empfangenen
Jungfrau und Gottesmutter Maria 458

25. Dezember
Weihnachten
siehe Band 1, Seite 231 ff.

26. Dezember
Stephanus
siehe Band 1, Seite 247 ff.

27. Dezember
Johannes, Apostel und Evangelist
siehe Band 1, Seite 256 ff.

28. Dezember
Unschuldige Kinder
siehe Band 1, Seite 226 ff.

Sonntag in der Weihnachtsoktav
Heilige Familie
siehe Band 1, Seite 239 ff.

31. Dezember
Silvester I. 469

Paulistraße 22, D-50933 Köln

Imprimatur
Coloniae, die m. 8 septembris 1999
Jr.-Nr. 106 250 I 90
+ Klaus Dick, vic. eplis.

Printed in Germany 1999

Umschlaggestaltung: Graphicteam Köln
Gesamtherstellung: Clausen &Bosse GmbH, Leck

ISBN 3-925746-61-7 (Band 11)
ISBN 3-925746-20-X (Gesamtwerk)